헌법재판에서 헌법원칙의 구체화

이부하

pnc
publishing and culture
피앤씨미디어

Embodiment of Constitutional Principles in the Korean Constitutional Adjudication

Prof. Dr. Boo-Ha Lee

2023
PNC Media

머리말

수년간 헌법학을 강의하고 연구하면서 헌법학 분야 중에서 학문적 호기심을 심히 자극하는 영역이 생겼다. 다름 아닌 '헌법원칙'(憲法原則)이었다. 헌법원칙은 실무적으로 그리고 헌법이론적으로 헌법재판(憲法裁判)과 직결되어 있다. 그러나 헌법원칙을 구체적으로 이론 구성하고 체계화하는 작업은 상당히 난해하고 고단한 작업이라 할 수 있다. 그러나 나름대로 학문적 논거를 담아 한 권의 책으로 담으려고 노력했다. 여러 학자들이 본서를 평가하고 비판해 주고 새로운 이론과 논의를 전개해 준다면, 계속적으로 보충하리라는 마음으로 「헌법재판에서 헌법원칙의 구체화」라는 전문 학술서를 두려운 마음으로 내놓게 되었다. 이미 여러 학문적 스승과 동료들에 의해 헌법학 분야의 축적된 많은 논문들과 저술들이 있어 본서가 출판될 수 있었다. 교수로서 첫 발걸음을 내딛었을 때에는 훌륭한 학술서를 여러 권 완성할 수 있으리라 생각했지만, 거의 20년 동안 제대로 된 학술서를 출판할 엄두를 내지 못하고 있었다.

전문연구자의 학술서는 그 시대의 학자들과 연구자들이 깊은 학문적 이해를 바탕으로 평가해 주고 비판해 줄 때 그 학술서의 의미가 도드라지게 된다. 헌법 분야의 연구자들은 본서를 이해하기 어렵지 않지만, 헌법 분야에 생소한 분들은 본서를 이해하기 어려울 수도 있다. 저자가 어떤 부분은 개인적인 식견이 없어 잘못 판단한 부분도 있고 저자가 제대로 이해했지만 내용 전달과정에서 올바로 기술하지 못한 부분도 있으리라 생각된다. 이러한 부족한 부분은 미완성성과 개방성으로 남겨두고 추후 계속하여 연구하여 체계적으로 정리할 여지를 남겨둔다. 개인적 학문 역량의 부족으로 인하여 제대로 전달하지 못한 부분을 발견하셨다면, 이해와 양해를 부탁드린다.

개인적으로는 절차탁마(切磋琢磨)의 정신으로 학문을 배우고 닦음으로서 헌법학의 발전과 국민의 기본권 보장에 조그마한 도움이 되었으면 하는 바람으로 저술하였다. 늘 노력하는 자세를 견지하도록 채찍과 격려의 말씀을 해 주신 여러 학문적 스승님들인 이명구 교수님, 권형준 교수님, 데펜호이어 교수님(Prof. Dr. Depenheuer) 및 이 책의 출판을 위해 물심양면으로 도와주신 피앤씨 미디어 박노일 대표님께도 감사의 말씀을 드린다.

2023. 9.
우거(寓居)에서
저자 씀

CONTENTS

제1장 서 론

제2장 헌법과 국가

제 3 장 방어권(防禦權)과 관련한 기본권 심사

제 4 장 평등원칙 심사

제1장

서 론

본서에서는 헌법재판에서 중요하게 사용되는 헌법원칙(憲法原則)을 중심으로 헌법재판에서 사용하는 헌법원칙의 구체적인 심사기준에 대해 자세히 고찰해 보기로 한다. 헌법원칙의 근간을 이루고 있는 헌법이론을 구체적으로 설명하고, 현재 헌법재판소가 이해하는 헌법원칙 적용상의 문제점을 발견하고 새로운 헌법이론을 제시해 본다.

먼저 헌법이론을 전개함에 있어서 헌법'원칙'(原則)과 헌법'원리'(原理)를 구별하여 논하고자 한다. 여기서 **헌법원칙**(原則)은 헌법재판(憲法裁判)에서 기본권 침해 여부를 판단하는 심사기준을 제공하는 원칙을 말한다. 반면, 헌법원리(原理)는 국가나 헌법을 운영함에 있어서 기반이 되는 시스템 내지 지침이라 할 수 있다. **헌법원리**(原理)에는 '민주주의원리', '사회국가원리', '법치국가원리', '연방국가원리' 등이 있다.

헌법원칙(原則)에는 형식적 헌법원칙[1]과 실질적 헌법원칙으로 구분할 수

1) 김해원, "수권법률에 대한 수권방식통제로서 포괄위임금지원칙 – 기본권심사를 중심으로 –", 헌법학연구 제21권 제2호, 2015, 167면(형식적 헌법심사는 ① 수권법률(법률정립권자)이 '누구'에게 '어떤 법률하위규범'의 정립을 수권하고 있으며(피수권기관·피수권규범 특정에 관한 헌법적 통제), ② 이러한 수권은 '어떤 사항'에 대하여(수권내용에 관한 헌법적 통제), ③ '어떤 방식'으로(수권방식에 관한 헌법적 통제) 행해지는가? 이다).

있다. '**형식적 헌법원칙**'에는 법률유보원칙, 포괄위임금지원칙 등이 있고, '**실질적 헌법원칙**'에는 비례성 원칙,[2] 명확성 원칙,[3] 과소보호금지원칙,[4] 신뢰보호원칙,[5] 평등원칙 등이 있다.

본 저서는 다음과 같은 내용을 포함하고 있으며 서술하고 있다. 우선 제2장에서 '헌법과 국가'라는 제목 하에 제1절 '헌법의 분류 및 헌법의 우위', 제2절 '법질서의 구조와 헌법의 개념', 제3절 '국가의 개념과 헌법이론'에 대해 설명해 보고, 검토해 본다.

제3장 '방어권(防禦權)과 관련한 기본권 심사'라는 제목 하에 제1절 '기본권 관련 기본 개념과 구성요건이론', 제2절 '형식적 헌법원칙'(포괄위임입법금지원칙, 법률유보원칙(의회유보원칙)), 제3절 '실질적 헌법원칙'(비례성 원칙, 명확성 원칙, 신뢰보호원칙, 소급입법금지의 원칙, 과소보호금지의 원칙)을 설명하며 고찰해 본다.

제4장 '평등원칙 심사'라는 제목 하에 제1절 '평등원칙의 심사구조와 법해석', 제2절 '평등원칙과 관련된 그 밖의 헌법적 쟁점'에 대해 설명해 본다.

필자는 우리 헌법재판 실무에서 헌법적 이론과 합리적 논거를 갖춘 정당한 결정을 하기를 바라는 마음에서 본서를 저술한 것이다. 과거 30여 년간 헌법재판소는 헌법이론적 근거가 부족한 사막같은 불모지에서 큰 과오 없이 국가와 사회를 변화시키는 헌법재판 결정들을 내려왔다. 이제는 헌법재판에 있어서 헌법의 골격과 내용을 강하게 하는 체질 개선을 위한 노력이 필요한 시점이다.

---

2) 이준일, "헌법상 비례성원칙", 공법연구 제37집 제4호, 2009. 6, 25면 이하; 김대환, "비례성원칙의 심사강도", 헌법학연구 제18권 제2호, 2012. 6, 301면 이하; 이부하, "비례성원칙과 과소보호금지원칙", 헌법학연구 제13권 제2호, 2007. 6, 275면 이하.

3) 이부하, "법적 안정성의 의미에서 명확성의 원칙", 세계헌법연구 제20권 제1호, 2014. 4, 1면 이하.

4) 정태호, "기본권보호의무", 인권과 정의 제252호, 대한변호사협회, 1997. 8, 108면 이하; 표명환, "기본권보호의무의 이론적 기초", 헌법학연구 제8권 제1호, 2002. 4, 132면 이하; 이부하, "헌법영역에서 기본권보호의무", 공법학연구 제8권 제3호, 한국비교공법학회, 2007. 8, 123면 이하; 이부하, "국가의 기본권보호의무와 과소보호금지원칙", 법학연구 제17집 제2호, 2014. 6, 40면 이하; 이부하, "생명에 대한 기본권보호의무와 과소보호금지원칙", 동아법학 제62호, 2014. 2, 1면 이하; 이부하, "국가의 기본권보호의무와 과소보호금지원칙", 법학연구 제17집 제2호, 2014. 6, 39면 이하; 이부하, "보장국가에서 국민의 안전보호와 관련한 헌법이론", 헌법학연구 제22권 제1호, 2016. 3, 217면 이하; 표명환, "기본권보호청구권의 구조와 체계에 관한 고찰", 법학연구 제45집, 2012. 2, 23면 이하; 정혜영, "기본권보호의무와 재산권", 헌법학연구 제19권 제4호, 2013. 12, 241면 이하.

5) 이부하, "헌법상 신뢰보호원칙에 대한 고찰", 한양법학 제21권 제4집, 2010. 11, 147면 이하; 이부하, "헌법재판소의 신뢰보호원칙 심사기준에 대한 평가", 법학논고 제48집, 2014. 11, 145면 이하; 이부하, "헌법상 신뢰보호원칙의 재정립", 법학연구 제20집 제2호, 2018. 6, 129면 이하.

제 2 장

헌법과 국가

제 1 절 헌법의 분류 및 헌법의 우위

Ⅰ. 서 론

법의 분류 기준은 다양하지만, 법을 크게 분류하면 '헌법'과 '일반법률'로 나눌 수 있다. 법의 효력 측면에서 민법 등 **'일반법률'에 대한 '헌법'의 우위**는 독일 기본법 제정 이후 비로소 국가법학계에서 확고한 지위를 차지하게 되었다.[1] 바이마르(Weimar) 헌법에서는 여전히 헌법의 개정 곤란성 여부에 의해 헌법과 일반법률을 구별했으나, 헌법은 여러 측면에서 일반법률과는 구별되는 법이라는 인식이 지배적 견해였다.[2] 구(舊) 제국 헌법 시대에 게오르그 옐리네

1) Vgl. 헌법의 우위성에 대한 역사적 발전에 관하여는 U. Scheuner, Die Überlieferung der deutschen Staatsgerichtsbarkeit im 19. und 20. Jahrhundert, in: Festgabe BVerfG und GG I, 1976, S. 1 (40 f.); ders., Die rechtliche Tragweite der Grundrechte in der deutschen Verfassungsentwicklung des 19. Jahrhunderts, in: ders., Staatstheorie und Staatsrecht, 1978, S. 633 (642 f., 651, 653); R. Wahl, Der Vorrang der Verfassung, Der Staat 20 (1981), S. 485 (488 ff.); Chr. Starck, Die Verfassungsauslegung, in: J. Isensee/P. Kirchhof, HdbStR VII, 1992, § 164 Rn. 9 ff.; Hasso Hofmann, Zur Idee des Staatsgrundgesetzes, in: ders., Recht–Politik–Verfassung, 1986, S. 261 (286 ff.).

2) Vgl. 이에 관해서는 H. Dreier, Grenzen demokratischer Freiheit im Verfassungsstaat, JZ 1994, S. 741 (742 f.).

크[3](Georg Jellinek)는 일반법률에 대한 헌법의 우위를 부정(否定)하는 근거로서 헌법재판이라는 '규범통제(規範統制)제도'가 없음을 들었다.[4] 라이너 발(Rainer Wahl) 교수가 강조한 대로, **헌법재판제도의 도입**으로 인해 일반법률에 대한 헌법의 우위(優位)가 확고하게 자리잡게 되었다.[5] 일반법률에 대한 헌법의 우위 원리의 확고한 자리매김으로 인해 헌법재판제도를 통해 국민 행위의 근거가 되는 법률이 헌법에 합치되는지 여부를 심사할 수 있게 되었다.[6]

헌법의 우위의 핵심적 내용은 법률뿐만 아니라 모든 국가행위가 헌법에 위반·모순되어서는 안된다는 것이다. 즉, 모든 국가행위(특히, 입법)는 언제나 헌법합치적(憲法合致的)이어야 하며 헌법에 기속(羈屬)되어야 한다는 것을 의미한다.[7] 헌법의 우위는 일반법률의 헌법에의 기속성(Verbindlichkeit), 기준성(Maßgeblichkeit), 관철성(Durchsetzbarkeit)에 의해 더욱 명확해진다.[8] 이러한 헌법의 우위는 헌법이 **국가권력을 조직하고, 체계화하고, 한계를 설정하며, 국가권력의 과제, 절차, 권한을 규율**하는 상황에서 법적으로 입증된다.[9]

독일 기본법은 헌법의 우위를 간접적(間接的)으로 규정할 뿐만 아니라,[10] 명시적(明示的)으로 일반규정인 독일 기본법 제20조 제3항, 제100조, 기본권 영

---

3) 게오르크 옐리네크는 19세기 독일을 대표하는 공법학자·헌법학자·행정법학자이다. 저명한 행정법학자인 발터 옐리네크(Walter Jellinek)의 아버지이기도 하다. 종래의 형이상학적 국가이론에서 벗어나, 신칸트학파의 이원론적 방법에 기초하여 법학적 국가론을 체계화하여 실증주의적 국가론을 전개하였다.

4) G. Jellinek, Gesetz und Verordnung, 1887 (Neudruck 1964), S. 263; G. Jellinek, System der subjektiven öffentlichen Rechte, 1919, S. 96; R. Wahl, Der Vorrang der Verfassung, Der Staat 20 (1981), S. 485 (498).

5) R. Wahl, Der Staat 20 (1981), S. 485 ff.; ders., Der Vorrang der Verfassung und die Selbständigkeit des Gesetzesrechts, NVwZ 1984, S. 401 (401 f.); F. Ossenbühl, Gesetz und Recht, in: J. Isensee/P. Kirchhof, HdbStR III, 1988, § 61, Rn. 26; Chr. Starck, Vorrang der Verfassung und Verfassungsgerichtsbarkeit, in: ders./Albrecht Weber (Hrsg.), Verfassungsgerichtsbarkeit in Westeuropa, Teilband I, 1986, S. 11 ff.; H. H. Klein, Verfassungsgerichtsbarkeit und Verfassungsstruktur, in: FS für Franz Klein, 1994, S. 511 (512, 514).

6) Josef Isensee, Verfassungsrecht als "politisches Recht", in: ders./P. Kirchhof, HdbStR VII, 1992, § 162 Rn. 39; W. Löwer, Zuständigkeiten und Verfahren des Bundesver- fassungsgerichts, in: J. Isensee/P. Kirchhof, HdbStR II, 1987, § 56, Rn. 66.

7) Vgl. K. Hesse, Verfassung und Verfassungsrecht, in: E. Benda/W. Maihofer/H.-J. Vogel (Hrsg.), HdbVerfR, 2. Aufl., 1994, S. 8 Rn. 14.

8) R. Wahl, Der Vorrang der Verfassung, Der Staat 20 (1981), S. 485 f.

9) Chr. Starck, Vorrang der Verfassung und Verfassungsgerichtsbarkeit, in: ders./Albrecht Weber (Hrsg.), Verfassungsgerichtsbarkeit in Westeuropa, Teilband I, 1986, S. 24.

10) G. Roellecke, Verfassungsauslegung als Darstellung von Normativität, in: St. Smid/N. Fehl (Hrsg.), Recht und Pluralismus, FS für H.-M. Pawlowski, 1997, S. 137 (144): 룉레케(Gerd Roellecke) 교수는 기본법 제24조(주권의 이양)를 헌법의 우위의 예외로 이해한다. G. Roellecke, Bewaffnete Auslandseinstze Krieg, Außenpolitik oder Innenpolitik?, Der Staat 34 (1995), S. 415 ff.

역에서는 특별규정인 기본법 제1조 제3항에서 규정하고 있다.[11] 독일 기본법은 헌법의 우위를 명시적으로 헌법에 규정함으로서, 헌법의 우위에 대한 직접적인 **법원**(法源; Rechtsquelle)이 되었다.[12] 독일 기본법은 명시적으로 헌법의 우위 원칙을 규정하고 있고, 헌법의 우위를 특히, 기본법 제79조[13]에서 보장하고 있다.[14]

우리 헌법 제107조에서는 "법률이 헌법에 위반되는 여부가 재판의 전제가 된 경우에는 법원은 헌법재판소에 제청하여 그 심판에 의하여 재판한다"(제1항)고 하고, "명령·규칙 또는 처분이 헌법이나 법률에 위반되는 여부가 재판의 전제가 된 경우에는 대법원은 이를 최종적으로 심사할 권한을 가진다"(제2항)라고 하여 법률과 명령·규칙 또는 처분의 위헌 심사권을 규정하고 있다. 우리나라가 취하는 구체적 규범통제제도는 본원적 규범통제제도가 아니라, **부수적 규범통제제도**로 이해된다.

위헌법률심판 제청과 헌법재판소법 제68조 제2항에 의한 헌법소원심판(이하 '위헌심사형 헌법소원심판'이라 한다) 청구에 있어서 재판의 전제성을 요구한 것은 구체적인 사건에 적용되는 법률의 위헌 여부가 문제된 경우에 헌법재판소가 그 법률을 심사하라는 취지다. 위헌심사형 헌법소원심판제도와 위헌법률심판제도의 궁극적인 목적은 구체적인 소송사건에 적용되는 법률의 위헌 여부가 당해 소송사건의 재판의 전제가 된 경우에 헌법에 위반되는 법률 또는 법률

---

11) 기본권(Grundrechte)의 우위에 관하여는 K. Stern, Die Verbindung von Verfassungsidee und Grundre chtsidee zur modernen Verfassung, in: FS für K. Eichenberger, 1982, S. 197 (201 f.); R. Wahl, Der Vorrang der Verfassung und die Selbständigkeit des Gesetzesrechts, NVwZ 1984, S. 401 (403); H. Dreier, Grenzen demokratischer Freiheit im Verfassungsstaat, JZ 1994, S. 741 (743); Chr. Hillgruber, Die Herrschaft der Mehrheit Grundlagen und Grenzen des demokratischen Majoritätsprinzips, AöR Bd. 127 (2002), S. 460 (472).

12) F. Ossenbühl, Gesetz und Recht – Die Rechtsquellen im demokratischen Rechtsstaat, in: J. Isensee/P. Kirchhof, HdbStR III, 1988, § 61, Rn. 27.

13) 독일 기본법 제79조 (기본법의 개정)

(1) 기본법의 개정은 기본법의 규정을 명시적으로 변경 또는 보충하는 법률에 의하여야 한다. 강화조약, 강화조약의 준비 또는 점령법적 질서의 폐지를 대상으로 하거나 연방공화국의 방위를 위한 국제법적 조약의 경우, 기본법의 조항들이 그러한 조약의 체결과 발효에 장애가 되지 않는다는 점을 해명하기 위해서는, 그러한 해명에 국한되는 기본법의 조문을 보충하는 것으로 충분하다.

(2) 이러한 법률은 연방의회 재적의원의 3분의 2의 찬성과 연방참사원 의원 투표의 3분의 2의 찬성을 필요로 한다.

(3) 연방이 주들로 편성되는 것과 입법에 있어 주의 원칙적인 협력, 그리고 제1조 및 제20조의 기본원칙을 침해하는 기본법 개정은 허용되지 아니한다.

14) H. Dreier, Grenzen demokratischer Freiheit im Verfassungsstaat, JZ 1994, S. 741 (742 ff.).

조항을 제거하기 위한 것이다.[15)]

헌법은 다른 국가의 헌법과는 달리 헌법 제107조 제1항과 제107조 제2항에서 동일하게 '재판의 전제성' 요건을 요구하면서도 양 국가기관에게 규범통제권을 분배하고 있다.[16)] 당해 소송사건에 적용될 법률조항의 위헌 여부를 심사하는 구체적 규범통제에 있어서 '법률'의 위헌 여부는 헌법재판소(憲法裁判所)에, '명령·규칙·처분' 등의 위헌 내지 위법 여부는 대법원(大法院)에 심사권을 부여하고 있다.[17)]

Ⅱ. 형식적 헌법과 실질적 헌법

형식적 헌법과 실질적 헌법의 구분은 법학에서 전통적으로 익숙한 구분이다.[18)] 이러한 구분은 옐리네크(G. Jellinek)에까지 거슬러 간다.[19)] 옐리네크(G. Jellinek)에 의해 사용된 형식적 헌법과 실질적 헌법이라는 용어는 헌법학에서 상당히 영향력있게 통용되게 되었다. 옐리네크 당시에도 이러한 용어는 지배적 견해였다.[20)]

협의의 개념으로 형식적 헌법을 정의하는 3가지 견해가 있다.[21)] **첫 번째 견해**는 성문화된 헌법 개정[22)]의 곤란성 여부에 따라 형식적 헌법을 이해하는 입장이다.[23)] **두 번째 견해**는 헌법전(憲法典)에 규정된 법규범을 '형식적 헌법'이

15) 헌재 2009. 4. 30. 2006헌바29, 판례집 21-1하, 49, 60.
16) 이부하, "헌법 제107조 제2항에 대한 헌법 통일적 해석", 동아법학 제67호, 2015. 5, 65면.
17) 헌재 2013. 3. 21. 2010헌바132 등, 판례집 25-1, 180, 192.
18) H. Krüger, Artikel: Verfassung, in: Handwörterbuch der Sozialwissenschaften, Bd. 11, 1961, S. 72 (80); W. Leisner, Von der Verfassungsmäßigkeit der Gesetze zur Gesetz- mäßigkeit der Verfassung, 1964, S. 64; J. Isensee, Verfassungsrecht als "politisches Recht", in: ders./P. Kirchhof (Hrsg.), HdbStR, Bd. VII, 1992, § 162, Rn. 5; H. Hofmann, Zur Idee des Staatsgrundgesetzes, in: ders., Recht-Politik-Verfassung, 1986, S. 261; K. Stern, Staatsrecht, Bd. I, 1984, § 3 II 2 d), S. 72 f.; P. Badura, Artikel: Verfassung, in: Evangelsiches Staatslexikon Bd. II, 3. Aufl., 1987, Sp. 3737 (3742); I. v. Münch, Staatsrecht, Bd. 1, 5. Aufl., 1993, Rn. 12.
19) G. Jellinek, Gesetz und Verordnung, 1964 (Neudruck der Ausgabe von 1887), S. 262.
20) M. Roggentin, Über den Begriff der Verfassung in Deutschland im 18. und 19. Jahrhundert, Diss. 1978, S. 100.
21) 모든 3가지 요소를 결합한 것으로는 Th. Maunz/R. Zippelius, Deutsches Staatsrecht, 30 Aufl., 1998, § 5 II 2 b), S. 31; H. H. v. Arnim, Begrenzung öffentlicher Ausgaben durch Verfassungsrecht, DVBl. 1985, S. 1286 (1287).
22) 성문헌법과 헌법개정 곤란성의 견련성에 대해 비판적인 입장으로는 C. Schmitt, Verfassungslehre, 1928, S. 12.

라 칭하는 입장이다.[24] 이 견해는 헌법전(憲法典)에 기록된 법이 형식적 헌법이라는 것이다.[25] **세 번째 견해**는 형식적 헌법을 국가에서 가장 높은 서열단계를 차지하는 법으로 이해한다.[26] 이 견해에서는 실질적 헌법과 형식적 헌법은 동일하지 않다는 전제하에 형식적 헌법은 성문화된 헌법전(憲法典)이 관련되어 있다는 주장은 타당하지 않다고 주장한다.[27]

형식적 헌법과 실질적 헌법을 일치시키려는 견해가 광범위하게 퍼져 있다.[28] 그러나 실질적 헌법은 헌법의 형식적 서열단계와는 별개로 그 내용을 기준으로 이해하게 된다.[29] 실질적 헌법은 일반적으로 베르너 케기(Werner Kägi)[30]의 유명한 표현처럼, **'국가 기본질서로서의 헌법'**[31]으로 이해하면 큰 어려움은 없을 것이다. 그러나 실질적 헌법의 정의상 어려움은 구체적으로 개념 정의할 때 나타난다. 한스 켈젠(Hans Kelsen)은 단계구조 개념에 의하면 실질적 헌법을 일반적 법규범을 생산하는 법(Recht)으로 설명한다.[32] 옐리네크(Georg Jellinek)는 "실질적이란 국가의 원칙적인 조직과 직접적인 국가기관의 권한 구분을 규율하는 '헌법률'(憲法律)"[33]이라고 말한다. 다르게 표현하면, 국가의 헌법에서는 일반적으로 국가의 상위기관을 규정하고, 국가기관의 종류, 각 국가기관 상호간의 관계와 적용범위를 확정하고, 더 나아가 국가기관의 기본적인

23) G. Jellinek, Gesetz und Verfassung, 1887, S. 263.

24) Dau-Lin Hsü, Formalistischer und anti-formalistischer Verfassungsbegriff, AöR61 (1932), S. 27 (44); Herman Heller, Staatslehre, 6. Aufl., 1983, S. 311; U. Steiner, Verfassunggebung und verfassunggebende Gewalt des Volkes, 1966, S. 83 f.; Karl Loewenstein, Verfassungslehre, 3. Aufl., 1975, S. 142; K. Stern, Staatsrecht, Bd. I, 1984, § 4 I 4 a), S. 107.

25) E. Stein, Staatsrecht, 16. Aufl., 1998, S. 11 f.

26) R. Herzog, Bundes- und Landesstaatsgewalt im demokratischen Bundesstaat, DÖV 1962, S. 81 (82); D. Vezanis, Verfassung und Verfassungsrecht, in: FS für Gerhard Leibholz, Bd. 2, 1966, S. 139 (142); U. Steiner, Verfassunggebung und verfassunggebende Gewalt des Volkes, 1966, S. 83 f.

27) 이러한 입장으로는 H. Krüger, Subkonstitutionelle Verfassungen, DÖV 1976, S. 613.

28) H. Heller, Staatslehre, 6. Aufl., 1983, S. 311; K. Loewenstein, Erscheinungsformen der Verfassungsänderung, 1931, S. 253; U. Steiner, Verfassunggebung und verfassunggebende Gewalt des Volkes, 1966, S. 86; H. Schambeck, Der Verfassungsbegriff und seine Entwicklung, in: FS für Hans Kelsen, Wien 1971, S. 211 (223); F. Koja, Die Verfassung, in: FS für Robert Walter, Wien 1991, S. 349 (354).

29) H. Krüger, Subkonstitutionelle Verfassungen, DÖV 1976, S. 613; H. Peters, Geschichtliche Entwicklung und Grundfragen der Verfassung, 1969, S. 34 f.

30) W. Kägi, Die Verfassung als rechtliche Grundordnung des Staates, 1971 (Nachdruck der Ausgabe von 1945).

31) Vgl. F. Giese, Deutsches Staatsrecht, 1930, S. 16 f.: 기제(Giese)는 '실질적 헌법' = '국가의 국가법적 기본질서의 초점을 둔 법규범의 총체'이라 정의한다.

32) H. Kelsen, Reine Rechtslehre, 2. Aufl., Wien 1960, S. 228.

33) G. Jellinek, Gesetz und Verordnung, 1964 (Neudruck der Ausgabe von 1887), S. 262 f.

지위를 정하는 법규범으로 이해하고 있다.[34] 이러한 실질적 헌법에 대한 이해는 미미한 수정을 거쳐 지금까지 전수되고 있다.[35]

'실질적'이라는 기준에 의해 헌법의 실질적인 내용(內容)을 기준으로 이해하려는 실질적 헌법설에 의하면, 형식적 헌법은 어떠한 규범의 틀을 갖추어야 하는 제한된 법규범일 수밖에 없다.[36] 이에 의하면, 헌법전(憲法典)의 불완전성으로 인해 형식적 헌법과 실질적 헌법 간의 차이가 상당하다는 결과가 나온다.[37] 실질적 헌법과 형식적 헌법의 분리는 실질적 헌법이 확정된 규율영역에 의해서가 아니라, 실질적 기준에 의거하여 설명되어질 때 중요한 의미를 지닌다.[38] 통설적 견해에 의하면, 실질적 헌법의 기준은 법규범의 서열단계가 아닌, 내용(內容)에 의한 것이다. 실질적 의미의 헌법과 관련하여, 그 내용상 헌법에 규율해야 할 '**필수적이고 기본적인 헌법사항**'이 있는가의 문제로 귀착된다.[39] 이와 관련하여 칼 슈미트(C. Schmitt)는 "헌법률에 앞서 존재하는 '정치적 통일체'(politische Einheit)의 종류와 형태에 대한 총합적 결정"이라는 실질적 기준을 착안해 냈다.[40] 이에 반해 쉬 다우린(Hsü, Dau-Lin)은 이러한 실질적 기준을 내용적 가치인 '**기본권과 권력분립**'에서 찾았다.[41] 여기서 실질적 의미의 헌법이 '기본적인 헌법사항'을 담고 있다면, 성문헌법뿐만 아니라 불문헌법인 관습헌법(慣習憲法)[42]도 이에 포함된다. 따라서 관습헌법이 성립되려면 실질적 기준에 해당하는 '**기본적인 헌법사항**'을 담고 있어야만 한다.

---

34) G. Jellinek, Allgemeine Staatslehre, 3. Aufl., 1922, S. 505.

35) J. Hatschek, Deutsches und Preußisches Staatsrecht, Bd. 1, 1930, S. 29; Schunck/De Clerck, Allgemeines Staatsrecht und Staatsrecht des Bundes und der Länder, 11. Aufl., 1983, S. 40 f.; G. Dahm, Deutsches Recht, 1951, S. 212; E. Forstoff, Einiges über Geltung und Wirkung der Verfassung, in: FS für Ernst Rudolf Huber, 1973, S. 3 (7); B.-O. Bryde, Verfassungsentwicklung, 1982, S. 59 f.; K. Stern, Staatsrecht, Bd. I, 1984, § 3 II 4, S. 78.

36) G. Jellinek, Gesetz und Verfassung, 1964 (1887), S. 263; P. Laband, Das Staatsrecht des Deutschen Reiches, Bd. 2, 1911, S. 39.

37) H. Krüger, Artikel: Verfassung, in: Handwörterbuch der Sozialwissenschaften, Bd. 11, 1961, S. 72 (80).

38) Dau-Lin Hsü, Formalistischer und anti-formalistischer Verfassungsbegriff, AöR 61 (1932), S. 27 (47).

39) H. Heller, Staatslehre, 1934, S. 276: 헬러(Heller)는 필수적인 헌법유보사항이 존재하지 않는다고 한다.

40) C. Schmitt, Verfassungslehre, 6. Aufl. (Unveränderter Nachdruck der 1928 erschienenen ersten Auflage), 1983, S. 20 ff., 21 f.

41) Dau-Lin Hsü, AöR 61(1932), S. 27 (48, 53).

42) 이부하, "헌법의 개념과 관습헌법", 한양법학 제20권 제2집, 2009. 5, 75면 이하.

Ⅲ. 실질적 의미의 헌법과 헌법의 통일성

1. 실질적 의미의 헌법

헌법 이론(理論)의 구상(構想)들은 일반적으로 '실질적 의미의 헌법'과 '헌법의 우위'라는 전제 하에서 출발한다. 헌법의 우위를 부정하게 되면, 기존 사회공동체 법질서를 강조함과 동시에, 헌법의 경직화(Verrechtlichung)에 이르게 된다. 예를 들면 헌법의 프로그램적·정치적 효력들은 열등한 지위에 놓이게 된다.[43] 실질적 의미의 헌법과 헌법의 우위라는 사고(思考)는 공통적으로 법률을 규율하기 위한 헌법조항들이 일정한 실질적 내용이 있으며, 헌법은 법률의 내용에 상당한 영향을 미친다는 것이다. 헌법은 '공동체의 법적 기본질서'이며,[44] 단지 공법(公法)상 기술적 규율이 아니라, "스스로 법적 형성을 위해 특정한 의미있는 헌법원칙들 위에서 방향이 설정된 구조의 계획"(Strukturplan)이 된다.[45]

실질적 의미의 헌법에 대한 이해는 헌법률을 고립적으로 이해하는 것이 아니라, 국가의 법적 기본질서 즉, 실질적 헌법의 성문화(成文化)로 이해하게 된다. 실질적 헌법 영역에서 권한 배분은 중요한 요소이다.[46] 예를 들면, 이슨제(J. Isensee) 교수는 평화와 안전보장[47]의 보증자로서의 국가의 기능으로부터 모든 국가기관의 국가과제 수행에 필요한 국가행위를 위해 필수불가결하게 요구되는 독점적 권한을 도출하고 있다.[48] '법적 기본질서'로서의 실질적 헌법이

43) Vgl. R. Wahl, Der Vorrang der Verfassung, Der Staat 20 (1981), S. 485 (500); R. Wahl, NVwZ 1984, S. 401 (402).

44) P. Lerche, Grundrechtswirkungen im Privatrecht, Einheit der Rechtsordnung und materielle Verfassung, in: Reinhard Böttcher/Götz Hueck/Burkhard Jähnke (Hrsg.), FS für Walter Odersky, Berlin u.a. 1996, S. 215 (218); P. Badura, Arten der Verfassungsrechtssätzen, J. Isensee/P. Kirchhof, HdbStR VII, 1992, § 159 Rn. 6.

45) A. Hollerbach, Ideologie und Verfassung, in: Werner Maihofer (Hrsg.), Ideologie und Recht, 1968, S. 37 (46).

46) Josef Isensee, Subsidiaritätsprinzip und Verfassungsrecht, S. 164; W. Leisner, Werbefernsehen und öffentliches Recht, Berlin 1967, S. 16. Vgl. P. Badura, Verfassung und Verfassungsgesetz, in: H. Ehmke u.a. (Hrsg.), FS für Ulrich Scheuner, 1973, S. 19 (32 f.).

47) 연대성을 통한 안전보장에 대하여는 Otto Depenheuer, Solidarität im Verfassungsstaat, 1992, S. 195 ff., 213 ff.

48) Josef Isensee, Gemeinwohl und Staatsaufgaben im Verfassungsstaat, in: ders./P. Kirchhof, HdbStR III, 1988,

필연적으로 도출되는 것은 헌법률의 개별규정들을 고립적·독립적으로 이해하는 것이 아니라 관련적 헌법규정들을 **'통일체로서의 헌법'**[49](die Verfassung als Einheit)으로 이해하게 된다.[50] 이는 '헌법 구조'[51](憲法 構造)라는 명칭으로 표현되기도 한다. '통일체로서의 헌법'으로 이해하게 되면, '국가' 개념에 '실질적 헌법'을 연관시켜 헌법률의 전통적인 원칙을 가지고 해석하고, 헌법에 적합한 선이해(先理解)[52]를 명료하게 설명할 수 있다.[53]

2. 형식적 의미의 헌법과 실질적 의미의 헌법의 동일성 여부

시이예스(E. J. Siéyès)는 '실질적 헌법'의 내용을 다음과 같이 언급하고 있다. "헌법은 국가 공권력의 내부 조직과 구조, 국가 공권력 간에 필수적인 관련성 및 상호 독립성을 담고 있다. 헌법은 기본권(基本權)을 창출해내며, 결코 누구도 위험에 처하지 않도록 함으로써 국가 공권력을 현명하게 제한하며, 정치적 예방규범으로 기능한다. 이것이 헌법의 진정한 의미이다."[54]

국가는 '형식적 헌법'에 국가조직과 기본권 등을 규정한다. '형식적 헌법'은 국가 법질서 내에서 최고성(**헌법의 우위**[55]), 고양된 존속성, 개정의 곤란성이라는 특별한 규범적 특징을 지니고 있다. 헌법전(憲法典)의 내용과는 별개로, 형식적 헌법은 그 생성의 시간적·공간적 여건에 의해 제한되는 실정법이다.[56]

---

§ 57 Rn. 156 f.

49) BVerfGE 1, 14 (32); 49, 24 (56). Vgl. Chr. Starck, Die Verfassungsauslegung, in: J. Isensee/P. Kirchhof, HdbStR Bd. VII, 1992, § 164, Rn. 19; M. Baldus, Die Einheit der Rechtsordnung, Berlin 1995; D. Felix, Einheit der Rechtsordnung, Tübingen 1998.

50) Vgl. BVerfGE 19, 206 (220). 실질적 헌법과 헌법의 통일성 간의 관계에 대해서는 vgl. Dietrich Jesch, Gesetz und Verwaltung, Tübingen 1961, S. 72; G. Ress, Staatszwecke im Verfassungsstaat nach 40 Jahren Grundgesetz, VVDStRL 48 (1989), S. 56 (78).

51) Dietrich Jesch, Gesetz und Verwaltung, Tübingen 1961, S. 72f.; P. Badura, Das Verwaltungsmonopol, Berlin 1963, S. 94.

52) '선이해'에 관해서는 Josef Esser, Vorverständnis und Methodenwahl in der Rechtsfindung, 1970, S. 136 Fn. 67 (Esser는 이 문헌에서 '판결관련적 선이해'라고 말한다(S. 136)); Karl Larenz, Methodenlehre der Rechtswissenschaft, 6. Aufl., 1991, S. 209.

53) Josef Isensee, Staat und Verfassung, in: ders./P. Kirchhof, HdbStR I, 2. Aufl., 1995, § 13 Rn. 19, 143 f.

54) Emmanuel Joseph Siéyès, Einleitung zur Verfassung. Anerkennung und erklärende Darstellung der Menschen- und Bürgerrechte(1789), in: ders., Politische Schriften 1788-1790, 1975, S. 239 (250).

55) 헌법의 우위에 관하여는 라이너 발(김효전 역), "헌법의 우위", 『동아법학』 제77호, 2017. 11, 187면 이하; 이부하, "헌법의 우위와 헌법의 이해", 『헌법학연구』 제10집 제1호, 2004. 3, 239면 이하.

56) 형식적 헌법의 개념에 관하여는 이부하, "헌법의 우위와 헌법의 이해", 『헌법학연구』 제10집 제1호, 2004.

따라서 '형식적 헌법'은 헌법국가에서 이상(理想)적인 헌법의 내용을 완벽하게 추구할 수 없으며, 헌법을 실효성있게 적용하지 못하며, 헌법의 효력을 온전히 관철시키지 못한다.

헌법이론에서는 실질적 헌법 및 이상(理想)적 헌법을 기준으로 헌법전(憲法典)의 내용을 평가하기도 한다.[57] 형식적 헌법의 내용은 실질적 헌법과 동일시될 수 없다. 실질적 헌법은 형식적 헌법의 내용보다 더 앞서가거나 뒤처질 수 있다.[58] 또한 양자 간에 모순(矛盾)이 발생할 수도 있다. 국가의 법적 질서를 최종적으로 실정화한 형식적 헌법을 실질적 헌법에 완벽하게 일치시키려는 생각은 헌법에서 익숙하지 않다. 헤르만 헬러(Hermann Heller)가 지적한 대로, "실질적 헌법과 형식적 헌법은 완전히 일치할 수 없다." "헌법전(憲法典)에는 전형적인 내용이 담겨져 있다. 그러나 헌법유보를 위한 이론적 기준은 헌법전(憲法典)에 존재하지 않는다."[59]

3. 헌법 효력의 관철

헌법은 자신의 법적 효력을 관철하는데 어려움을 겪고 있다. 이는 헌법의 토대인 '국가'의 특성에 기인한 것이다.[60] 헌법이 국가 법규범의 위계구조 내에서 최상위법이라는 사실이 헌법의 효력을 관철시켜주지 못한다. 헌법의 수범자인 국가기관은 국가조직 내에서 최고의 법적 지위를 점하고 있으나, 그러한 국가기관을 관리하고 통제할 다른 국가기관이 존재하지 않는다는데 그 한계가 있다. 국가기관들은 헌법을 독자적으로 해석하고, 헌법의 내용과 효력을 결정한다. 옐리네크(G. Jellinek)는 최고 국가기관의 행위에 대해 합법이라고 간주한다.[61] 그러나 국가기관 행위의 합법성을 인정하기 위해서는 해당 국가기관이 헌법을 통일적으로 유권해석하고, 헌법의 수범자인 국가기관이 헌법을 철저히

3, 243면 이하.

57) J. Isensee, Staat und Verfassung, in: ders./P. Kirchhof, HdbStR Bd. Ⅱ, 3. Aufl. 2004, § 15 Rn. 184 ff.

58) 형식적 헌법과 실질적 헌법에 관하여는 이부하, "헌법의 우위와 헌법의 이해", 『헌법학연구』 제10집 제1호, 2004. 3, 242면 이하.

59) Hermann Heller, Staatslehre, 6. Aufl. 1983, S. 275 f.

60) Josef Isensee, Verfassungsrecht als politisches Recht, in: HStR Bd. Ⅶ, 1992, § 162 Rn. 29 ff.

61) Georg Jellinek, Allgemeine Staatslehre, 3. Aufl. 1914, S. 18.

준수하고 적용해야만 가능하다.[62)]

헌법은 권한있는 국가기관이 국가의 방향을 설정하고, 성실하게 행위할 것을 기대하고 있다.[63)] 그럼에도 불구하고, 유권적 헌법해석권자인 국가기관은 권한 남용의 위험성을 지니고 있다. 헌법이 헌법해석권의 남용 위험을 방지할 수는 없지만, 법제도적으로 그 남용을 규제하고 법 준수를 유도함으로써 헌법해석권의 남용 위험을 줄일 수 있다.

헌법상 특수한 지위와 독자적인 재판절차를 지니고 있는 헌법재판소는 헌법해석의 수호자인 헌법기관이다.[64)] 헌법재판소는 자신의 결정을 관철시키려고 하지만, 다른 국가기관이 이를 이행하지 않을 경우 특별한 제재 수단을 지니고 있지 않다. 즉, 헌법재판소는 다른 국가기관에게 자신의 결정을 강제적으로 관철할 수 있는 권한이 없다. 입법자와의 관계에서 헌법재판소 결정의 기속력[65)]은 논란이 되고 있다. 결국 헌법재판소 결정의 관철은 원칙적으로 국가기관의 자발적(自發的)인 준수에 의존하고 있다.

62) Josef Isensee, Der Staatlichkeit der Verfassung, Rn. 87.

63) Christian Tomuschat, Verfassungsgewohnheitsrecht?, 1972, S. 136.

64) 강승식, "헌법국가에서의 최종적 헌법해석권", 『공법연구』 제33집 제3호, 2005. 5, 65면; 이부하, "헌법의 수호자로서 헌법재판소의 민주적 정당성", 『외법논집』 제42권 제2호, 2018. 5, 210면.

65) 허완중, "헌법재판소결정의 기속력과 결정이유 – 헌재 2008. 10. 30. 2006헌마1098등 결정에 대한 평석을 중심으로 –", 『인권과 정의』 제399호, 2009. 11, 20면 이하.

제2절 법질서의 구조와 헌법의 개념

Ⅰ. 법질서의 단계구조

헌법과 다른 법규범 간의 관계를 설명하는 대표적인 견해로는 '법질서의 단계구조론'이 있다. '**법질서의 단계구조론**'은 메르클(A. Merkl)에서 시작하였으며,[1] 한스 켈젠(Hans Kelsen)에 의해 이론이 구축되었다.[2] 법질서의 단계구조론에서는 모든 법규범이 동등한 지위를 가지는 것이 아니라, 모든 법규범을 하나의 통일적인 위계질서 하에서 편입시키는 것이다. 실정법 하에서 헌법을 정점으로 하여 피라미드(Pyramid) 형태의 단계구조를 가지고 있어 법질서는 전체적인 통일성을 지닌다는 것이다.

법질서의 단계구조론은 거의 대부분의 현행 헌법 이론과 헌법 실무의 이론적 기반이 되고 있다.[3] 법학계와 법조 실무에서 법이론의 출발점으로서 빈(Wien) 학파의 '법규범의 위계질서론'과 동시에 '법질서의 단계구조론'이 일반적으로 사용된다.[4] 켈젠(H. Kelsen)은 법질서의 단계구조를 주장했는데, 법적용 과정에서 법의 '단계구조'가 형성되어 있다는 것이다.[5] 켈젠(H. Kelsen)은 법규범들이 하나의 체계를 구성하고 있으며, 각각의 법규범이 갖는 효력의 근거는 그 상위 법규범에서 찾아야 한다고 주장했다. 즉, 커다란 하나의 법체계 속에서 각각의 법규범은 일정한 단계적 구조를 유지하고 있다는 것이다.

18세기 근대헌법 사상이 발생했을 때, 저항권(抵抗權)은 법학 문제를 해결

1) Adolf Julius Merkl, Das doppelte Rechtsantlitz, Jur. Bltter, 1918, S. 425 ff.
2) H. Kelsen, Reine Rechtslehre, 2. Aufl., Wien 1960 (Nachdruck 1992), S. 228 ff.; Klaus F. Röhl, Allgemeine Rechtslehre, 2. Auflage, 2001, § 35, S. 276.
3) 특히 R. Herzog, in: Maunz/Drig/ders./Scholz, GG, Art. 20, Ziff. VI, Rn. 3 (헤어초크(Herzog)는 독일 기본법은 많은 부분에서 법질서의 피라미드에 기초하고 있다고 한다).
4) A. Kaufmann, Problemgeschichte der Rechtsphilosophie, in: ders./W. Hassemer (Hrsg.), Einführung in Rechtsphilosophie und Rechtstheorie der Gegenwart, Heidelberg, 6. Aufl., 1994, S. 30 (150 ff.).
5) Th. Öhlinger, Der Stufenbau der Rechtsordnung Rechtstheoretische und ideologische Aspekte, 1975; Robert Walter, Der Aufbau der Rechtsordnung, 1974, S. 54 ff.; ders., Hans Kelsens Rechtslehre, in: H. Dreier/D. Willoweit (Hrsg.), Würzburger Vorträge zur Rechtsphilosophie und Rechtssoziologie, Heft 24, Baden-Baden 1999, S. 23 ff.; A. Kaufmann, Das Verfahren der Rechtsgewinnung – Eine rationale Analyse, München, 1999, S. 65.

하는데 유용하게 사용되었다. 저항권의 승리는 법(Recht)과 불법(Unrecht) 간의 구분을 가능하게 했다. 저항권의 인정은 상위법과 하위법 간의 구분에 따른 상충문제를 해결하는데 주안점이 되었다.6) 저항권의 승리 결과, 헌법은 '최고법'으로서의 지위를 획득했다. 첫째, 헌법 이외의 법들이 합헌적인지 또는 위헌적인지를 또한 합법적인지 또는 위법적인지를 헌법을 기준으로 판단할 수 있게 되었다.7) 둘째, 헌법은 '법'(Recht) 안에서 법질서를 구축할 수 있게 되었다. 즉, 법질서의 단계구조 즉, 헌법→법률→법규명령→행정행위의 서열구조를 형성시켰다.8) 법규범 피라미드의 정상에는 헌법이 존재하게 된다.9) 법질서의 단계구조에서는 상위법에 의해 하위법이 정당화되고, 그로 인해 새로운 '법' 창조가 가능하고 한계지어진다.10)

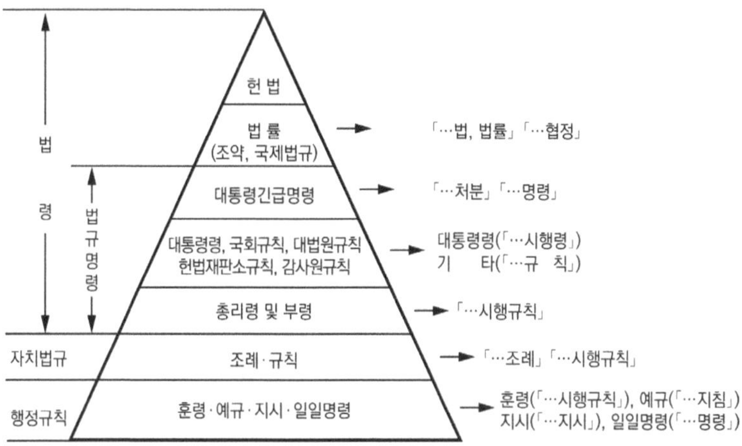

6) G. Roellecke, Verfassungsauslegung als Darstellung von Normativität, in: St. Smid/N. Fehl (Hrsg.), Recht und Pluralismus, FS für Hans-Martin Pawlowski, 1997, S. 137 (143).
7) R. Wahl, Der Vorrang der Verfassung, Der Staat 20 (1981), S. 485 (486).
8) G. Roellecke, Verfassungsauslegung als Darstellung von Normativität, FS für H.-M. Pawlowski, 1997, S. 137 (143).
9) Alfred Rinken, Einführung in das juristische Studium, 3. Aufl., 1996, S. 1.
10) G. Roellecke, Verfassungsauslegung als Darstellung von Normativität, 1997, S. 137 (144).

이러한 체계적이고 구조화된 논리에도 불구하고 법질서의 단계구조 관념에 대한 법규범적 의의는 헌법 규정에 의해 명시적인 보장 규정이 필요하다는 결론에 이르렀다.[11] 그럼에도 불구하고 법질서의 단계구조론은 법학적인 가치가 있다. 헌법 규정들은 원칙적으로 법질서간 위계질서의 결과를 반영한 것이다. "입법자는 기본권 및 헌법합치적 규범에 기속된다."는 독일 기본법 제1조 제3항과 기본법 제20조 제3항이 존재한다. 특히 독일 기본법 제79조의 보장 규정은 헌법의 우위를 보장하는 장치로서 기여하고, 독일 기본법 제79조 제3항[12]에서 새로운 위계질서를 규정하고 있다.[13] 결과적으로 일반법률에 대한 **헌법의 우위**는 '헌법재판제도'를 통해 헌법을 잣대로 하여 헌법재판소에게 법률의 위헌 심사를 할 수 있는 권한을 부여하였다.[14]

Ⅱ. 윤곽규범으로서의 헌법

윤곽규범(틀규범)으로서 헌법의 이해[15]는 헌법 중심적인 사고(思考)에서 헌법과 법률 간에 일정한 간격을 유지하게 한다. 윤곽규범으로서 헌법의 이해는 내용이 풍부하고 다양한 선택 가능성이 있는 '법률'과 그 범위의 한계를 설정하는 '헌법' 간의 차이를 강조한다.[16] 윤곽규범으로서 헌법의 이해는 헌법과 법률간, 비유하면 '윤곽'과 '그림' 간의 명확한 차이를 지닌다. 윤곽(헌법)은 '윤

11) M. Jestaedt, Grundrechtsentfaltung im Gesetz, Tübingen, 1999, S. 10 Fn. 9.

12) 기본권 관련적 헌법변경의 가능성과 한계에 관해서는 Michael Brenner, Möglichkeiten und Grenzen grundrechtsbezogener Verfassungsänderungen, dargestellt anhand der Neuregelung des Asyrechts, Der Staat 32 (1993), S. 493 ff.

13) 기초적인 논의로는 O. Bachof, Verfassungswidrige Verfassungsnormen, Tübingen, 1951 (Recht und Staat, Bd. 163/164).

14) R. Wahl, Der Vorrang der Verfassung, Der Staat 20 (1981), S. 485 ff.

15) 특히 Josef Isensee, Verfassungsrecht als "politisches Recht", in: ders./P. Kirchhof, HdbStR Ⅶ, 1992, § 162 Rn. 43; P. Badura, in: J. Isensee/P. Kirchhof, HdbStR Ⅶ, 1992, § 163 Rn. 5, Rn. 22; Chr. Gusy, Parlamentarischer Gesetzgeber und Bundesverfassungsgericht, 1998, S. 93 ff.; Chr. Starck, Verfassungsgerichtsbarkeit und Fachgerichtsbarkeit, JZ 1996, S. 1033 (1039 f.); W. Roth, Die Überprüfung fachgerichtlicher Urteile durch das BVerfG und die Entscheidung über die Annahme einer Verfassungsbeschwerde, AöR Bd. 121(1996), S. 544 (570).

16) Vgl. R. Wahl, Der Vorrang der Verfassung, Der Staat 20 (1981), S. 506 f.; M. Brenner, Die neuartige Technizität des Verfassungsrechts und die Aufgabe der Verfassungsrechtsprechung, AöR 120 (1995), S. 248 (253).

곽에 채워지는 것'(법률 등)의 부분이 아니고, '윤곽에 채워진 것'(법률 등)은 윤곽(헌법)의 특성과 다르다. 이러한 윤곽규범으로서의 헌법과 법률 간의 구별은 **입법자에게 광범위한 형성권**을 부여한다.[17]

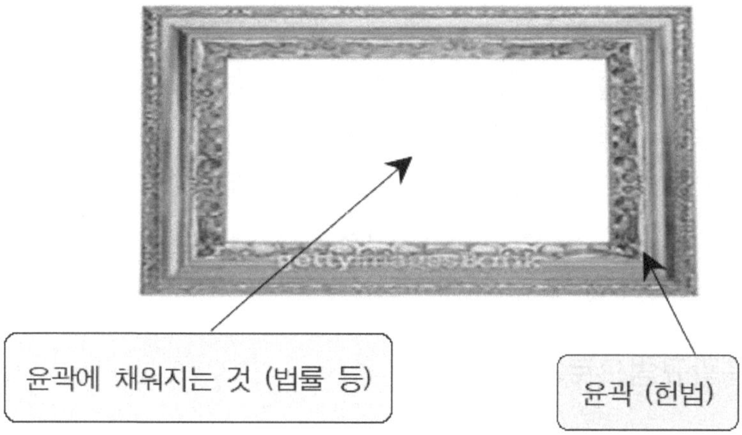

윤곽규범으로서 헌법과 법률 간의 구별은 결국 입법자의 형성권을 광범위하게 인정하게 된다.[18] 윤곽규범으로서 헌법 규정의 흠결과 모호성은 법률과 법률 하위의 법규범을 통해 구체화되고 보충된다. 헌법의 구체화 요구는 법규범 적용에 있어서 입법자에게 법형성 과제를 부여한다.[19] 헌법의 구체화 과정에서 '법규범'과 '법현실'은 법규범의 구체화 과정에서 동위(同位)적인 효과를 미치는 요인이다. 두 요인의 상호적 작용 과정에서 사실관계에서 법규범으로의 그리고 법규범에서 사실관계로의 상호적인 정밀화된 법규율과 구체화를 통해 "법규정에 의해 개별적인 사건에서 어떻게 적용되어져야 하는지"[20]를 인식하게 된다. 법규범과 법규범 관련적 사실관계는 상호간에 작용을 한다. 이러한

17) Vgl. R. Wahl, Der Vorrang der Verfassung, Der Staat 20 (1981), S. 507; 이부하, "헌법의 우위와 헌법의 이해", 『헌법학연구』, 제10집 제1호, 2004. 3, 254면.
18) Vgl. R. Wahl, Der Vorrang der Verfassung, Der Staat 20 (1981), S. 507; 이부하, "헌법의 우위와 헌법의 이해", 『헌법학연구』, 제10집 제1호, 2004. 3, 254면.
19) U. Scheuner, VVDStRL 22(1965), S. 1 (61 f.); E. Riedel, in: FS für P. Schneider, 1990, S. 382 (388).
20) F. Müller, Enzyklopädie der geisteswissenschaftlichen Arbeitsmethoden, 1972, S. 151.

점에서 여기서 논하는 헌법은 '성문헌법'과 '불문헌법'을 포함한다. 또한 관습헌법은 불문헌법에 속하게 된다. 다만, **윤곽규범으로 헌법**을 이해하게 되면 헌법과 법률 간에 구별을 강조하기 때문에, 형식적 의미의 법률과 구별하기 위해 **관습헌법의 인정요건이 엄격**하게 된다.

헌법의 구체화 과정에서 '불문헌법'이 중요하게 인식된다. 왜냐하면, 헌법의 구체화 문제는 불문헌법의 존재에 대한 인식에 영향을 미치기 때문이다. 헌법의 구체화를 위해 그 이론적 기초를 성문헌법에서 불문헌법으로 이전하려는 유혹이 자주 발생하게 된다. 문제는 명확한 성문헌법 개념과 불명확한 법개념 간을 구분하여 서열을 정한다면,[21] 불명확한 법개념과 기본적 헌법사항 및 헌법원칙 간에 경계가 불분명해진다는 것이다. 헌법에 기초하는 헌법적 가치가 명확히 설명될 수 없기 때문에 헌법 개념은 불명확하게 될 수 있는 반면, 헌법조항의 유형화를 통해 이러한 불명확성을 보완할 수 있게 된다.[22] 따라서 헌법을 '형식적 헌법'과 '실질적 헌법'으로 구분하고 각각을 유형화하는 것은 필요하다.

Ⅲ. 관습헌법

1. 관습헌법 법원(法源) 인정 여부

헌법은 '성문헌법'과 '불문헌법'으로 구분될 수 있고, 관습헌법은 불문헌법에 속한다. 그런데 법원(法源)으로서 관습헌법의 인정 여부에 대해서는 첨예한 대립이 있다. 관습헌법을 법원으로 인정하는 견해[23]도 있고, 부정하는 견해[24]

---

21) D. C. Göldner, Verfassungsprinzip, 1969, S. 39.

22) 이러한 경향으로는 Haverkate, Normtext−Begriff−Telos, 1996, S. 17.

23) O. Bachof, Verfassungsnormen, 1951, S. 44; W. Schätzel, Diskusssionsbeitrag, VVDStRL 10 (1952), S. 50 f.; H. Götz, NJW 1958, S. 1020 (1022 f.); H. Krüger, DÖV 1976, S. 613; F.−J. Peine, Systemgerechtigkeit, 1985, S. 191 ff.; F. Müller, Schweigen, in: ders., Essais, 1990, S. 172 (173 f., 185); B.−O. Bryde, in: I. v. Münch/P. Kunig, GG, Bd. 3, Art. 79, Rn. 11a.

24) H. v. Mangoldt/F. Klein, GG, Bd. Ⅲ, 1974, Art. 79, Anm. Ⅲ, 2, S. 1868 f.; Chr. Tomuschat, Verfassungsgewo hnheitsrecht? 1972, S. 81 ff.; P. Kirchhof, in: FG für BVerfG, Bd. 2, 1976, S. 50 (92); Josef Isensee, Verfassungsrecht als "politisches Recht", in: ders./P. Kirchhof, HdbStR Ⅶ, 1992, § 162, Rn. 64 Fn. 178.

도 있어 팽팽한 대립이 전개되고 있다.

관습헌법을 인정(認定)하는 입장에 의하면, 관습헌법의 성립요건으로는 ① 객관적 요건으로서 장기간의 관행, ② 주관적 요건으로서 관행의 법적합성에 대한 법공동체의 확신, ③ 형식적 요건으로서 관행의 법규범화 가능성 등을 들고 있다.[25] 이러한 성립요건을 갖춘 관습헌법은 법관법(法官法)에 대한 보충적인 법원(法源)으로서가 아니라, 독자적인 법원(法源)이 된다. 따라서 이 입장에서는 관습헌법이 법관법처럼 헌법재판소의 승인(承認)에 의해 확정되는 것이 아니라, 스스로 독립적인 법원이 되는 것이다. 또한 이 견해에서는 성문헌법에는 헌법사항을 구체적으로 모두 규정하기 불가능하고, 성문헌법에는 헌법적 가치를 갖는 사항을 규정하지 못해 흠결될 수도 있으므로 관습헌법의 필요성과 그 규범력을 인정하여야 한다는 것이다.[26]

관습헌법을 부정(否定)하는 입장에서는 첫째, '관습헌법'과 '법관법'(Richterrecht)과의 관계에서 문제가 발생한다고 본다. 관습헌법이 헌법의 구체화 법으로서 '법관법'과 중첩된다는 것을 지적한다. **법관법(法官法)이란 사법적(司法的)으로 형성된 구체화 법규범**이다.[27] 사법(司法)의 과제는 형식적 의미의 법률에는 규정되어 있지 않지만, 사법(司法)은 헌법질서에 내재되어 있는 가치나 이념을 판결을 통해 실현해야 할 과제를 갖고 있다. 법관은 법을 발견하고 실현시키는 과제를 지니고 있다.[28] 법관은 법관의 법형성을 통해 이러한 과제를 실현한다.[29] 따라서 법관법을 인정하는 입장에서는 헌법관습은 불필요하거나 이론적인 관심사일 뿐이다.[30] 또한 관습헌법과 법관법은 사회적 관점에서 중대한 차이가 있다. 관습헌법을 인정하기 위한 중요한 요소는 국민의 합의(Konsens)다. 관습헌법은 합의된 효력을 발생시키고, 소송대상에 직접적으로 효력을 미치지 않는다. 즉, 추상적인 법규범에 '관습헌법'이 영향을 미치겠지만, 구체적인 소송사건에서는

25) Heinrich Amadeus Wolff, Ungeschriebenes Verfassungsrecht unter dem Grundgesetz, 2000, S. 428.
26) 성낙인, 『헌법학』, 법문사, 2008, 20면.
27) A. Blankenagel, Tradition und Verfassung, 1987, S. 172.
28) BVerfGE 34, 269 (287).
29) 법관법과 법형성에 관해서는 남복현, "헌법재판의 기능과 법정책", 『법과 정책연구』, 제8집 제2호, 2008. 12, 277면 이하 참조.
30) M. Sachs, in: ders. (Hrsg.), GG, 1996, Einf. Rn. 11; 방승주, "수도가 서울이라는 사실이 과연 관습헌법인가?", 『공법학연구』, 제6권 제1호, 2005. 2, 157면.

'법관법'이 작용한다는 것이다. 둘째, 관습헌법을 판례상 인정하기는 결코 쉽지 않다고 한다. 독일 연방헌법재판소는 법률안의 3회독,[31] 주(州)의 사면권(赦免權),[32] 방송권[33] 등을 관습헌법으로 인정하지 않았다.[34] 셋째, 헌법해석은 성문헌법의 존재를 전제로 한 것이지, 불문의 관습헌법을 창조하는 헌법해석까지 정당화하는 직접적인 근거로 원용할 수 없다. 따라서 성문 헌법전(憲法典)의 제정을 통해 국민의 자유와 권리를 보장하고, 국가권력을 배분하며, 법치국가 원리가 내재된 성문헌법국가에서 국가생활의 기본적이고 핵심적인 헌법사항을 다루는 관습헌법을 인정·적용할 여지는 거의 없게 된다.[35]

관습헌법이란 불문(不文)헌법의 일종으로서 법공동체가 장기간 동안 법적 확신을 가지고 구속력있는 법으로서 인정하여 온 헌법적 관행의 법규범이라 할 수 있다.[36] 따라서 관습헌법이 인정되기 위해서는 '장기간의 관행'이 필요하다. 여기서 기간의 지속이 문제가 된다. 관습헌법이 되기 위해서는 장기간의 관행이 요구되는데, 일반적으로 확립된 기준으로서의 기간은 존재하지 않는다. 또한 관행의 주체는 일반적으로 국가와 관련되어 있다. 그러한 관행이 법적으로 의미있는 관행이 되어야 한다. 또한 관행의 법적합성에 대한 법공동체의 확신이 필요하다. 이는 '국민'뿐만 아니라 '국가기관'도 이러한 관행을 확신할 것을 요구한다.

헌법재판소는 헌재 2004. 10. 21. 2004헌마554·566(병합) 결정에서 관습헌법의 성립요건으로 다음의 다섯 가지 요건을 들고 있다. ① 기본적 헌법사항에 관하여 어떤 관행 내지 관례가 존재하고, ② 그 관행은 국민이 그 존재를 인식하고 사라지지 않을 관행이라고 인정할 만큼 충분한 기간 동안 반복 내지 계속되어야 하며(**반복·계속성**), ③ 관행은 지속성을 가져야 하는 것으로서 그 중간에 반대되는 관행이 이루어져서는 안 되고(**항상성**), ④ 관행은 여러 가지 해석이 가능할 정도로 모호한 것이 아닌 명확한 내용을 가진 것이어야 한다(**명료**

31) BVerfGE 1, 144 (151); 29, 221 (234).
32) BVerfGE 2, 213 (223 f.).
33) BVerfGE 12, 205 (235).
34) D. Jesch, Gesetz und Verwaltung, 1968, S. 35 (62, 69); B. Pieroth, Rückwirkung und Übergangsrecht, 1981, S. 247 (독일 법원은 관습법과 관련하여 법률유보와 소급입법금지를 적용하지 않고 있다).
35) 이종수, "관습헌법이 제기하는 헌법이론적 문제점", 『헌법판례연구』[6], 2004. 11, 65면.
36) Chr. Tomuschat, Verfassungsgewohnheitsrecht? 1972, S. 44.

성). ⑤ 이러한 관행이 헌법관습으로서 국민들의 승인 내지 확신 또는 폭넓은 컨센서스를 얻어 국민이 강제력을 가진다고 믿고 있어야 한다(**국민적 합의**).[37] 결국 헌법재판소는 관습헌법의 성립요건으로 크게 헌법사항적 관행, 관습법의 객관적 성립요건, 관습법의 주관적 성립요건 등 세 가지를 들고 있는 것이다.

헌법재판소가 내세운 관습헌법이 성립되려면, 객관적 요건으로서 장기간의 관행과 주관적 요건으로서 관행의 법 적합성에 대한 법공동체의 확신(승인)이 필요하지만, 헌법재판소는 관행의 법규범화에 대해서는 언급을 회피하거나 간과하고 있다.

또한 관습헌법의 주관적 요건으로서 헌법사항적 관행에 대한 국민의 확신이 문제된다. 수도 서울의 관습헌법성 문제에 있어서 주관적 요건을 충족하는지를 판단할 경우, 수도 서울이 '사실'인지 아니면 '관습법'이 되었는지 여부를 구분해야 한다. 일반적으로 관습 혹은 관행이 문제될 경우에는 특정한 행위의 반복이 필요한데, 수도의 문제에는 그러한 반복된 '행위'의 문제가 아닌 '사실'의 문제이다. 즉, 장기간 서울이 수도로서 기능하고 있다는 '사실'이 문제되고 있을 뿐이다.[38] 헌법재판소가 주장하는 서울의 기능에 관한 역사적 사실들에는 수도 서울이 사실인 관습이나 정책적 고려인지 아니면 일반 국민의 법적인 확신까지 얻은 규범인지를 입증할 만한 논거가 제시되지 못하고 있다. 헌법재판소의 논증은 단지 오래 지속된 사실이 법적 승인도 얻고 있을 것이라는 개연성 내지 의제(擬制)에 불과하다.[39] 따라서 아무리 긴 시간동안 관행이 반복되더라고 그것만으로 관행이 관습법으로 되는 것은 아니고, 그러한 관행이 헌법적 법익으로서 법적 확신을 부여되었다는 증거가 필요하다.

관습헌법이 성립하려면 최종적인 유권해석기관인 헌법재판소가 국민의 법적 확신이 있다는 것을 사후에 승인함으로써 관습헌법의 존재를 확인할 수 있다는 것이다. 이는 관습헌법의 형성이 헌법재판소의 '승인'(承認)을 전제로 하는 것이 된다.[40] 헌법재판소의 해석과 판단에 의해 관습법의 법원성 인정 여부가 결정되게 된다. 이는 헌법재판소의 유권해석에 의해 직접적으로 법을 창조하는 것

37) 헌재 2004. 10. 21. 2004헌마554·566(병합) 헌재결정문, 4.다.(1)(라).
38) 이영록, "수도(首都) 및 국기(國旗)에 관한 관습헌법론 검토", 『세계헌법연구』, 제11권 제1호, 2005, 262면.
39) 이영록, "수도(首都) 및 국기(國旗)에 관한 관습헌법론 검토", 263면.
40) 방승주, "수도가 서울이라는 사실이 과연 관습헌법인가?", 『공법학연구』, 제6권 제1호, 2005. 2, 157면.

으로서 입법자의 입법형성권을 침해하여 헌법재판소가 권력분립원리를 위반하는 것이다. 헌법의 흠결이나 불비의 경우, 바로 헌법재판소의 판단작용에 의해 관습헌법을 인정하기는 어려운 일이다. 관습헌법 여부에 대한 법적 확신은 국가기관도 주체가 되겠지만, 최종적 결정자는 '국민'이어야 한다. 이 경우 국민이 확신할 대상은 '구체적인 헌법적 관행의 존재'에 대한 것이어야 한다.[41]

관습헌법의 존재 자체를 부정하는 것은 어렵지만, 성문법 국가에서 헌법사항을 어떠한 것으로 규정할지 여부는 전적으로 헌법제정권자 및 헌법개정권자의 몫이다. 그런데 이러한 성문헌법에 들어갈 기본적인 헌법사항에 대하여 무제한적으로 관습헌법으로 인정한다면, 헌법 제·개정권자의 헌법제정권 및 헌법개정권은 형해화될 가능성이 높다.[42]

관습헌법의 법적 효력과 관련하여, 관습법의 비중은 점차 축소되고 있으며, 특히 공법영역에서 국가기능의 확대로 인해 성문법의 규율밀도가 높아지고 있다. 현대에 사회적 법치국가의 헌법으로 이행하면서 성문헌법은 그 규율밀도가 매우 높아지고 있다. 이러한 관점에서 관습헌법의 존재와 법원성을 인정할 여지가 없다는 견해가 있다.[43] 그러나 성문헌법 국가에서 불문헌법인 관습헌법을 인정한다고 하더라도 관습헌법의 효력은 성문헌법에 대한 보충적 효력을 지니고 있으며, 관습헌법은 성문헌법을 무효로 하거나 개폐할 수 없다.[44]

성문헌법은 다양한 정치세력 간 타협의 산물이고, 중요하고 기본적인 헌법사항을 빠짐없이 성문헌법에 규정하는 것도 불가능하기 때문에, 모든 헌법사항을 성문헌법에 담을 수 없다. 또한 성문헌법에 규율된 사항이라 하더라도 핵심적인 헌법사항이라고 말할 수 없다.[45] 헌법은 다양한 이해관계가 얽힌 정치투쟁의 과정에서 최소한의 핵심적인 사항만을 규정하고, 장래의 정치적 합의에 의해 결정될 사항은 개방해 놓는 **개방성(開放性)의 특성**을 지닌다. 이러한

41) 이부하, "헌법의 개념과 관습헌법", 한양법학 제20권 제2집, 2009. 5, 75면.

42) 남복현, "헌법재판소의 이른바 '관습헌법' 논리에 대한 비판적 분석", 『한양법학』, 제19집, 2006. 8, 11-12면 참조.

43) 전광석, "수도이전특별법 위헌결정에 대한 헌법이론적 검토", 『공법연구』, 제33집 제2호, 2005. 2, 128면; 남복현, "헌법재판소의 이른바 '관습헌법' 논리에 대한 비판적 분석", 『한양법학』, 제19집, 2006. 8, 16면.

44) 김상겸, "성문헌법국가에 있어서 관습헌법의 의미에 관한 연구", 『헌법학연구』, 제11권 제1호, 309면; K. Stern, Das Staatsrecht, Bd. I, 2. Aufl., 1984, S. 111 f.

45) 허완중, "관습법과 규범통제", 『공법학연구』, 제10권 제1호, 2009. 2, 178면.

개방성을 보완하는 방법으로 '**법률유보**'(法律留保)가 있다. 만약 헌법에 일정한 가치체계나 원리에 의해 빈틈없이 그 내용을 규율하고 있다면, 이러한 헌법은 특정한 가치체계나 원리에 부합하는 특정한 행위나 사상·세계관·종교에만 개방적이 되고, 이와 다른 행위나 사상·세계관·종교 등에 대해서는 폐쇄적이 될 것이다. 따라서 장래의 새로운 생활관계에 전혀 적응할 수 없어, 헌법의 규범력이 저하되게 될 것이다.[46]

성문헌법에 규율되지 않은 사항에 대해 헌법재판소가 유권해석으로 기본적인 헌법사항으로 해석하여 관습헌법으로 만들게 되면, 헌법재판소가 중요하다고 판단하는 사항은 기본적인 헌법사항으로 둔갑할 수 있게 된다.[47]

2. 관습헌법의 성립요건 및 그 효력 문제

(1) 관습헌법의 성립요건 구비 여부

관습헌법이란 불문헌법의 일종으로서 법공동체가 장기간동안 법적 확신을 가지고 구속력있는 법으로서 인정하여 온 헌법적 관행이라 할 수 있다.[48] 따라서 관습헌법이 인정되기 위해서는 '장기간의 관행'이 필요하다. 여기서 기간의 지속이 문제가 된다. 관습헌법이 되기 위해서는 장기간의 관행이 요구되는데, 일반적으로 확립된 기준으로서의 기간은 존재하지 않는다. 또한 관행의 주체는 일반적으로 국가와 관련된다. 그러한 관행이 법적으로 의미있는 관행이 되어야 한다. 또한 관행의 법적합성에 대한 법공동체의 확신이 필요하다. 이는 '국민'뿐만 아니라 '국가기관'도 이러한 관행을 확신할 것을 요구한다.

헌법재판소는 관습헌법의 성립요건으로 다음의 다섯 가지 요건을 들고 있다. ① 기본적 헌법사항에 관하여 어떤 관행 내지 관례가 존재하고, ② 그 관행은 국민이 그 존재를 인식하고 사라지지 않을 관행이라고 인정할 만큼 충분한 기간 동안 반복 내지 계속되어야 하며(반복·계속성), ③ 관행은 지속성을 가져야 하는 것으로서 그 중간에 반대되는 관행이 이루어져서는 안 되고(항상성),

46) 윤재만, "헌법해석의 기초", 『공법연구』, 제27집 제2호, 1999, 155면.
47) 정태호, "헌법재판소에 의하여 왜곡된 '관습헌법'의 법리", 『시민과 변호사』, 2005, 24면.
48) Chr. Tomuschat, Verfassungsgewohnheitsrecht? 1972, S. 44.

④ 관행은 여러 가지 해석이 가능할 정도로 모호한 것이 아닌 명확한 내용을 가진 것이어야 한다(명료성). 또한 ⑤ 이러한 관행이 헌법관습으로서 국민들의 승인 내지 확신 또는 폭넓은 컨센서스를 얻어 국민이 강제력을 가진다고 믿고 있어야 한다(국민적 합의).[49] 결국 헌법재판소는 관습헌법의 성립요건으로 크게 헌법사항적 관행, 관습법의 객관적 성립요건, 관습법의 주관적 성립요건 등 세 가지를 들고 있는 것이다. 이러한 경우 헌법재판소가 주장하는 관습헌법이 성립하려면, 객관적 요건으로서 장기간의 관행과 주관적 요건으로서 관행의 법적합성에 대한 법공동체의 확신이 요구되지만, 헌법재판소는 관행의 법규범화 가능성에 대해서는 간과하고 있다.

또한 관습헌법의 주관적 요건으로서 헌법관습으로서 관행에 대한 국민의 확신이 문제된다. 수도 서울의 관습헌법성 문제에 있어서 주관적 요건을 충족하는지를 판단할 경우, 수도 서울이 사실인지 아니면 관습법화되었는지 여부를 구분해야 한다. 일반적으로 관습 혹은 관행이 문제될 경우에는 특정한 행위의 반복이 필요한데, 수도의 문제에는 그런 반복된 '행위'의 문제가 아니다. 다만, 장기간 서울이 수도로서 기능하고 있다는 '사실'이 문제되고 있을 뿐이다.[50] 헌법재판소가 주장하는 서울의 기능에 관한 역사적 사실들에는 수도 서울이 사실인 관습이나 정책적 고려인지 아니면, 일반국민의 헌법적 확신까지 얻은 규범인지를 입증할 만한 논거가 제시되지 못하고 있다. 헌법재판소의 논증은 단지 오래 지속된 사실은 법적 승인도 얻고 있을 것이라는 개연성 내지 의제에 불과하다.[51] 따라서 아무리 긴 시간동안 관행이 반복되더라고 그것만으로 관행이 관습법화되는 것은 아니고, 그러한 관행이 헌법적 법익으로서 법적 확신을 부여할 만한 것이어야 한다.

관습헌법이 성립하려면 최종적인 유권해석기관인 헌법재판소가 국민의 법적 확신이 있다는 것을 사후에 승인함으로써 관습헌법의 존재를 확인할 수 있다고 한다. 이는 관습헌법의 형성이 헌법재판소의 승인을 전제로 하는 것이 된다.[52] 헌법재판소의 판단과 해석에 의하여 관습법의 법원성 인정 여부가 결

---

49) 헌재결정문, 4.다.(1)(라).
50) 이영록, "수도(首都) 및 국기(國旗)에 관한 관습헌법론 검토", 『세계헌법연구』, 제11권 제1호, 2005, 262면.
51) 이영록, "수도(首都) 및 국기(國旗)에 관한 관습헌법론 검토", 263면.
52) 방승주, "수도가 서울이라는 사실이 과연 관습헌법인가?", 『공법학연구』, 제6권 제1호, 2005. 2, 157면.

정나게 된다. 이는 해석이 직접적으로 법을 창조하는 것으로서 입법자의 입법형성권을 침해하여 권력분립원칙을 위반하게 된다. 헌법의 흠결이나 불비의 경우 바로 헌법재판소만의 판단작용에 의하여 관습헌법을 인정하기는 곤란하다. 관습헌법 여부에 대한 법적 확신은 국가기관도 주체가 되지만, 최종적 결정자는 국민이어야 한다. 이 경우 국민이 확신을 할 대상은 구체적인 헌법적 관행의 존재에 대한 것이어야 한다.

(2) 관습헌법의 효력 문제

관습헌법의 존재 자체를 부정하기는 어렵지만, 성문법국가에서 헌법사항을 어떠한 것으로 규정할지 여부는 전적으로 헌법제정권자 및 헌법개정권자의 몫이다. 그런데 이러한 성문헌법에 들어갈 기본적인 헌법사항에 대하여 무제한적인 논리로 관습헌법을 인정한다면 헌법제·개정권자의 헌법제정권 및 헌법개정권은 형해화될 가능성이 높다.[53)]

관습헌법의 법적 효력에 있어서 관습법의 비중은 점차 축소되고 있으며, 특히 공법영역에서는 국가기능의 확대로 인해 성문법의 규율밀도가 높아지고 있다. 현대 사회적 법치국가 헌법으로 이행하면서 성문헌법은 그 규율밀도가 매우 높아지고 있음을 본다. 그러한 점에서 관습헌법의 존재와 법원성은 인정할 여지가 없다는 견해가 있다.[54)] 그러나 성문헌법 국가에서는 불문헌법인 관습헌법을 인정한다고 하더라도 관습헌법의 효력은 성문헌법에 대해 보충적 효력을 지니며, 관습헌법은 성문헌법을 무효로 하거나 개폐할 수 없다.[55)]

(3) 서울이 수도라는 것이 관습헌법사항인지 여부

헌재의 결정문에 의하면, 관습헌법이 성립하기 위해서는, 첫째 해당 관습이 법률이 아니라 반드시 헌법에 의하여 규율되어 법률에 대하여 효력상 우위를 가져야 할 만큼 헌법적으로 중요한 기본적 사항이 되어야 한다고 한다. 즉

53) 남복현, “헌법재판소의 이른바 ‘관습헌법’ 논리에 대한 비판적 분석”, 『한양법학』, 제19집, 2006. 8, 11－12면 참조.

54) 전광석, “수도이전특별법 위헌결정에 대한 헌법이론적 검토”, 『공법연구』, 제33집 제2호, 2005. 2, 128면; 남복현, “헌법재판소의 이른바 ‘관습헌법’ 논리에 대한 비판적 분석”, 『한양법학』, 제19집, 2006. 8, 16면.

55) 동지: 김상겸, “성문헌법국가에 있어서 관습헌법의 의미에 관한 연구”, 『헌법학연구』, 제11권 제1호, 309면; K. Stern, Das Staatsrecht, Bd. I, 2. Aufl., 1984, S. 111 f.

실질적 헌법사항 중에서도 특히 국가의 기본적이고 핵심적인 사항으로서 법률에 의하여 규율하는 것이 적합하지 아니한 사항이 대상이 되어야 한다는 것이다.[56] 일반적인 헌법사항 중 과연 어디까지가 이러한 기본적이고 핵심적인 헌법사항에 해당하는지 여부는 일반 추상적인 기준을 설정하여 재단할 수는 없고, 개별적 문제사항에서 헌법적 원칙성과 중요성 및 헌법원리를 통하여 평가하는 구체적 판단에 의하여 확정해야 한다고 한다.[57]

성문헌법은 다양한 정치세력간의 타협의 산물이고, 중요하고 기본적인 헌법사항을 빠짐없이 성문헌법에 규율하는 것도 불가능하기에, 모든 헌법사항이 성문헌법에 규율될 수 없다. 그리고 성문헌법에 규율된 사항이라 하더라도 핵심적인 헌법사항이라 할 수도 없다.[58] 헌법은 다양한 이해관계가 얽힌 정치투쟁의 과정에서 최소한의 핵심적인 사항만을 규정하고, 장래의 정치적 합의에 의해 결정될 사항은 개방해 놓는 개방성(開放性)을 특성으로 한다. 이러한 개방성을 보완하는 방법으로 '법률유보'가 있다. 만약 헌법의 내용이 일정한 가치체계나 원리에 의해 빈틈없이 확정하고 있다면, 이러한 헌법은 특정한 가치체계나 원리에 부합하는 특정한 행위나 사상·세계관·종교에만 "개방적"이 되고, 이와 다른 행위나 사상·세계관·종교 등에 대해서는 "폐쇄적"이 될 것이다. 따라서 장래의 새로운 생활관계에 전혀 적응할 수 없어, 헌법의 규범력이 저하되게 될 것이다.[59]

그렇다고 성문헌법에 규율하지 않은 사항에 대해 헌법재판소가 유권해석으로 기본적인 헌법사항으로 해석하여 관습헌법으로 만드는 경우, 헌법재판소가 중요하다고 판단하는 사항은 기본적인 헌법사항으로 둔갑할 수 있게 된다.[60] 이 경우는 오히려 입법자의 몫으로 남겨 법률을 통해 규율하도록 함으로써 실질적 의미의 헌법으로 포함시키는 것이 타당하다.

서울이 수도라는 것이 관습헌법사항인지도 중요한 문제가 된다. 서울이 수도가 된 것은 조선 왕조 이후이다. 따라서 그 이전인 통일신라나 고려에서는

56) 헌재 결정요지 5.
57) 헌재 결정이유 4.다.(1)(다).
58) 허완중, "관습법과 규범통제", 『공법학연구』, 제10권 제1호, 2009. 2, 178면.
59) 윤재만, "헌법해석의 기초", 『공법연구』, 제27집 제2호, 1999, 155면.
60) 정태호, "헌법재판소에 의하여 왜곡된 '관습헌법'의 법리", 『시민과 변호사』, 2005년 1월호, 24면.

수도가 서울이라는 관행은 성립할 수 없다. 또한 조선시대에도 조선은 왕권국가이기에 국왕의 판단에 의한 결정으로 수도가 정해졌기에, 조선 500여년 동안 수도가 서울이라는 '국민'의 법적 확신이 존재하기 어려웠다. 일제통치기에나 미군정기에도 국민이 결정할 수 있는 상황이 아니었고, 국민의 선택이나 법적 확신은 존재할 수 없었다. 결국 1950년대 이후부터 정해진 수도가 서울이라는 인식이 불문헌법인 관습헌법화될 정도인지는 판단하기 어렵다.

관습법이 법원으로서 인정되기 위해서는 성문법에 규정이 없는 경우이어야 한다. 그런데 서울이 수도라는 사실은 '법률'인 서울특별시행정특례에관한법률[61] 제2조에 이미 규정되어 있었기에, 관습법으로 인정할 수 없게 된다. 또한 헌법재판소는 수도를 설정하는 것, 국명을 정하는 것, 우리말을 국어로 하는 것, 우리글을 한글로 하는 것, 국기를 정하는 것, 영토를 획정하는 것 등이 국가의 정체성에 관한 기본적 '헌법사항'[62]이라고 말하고 있다. 그러나 국명 등은 이미 헌법에 정하고 있으므로, 실정헌법에 해당하고, 국어, 한글, 국기, 영토 등은 우리나라의 상징이지만 이는 헌법사항이라기보다는 '법률사항'에 해당한다고 보아야 한다. 서울이 수도라는 사실이 '법률'인 서울특별시행정특례에관한법률 제2조에 규정되어 있는 것은 이미 규범적으로 서울이 수도라는 것이 '법률사항'이고 헌법사항이 아니라는 것을 입증한 것이다. 가령 수도가 서울이라는 규정을 실정헌법에 삽입할 수는 있다. 그러나 이러한 경우에도 헌법상 수도조항은 현실적 반영으로서 형식적 의미의 헌법은 될 수 있어도, 실질적 의미의 헌법은 아니라 할 수 있다.[63] 국가적 상징은 역사적으로 형성되고 역사적 지도사상을 계승하고 접목시키는 국가의 자기표현이다. 국가의 상징적 자기표현은 시각적 묘사를 통해 정치적 공동체의 동질성을 이끌며, 공통의 국가의식의 전달을 통해 통합적인 효과를 나타내는 것이다. 좁은 의미에서 국가적 상징

---

61) 1995.12.6 법률 5000호.

62) 헌법사항이라 함은 마땅히 헌법전 중에 규정되어야 할 필수적 사항, 즉 국가적 공동생활에 관한 기본적 사항을 말한다. 현대민주국가의 헌법은 국가적 공동체의 형태와 기본질서에 관한 사항, 개인의 자유와 권리에 관한 사항 그리고 정치적 통치기구에 관한 사항을 3대 주요헌법사항으로 하고 있다(권영성, 『헌법학원론』, 법문사, 2009, 10면).

63) 실질적 의미의 헌법은 헌법의 형식적 서열단계와는 독립적으로 그 내용을 지니는 것이다. 실질적 의미의 헌법은 일반적으로 베르너 케기(Werner Kägi)의 유명한 표현처럼, "국가의 기본질서"로서의 헌법으로 이해된다(W. Kägi, Die Verfassung als rechtliche Grundordnung des Staates, 1971(Nachdruck der Ausgabe von 1945)).

은 국색(國色),[64] 국기, 국새(國璽), 국가 등이 있다. 그러나 수도는 국가적 상징이 아니라, 국가를 대표하는 도시이다. 수도는 법률에 의해서 변경할 수 있는 사항이라 할 수 있다.

(4) 국민투표권의 침해 여부

또 다른 쟁점으로 헌법재판소의 다수의견이 제시하는 '수도가 서울'이고 이는 관습헌법에 해당하기에 수도이전은 헌법 제130조의 헌법개정의 방법[65]으로 행해져야 함에도 특별법인 법률의 형식으로 하는 것은 국민투표권을 침해하는 것이라고 한다.

그러나 이러한 헌법재판소의 다수의견은 문제점이 적지 않다. 헌법상 국민투표권은 헌법 제72조의 중요정책의 국민투표[66]와 헌법 제130조의 헌법개정절차에 의한 국민투표가 있다. 헌법 제72조는 "……국민투표에 붙일 수 있다"라고 규정하고 있다. 따라서 헌법 제72조의 국민투표는 그 실시여부가 대통령의 재량에 달려있다는 점에서 선택적·임의적 국민투표이다. 대통령은 헌법 제72조의 국민투표를 실시할 것인지 여부, 실시시기, 구체적 부의사항 등을 스스로 결정할 수 있다.[67]

헌법 제130조의 헌법개정절차에 의한 국민투표권을 침해했는지 여부를 판단해 보면, 헌법개정절차를 거쳐야 되는 '헌법'개정안에서 말하는 헌법은 관습헌법을 포함하는지가 중요한 관건이 된다. 헌법재판소는 "어느 법규범이 관습

64) 독일제국의 국색은 1806년까지 적색과 백색이었고, 1806년 이후에는 흑-적-금색이었다. 중국의 상(商: BC1598-1046)나라는 백색(白), 주(周: BC1046-256)나라와 한(漢)나라, 명(明)나라는 적색(赤), 진(秦)나라는 흑색(黑), 그리고 당(唐)나라와 청(淸)나라는 황색으로 국색을 정했다.

65) 헌법 제130조 ① 국회는 헌법개정안이 공고된 날로부터 60일 이내에 의결하여야 하며, 국회의 의결은 재적의원 3분의 2 이상의 찬성을 얻어야 한다. ② 헌법개정안은 국회가 의결한 후 30일 이내에 국민투표에 붙여 국회의원선거권자 과반수의 투표와 투표자 과반수의 찬성을 얻어야 한다. ③ 헌법개정안이 제2항의 찬성을 얻은 때에는 헌법개정은 확정되며, 대통령은 즉시 이를 공포하여야 한다.

66) 헌법 제72조 대통령은 필요하다고 인정할 때에는 외교·국방·통일 기타 국가안위에 관한 중요정책을 국민투표에 붙일 수 있다.

67) 헌법재판소도 "헌법 제72조는 국민투표에 부쳐질 중요정책인지 여부를 대통령이 재량에 의하여 결정하도록 명문으로 규정하고 있고 헌법재판소 역시 위 규정은 대통령에게 국민투표의 실시 여부, 시기, 구체적 부의사항, 설문내용 등을 결정할 수 있는 임의적인 국민투표발의권을 독점적으로 부여하였다고 하여 이를 확인하고 있다. 따라서 특정의 국가정책에 대하여 다수의 국민들이 국민투표를 원하고 있음에도 불구하고 대통령이 이러한 희망과는 달리 국민투표에 회부하지 아니한다고 하여도 이를 헌법에 위반된다고 할 수 없고 국민에게 특정의 국가정책에 관하여 국민투표에 회부할 것을 요구할 권리가 인정된다고 할 수도 없다"(헌재 2005. 11. 24, 2005헌마579, 483)고 판시하고 있다.

헌법으로 인정된다면 그 개정가능성을 가지게 된다. 관습헌법도 헌법의 일부로서 성문헌법의 경우와 동일한 효력을 가지기 때문에 그 법규범은 최소한 헌법 제130조에 의거한 헌법개정의 방법에 의하여만 개정될 수 있다"[68]고 판시하고 있다. 이는 성문헌법과 불문헌법인 관습헌법을 대등한 법적 근원으로서 인정하는 것으로서 관습법에 대한 성문법 우선의 원칙에 반하는 것이다. 관습헌법이 성립한다고 하더라도 성립된 관습헌법이 서열상 성문헌법과 동등한 효력을 지니는 것은 아니다. 또한 성문헌법과 동일하게 관습헌법에 위반되는 법률을 제정하려면 반드시 헌법개정절차에 따르도록 한다면, 헌법재판소가 관습헌법의 인정권한을 행사함과 동시에 헌법재판소가 헌법개정권을 행사하는 결과가 된다.[69]

헌법 제130조에 의한 헌법개정절차를 거쳐야 되는 '헌법'은 관습헌법은 포함되지 않고 형식적 의미의 헌법만을 의미한다고 볼 수 있다. 관습헌법은 헌법상 개정절차에 의해 개정되는 것이 아니라, 국민의 의사표현을 통해(예를 들면, 국민투표) 국민의 법적 확신이 존재하지 않는다는 것이 확인되면 관습헌법은 존재하지 않게 된다.[70]

68) 헌재 결정요지 11.

69) 김배원, "국가정책, 관습헌법과 입법권에 대한 헌법적 고찰", 『공법학연구』, 제5권 제3호, 2004. 12, 177-178면.

70) 이는 관습헌법의 변경은 법률에 의하여 가능하다는 의미는 전혀 아니고, 국민의 법적 확신이 중요한 요인이 된다. 수도이전의 문제가 전체 국민의 의사에 따라 결정되어야 한다고 하는 명제가 반드시 수도 확정이 헌법사항이라는 공식은 도출되지 않는다.

제 3 절 법질서의 구조와 헌법의 개념

Ⅰ. 국가의 개념과 국가에 대한 이론

1. 국가라는 용어의 발전

국가라는 용어의 발전과 의미는 여러 차례 상세하게 연구되어졌다.[1] 로마제국과 중세시대에 "res publica"는 공권력이나 강제조직으로서의 국가가 아닌, 사회공동체가 결합한 시민단체(coetus)를 의미했다. 또한 중세 후반기의 기록에 의하면, "상설적으로 구성된 단체"인 civitas, regnum, imperium, castrum 등으로 통용되었다. 16세기부터 그 개념은 좁혀지게 되었다.[2] 그러나 19세기까지 국가는 다른 의미로 다양하게 표현되면서 중세시대의 구조를 지칭하였다.[3] 동시에 여러 학문적인 논쟁에도 불구하고 근대의 근대국가에 걸맞는 국가의 개념이 설정될 수 있는지와 통치권을 지닌 그 밖의 모든 거대한 단체를 "통치단체"로 지칭할 수 있는지 여부는 부차적인 문제가 되었다.[4]

근대국가의 특성은 난해한 문제일 수 있다. "국가란 법규범하에서 다수의 인간의 통합체"라고 기술하는 임마누엘 칸트(I. Kant)의 국가에 대한 정의[5]는 정확히 문제해결에 도움이 되지는 않았다. 다수의 인간을 하나로 통합한다는 것은 피상적인 표현일 뿐만 아니라, 다수의 비국가적 단체에도 적용되는 표현인 것이다.[6]

200년 전에 독일제국 헌법에 관한 저서에서 헤겔(G. W. F. Hegel)이 발전시킨 국가의 개념은 비록 칸트의 노선을 밟고 있지만, 다수의 독창적 내용을 담

1) Kern, Moderner Staat und Staatsbegriff, 1949; Ehmke, FG Smend, 1962, S. 23 (27 f.); Mager, Zur Entstehung des modernen Staatsbegriffs, 1968; Weinacht, Staat, 1968; Bärsch, Der Staatsbegriff in der neuen deuschen Staatslehre und seine theoretischen Implikationen, 1974.
2) Mager, Zur Entstehung des modernen Staatsbegriffs, 1968, S. 414 f.
3) Quaritsch, Staat und Souveränität, 1970, S. 33.
4) Quaritsch, Staat und Souveränität, 1970, S. 35; Otto Brunner, Land und Herrschaft, 5. Aufl., 1965, S. 111 ff.
5) Immanuel Kant, Metaphysik der Sitten, Metaphysische Anfangsgründe der Rechtslehre, 1797, § 45 (zit. nach Bd. Ⅵ, S. 313 der Akademie-Textausgabe, 1907 [Nachdruck 1968]).
6) Georg Jellinek, Allgemeine Staatslehre, 3. Aufl., 1914 (Siebenter Neudruck 1960), S. 161 f.

고 있었다. "인간 결합체가 재산 전체에 대한 공동체적 방어를 위해 공존할 때, 이러한 인간 결합체를 국가"라 칭할 수 있다고 한다.[7] 이 정의개념은 '재산'에 국한한 것이라는 매우 한정적 의미가 있다. 그러나 헤겔(Hegel)의 주장은 단순히 방어적 의도만으로는 충분하지 않고, 사실상의 권력과 "실제상의 방어"를 고려했다는 것은 주목할 만하다.[8] 이렇게 진척된 단초들은 "도덕적인 사상의 실제"로, "본래 이성적인 것"으로, "객관적인 정신"[9]으로 설명되고, 매우 위험하게도 '국가신격화'에 정신적 기초를 둠으로써 이후에 헤겔에 의해서 주장되지 않았다.

칸트의 단초들과 부분적으로 헤겔의 단초들은 오스트리아의 국가법학자인 한스 켈젠(Hans Kelsen)에 의해 계속적으로 계승 발전되었다. 켈젠(Kelsen)의 이론에 의하면, 국가와 법질서를 동일시하고 있다.[10] 따라서 국가는 어떠한 불법을 저지를 수 없게 된다. 또한 "순수법학"은 순수한 국가학으로서 묘사하고, 그 한도 내에서 모든 국가학은 국가법학이 되며 그러한 경우에만 가능했다.[11]

2. 학설상 국가개념에 관한 이론

(1) 국가 3요소론

국가의 여러 요소에 관한 본질적인 사고가 이미 초기의 입헌주의적 국가법 교과서에서 발견된 이후,[12] 결국 옐리네크(G. Jellinek)는 이중의 국가개념(사회적 국가개념, 법적 국가개념)을 배경으로 국가개념을 더욱 발전시켜 이론화하

---

7) Georg Wilhelm Friedrich Hegel, in: Mollat (Hrsg), Die Vefassung des Deutschen Reichs (1801/1802), 1935, S. 14.

8) Georg Wilhelm Friedrich Hegel, in: Mollat (Hrsg), Die Vefassung des Deutschen Reichs (1801/1802), 1935, S. 14 f.("인간결합체가 국가를 형성한다는 것은 인간결합체가 공통의 방어와 국가권력을 형성하기 위해 필수적이다.")

9) Georg Wilhelm Friedrich Hegel, Grundlinien der Philosophie des Rechts, 1821, § 257 f.(zit. Lasson, Ausgabe sämtlicher Werke, Bd. Ⅵ)

10) Hans Kelsen, Hauptprobleme der Staatsrechtslehre, 1911, S. XⅥ; Hans Kelsen, Reine Rechtslehre, 2. Aufl., 1960, S. 289 ff.

11) Hans Kelsen, Allgemeine Staatslehre, 1925, S. 47 ff.

12) K. E. Schmid, Lehrbuch des gemeinen deutschen Staatsrechts, 1821, S. 11; v. Aretin/ v. Rotteck, Staatsrecht der constitutionellen Monarchie, 2 Aufl., 1838, S. 1 ("국가는 안정된 법상태의 광범위한 향유를 위해 사회공동체의 주권하에서 특정한 지역의 자유로운 인간의 결합체이다").

였다. 사회적 의미에서의 국가는 "원래의 통치권을 지니고 거주하는 인간의 정돈된 집단통일체"를 지칭하였다.[13] 반면, 법적인 국가개념은 국가의 필수적 3요소를 지니는 국가를 지칭하였다. 즉, 옐리네크(G. Jellinek)의 견해에 따르면, 국가는 '국가영역', '국민' 그리고 '국가권력'(원전에서는 '통치자의 권력'을 지칭함[14])이라는 3요소로 특징지울 수 있다.[15] 이는 국가가 일정한 영역에서 그곳에 주거하는 인간과 국가권력 간에 관계가 있다는 면에서 정당하다. 또한 **국가 3요소론**은 국가의 존재론적 측면의 반영을 매우 중요시하고 있다.

그러나 국가 3요소론은 정치적 통일성의 형성과 국가창조의 복잡한 과정을 소홀히 하고 단지 개별적이고 정적인 동인(動因)만을 총합하였다는 비판을 받을 수 있다.[16] 또한 국가 3요소론은 어떤 영역이 국가영역으로 되는지, 어떤 단체가 국민으로 되는지, 어떤 권력이 국가권력으로 되는지에 대한 어떠한 대답도 제시하지 못하고 있다. 더욱이 국가 3요소론은 이 3가지의 이질적인 요소들이 어떻게 하나의 통일성을 갖는지를 설명해 주지 못하고 있다. 즉, 국가 3요소론은 개별적인 부분요소들만 설명하고 있을 뿐, 각각의 요소들이 어떻게 결합하고 하나로 되는지를 설명하지 못하고 있다. 이러한 국가의 통일성은 영역적인 성격을 지니거나 윤리적인 성격을 지니는 것도 아니며, 또한 권력의 개념으로서 온전히 파악될 수도 없게 된다.[17]

국가 3요소론은 개별 요소에 대해서도 비판할 수 있다. 옐리네크가 상정하는 '국가권력'은 통일적이고 권력이 독점된 것을 전제로 설명하는데, 오늘날 국가결정권자가 다양하게 증가하면서 국가권력의 통일성은 담보될 수 없게 되었다.[18] 또한 옐리네크가 말하는 '국민'은 배타성과 통일성을 갖춘 국민인데, 연방의 국민, 주(州)의 주(州)민, 지방자치단체의 주민(住民) 등 다양한 소속간의 충돌이 일어나고, 2개국 이상의 국적 취득자가 발생하여 배타적인 국민성을

---

13) Georg Jellinek, Allgemeine Staatslehre, 3. Aufl., 1914 (Siebenter Neudruck 1960), S. 180 f.
14) Georg Jellinek, Allgemeine Staatslehre, S. 394–434, S. 183 (Der Staat ist die mit ursprünglicher Herrschermacht ausgerüstete Körperschaft eines seßhaften Volkes, oder …).
15) Georg Jellinek, Allgemeine Staatslehre, S. 174 ff., 394 ff.
16) J. Isensee, Staat und Verfassung, in: ders./P. Kirchhof, HdbStR Bd. I, 2. Aufl., 1995, § 31; H. Krüger, Allgemeine Staatslehre, 2. Aufl., 1966, S. 145 f.
17) Ekkehart Stein, Staatsrecht, 16. Aufl., S. 13.
18) Udo Di Fabio, Das Recht offener Staaten, 1998, S. 125 ff.

추구할 수 없게 되었다. 옐리네크의 국가영역은 국민이 주권국가에 정주하는 한계설정의 역할을 하는데, 적어도 유럽연합(EU)에서는 국가영역 간의 한계설정이 무의미하게 되었다.

(2) 법질서로서의 국가

19세기 국가학의 무질서와 함께, 순수한 법실증주의에 대한 포기상태에서 켈젠(H. Kelsen)은 옐리네크(G. Jellinek)의 국가의 이중성에 대항하였다.[19] 법의 규범성만을 방법상 전제하는 내용상 순수법학을 지향하기 위해,[20] 법 이외의 요인을 설명하는 모든 요소들을 법개념의 영역에서 제외시켰다. 켈젠(H. Kelsen)에 의하면, 법인격으로서의 국가를 규범적 질서의 형성으로만 개념정의할 수는 없고, 국가를 법질서와 동일시한다.[21] 또한 켈젠(H. Kelsen)의 극단적 법실증주의는 법질서의 효력근거를 근본규범(Grundnorm)에 두고 있다.[22]

(3) 법인으로서의 국가

19세기 초기에 근대 '국가'라는 개념이 통일적으로 사용되었다.[23] 따라서 논리적으로 국가를 전제로 해서만 국가법(헌법)이 정립될 수 있었다. 그런데 옐리네크(G. Jellinek)의 국가 3요소론은 국내법적인 권리와 의무라는 문제에 직면하면 어떠한 내용도 제시하지 못하게 된다. 옐리네크의 국가학의 기술적인 개념형성이 국가의 '현실'(실제)을 파악하려고 하기 때문에, 국가개념을 국가'법'적인 측면에서 파악하는 데는 비생산적이게 된다. 이러한 틈새를 공략한 이론이 '법인'으로서의 국가론이다.

민법에서는 인적 다수(등록 단체, 유한회사, 주식회사 등) 또는 재산(재단법인)의 법적 주체성을 예전부터 당연한 것으로 인정했다. 권리와 의무가 합유자 전원에게 귀속되는 합유와는 달리, 법인은 그 구성원이 각각의 권리와 의무의 담당자가 되는 것이 아니라, 법을 통해 법인 자체가 새로운 권리능력의 귀속주체

---

19) Hans Kelsen, Der sozialogische und der juristische Staatsbegriff, S. 118.
20) Hans Kelsen, Reine Rechtslehre, 2. Aufl., Wien 1960.
21) Hans Kelsen, Allgemeine Staatslehre, S. 14 f., 16 ff.
22) Hans Kelsen, Reine Rechtslehre, S. 197.
23) Weinacht, Staat, 1968, S. 233 ff.

가 된다.[24)]

19세기에 법인으로서의 국가론은 상당한 파급력을 지녔다. 법인설은 그 당시 통설로서 간주되고 있었다.[25)] 법인으로서의 국가로 이해하려면, 자연인으로서의 통치권자와 국가는 분리되며, 통치권자에게 국가기관의 지위를 부여해야 한다.[26)] 법인은 법의 목적물로서 스스로 행동할 수 없고, 법인은 사회적 현실에 효과적으로 작용하기 위해 '기관'[27)]을 필요로 한다. 국가는 공적 과제를 실현할 권한 및 권리와 의무를 법적으로 귀속시키는 다양한 공법상 법인으로 구성되어 있다.[28)]

법인으로서 국가라는 특성은 특별한 의미를 부여하고 있다.[29)] 이는 국가의 제1의 봉사자로 지위가 변경된 통치권자로부터 국가가 해방된다는 취지에서 결정적인 진일보를 한 것이라 할 수 있다. 법제도로서의 국가 및 법적 규율에 기속되는 국가로 이해하는 것이 가능해졌다. 그러나 그 당시 통치권자에 대한 포괄적이고 효율적인 법기속은 독일에서 20세기까지 강력한 장애로 인해 방해되었다. 관념적·도덕적 질서로서의 국가라는 철학적인 기반에 기초한 해석 및 헌법재판권 등 통제기관의 부재가 중요한 장애요소라 할 수 있다.

이러한 법인으로서의 국가이론은 논란의 여지가 있다.[30)] 역사적 측면에서 국가발전의 방향으로 향하는 것을 불쾌하게 여겼던 그 당시 국가학 주류가 국가를 하나의 유한회사라는 사고영역에서 고찰하려고 한 것이다.[31)] 또한 공법상 법인의 종류는 수많은 국가이론에 더 이상 부합하지 않게 되었다. 법인으로서의 국가이론은 국가가 주권을 소유하고 있듯이, 권리와 의무의 소유자로서의 국가에 대한 모델로서만 고려될 수 있다.[32)]

더욱이 통치권자의 독재가 존재하고 통치권자의 의지에 좌우되도록 통치

---

24) Jörn Ipsen, Staatsrecht I, 11. Aufl., 1999, S. 4 ff.
25) E.-W. Böckenförde, in: FS für H. J. Wolff, S. 287 ff.
26) E. Albrecht, Rezension über Maurenbrechers Grundsätze des heutigen Staaatsrechts, 1962, S. 4.
27) '기관'(ο ρ γ α ν ο ν)은 어원상 '도구'를 의미한다. 기관은 법인을 통해 행위능력을 부여받은 다름 아닌 '도구'이다(K. Stern, Staatsrecht Ⅱ, S. 342).
28) Zippelius/Würtenberger, Deutsches Staatsrecht, 31. Aufl., 2005, § 1 S. 13.
29) Otto Mayer, FG Laband, 1908, S. 59.
30) E.-W. Böckenförde, in: FS für H. J. Wolff, S. 287 ff.
31) 이러한 견해를 주장하는 학자는 H. Krüger, Allgemeine Staatslehre, S. 785.
32) Jörn Ipsen, Staatsrecht I, 11. Aufl., 1999, S. 5 f.

권자가 스스로 이를 이용했다.[33] 사소한 예외도 인정하지 않는 상황에서, 통치권자는 민주적인 정당성을 획득하지 못했다. 국민주권원리와 법치국가원리 사이에는 해결불능의 모순이 존재하였다. 이로 인하여 독일 국가법의 발전은 20세기에 이르기까지 결정적으로 장애를 겪었다.

(4) 국고(國庫)로서의 국가

통치권과 주권 사이 및 재산권과 통치권 사이를 구별하는 법인설은 적어도 인정되고 있었다. 부득이하게 독일 절대주의 시대에 보편적으로 인정된 것처럼, 국가와 국가의 재산은 통치권자의 재산이라고 더 이상 간주될 수 없게 되었다. 이제부터는 '국고'로서의 국가가 수많은 도로, 교량, 운하, 성, 극장, 농지, 삼림, 광산, 양조에 대해 제한된 소유권자가 되었다. 통치권자의 재산 또는 군주의 사유재산의 몫으로 중요한 일부분을 할당하여 통치권자인 군주에게 바쳤고, 시민들의 사유재산을 군주가 인정해 주었다. 이러한 상황을 그 당시의 국가법학자들이 법적 감정을 통해 지원해 주었다. 동시에 독일은 본래 예전의 연방의 주(州)들을 그대로 유지하였는데, 이는 독일이 대부분의 시민국가가 경험했던 성공적인 시민혁명을 거치지 않았기에, 바로잡지 못했기 때문이다. 그러나 국고는 청구의 대상자, 즉 예를 들면, 군주집행권의 기관의무 침해로 인해 청구의 채무자가 되었다. 이를 '국고이론'이라 한다.[34] 국고이론은 신의 은사라는 절대성하에서는 생각할 수 없었다. 신의 행위는 어떠한 불법도 존재할 수 없기 때문이다.

(5) 민족국가

국가공권력의 필수적 내용을 명확히 규정하는 것은 더 이상 지지를 받지 못하고 있었다. 내용적 중요성을 더욱 강조함으로써 민족국가로의 국가적 발전을 초래했다. 독일에서 민족국가의 사고는 "신격화와 계시록" 사이에서 단절되고 동요되었다.[35] 국가간 비교를 통한 민족국가의 사고는 비로소 1871년에

33) 자세한 설명은 Ehmke, FG Smend, 1962, S. 35 f., 39 참조.
34) R. Zippelius, Allgemeine Staatslehre, 13. Aufl., 1998, § 13.
35) Merten, VVDStRL 55 (1996), S. 7, 25.

기원하였고, 다시 새롭게 1990년에 발생하였으나, 여전히 불충분하였다. 근본적인 개혁의 필요성과 관련하여 동독 영역의 통일이 매우 중요한 문제가 되었다. 독일 기본법이 민족국가를 지지하는지 여부[36]와 동서독의 재통일에 있어서 민족국가를 금기시할 어떠한 근거도 없는지 여부[37]는 불명확하다. 적어도 민족국가의 사고는 국가의 법적 내용을 위해 어떠한 단초도 제공하지 못하였고, 국가업무를 민영화하거나 공법적 기관에 위임하는 데 있어서 한계를 정할 수도 없었다.[38]

(6) 지역 자치단체로서의 국가

개별 국가통치의 형태는 오랫동안 인적 관계로서 이해되었다. 국가통치는 개별적 사람 또는 단체와 관련되었고, 물적으로 제한될 수 있었으나, 특정한 지역의 모든 주민이 필수적인 것으로 이해되지는 않았다. 따라서 같은 지역에 다양한 통치권자의 통치권이 상호간 존재할 수 있었다. 근대에 이르러서야 비로소 국가의 통치권은 구분되고 제한된 지역과 관련있다는 생각이 지지기반을 얻었다. 국가는 인적 결합에서 지역적 결합으로, 지역 자치단체로 발전해 나갔다. 이제는 더 이상 원칙적으로 누구도 주인이 두 명인 신하가 될 수 없었다. 동시에 로마법으로부터 인용된 개념인 res publica(공적인 것)라는 개념 대신에, '상태'나 '신분'이라는 의미에서 모호한 의미를 지니는 '법적 지위'라는 개념으로 점차 사용되었다. 국가가 지역 자치단체로서 인식되는 것은 국가의 주권이 특정한 지역(공간)에 국한되어 행사되기 때문이었다.[39]

(7) 권력 독점권자로서의 국가

법적으로 강제수단을 지니는 기관을 둘 수 있다.[40] 이는 이미 막스 베버(Max Weber)가 국가에 대한 설명에서 큰 의미를 부여하며 기술하고 있었다.

---

36) Murswiek, HStR Ⅷ, § 201 Rn. 52 f.
37) Merten, VVDStRL 55 (1996), S. 25.
38) U. Scheuner, Die staatliche Intervention im Bereich der Wirtschaft, VVDStRL 11 (1954), S. 239.
39) v. Unruh/Greve, Grundkurs Öffentliches Recht, 4. Aufl., 1991, S. 20 f.
40) Merten, Rechtsstaat und Gewaltmonopol, 1975, S. 31; Isensee, FS für Eichenberger, 1982, S. 23, 27.

"사회학적 고찰의 입장에서 보면, '정치적' 단체인 국가가 무엇을 하는지의 그 내용을 가지고 국가를 정의할 수는 없다."[41] "국가의 특징은 오직 독점권한이 부여된 물리적 강제성에 있다."[42]

근대 국가사상은 국가의 법형식에 있어서 국가권력의 기속적 결정권을 한 곳에 집중시켰다. 항상 통일적으로 행사되는 것을 전제하고 있지만, 국가의 집중된 권력독점과 그에 대한 균형간의 미세조정의 변화속에서 정치적 권력행사는 자제되었다.[43] 그러나 국가권력 각각의 개별적 행사가 모두 국가에게 유보되어 있지 않다. 정당방위, 긴급피난, 자력구제, 저항권 등은 오래전부터 국가가 아닌, 개별국민에게 인정된 예외사항이었다. 사적(私的)인 권력행사의 허가(예를 들면, 행정권에 의한 민영화)는 국가의 특성과 국가의 생존권을 전체적으로 포기함없이 국가는 매우 제한적으로 실행할 수 있다.[44]

(8) 현실적 의사결합체로서의 국가

스멘트(Rudolf Smend)의 이론에 의하면, 국가는 한편으로는 그 존속이 다른 권력체에 의존하지 않는 유일한 단체이고,[45] 다른 한편으로는 국가 자신의 보편적인 질서과제를 위해 존재하는 필수적 단체이다.[46] 국가는 사회적 현실이자 동시에 법적인 규범체이다.[47] 그러나 스멘트(R. Smend) 이론에 있어서 무엇보다도 국가개념의 현실적·사실적 측면이 중요하다. 국가의 사실성 측면에서 국가는 숙명적인 사실이 아닌, 특별한 설명이 필요한 '문화적 산물'[48]이다.

스멘트(R. Smend)의 입장에서 국가와 관련하여, 국가가 존재한다는 인식론보다는 국가라는 현실의 실제상 문제에 관심이 있었다. 국가의 현실은 모든 정신적 생활의 현실 그 자체와 마찬가지로 계속적인 쇄신과 확장을 요한다.[49] 따

---

41) Max Weber, Staatssozialogie (1918–1920), Hrsg. von Winckelmann, 1956, S. 27.

42) Max Weber, Politik als Beruf, 2. Aufl., 1926, S. 8.

43) E.–W. Bökenförde, Sozialer Bundesstaat und parlamentarische Demokratie, in: Jekwitz(Hrsg.), Bundesstaatliche Ordnung und Finanzverfassung, FS für F. Schäfer, 1980, S. 182 ff.

44) Merten, Rechtsstaat und Gewaltmonopol, S. 56 f.; Jeand'Heur, AöR 119 (1994), S. 107 (115 f.).

45) Rudolf Smend, Verfassung und Verfassungsrecht, 1928, S. 195.

46) R. Smend, Verfassung und Verfassungsrecht, S. 196.

47) R. Smend, Verfassung und Verfassungsrecht, S. 134 f.

48) R. Smend, Verfassung und Verfassungsrecht, S. 134.

라서 이를 일컬어 스멘트(R. Smend)는 '현실적 의사결합체로서의 국가'라 부른다.

스멘트(R. Smend)에 의하면, 국가는 정적인 전체가 아니라, 개별적인 생활들이 계속 새로워지고 계속 형성되는 가운데서 존재한다고 한다. 이러한 국가의 생활과정을 "통합"이라고 말한다.[50] 이러한 통합의 3가지 유형으로 인적 통합,[51] 기능적 통합,[52] 사물적 통합[53]으로 나누어 설명한다. 스멘트(R. Smend)가 추구하는 국가의 통일성은 "정신적" 성격이다. 국가의 국민은 상호간에 공통적으로 생활하기를 원하고 국민의 행동은 이러한 공동생활을 목표로 하고 있다.

스멘트(R. Smend)에 있어서 국가는 통합과정이며 기존의 고정된 실체가 아니기에 국가와 사회의 이원론을 부정하게 된다. 즉 국가가 사회구성원의 생활의 유동적인 혼합과정이라고 보는 이상, 사회를 규제하는 국가관념은 생각할 수 없게 된다. 또한 스멘트의 통합이론은 1871년 제국시대의 국가를 통한 연방국가의 통합을 의미하는 것이었다. 즉, 스멘트가 주장하는 통합이론에서는 통합의 수단으로서의 연방국가로 이해된다.[54] 이는 단일국가에 있어서는 이미 완성된 일이기에 더 이상 의미가 없게 된다.

스멘트(R. Smend)의 이론은 국가를 동화적 통합과정으로 파악한 결과, 국가의 유동적인 측면만을 강조하고 일체의 정적인 요소를 국가의 본질에서 배제하려 하기 때문에 오히려 통합을 저해하는 방향으로 흐를 가능성이 있다. 그리고 모든 이해관계의 차이를 극복하고 하나된 동화적 통합의 과정은 국가조직에서 뿐만 아니라, 모든 조직단체의 생성·존립에 필수불가결한 요소임에는 틀림없으나, 동화적 통합 그 자체가 곧바로 국가의 핵심적인 본질이라고 보기에는 어렵다는 문제점이 있다. 결국 스멘트(R. Smend)의 주장은 모든 조직단체의 본질에 관한 사회학적 설명은 될 수 있어도, 국가의 본질에 관한 법이론으로는 부적당하다고 할 수 있다.

---

49) R. Smend, Verfassung und Verfassungsrecht, S. 16−17.
50) R. Smend, Verfassung und Verfassungsrecht, S. 18.
51) R. Smend, Verfassung und Verfassungsrecht, S. 142 ff.
52) R. Smend, Verfassung und Verfassungsrecht, S. 148 ff.
53) R. Smend, Verfassung und Verfassungsrecht, S. 160 ff.
54) R. Smend, Verfassung und Verfassungsrecht, S. 223 ff., 229 ff.

(9) 정치적 통일체로서의 국가

슈미트는 국가의 보호하에서 개개 국민은 자신의 안전을 보장받으며, 개개 국민은 국가권력에 절대적으로 복종할 것을 주장한다.[55]

슈미트(Carl Schmitt)에 있어서 국가는 한 국민의 특정한 상태, 즉 국민의 정치적 통일체이다.[56] 국가는 자유와 문화적 발전에 있어서 기본적 요구를 보장하기 위한 목적달성을 위하여, 헌법제도상 공적으로 '**우·적이론**'(Feund-Feind-Theorie)에 기초하여 친구와 적을 구별하고,[57] 이러한 구별을 통해 하나의 정치적 통일체로서 국가[58]가 성립한다. 국가는 예외적이고 극단적인 상황에서 적과 동지를 결정할 수 있는 주권자이다.[59]

결국 슈미트의 입장에서 보면, 전 지구상의 민족과 종교와 계급이 하나로 통합되면, 적과 동지의 구별은 없어지고 국가도 존재하지 않게 된다. 또한 슈미트에 있어서 국가는 인간의 의지와 전혀 관계없이 이미 주어진 것이며, 국가의 정당성은 국민으로부터 도출되지도 않는다. 또한 슈미트(C. Schmitt)는 '어떻게 국민이 정치적 통일체로 존재하게 되었는가' 라는 문제는 도외시하고 있다. 그리고 국가는 일반적으로 헌법을 전제로 하기에 국가의 헌법은 국민의 의사가 결집된 계약의 결과일 수 있는데, 슈미트(C. Schmitt)는 국가를 결단의 산물로 보는 한계가 있다.

(10) 작용통일체로서의 국가

헬러(Hermann Heller)는 국가가 어떻게 하면 "다양하게 실현하면서 동시에 통일적으로 작용하는"[60] 것으로 이해할 수 있는가라는 물음에 대한 답을 제시

---

55) C. Schmitt, Der Wert des Staates und die Bedeutung des Einzelnen, Tübingen, 1914, S. 85 ff. 이에 관한 설명은 칼 슈미트(김효전 옮김), 헌법의 수호자, 법문사, 2000; 유스투스 하스하겐 外(김효전 옮김), 칼 슈미트 연구, 세종출판사, 2001; 칼 슈미트(김효전 옮김), 합법성과 정당성, 교육과학사, 1993; 성정엽, "칼 슈미트의 국가개념", 공법연구 제27집 제1호, 234면 이하 참조.

56) C. Schmitt, Verfassungslehre, 1928(1954, Neudruck), S. 3 f., 205.

57) E.-W. Böckenförde, Der Begriff des Politischen als Schlüssel zum staatsrechtlichen Werk Carl Schmitts, in: ders. (Hrsg.), Recht, Staat, Freiheit, Suhrkamp, 1991, S. 345.

58) E.-W. Böckenförde, Der Begriff des Politischen, S. 346.

59) E.-W. Böckenförde, Der Begriff des Politischen, S. 346.

60) H. Heller, Staatslehre, in: ders., Gesammelte Schriften, Bd. 3, Leiden 1971, S. 149.

한다. 인과적이고 규범적인 동기의 변증법적 관계는 모든 문제에 종국적으로 유효하며 경우에 따라서는 실정법에 결정적인 작용을 할 수 있는, '주권'이라는 특성을 지닌 '작용통일체'이자 '결정통일체'로서 국가를 이해한다.[61] 실존적 권력통일체로서의 국가가 주권을 지닌 질서통일체로서의 국가로 된다.

사실의 영역에서 법규율에 독립적인 개개 국가는 특정한 통치권자에 복종하는 사회적 질서구조라고 한다.[62] 그 사회적 질서는 현실적 조직통일체를 위하여 특정한 사람들의 의지(意志)합의체로서 존재한다. 또한 사회적 질서는 통치질서를 조건으로 한다.[63] 사회적 현실에 존재하는 작용통일체 및 결정통일체는 당위규율로서의 법질서에서 자신의 의지를 변화시킨다.[64]

헬러(H. Heller)에 의하면, 국가는 현실적 행위와 관련되며 단지 관념적 통일체가 아니라, 인과적으로 작용하는 통일체다. 작용통일체로서의 국가권력은 권력자의 행위나 권력복종자의 행위에 귀속될 수 없다. 작용통일체로서의 국가권력은 모든 참여자의 공동작용에 의해서만 설명되고, 공동작용에만 귀속된다.

(11) 자유 실현의 조건으로서의 국가

정치적 조직체로서의 국가는 폭력행위에 의한 자유의 침해에 대하여 개별 국민의 보호를 위해 필수적이다. 무질서한 사회에서 폭력에 의한 자유의 침해는 국가의 합법적 권력행위의 독점권에 의거하여 방어되고, 국가내의 평화상태와 자유실현의 전제로서 안전을 이룩하려는 법과 판결로 통제된다. 더욱이 정치적 조직체는 개별적으로는 실현불가능하나 개별적인 삶의 조건과 공동체를 위해 존재할 필요성이 있는 공동체의 성과를 실현하는데 필수적이다. 결국 국가는 국민의 자유의 존속과 실현을 위한 조건인 법의 보장을 위해 필수적이다.[65]

국가는 국가 자체의 존속만을 위해서가 아니라, 자유 실현을 위한 필수조건이 된다. "모든 사람을 보호하기에 충분히 강한 자는 또한 모든 사람을 억압

---

61) H. Heller, Die Souveränität – Ein Beitrag zur Theorie des Staats– und Völkerrechts –, in: ders., Gesammelte Schrift, Bd. 2, Leiden 1971, S. 125, 185.

62) H. Heller, Die Souveränität, S. 58.

63) H. Heller, Die Souveränität, S. 62.

64) H. Heller, Staatslehre, S. 345.

65) E.–W. Bökenförde, Freiheit und Recht, Freiheit und Staat, in: ders., Recht, Staat, Freiheit, Suhrkamp, 1991, S. 51.

하기에도 충분히 강하다."(Thomas Hobbes) 그렇기 때문에 국가작용이 국민의 자유에 초점이 맞추어지도록 하고, 각각의 국가권력의 담당자가 자의적으로 국가권력을 행사하지 않게 하기 위하여 예방책이 필요하다. 물론 이러한 예방책은 국가권력을 무효화하거나 폐지하는 것을 통해 달성할 수 없다. 왜냐하면, 국가권력은 평화조성과 자유보장을 위한 필수적인 조건이기 때문이다. 조직적이며 절차적인 방식의 예방책은 국가의 공권력이 근본적인 목적과 한계에 기속되며, 타당한 방법으로 선별되고 균형을 이루며, 규정된 절차와 책임과 통제에 의거하여 행사될 경우, 실현가능하며 현실화된다. 이를 통해 달성될 수 있는 자유보장은 절대적인 것은 아니지만, 비교적 최적이라 말할 수 있다. 왜냐하면, 인간의 공동생활의 결과로서 발생하는 자유침해에 대한 절대적인 보호는 존재할 수 없기 때문이다.[66]

이러한 방식으로 국가가 자유보장을 위해 실현할 수 있는 예방책은 국가의 권력독점 외에 사실상의 구별, 다양한 국가작용을 조직적 및 인적으로 분리하고 균형화하는 권력분립, 특히 법원의 독립성 보장, 국가작용을 기속적으로 제한하는 자유의 승인, 국가권력 행사의 효과적인 통제기구, 자유로운 언론(언론의 자유와 정보의 자유 및 알 권리) 및 여론 등이다.[67]

정치적 의사형성과 국가작용에 있어서 개개 국민의 참여는 조직적·절차적 예방책 못지않게 중요하다. 국가내에서 자유실현 및 국가를 통한 자유실현은 타인이나 국가의 침해로부터 보호를 의미할 뿐만 아니라, 국가적 규범에 규정되고 일반화된 국가작용을 개개 국민에게 실현하는 것이다. 개개 국민의 자기결정권은 국가의사(즉, 국가결정권과 국가과제실현)를 형성하고 행사하는데 수용되어진다. 이를 위한 방법은 국가작용에 대해 국민의 구별되고 선별된 참가와 참여이다. 국민의 참가와 참여는 여러 가지의 형태로 실현된다. 분권과 자치, 일반적인 사건을 해결하고 처리하는 행태를 관찰하여 형성된 국민의 여론을 법규화함과 국민여론의 작용가능성, 국가작용의 여러 단계에서 정치적 조직의 구성에 있어서 시민의 참여, 그리고 공직에 대한 자유로운 접근 등이 특히 중요하다.[68]

---

66) E.-W. Böckenförde, Freiheit und Recht, Freiheit und Staat, S. 52.
67) E.-W. Böckenförde, Freiheit und Recht, Freiheit und Staat, S. 52.
68) E.-W. Böckenförde, Freiheit und Recht, Freiheit und Staat, S. 53.

자유를 보장하고 실현하는 국가의 과제는 다양하다. 그러한 국가의 과제는 자유의 실현가능성과 실현을 위한 국가의 필요성을 입증하는 이유가 된다. 따라서 국가의 과제의 범위와 한계가 중요하게 된다. 국가는 국민의 자유와 국민의 안전을 보호할 책임이 있다. 이는 개개 국민의 주관적 자유로서 법적 자유의 보장 및 주관적 자유의 인정 가능성에 초점이 있다. 이는 특히, 자유보장을 위한 법과 관련하여 가능한 한 현재의 법적 상태를 요구하는 형성임무의 전환을 의미한다. 그 기준은 특정한 자유실현과 기본적 이익에 대한 실제적인 강도에 있지 않고, 자유 그 자체에 있다. 국가의 책임은 모든 개개 국민의 완전한 자유실현과 개인적 권리발현을 고양시키는 것과 관련된다.[69]

(12) 소 결

국가는 법적 실체지만, 국가법학의 능력을 넘어서기 때문에 법규범을 초월하여 나타나게 된다.[70] 따라서 국가는 '현실세계'와 '규범세계'에 동시에 존재한다.[71]

스멘트(R. Smend)는 국가를 개별적인 생활들이 계속 새로워지고 계속 형성되는 생활과정인 '통합'(Integration)으로 이해했다.[72] 즉, 국가를 '**통합과정**'으로 보았다. 칼 슈미트(C. Schmitt)는 국가를 국민의 '정치적 통일체'로 생각했다.[73] 또한 헤르만 헬러(H. Heller)는 국가를 주권을 지닌 '작용통일체'이자 '결정통일체'로 이해했다.[74] 이손제(Josef Isensee) 교수는 국가를 "정치 시스템의 불연속성에서 법적으로 조직화되고 책임지는 연속체"라고 주장한다.[75] 사견(私見)으로 '국가'란 "하나의 헌법질서 내에서 '의사결정 공동체'이자 '운명 공동체'[76]"라 정의하고자 한다.

---

69) E.-W. Böckenförde, Freiheit und Recht, Freiheit und Staat, S. 53 f.

70) Georg Jellinek, Allgemeine Staatslehre, 3. Aufl., 1914 (Siebenter Neudruck 1960), S. 174 ff., 182 f.

71) J. Isensee, Der Staatlichkeit der Verfassung, in: O. Depenheuer/Chr. Grabenwarter (Hrsg.), Verfassungstheorie, 2010, Rn. 75.

72) R. Smend, Verfassung und Verfassungsrecht, S. 18.

73) C. Schmitt, Verfassungslehre, 1928(1954, Neudruck), S. 3 f., 205.

74) H. Heller, Die Souveränität – Ein Beitrag zur Theorie des Staats– und Völkerrechts –, in: ders., Gesammelte Schrift, Bd. 2, Leiden 1971, S. 125, 185.

75) J. Isensee, Der Staatlichkeit der Verfassung, in: O. Depenheuer/Chr. Grabenwarter (Hrsg.), Verfassungstheorie, 2010, Rn. 13.

76) Yvo Hangartner, Grundzüge des schweizerischen Staatsrechts, 1982, S. 22 f.

3. 국가 3요소설 평가

'국민'은 국가권력에게 정당성을 부여하는 주체로서 기능한다. 또한 '국가영역'은 헌법의 효력이 미치는 범위와 관련된다. 국가와 관련된 요소들을 법적으로 연구한 **옐리네크**(Georg Jellinek)는 **국가 3요소설**을 주창하였다.[77] 옐리네크(G. Jellinek)의 국가 3요소설은 모든 국가에 공통되는 요소를 담고 있다. 국제법상 국가 개념에 기초하고 있는 3요소설은 이상적인 근대국가의 모델로서 갖추어야 할 요소와 특징으로서의 3요소('**국가영역**', '**국민**', '**국가권력**')가 필요하다는 것이다. 국가 3요소설은 특정 헌법의 효력이 적용되어야 할 '영역적 범위', '인적 단체', '국가권력'을 지칭하기 위한 법이론이다. 문제는 국가 3요소설이 국가의 본질(내용)을 설명하지 못한다는데 있다.[78] 즉, 어떤 영역이 국가영역인지, 어떤 인적 집단이 국민이 되는지, 어떤 권력이 국가권력으로 인정되는지에 대해서는 설명하지 못하고 있다.[79] 즉, 국가 3요소설은 국가의 외형적인 특징만 언급하지, 국가의 본질(실체)과 내용이 무엇인지에 대해서는 설명하지 못한다.

4. 국가와 사회의 관계

헌법이론에서 **국가·사회 이원론**(二元論)은 오랫동안 논쟁거리였다.[80] 역사적으로 군주의 집행권으로서의 '국가'(Staat)와 이러한 '국가'로부터 자유로운 사적(私的) 영역인 '사회'(Gesellschaft)를 구분해 왔다.

국가·사회 일원론(一元論)은 스멘트(R. Smend)의 '통합론'[81]과 관련이 있다. 스멘트(R. Smend)는 국가와 사회 간을 구별하지 않고, 사회공동체의 현실을 설명하면서 '국가의 현실'과 '사회의 현실'을 동일시하였고,[82] 국가를 '현실의

77) Georg Jellinek, Allgemeine Staatslehre, 3. Aufl. 1914, S. 174 ff., 394 ff.

78) 장영수, "헌법총강에 대한 헌법개정", 『공법연구』 제34집 제4호 제2권, 2006. 6, 85면.

79) 이부하, "헌법상 국가의 개념과 내용", 『한양법학』 제23집, 2008. 6, 360면.

80) 국가와 사회의 관계에 대하여는 서경석, "국가와 사회 : 이원론과 일원론", 『헌법학연구』 제8집 제3호, 2002. 9, 7면 이하; 이부하, "국가와 문화적 기본권 – 독일의 국가·사회 이론과 관련하여 –", 『세계헌법연구』 제14권 제1호, 2008. 3, 183면 이하.

81) 스멘트의 통합론에 관하여는 이부하, "사회통합과 헌법 - 스멘트의 통합론을 분석하며 –", 『세계헌법연구』 제16권 제3호, 2010. 8, 1면 이하; 볼프강 슐르흐터(김효전 역), "루돌프 스멘트의 통합이론에서의 생명으로서의 국가", 『유럽헌법연구』 제18호, 2015. 8, 521면 이하.

82) E.-W. Böckenförde, Die Bedeutung der Unterscheidung von Staat und Gesellschaft im demokratischen

사회적 구조'로 설명했다.[83] 또한 스멘트(R. Smend)는 "국가는 지속적으로 개별적인 생활들이 계속 새로워지고 계속 형성되어가는 과정(process)이다. 국가는 매번 반복되는 일종의 국민투표(Plebiszit)에 의해 생존한다. 국가생활의 핵심적 과정, 즉 핵심적 실체는 '통합'이다."[84]라고 기술하였다. 국가와 사회 간의 구분에 의해서가 아니라, 국민에 의한 '민주적 정당성' 제공과 국민의 공적 생활에 참여와 국가공동체의 공익 실현을 통해 국가는 기본권을 보장하게 된다.[85]

'국가'와 '사회'의 대립적 구별 내지 이원론(二元論)을 살펴보면, '단체' 문제로 귀결된다.[86] 오늘날 헌법상 민주주의원리에 의거하면, 모든 국가권력은 국민의 의사에 근원하여 '민주적 정당성'을 부여받아야 하기 때문에, 국가와 사회의 이원론(二元論)은 그 의미가 사라지게 되었다.[87] 오늘날 헌법이론에서는 '국가'와 '사회'의 대립적 구별에 의해서가 아니라, '국가'와 '국민' 간 구별에 의해 헌법적 문제를 해결한다.

'국가'의 개념과 '사회'의 개념에 관해 새롭게 바라본다. '사회'란 기본권으로 정당화된 사적 및 공적 생활의 발현 총체라 할 수 있다. 그에 반해, '국가'란 기본권 보장의 담당자이자 기본권보호의무를 수행하는 국가 공권력이다. 국가 공권력은 국민의 의사에 의해 정당화되고, 국민의 참여와 협력에 의해 생성된다. 민주주의는 기본권적 정당성과 민주적 정당성 간의 상반관계에서 존재한다.[88] 따라서 국가는 이중적 개념을 지닌다. '협의'의 의미에서 국가는 국가 공권력으로서 사회에 대한 보충적 존재이다. '광의'의 의미에서 국가는 국가와 사회가 밀접하게 관련되어 있고, 기본권 보장과 국가행위의 기본권 기속성이 부과된 공동체라 할 수 있다.[89]

Sozialstaat der Gegenwart, in: Recht, Staat, Freiheit, 1991, S. 209 ff.

83) R. Smend, Verfassung und Verfassungsrecht, in: ders., Staatsrechtliche Abhandlungen, 2. Aufl. 1968, S. 119 (160, 165 f.).

84) R. Smend, Verfassung und Verfassungsrecht, S. 136.

85) R. Smend, Verfassung und Verfassungsrecht, S. 136.

86) H. Ehmke, Staat und Gesellschaft als verfassungsrechtliches Problem, in: Staatsverfassung und Kirchenordnung, Festgabe für Rudolf Smend, 1962, S. 23 (24 f.).

87) H. Ehmke, Staat und Gesellschaft als verfassungsrechtliches Problem, S. 23 (42 ff.).

88) Josef Isensee, Grundrechte und Demokratie, in: ders., Recht als Grenze, 2009, S. 13 ff.; Christian Starck, Grundrechtliche und demokratische Freiheitsidee, in: HStR Bd. Ⅲ, 3. Aufl. 2005, § 33 Rn. 1 ff.

89) J. Isensee, Subsidiaritätsprinzip und Verfassungsrecht, 2. Aufl. 2001, S. 149 ff., 365 ff.

5. 바람직한 국가상(像)의 정립

헌법의 실현과 관련성 있는 법적 존재는 '국가'다. 헌법 규범은 국가생활에서 실현되고, 헌법의 효력은 비(非)법적인 전제조건에 크게 좌우된다.[90] 옐리네크(G. Jellinek)는 정치적 생활의 현실과 관련하여, 국가를 다음과 같이 설명하고 있다. "국가형태의 구체적 결정, 최상위의 국가기관 간의 관계, 헌법의 존속 내지 변천에 공권력이 미치는 효과 문제가 발생할 때, 이러한 문제는 기본적인 법제도를 형성한 정치세력의 세밀한 평가 하에서 해결책을 찾을 수 있다."[91] 또한 시이예스(E. J. Siéyès)는 "국가권력은 헌법에 의해 정당화되어야 한다."[92]고 기술하였다. 헌법의 과제는 국가권력이 민주적 정당성을 갖추고, 권력분립적으로 구성되며, 법치국가원리에 의거하여 행위하도록 제한하고 조정하는데 있다. 국가의 전통적인 과제는 법제정과 법집행의 권한과 절차, 권력분립의 국가조직, 민주주의적 법질서, 기본권적 기속, 법치국가의 정착 등이다.[93]

헌법전(憲法典)에는 헌법의 대상을 직접 규정하지 않고 있다. 헌법에는 '국가', '국민', '대한민국' 등 전형적인 용어만 사용된다. 민주주의원리, 법치국가원리, 사회국가원리 등의 헌법 운영의 원리는 직·간접적으로 표현되고 있으나, 국가의 기본질서를 위해 필요한 이상적이고 계획된 국가상(像)은 헌법에 규정하기 어렵다.[94]

헌법이론에서는 헌법과 관련성이 있는 국가상(像)을 논의하고 있다. 헌법이론에서는 헌법에서 규율하는 대상인 '국가'를 어떠한 방법으로 그리고 어느 정도 규율해야 하는지에 대해 논의하고 있다. 국가상(像)의 헌법이론적 재정립을 위해서 '불문헌법'(不文憲法)을 깊이 있게 연구하는 작업이 필요하다. 권력분립원리[95]와 관련하여, 전통적 삼권분립적 사고를 넘어서서 헌법상 수평적 분

90) Martin Kriele, Grundrechte und demokratischer Gestaltungsspielraum, in: HStR Bd. V, 2. Aufl. 2001, § 110 Rn. 65 ff.

91) Georg Jellinek, Allgemeine Staatslehre, 3. Aufl. 1914, S. 16.

92) Emmanuel Joseph Siéyès, Einleitung zur Verfassung. Anerkennung und erklärende Darstellung der Menschen- und Bürgerrechte(1789), in: ders., Politische Schriften 1788-1790, 1975, S. 239 (250).

93) Herbert Krüger, Allgemeine Staatslehre, 1964, S. 820 ff.; Stefan Haack, L'état-qu'est-ce que c'est?, Der Staat 49 (2010), S. 129 ff.

94) Josef Isensee, Staat und Verfassung, in: ders./P. Kirchhof, HdbStR Bd. Ⅱ, 3. Aufl. 2004, § 15 Rn. 137 ff.

95) 이에 관해서는 강승식, "위헌심사기준으로서의 권력분립원리 - 미국 연방대법원 판례를 중심으로 -", 『미국헌법연구』 제28권 제3호, 2017. 12, 1면 이하; 이부하, "권력분립원리의 재고찰", 『법학논고』 제55집,

립 및 수직적 분립의 의미를 실현해야 한다.[96)]

Ⅱ. 국가와 관련된 헌법이론

1. 국가와 관련된 헌법이론의 과제

(1) 헌법이론의 과제

헌법전(憲法典)에는 '국가'에 관한 내용이 규정되어 있지 않다. 이러한 상황에서 헌법해석자는 '선이해'[97)](先理解)를 반영하고, 축적하여 '헌법이론'을 활용하여 이해하는 자세가 필요하다.[98)] '헌법'은 국가를 형성하지만, 헌법은 자신의 대상인 '국가'에 의해 형성된다. 헌법이론에서는 '민주적 정당성'[99)] 요청을 최적으로 충족시켜 주어야 하며, 일반적인 헌법적 이해를 견지할 수 있는 민주적 정당성 모델을 설계할 수 있어야 한다. 개인의 자유는 무(無)제한적이나 민주적 정당성을 필요로 하는 국가(國家) 공권력의 행사는 필연적으로 제한적이다.[100)] 이로 인해 개인은 본래 자유를 가지는 반면, 국가 공권력은 이로 인해 국민에 대해 의무를 진다. 따라서 국가 공권력 행사의 '민주적 정당성'은 국민의사(意思)에서 나온다. '민주적 정당성'은 자연법상 선험적 명령이 아니라, 헌법상 이론에 의해 도출된다.[101)] 헌법이론의 과제는 헌법국가의 법이론이 결실맺을 수 있도록 법개념과 법원칙을 개발하고 계승하는데 있다.

2016. 8, 1면 이하.

96) Klaus Stern, Das Staatsrecht der Bundesrepublik Deutschland, Bd. Ⅱ, 1980, S. 531 ff.; Udo Di Fabio, Gewaltenteilung, in: HStR Ⅱ, 2004, §27 Rn. 11 ff., 14 ff., 64 ff.

97) 선이해(先理解)에 관해서는 양천수, "법해석학의 철학적 기초 – 가다머의 철학적·존재론적 해석학을 중심으로 하여 –", 『강원법학』 제49권, 2016. 10, 825면 이하; 김용태, "헌법해석의 특징", 『고려법학』 제49권, 2007. 10, 604면 이하.

98) Alexander Schmitt Glaeser, Vorverständnis als Methode, 2004, S. 288.

99) 헌법재판소의 민주적 정당성에 관하여는 이부하, "헌법의 수호자로서 헌법재판소의 민주적 정당성", 외법논집 제42권 제2호, 2018. 5, 209면 이하.

100) Carl Schmitt, Verfassungslehre, 1954, S. 126 f.: 이를 법치국가적 '배분원칙'(Verteilungsprinzip)이라 한다.

101) Andreas Voßkuhles, Die Renaissance der Allgemeinen Staatslehre im Zeitalter der Europäisierung und Internationalisierung, JuS 2004, S. 4.

(2) 헌법이론에서 국가 논제

헌법실무에서는 헌법원리에 의거하여 국가 개념을 사용하기 때문에, 국가 개념과 관련하여 헌법원리 문제는 거의 발생하지 않는다. 이러한 상황에서 헌법재판소의 헌법해석 독점권과 헌법재판권의 확대 및 강화가 '헌법재판소' 실증주의로 발전하여 결국에는 '헌법' 실증주의가 만연하게 되었다.[102] '헌법재판소' 실증주의 내지 '헌법' 실증주의로 인해 '국가'라는 논제를 완전히 봉쇄해서는 안 된다.

헌법실무와 헌법해석학에서 국가에 대한 논증이 필수적이기 때문에, 헌법이론은 이러한 헌법실무와 헌법해석학에 의존하는 경향이 크다. 헌법이론의 주요 과제는 헌법규정에 대한 학문적인 헌법해석에 있다고 보기 보다는, 헌법해석을 지도하는 선이해(先理解)를 심사숙고하여 체계적으로 법이론화하는데 있다. 헌법이론의 과제는 개별 헌법률의 형태와 내용, 그 대상과 조건을 인식할 수 있도록 법 이전(以前)에 '이론적 틀'인 '국가'에 대한 논증에 있다.

2. 국가와 헌법의 관계

(1) 국가의 대체물로서 헌법(?) 내지 민주주의(?)

'헌법'은 전도유망(前途有望)한 것이지만, '국가'는 진부(陳腐)한 것으로 여기는 견해가 있다. "국가는 회전바퀴와 청동도끼 옆에 위치하고 있으며, 유물박물관에 보관되어 있다."[103]라고 표현하고 있다. 국가를 논할 때, 국가가 진부한 유물이라고 생각하는 것은 초국가적 및 탈국가적 체제로의 전환을 염두에 둔 견해이다.[104] 국가를 국가적 차원에서 이해하는 사람은 헌법적 논의를 등한시하는 국가주의자로 낙인받기 쉽다.[105] 국가의 개념적 붕괴를 통해 전통적인 국

102) Matthias Jestaedt, Verfassungsgerichtspositivismus, in: Otto Depenheuer et al. (Hrsg.), Nomos und Ethos, 2002, S. 183 ff.

103) Friedrich Engels, Der Ursprung der Familie, des Privateigentums und des Staates (1884), in: ders., Studienausgabe Bd. 3, 1973, S. 15 (141).

104) G. Teubner, Globale Zivilverfassungen: Alternativen zur staatszentrierten Verfassungstheorie, ZaöRV 63(2003), S. 1; Thomas Vesting, Die Staatsrechtslehre und die Veränderung ihres Gegenstandes, VVDStRL 63 (2004), S. 41 (58 ff.).

가 관념에서 벗어나서 학문적 국가 체계를 재구성할 수 있다는 견해도 존재한다.[106] 한편, 국가 개념이 상당히 불명확하고 방법론적으로 개방되어 있다고 비판하는 반면, 다른 한편에서는 사회와 국가를 분리하여 이분화된 개념으로 이해하거나, 국가와 비(非)국가 이외의 다른 대체물이 존재하지 않음을 비판하기도 한다.[107] 헌법학의 논제로서 '국가'를 제외하고, 민주주의원리, 법치국가원리 등 개별적 헌법원리만 연구하려는 입장도 있다.[108]

국가를 '민주주의'로 대체할 수 있다는 견해[109]는 독일 제2제국 때부터 독일 국가법학에서 주장된 것으로서, 독일의 역사적 과오(過誤)를 지우기 위한 이론이다. 이 견해는 군주제 국가에서 의회적 요소를 제거하여 이론을 구성함으로써, 국가를 행정권으로만 축소하는 국가 개념이다.[110] 이러한 견해는 민주주의원리에 반할 수 있다.

국가법(Staatsrecht) 연구는 헌법(Verfassungsrecht) 연구로 연결된다.[111] 헤벌레[112](P. Häberle)는 '국가' 개념을 대체하는 '헌법' 개념을 사용하였다.[113] '헌법'은 자유를 연상시키지만, '국가'는 권력, 법적 강제, 주권, 위계질서 등을 연상시키기 때문이다. 그러나 국가는 자유 실현을 위한 조건이며, 국가를 헌법으로 대체할 수 있는 것도 아니다. 국가(國家)는 헌법이론의 중요한 '논제'(論題)이자 '대상'(對象)이다.[114]

'국가'는 '헌법'의 규율대상이다. 국가는 미완성된 존재이며, 헌법에 의해 형성되며 헌법에 의해 그 생명력이 유지된다. 헌법(憲法)은 국가를 형성하고,

105) Jens Kersten, Georg Jellinek und die klassische Staatslehre, 2000, S. 5 f., 9 f., 343 ff.

106) Michael Stolleis, Staatsrechtslehre und Politik, 1996, S. 20.

107) Christoph Möllers, Staat als Argument, 2000, S. 432.

108) Oliver Lepsius, Braucht das Verfassungsrecht eine Theorie des Staates?, EuGRZ 2004, S. 370 (378 ff.).

109) Karl D. Bracher, Staatsbegriff und Demokratie in Deutschland, PVS 1968, S. 2 ff.

110) Karl D. Bracher, Staatsbegriff und Demokratie in Deutschland, PVS 1968, S. 2 ff.; Chr. G. Krockow, Staat, Gesellschaft, Freiheitswahrung(1972), in: E.-W. Böckenförde (Hrsg.), Staat und Gesellschaft, 1976, S. 432 ff.

111) E.-W. Böckenförde, Die Eigenart des Staatsrechts und der Staatsrechtswissenschaft, in: Festschrift für Hans-Ulrich Scupin, 1983, S. 317 (318 f.); Klaus Stern, Das Staatsrecht der Bundesrepublik Deutschland, Bd. 1, 2. Aufl 1984, S. 7 ff., 10 f.

112) 헤벌레의 헌법이론에 관해서는 이계일, "헤벌레(P. Häberle)의 '공적 과정으로서의 헌법이론'에 대한 법철학적 고찰", 『공법학연구』 제12권 제4호, 2011. 11, 255면 이하.

113) Peter Häberle, Staatsbürgerschaft als Thema einer europäischen Verfassungslehre, in: Festschrift für Martin Heckel, 1999, S. 725 (734).

114) J. Isensee, Staat und Verfassung, in: ders./P. Kirchhof, HdbStR Bd. Ⅱ, 3. Aufl. 2004, § 15 Rn. 46 ff.

국가행위를 지도하며, 국가기관에게 '민주적 정당성'[115]을 부여한다. 반면, 국가는 헌법의 내용과 헌법의 효력범위를 결정한다. 헌법의 규범성은 국가와 분리하여 논할 수 없다. 헌법은 국가의 본질적인 구성요소이기 때문이다. 국가와 헌법은 상호 분리하여 논할 수 없으며, 각자 독자적으로 존재할 수도 없다.

(2) 국가법학의 위기(危機)

국가와 헌법 간 관계에 관한 논쟁은 헌법학의 기원과 전통에 관한 문제를 유발시켰다. 즉, 헌법학은 일반 국가법학의 전통을 이어받아야 하는가? 에 관한 문제이다.[116] 헌법이론의 대상으로서 '국가'는 헌법이론의 창시자들도 불안정한 것으로 생각되었다. 스멘트(R. Smend)의 헌법학 이론은 국가법학의 '위기'에서 출발하였다.[117] 슈미트(C. Schmitt)는 일반 국가법학을 넘어 '헌법학'으로 옮겨가는 경향을 띠었다.[118] 독일에서 일반 국가법학의 전통에 대해서는 오래 전부터 논쟁이 되어왔다. 일반 국가법학은 지금까지 계속해서 존속해 왔고, 생명력을 유지해 왔다.[119] 국가법학의 체계적 정립은 근대에 들어서면서 부터다.[120] '헌법국가'[121]에 중점을 두는 최근 국가법학 연구는 헌법이론의 '소재'와 '방법'에 관심을 갖게 되었다.[122]

(3) 국가행위와 헌법유보

국가행위는 헌법에 위반되어서는 안 된다. 헌법에는 국가기관의 권한과

---

115) 민주적 정당성에 관하여는 허완중, "민주적 정당성", 『저스티스』 통권 제128호, 2012. 2, 132면 이하; 허완중, "헌법재판소의 민주적 정당성", 『헌법학연구』 제18권 제3호, 2012. 9, 559면 이하; 이부하, "헌법의 수호자로서 헌법재판소의 민주적 정당성", 『외법논집』 제42권 제2호, 2018. 5, 209면 이하.

116) Martin Morlok, Was heißt und zu welchem Ende studiert man Verfassungstheorie?, 1988, S. 23 ff.; Helmut Willke, Ironie des Staates, 1996, S. 7; Walter Leisner, Antithesen-Theorie für eine Staatslehre der Demokratie, JZ 1998, S. 861 (862).

117) R. Smend, Verfassung und Verfassungsrecht, S. 121 ff.

118) Carl Schmitt/Ludwig Feuchtwanger, Briefwechsel 1918-1935, Rolf Rieß (Hrsg.), 2007, S. 213.

119) Hans Herbert von Arnim, Ist Staatslehre möglich?, JZ 1989, S. 157 ff.; Udo Di Fabio, Die Staatsrechtslehre und der Staat, 2003, S. 77 ff.; Christoph Gusy, Brauchen wir eine juristische Staatslehre?, in: JöR 55 (2007), S. 41 ff.

120) Gunnar Folke Schuppert, Staatswissenschaft, 2003, S. 17 ff.; Gunnar Folke Schuppert, Staat als Prozeß, 2010, S. 89 ff., 115 ff., 137 ff.

121) 헌법국가(Verfassungsstaat)에 대해서는 Udo Di Fabio, Der Verfassungsstaat in der Weltgesellschaft, Mohr Siebeck, 2001 참조.

122) Martin Kriele, Einführung in die Staatslehre, 6. Aufl. 2003, S. 312 ff.

기본권에 해당되지 않는 것을 규정하지 않는다.[123] 원칙적으로 국가행위는 헌법에 명시적인 근거규정을 요구한다.[124] 이를 '**헌법유보**'[125](憲法留保)라 한다. 즉, 국가권력의 행사를 위해서는 일반적으로 헌법유보를 필요로 한다. 헌법은 국가권력 행사를 위한 법적 근거와 기준이 되기 때문이다.[126] 따라서 헌법이 명시적으로 허용하지 않는 것은 국가에게 금지된다.

독일 연방헌법재판소는 "독일 기본법은 국가의 모든 행위가 헌법적 위임을 필요로 한다는 사고에 기초하지 않는다. 오히려 공익을 위해 행위하는 국가는 일반적 권한에 기초하여 행위하지만, 형식적 제한뿐만 아니라 실질적 제한을 받고 있다. 이러한 상황에서 헌법상 규정되어 있지 않은 것은 헌법상 위임을 결여한 것이 아니라, 국가적 행위의 헌법적 한계에 기인한 것이"라고 판시하였다.[127] 따라서 헌법이 명시적으로 금지하지 않는 것은 원칙적으로 국가에게 허용된다.

---

123) Adolf Arndt, Umwelt und Recht, NJW 1963, S. 24 (25).

124) Josef Isensee, Der Vorbehalt der Verfassung, in: Festschrift für Walter Leisner, 1999, S. 359 ff.

125) 헌법유보에 관하여는 이부하, "헌법유보와 법률유보", 『공법연구』 제36집 제3호, 2008. 2, 201면 이하.

126) Helmuth Schulze-Fielitz, Staatsaufgabenentwicklung und Verfassung, in: Dieter Grimm (Hrsg.), Wachsende Staatsaufgabensinkende Steuerungsfähigkeit des Rechts, 1990, S. 9 (14 ff., 20 ff., 26 ff., 31 ff.).

127) BVerfGE 98, 218 (246).

제 3 장

방어권(防禦權)과 관련한 기본권 심사

제 1 절 기본권 기본개념과 구성요건이론

Ⅰ. 기본개념

기본권[1](基本權)과 관련한 기본적 개념을 정립하고 이해할 필요가 있다. 이를 전제로, 기본권 심사과정에서 필요한 심사구조와 내용들을 이해할 수 있다. 먼저 기본권의 침입, 기본권의 제한, 기본권의 침해 등을 구별해 보고, 다음으로 기본권의 보호영역, 기본권의 규율영역, 기본권의 구성요건 등의 개념을 살펴보도록 한다.

1) 기본권(基本權; Grundrechte; fundamental Rights)을 정의내리기 어렵다. 인권은 시간적인 면에서 영구불변의 효력을 지니나, 기본권의 효력은 시간적으로나 장소적으로 제한되어 있으며, 기본권은 보편적인 효력을 갖는 인권에 이념적 기반을 두지만, 기본권은 헌법에서 인정하는 국민의 권리라고 정의할 수 있다. 이처럼 형식적 의미의 '기본권'이 인권과 개념 범위가 반드시 일치하지 않는다. 또한 기본권의 효력근거는 실정헌법이지만, 인권의 효력근거는 학설에 따라 다르지만 사회적 실효성이나 자연법 또는 사회적 도덕규범에서 찾을 수 있다. 따라서 기본권과 인권은 그 적용영역과 효력근거에 차이가 있고 구별될 수 있다.

1. 기본권 침입, 기본권 제한, 기본권 침해

기본권 침입[2](Eingriff), **기본권 제한**[3](Schranke), **기본권 침해**(Verletzung) 등이 구별가능한 개념인지를 살펴본다. 이러한 개념 중 침입과 제한은 표현은 다르지만 동일한 의미로 해석하는 견해도 있다.[4] 그러나 기본권 침입과 기본권 제한 및 기본권 침해는 구별할 필요성이 있다.

기본권 침입(Eingriff)은 기본권의 보호영역(保護領域)과 관련된 개념이며, 기본권의 보호영역에 대한 '입법적 제약'(gesetzgeberische Einschränkung)을 말한다.[5] 기본권의 침입이란 중립적이며 무차별적인 성격을 지니며, 현 상태로는 비교형량을 거칠 경우 그 결과가 어떻게 나올지 아직 결정되지 않은 상태이다.[6] 따라서 기본권의 침입(Eingriff)은 국가 공권력이 기본권에 대해 개입 또는 침투하여 기본권의 보호영역을 제약하는 것을 말한다.[7] 기본권의 보호영역 심사는 기본권에 의해 보호되는 대상을 확정하며, 기본권의 침입 심사에서는 기본권이 보호받아야 할 국가 공권력의 행위 내용을 규명한다.[8]

이에 비해, **기본권 제한**(Schranke)은 기본권의 보호영역이 확정된 이후에 어떠한 국가의 공권력이 기본권의 보호영역 내에 침투한 경우에 문제된다. 기본권의 제한은 기본권의 내용과 효력범위에 있어서 법률의 규율목적과 기본권의 보호법익 간 형량의 결과로 나타난다.[9] 반면, **기본권 침해**(Verletzung)는 국가 공권력에 의한 기본권의 제한(制限)이 헌법상 정당화되지 않는 위헌적(違憲的) 제한을 말한다.[10] 헌법상 기본권의 침해로 판단되면, 이렇게 침해된 기본

---

2) 기본권의 침입(Eingriff)에 관하여 여러 용어가 사용되고 있다. 기본권의 '침입'을 기본권의 '제한'과 동일하게 보아 '제한'으로 사용하거나, 기본권의 '제약'이라 사용하기도 한다. 그러나 기본권제약(Grundrechtsbeeinträchtigung)은 별도의 명칭이 있으므로, 여기서는 기본권의 '제한'(Schranke)과 구별한다는 의미에서 기본권의 '침입'(Eingriff)으로 사용하기로 한다.

3) 기본권의 제한(Schranke)에 관한 독일 헌법상 용어로는 Beschränkung, Einschränkung, Beeinträchtigung, Begrenzung, Verkürzung 등이 있다.

4) Pieroth/Schlink, Grundrechte – Staatsrecht Ⅱ, Rn. 207 f. 참조.

5) P. Lerche, Schutzbereich, Grundrechtsprägung, Grundrechtseingriff, HdBSR V, 2000, Rn. 8.

6) 변무웅, "헤르베르트 베트게의 기본권 제한", 한양법학 제13집, 2002. 12, 11면 각주 22.

7) H. Bethge, Der Grundrechtseingriff, in: VVDStRL 57 (1998), S. 7 ff.: 베트게는 기본권침입(Eingriff)에 대해 ① 국가적 책임인 자유제약(국가권력에 의한 자유권의 담보기능과 정당화 부담)으로서, ② 방어권 지향적인 법제도로서, ③ 입법, 행정, 사법의 모든 국가기능의 행위로서 설명한다.

8) 최갑선, "자유권적 기본권의 침해여부 판단구조 및 판단기준", 헌법논총 제10집, 406면.

9) Josef Isensee, Das Grundrecht als Abwehrrecht und das staatliche Schutzpflicht, in: ders./P. Kirchhof (Hrsg.), HdbStR V, 2000, § 111 Rn. 54.

권을 헌법상 어떻게 보호할지 여부의 문제가 대두된다.

2. 기본권 구성요건, 기본권 보호영역, 기본권 규율영역

기본권 구성요건(Grundrechtstatbestand), 기본권 보호영역(Schutzbereich), 기본권 규율영역(Regelungsbereich)이 개념상 어떠한 차이가 있는지 살펴보기로 한다. 먼저, **기본권 '규율영역'**이란 기본권이 보호하는 생활영역과 기본권이 보호하지 않는 생활영역을 포괄하는 생활영역 전체를 말한다.[11]

(1) 기본권 보호영역

기본권 보호영역(Schutzbereich)[12]이란 국가가 해당 기본권에의 침입(Eingriff)이 정당화되려면 헌법상 침입과 관련하여 요구되는 형식적·실질적 요건을 충족해야 하는 영역을 말한다.[13] 이러한 기본권 보호영역은 원칙적으로 법률상 법익형량에 의해서 개별적으로 확정되는 것이 아니라, 헌법해석(解釋)에 의해 그 보호영역이 확정된다.[14] 만약 입법자가 법률로 기본권의 보호영역을 규정하게 된다면, 입법자를 포함한 국가권력이 기본권에 기속되어야 한다는 헌법 제10조 제2문이나 헌법 제37조 제2항의 규정은 존립 자체가 무의미하게 된다. 즉, 기본권의 보호영역을 법률로 규정하게 된다면, 기본권의 제한 이전 단계에

10) Pieroth/Schlink, Staatsrecht Ⅱ – Grundrecht, Rn. 223.

11) Pieroth/Schlink, Staatsrecht Ⅱ – Grundrecht, Rn. 195 ff.; P. Lerche, HdbStR V, § 121 Rn. 11f.; Wolfram Höfling, Grundrechtstatbestand–Grundrechtsschranken–Grundrechtsschrankenschranken, Jura 1994, S. 170 f. '규율영역'(Regelungsbereich)과 구별되는 개념인 '규범영역'(Normbereich)이라는 개념을 사용하는 학자도 있다(F. Müller, Juristische Methodik, S. 147 ff.; K. Hesse, Grundzüge des Verfassungsrechts der Bundesrepublik Deutschland, 20. Aufl., Heidelberg, 1995, Rn. 46: '규범영역'은 생활현실로부터 보호대상으로서의 기본권 규범을 분리시킨 영역, 즉 규범프로그램(법조문)이 규율하고자 하는 영역으로 선정된 사회적 현실의 총체이다).

12) 일부 견해는 기본권 보호영역을 "기본권에 의해서 보호되는 생활영역"이라고 정의한다(Pieroth/Schlink, Staatsrecht Ⅱ – Grundrecht, Rn. 195).

13) 이에 관하여는 G. Lübbe–Wolff, Die Grundrechte als Eingriffsabwehrrechte, 1988, 25면 이하; 정태호, 자유권적 기본권의 "제한"에 관한 고찰 – 이른바 사실상의 기본권제약을 중심으로 –, 헌법논총 제13집, 565면 이하; 한수웅, 자유권의 보호범위, 헌법학연구 제12권 제5호, 2006. 12, 47면.

14) Josef Isensee, Das Grundrecht als Abwehrrecht und das staatliche Schutzpflicht, § 111 Rn. 42 ('보호영역'은 침입의 효력범위 및 국가의 정당성 근거 등 그 범위가 경직되고 확정적이다. 반면, '보호법익'은 법적 또는 현실적 가능성 기준에 따라 고려되어야 한다. 따라서 보호법익은 효과적인 조치나 기본권주체에 따라 다양하게 조절되기에 유동적이다.); K. Stern, Das Staatsrecht der Bundesrepublik Deutschland, Bd. Ⅲ/2, S. 40; Pieroth/ Schlink, Staatsrecht Ⅱ – Grundrecht, Rn. 253.

서 입법자가 법률로서 보호영역을 임의로 축소할 수 있기 때문에 기본권의 제한이란 것이 무의미하게 될 수 있다. 헌법의 우위가 법률의 우위에 우선하기 때문에, 기본권의 보호영역 확정은 법률의 차원이 아닌 헌법(憲法)의 차원에서 해결되어야 한다. 헌법 차원에서 기본권 보호영역이 확정된 다음에 입법자는 헌법이 허용하는 범위 내에서 개별 기본권의 보호영역을 구체화할 수 있다.[15]

기본권 보호영역은 '형성'(形成)이 필요하며, 이렇게 형성된 기본권 보호영역은 국가에게 의무를 부과한다. 입법자가 기본권을 형성한다는 의미는 기본권에 관한 규율을 임의로 할 수 있다는 의미가 아니다. 기본권 보호영역을 '형성'함에 있어서 일정한 한계가 설정되는데, 그 한계를 넘게 되면 보호영역을 형성하는 것이 아니라, 보호영역을 침입하거나 제한하는 결과가 된다.[16]

예를 들어, 일반적 인격권의 보호영역은 등산, 산책, 승마,[17] 공원에서 강아지와 함께 걷기 등 자신이 원하는 대로 행동할 자유(**일반적 행동의 자유**)뿐만 아니라 개인의 자기결정권[18]과 같은 **인격 자체의 완전성을 보호**한다.[19] 재산권은 경제적 가치가 있는 모든 공법상·사법상의 권리를 뜻하며, **사적 유용성 및 그에 대한 원칙적인 처분권을 내포하는 재산가치 있는 구체적 권리**를 의미한다.[20] 또한 개인정보자기결정권은 자신에 관한 정보가 언제 누구에게 어느 범위까지 알려지고 또 이용되도록 할 것인지를 그 정보주체가 스스로 결정할 수 있는 권리이다. 즉, 정보주체가 개인정보의 공개와 이용에 관하여 스스로 결정할 권리를 말한다. 개인정보자기결정권의 보호대상이 되는 개인정보는 개인의 신체, 신념, 사회적 지위, 신분 등과 같이 개인의 인격주체성을 특징짓는 사항으로서 그 개인의 동일성을 식별할 수 있게 하는 일체의 정보라고 할 수 있다.[21]

---

15) 강태수, 헌법의 우위와 헌법유보, 법학논집 제18집, 청주대학교 법학연구소, 2001, 15면.
16) Pieroth/Schlink, Grundrechte – Staatsrecht Ⅱ, Rn. 213.
17) BVerfGE 80, 137 (152 f.).
18) 헌재 2019. 4. 11. 2017헌바127, 판례집 31-1, 404, 416.
19) Sachs/Murswiek/Rixen, Grundgesetz, 8. Auflage, 2018, Art. 2 Rn. 59.
20) 헌재 2005. 2. 3. 2003헌마930, 판례집 17-1, 167, 181-182; 헌재 2005. 7. 21. 2004헌바57; 헌재 2008. 11. 27. 2005헌마161등, 판례집 20-2하, 290, 319-322; 헌재 2009. 10. 29. 2008헌바45, 판례집 21-2하, 159, 172; 헌재 2011. 5. 26. 2010헌마183, 판례집 23-1하, 213, 226; 헌재 2013. 11. 28. 2012헌마770, 판례집 25-2하, 583, 589; 헌재 2014. 3. 27. 2013헌바198, 판례집 26-1상, 480, 490; 헌재 2015. 5. 28. 2013헌바82등; 헌재 2017. 12. 28. 2016헌바160, 판례집 29-2하, 300, 308.
21) 헌재 2020. 12. 23. 2017헌마416, 판례집 32-2, 684, 697.

(2) 기본권 구성요건

기본권 구성요건(Grundrechtstatbestand)이란 기본권 보장규범에 스스로 내포되어 있는 기본권의 법적 효과를 발생시키기 위해 충족해야 하는 필수적 전제조건을 말한다. 이러한 기본권의 구성요건은 '**인적 기본권 구성요건**'과 '**물적 기본권 구성요건**'으로 구분된다.

1) 인적 기본권 구성요건

'인적' 기본권 구성요건은 누가 관련 기본권의 보호를 받는지의 문제이며, 이는 일반적으로 기본권 '주체'와 관련된 논의이다. 우리나라 헌법상 대부분 기본권의 주체로 '모든 국민'이라고 명시하고 있지만, '누구든지'(헌법 제12조 제1항 2문, 제12조 제4항 2문, 제12조 제5항 1문, 제12조 제6항) 또는 '형사피고인'(헌법 제27조 제3항 2문, 제27조 제4항), '형사피해자'(헌법 제27조 제5항), '타인의 범죄행위로 인하여 생명·신체에 대한 피해를 받은 국민'(헌법 제30조), '국가유공자·상이군경 및 전몰군경의 유가족'(헌법 제32조 제6항), '근로자'(헌법 제33조 제1항), '신체장애자 및 질병·노령 기타의 사유로 생활능력이 없는 국민'(헌법 제34조 제5항)으로 규정하고 있다.

2) 물적 기본권 구성요건

'물적' 기본권 구성요건은 기본권에 의해서 보호되는 기본권 주체의 행위(예를 들어, 학문활동, 의사표현, 집회, 예술활동, 직업행사 등)뿐만 아니라 상태 및 공간(예를 들어, 헌법 제17조의 '사생활의 상태', 헌법 제16조의 '주거'), 그리고 법적 지위(예를 들어, 헌법 제23조 제1항의 '재산권')에 대한 보호 문제이다.[22] 기본권 주체의 주관적인 보호법익과 이를 둘러싼 조건이나 상태 등 객관적인 보호법익을 포함한다.[23]

그러나 인적 기본권 구성요건과 물적 기본권 구성요건 간의 구별이 명확한 것은 아니다. 왜냐하면, 모든 물적 기본권 구성요건의 판단기준에 있어서

---

22) 강태수, "기본권의 보호영역, 제한 및 제한의 한계", 허영박사회갑기념논문집, 1997, S. 105; 최갑선, "자유권적 기본권의 침해여부 판단구조 및 판단기준", 헌법논총 제10집, 388면 참조.

23) J. Isensee, Das Grundrecht als Abwehrrecht und als staatliche Schutzpflicht, in: ders./ P. Kirchhof (Hrsg.), HStR V, 2000, § 111, Rn. 79 ff.

기본권 주체인 인간과 관련되어질 수밖에 없기 때문이다.[24]

Ⅱ. 광의의 기본권 구성요건이론 대(對) 협의의 기본권 구성요건이론

1. 협의의 기본권 구성요건이론

뮬러(F. Müller)의 '사항적 효력범위 이론'과 뤼프너(W. Rüfner)의 '일반적 법률에 의한 한계이론'이 협의의 기본권 구성요건이론에 속한다. 뮬러(F. Müller)는 모든 기본권은 그 자체의 특성에 기인한 일정한 한계를 지니고 있다고 주장하면서, 어떤 행위가 기본권과 구조적으로 필연적·본질적 연관성을 가지고 있다면, 그 행위는 그 기본권의 사항적·규범적 보호영역에 해당되지만, 만약 그러한 필연적·본질적 연관성을 가지고 있지 않다면 그 기본권 보호영역에 해당되지 않는다는 것이다.

뤼프너(W. Rüfner)는 일반적 법률에 근거하여 기본권 구성요건의 제한을 한다. 기본권을 행사하는 경우 일반적 법률이 적용되며, 일반적 법률에 의해 제한되는 내용은 기본권 보호영역에서 제외된다는 것이다.

2. 광의의 기본권 구성요건이론

알렉시(R. Alexy)는 기본권 규범을 통해 보호하려는 모든 사항들을 구성요건에 포함시키려고 한다. 광의의 구성요건이론의 2가지 징표로는 첫째, 기본권 구성요건에 해당되기에 충분한 속성이 하나라도 있다면 그와 다른 속성이 있더라도 해당 기본권 보호영역에 속할 수 있다. 둘째, 기본권 구성요건 개념을 넓게 해석해야 한다는 것이다.

알렉시(R. Alexy)의 '광의의 기본권 구성요건'이란 법규범의 모든 조건들이 충족되면 그 법적 효과가 발생하기 때문에, 기본권 구성요건의 개념도 기본권의 확정적 법적 효과를 위한 조건들의 총체로 이해한다. 이에 반해 '협의의 기

24) Sachs, Verfassungsrecht Ⅱ – Grundrechte, 2. Aufl., A 7 Ⅲ 2 Rn. 12.

본권 구성요건'이란 기본권의 침입(Eingriff)의 대립 개념으로서, 잠정적(prima facie) 권리를 위한 모든 내용적 조건들을 의미한다.[25] 알렉시(R. Alexy)가 주장하는 '광의의 기본권 구성요건' 이론[26]에서는 적극적 구성요건 표지와 소극적 구성요건 표지로 구분하는데, 적극적인 구성요건 표지는 기본권의 구성요건과 기본권의 보호영역이 이에 해당되고, 소극적인 구성요건 표지는 기본권 제한[27]이 이에 해당된다.

3. 결론

문제는 기본권의 구성요건과 기본권의 보호영역이 어떠한 관계에 있는지 여부이다. 협의의 기본권 구성요건 이론에 의하면, 기본권의 구성요건은 기본권의 보호영역과 침입을 포함하는 개념이다. 반면, 광의의 기본권 구성요건 이론에 의하면, 기본권의 구성요건은 협의의 구성요건(기본권의 보호영역과 기본권의 침입)과 기본권의 제한을 포함하는 개념이다.

광의의 기본권 구성요건 이론에 의하면, 기본권 보장범위를 너무 넓게 확정하여 입법을 마비시키고,[28] 모든 권리의 기본권화(化)를 초래하며, 이로 인하여 헌법재판소의 권한 확대의 위험이 초래된다. 어떠한 행위든 대부분의 행위는 기본권의 구성요건에 해당되어 기본권에 해당되는지에 대한 진지한 검토가 없게 된다. 광의의 구성요건으로 인해 다른 기본권의 보호영역과 중첩되어 기본권 간 충돌의 경우도 빈번해진다.[29] 또한 광의의 기본권 구성요건 이론은 각각의 개별적인 기본권의 구성요건에서 기본권 보장의 범위를 공동결정하고 포괄적으로 상정한 기본권 보장의 최적의 범위를 한정하는 적극적인 구성요건 표지와 소극적인 구성요건 표지를 정형화할 수 없게 되기에, 이러한 양자의 구분은 의미가 없어진다. 그리고 적극적인 구성요건 표지와 소극적인 구성요건

---

25) 윤재만, "기본권구성요건개념", 헌법학연구 제9권 제1호, 2003. 5, 106면.

26) 이에 관한 자세한 내용은 R. Alexy, Theorie der Grundrechte, 3. Aufl., 1996, S. 272 ff.

27) 기본권의 제한에는 헌법직접적 기본권 제한과 헌법간접적 기본권 제한이 있다고 한다(R. Alexy, Theorie der Grundrechte, S. 258 ff.).

28) W. Rüfner, Grundrechtskonflikte, in: Chr. Starck (Hrsg.), Bundesverfassungsgericht und Grundgesetz, Festgabe aus Anlaß des 25jährigen Bestehens des Bundesverfassungsgerichts, Bd. Ⅱ, 1976, S. 456.

29) Chr. Starck, Die Grundrechte des Grundgesetzes, JuS 1981, S. 245 f.

표지는 보호객체의 판단시 동일한 방법으로 고려되어진다. 즉, 기본권의 보호법익이 처음부터 다른 표지들을 통해 기본권의 구성요건의 범위를 한정하게 된다.[30] 또한 광의의 기본권 구성요건 이론은 기본권의 구성요건 개념에서 기본권 제한의 대립적 성격을 나타내지 못하기에,[31] 기본권에 침입하는 공권력에 대한 '3단계 합헌성 심사' 구조[32]를 충족시키지 못하게 된다.

제 2 절 형식적 헌법원칙

Ⅰ. 서 론

형식적 헌법원칙은 기본권을 침입하는 국가행위의 실질적 내용을 담아내고 있는 형식이 헌법상 '정당한 권한 있는 자의 정당한 권한범위 내'에서 '정당한 절차'에 따라 '헌법이 요구하고 있는 형태'로 제정되었는지 여부를 면밀하게 심사하는 헌법원칙들이다. 여기서는 포괄위임입법금지원칙, 법률유보원칙 등이 있다.

Ⅱ. 포괄위임입법금지원칙

1. 문제의 제기

헌법재판의 심사원칙 중 포괄위임입법금지원칙은 헌법학 분야에서 그다

30) Sachs, Verfassungsrecht Ⅱ – Grundrechte, 2. Aufl., A 7 Ⅲ 1 Rn. 11.

31) 윤재만, 기본권구성요건 개념, 105면.

32) 기본권을 침입하는 공권력에 대한 합헌성 심사는 다음의 순차적 3단계를 거치게 된다. 첫째, 기본권 보호영역(Schutzbereich) 또는 기본권구성요건(Grundrechtstatbestand) 심사단계이다. 둘째, 제한영역(Schrankenbereich) 심사단계이다. 이에는 헌법직접적 제한(헌법유보), 헌법간접적 제한(법률유보), 헌법내재적 제한 중 어디에 해당되는지를 판단한다. 셋째, 제한의 한계영역(Schranken–Schranken–Bereich) 심사이다. 이는 기본권제한의 헌법적 정당성 유무에 대한 심사이다. 예를 들면, 법률유보원칙 준수 여부, 법규범의 명확성 원칙 준수 여부, 비례성 원칙 준수 여부, 포괄위임입법금지원칙 준수 여부, 본질적 내용침해 금지 준수 여부 등이다.

지 활발히 연구되지 않은 주제라 할 수 있다. 이로 인해 헌법재판소는 포괄위임입법금지원칙[1]을 헌법재판에서 활용할 구체화된 심사기준에 대해 어려움을 느끼고 있다. 또한 현재까지 헌법재판소가 활용하고 있는 포괄위임입법금지원칙의 심사기준은 헌법이론적으로 상당한 문제점을 지니고 있다. 현재 사용하고 있는 포괄위임입법금지원칙의 심사기준에 대한 문제점을 파악하고 그에 대한 대안을 모색할 필요가 있다.

과제는 헌법재판소가 포괄위임입법금지원칙의 심사기준으로서 구체적인 헌법의 심사기준을 정립할 것인지 여부이다. 헌법재판소는 포괄위임입법금지원칙의 심사기준을 적용함에 있어서 헌법현실에서 수권법률의 종류와 성격에 따라 그리고 일반인의 수권법률의 예측가능성을 기준으로 판단하고 있다. 헌법재판소는 때때로 사건마다 달리 포괄위임입법금지원칙의 여러 가지 구체적인 심사기준 중에 임의대로 몇 가지만 선택하여 적용하고 있다. 헌법재판 실무에서 수권법률이 포괄위임입법금지원칙에 위배되는지 여부를 판단하는 통일되고 일관된 심사기준이 마련되어야 한다.

2. 포괄위임입법금지원칙의 헌법적 요청

(1) 헌법 제75조의 의미

헌법 제75조에서는 “대통령은 법률에서 구체적으로 범위를 정하여 위임받은 사항과 법률을 집행하기 위하여 필요한 사항에 관하여 대통령령을 발할 수 있다.”고 규정하고 있다. 수권법률에 대한 수권방식에 대한 헌법적 통제원칙으로서 ‘포괄위임입법금지원칙’은 “입법을 위임하는 수권법률의 명확성 원칙”이라고도 불린다.[2] 포괄위임입법금지원칙은 헌법 제75조에서 뿐만 아니라, 헌법상 법치국가원리로부터도 도출될 수 있는 헌법상 원칙이다.[3] 헌법재판소는

---

1) 이미 연구된 논문으로는 정극원, “헌법재판에서의 포괄적 위임입법금지 원칙의 적용”, 『헌법학연구』 제15권 제3호, 2009. 9, 461면 이하; 전종익, “포괄위임금지원칙의 심사기준”, 『아주법학』 제7권 제3호, 2013. 12, 11면 이하; 이상경, “명확성의 원칙과 포괄위임입법금지원칙”, 『서울법학』 제22권 제3호, 2015. 2, 447면 이하.

2) 헌재 2003. 7. 24. 2002헌바82, 판례집 15-2(상), 141.

3) 김해원, “수권법률에 대한 수권방식통제로서 포괄위임금지원칙 - 기본권심사를 중심으로 -”, 『헌법학연구』 제21권 제2호, 2015, 183면.

"헌법 제75조는 "대통령은 법률에서 구체적으로 범위를 정하여 위임받은 사항에 관하여 대통령령을 발할 수 있다"고 규정하여 위임입법의 근거 및 그 범위와 한계를 제시하고 있다. 여기에서 '법률에서 구체적으로 범위를 정하여'라 함은 법률에 이미 대통령령 등 하위규범에 규정될 내용 및 범위의 기본사항이 구체적이고 명확하게 규정되어 있어 누구라도 그 자체로부터 대통령령 등에 규정될 내용의 대강을 예측할 수 있어야 함을 의미한다."[4]고 계속적으로 설시하고 있다.

(2) 포괄위임입법금지원칙의 헌법상 취지

포괄위임입법금지원칙을 헌법에서 규정한 취지는 국민의 기본권 및 기본의무에 관한 사항과 국가조직의 중요사항과 본질적 내용은 입법부가 법률의 형태로 규정해야지, 행정부나 사법부에 이러한 입법기능을 '포괄적'으로 전부 위임해서는 안된다는 취지이다.[5] 왜냐하면, 입법부가 입법권을 행정부나 사법부에 포괄적으로 위임하는 것은 국가기관 간의 견제를 불가능하게 만들어 권력분립원리[6]에 위반될 수 있기 때문이다. 여기서 말하는 권력분립원리는 '기관간 권력분립'을 의미하고, 이러한 권력분립원리는 각 국가기관에게 입법, 행정, 사법이라는 자신의 기능을 독점적·배타적으로 소지한다는 의미가 아니다.[7] 권력분립원리가 입법부에게 전적으로 입법권 전체를 독점시키고자 하는 취지는 아닌 것이다. 그러나 입법부가 입법권을 행정부나 사법부에 위임할 때에는 '견제' 장치로서 입법의 범위를 정해주어야 한다는 취지이다.

제헌헌법의 아버지라 불리는 유진오(俞鎭午) 선생은 오래전에 포괄위임입

4) 헌재 2011. 12. 29. 2010헌바385 등, 판례집 23-2하, 673, 688; 헌재 2014. 7. 24. 2013헌바183등; 헌재 2016. 3. 31. 2014헌바382, 공보 제234호, 571, 575.

5) 전종익, 전게논문, 14면. 우리나라 헌법재판소도 "우리 헌법하에서 국민의 헌법상 기본권 및 기본의무와 관련된 중요한 사항 내지 본질적인 내용에 대한 정책 형성기능은 원칙적으로 주권자인 국민에 의하여 선출된 대표자들로 구성되는 입법부가 담당하여 법률의 형식으로써 이를 수행하여야 하고, 이와 같이 입법화된 정책을 집행하거나 적용함을 임무로 하는 행정부나 사법부에 그 기능을 넘겨서는 아니되기 때문이다."라고 판시하고 있다(헌재 1995. 7. 21. 94헌마125, 판례집 7-2, 155; 1995. 11. 30. 91헌바1등, 판례집 7-2, 562; 1995. 11. 30. 94헌바40등, 7-2, 616; 1996. 10. 31. 93헌바14, 판례집 8-2, 422; 1998. 11. 26. 97헌바31, 661).

6) 권력분립원리에 관해서는 이부하, "권력분립에서 기능법설에 대한 평가", 『헌법학연구』 제12권 제1호, 2006. 3, 433면 이하; 이부하, "권력분립원리의 재고찰", 『법학논고』 제55집, 2016. 8, 1면 이하.

7) 이부하, "권력분립원리의 재고찰", 2016. 8, 9-10면.

법금지원칙의 의미를 다음과 같이 분설하고 있다. "헌법 제75조에 규정된 '법률에서 구체적으로 범위를 정하여'라고 규정한 것은 첫째, 위임은 수권법률의 존재가 필요하며 수권법률은 합헌적 법률이어야 한다는 것, 둘째, 위임은 구체적이어야 하며 추상적이어서는 안된다는 것, 셋째, 위임은 전부위임이나 일반적 위임이 아닌 부분적·개별적 위임이어야 한다는 것을 의미한다."[8]고 설명하였다.

3. 위임의 형식

일반적으로 법률에서 대통령령으로 위임한다. 그런데 법률에서 일정한 사항을 대통령령이 아닌 부령에 위임하는 것이 가능한지 여부, 법률에서 위임받은 사항을 대통령령 이외의 하위 법규명령에 재위임(再委任)하는 것이 가능한지 여부, 법률에서 자치적(自治的)인 사항을 공법적 단체의 정관(定款)으로 정하도록 위임하는 것이 가능한지 여부, 법률이 입법사항을 고시 등과 같은 행정규칙(行政規則)에 위임하는 것이 가능한지 여부, 형벌법규가 구성요건의 일부를 하위법령에 위임하는 것이 가능한지 여부 등을 주요 헌법재판소 결정들을 중심으로 살펴보기로 한다.[9]

(1) 대통령령이 아닌 부령에 위임 가능 여부

1) 헌법재판소 결정의 사건개요 및 판시사항

헌법재판소는 "헌법 제75조는 위임입법의 근거를 마련하는 한편, 대통령령으로 입법할 수 있는 사항을 법률에서 구체적으로 범위를 정하여 위임받은 사항으로 한정함으로써 위임입법의 범위와 한계를 제시하고 있는 것으로, 이는 법률에서 일정한 사항을 하위법령에 위임하는 경우의 일반원칙으로서 대통령령뿐만 아니라 헌법 제95조[10]에 의하여 총리령 또는 부령에 위임하는 경우

---

8) 유진오, 『헌법해의』, 명세당, 단기 4282, 137면 인용.

9) 위임의 형식에 관해 이미 연구한 논문으로는 홍석한, "위임입법의 헌법적 한계에 관한 고찰", 『공법학연구』 제11권 제1호, 2010. 2, 226면 이하.

10) 헌법 제95조 "국무총리 또는 행정각부의 장은 소관사무에 관하여 법률이나 대통령령의 위임 또는 직권으로 총리령 또는 부령을 발할 수 있다."

에도 동일하게 적용된다."[11]고 판시하고 있다.

공기업·준정부기관으로 하여금 '공정한 경쟁이나 계약의 적정한 이행을 해칠 것이 명백하다고 판단'되는 사람·법인 또는 단체에 대하여 2년의 범위 내에서 일정기간 입찰참가자격을 제한할 수 있도록 하고 있는 「공공기관의 운영에 관한 법률」 제39조 제2항('이 사건 제한조항'이라 함)과 「공공기관의 운영에 관한 법률」 제39조 제3항 중 "제2항의 규정에 따른 입찰참가자격의 제한기준 등에 관하여 필요한 사항은 기획재정부령으로 정한다."는 부분('이 사건 위임조항'이라 함)이 포괄위임금지원칙에 위배되는지 여부가 문제되었다.

이 사건에서 쟁점은 「공공기관의 운영에 관한 법률」에 필요한 사항을 대통령령에 위임하지 않고 직접 부령에 위임하는 것이 가능한지 여부였다. 이에 관해 헌법재판소는 "이 사건 위임조항은 '입찰참가자격의 제한기준 등'에 관한 사항을 '기획재정부령'에 위임하고 있다. 공정한 경쟁이나 계약의 적정한 이행을 해치는 행위들은 그 **형태가 매우 다양**하고, 사회·경제적 환경에 따라 **수시로 변화**하며, 그 행위들을 규제함에 있어 다양한 측면의 **정책적 고려**도 요구된다."[12]고 판시하였다. 또한 "입찰참가자격 제한처분에 관한 본질적인 사항을 제외한 나머지 필요한 사항들은 **세부적, 기술적이거나 가변적인 것**으로서 형식적 법률로 규정하기에 적절하지 않고, 오히려 법률로 규정할 경우 공기업·준정부기관의 업무 특성을 반영할 수 없게 되거나, 공공성, 자율경영을 보장하고자 하는 공공기관운영법 및 이 사건 제한조항의 입법목적을 효율적으로 달성하기 어렵게 된다. 따라서 위임의 필요성이 인정된다."[13]고 판시하였다.

2) 평가

헌법재판소는 법률에서 대통령령에 위임하지 않고 직접 부령에 위임하는 것이 가능하려면 '본질적인 사항'이 아니어야 한다고 판시하고 있다. 즉, 헌법재판소는 세부적, 기술적, 가변적인 사항들은 형식적 법률에 의해 규정하기 적절하지 않은 사항들이라는 것이다. 헌법재판소의 판시내용을 살펴보면, '본질

11) 헌재 2011. 9. 29. 2010헌가93, 판례집 23-2상, 501, 509; 헌재 2016. 2. 25. 2015헌바191, 판례집 28-1상, 156, 164.
12) 헌재 2017. 8. 31. 2015헌바388, 판례집 29-2상, 316, 327.
13) 헌재 2017. 8. 31. 2015헌바388, 판례집 29-2상, 316, 327.

적'의 반대말은 '비본질적'인데, 헌법재판소는 세부적, 기술적, 가변적이라는 것과 '비본질적'인 것을 동일한 의미로 이해하고 있다. 세부적·가변적인 사항 중에도 본질적인 사항이 있을 수 있고, 가변적인 사항들에 대해서도 법률에서 유형화를 통해 구체화해야 할 본질적인 사항들이 있을 수 있다.

본질성설에 의하면, 국회는 '기본권 실현에 본질적'[14]인 사항을 직접 법률에 규정해야 한다는 것이다. 그러나 본질성설에서는 국회가 어떠한 사항을 법률에 규정해야 할 본질적인 것인지와 행정부가 어떠한 사항을 수권받아 시행령·시행규칙에 규정해야 하는지에 관한 기준을 제시하지 못하고 있다.[15] '본질적 사항'과 '비본질적 사항' 간을 명확하게 구분하는 기준 제시가 되지 않고 있다.[16] 즉, 본질성설에서는 기본권 실현에 본질적인 사항을 형식적 법률에 규정해야 한다고 주장하지만, 그 내용에 관한 기준을 제시하지 못하고 있다.

대통령령에 위임하지 않고 법률에 규정하게 되면, 입법목적을 효율적으로 달성하기 어려울 수 있지만, 부령에 위임하지 않고 대통령령에 규정하게 되면 '입법목적의 효율적인 달성'이 어려울 수 있다는 취지의 헌법재판소의 설명은 이해가 되지 않는다. '입법목적의 효율적인 달성'을 위해 형식적 법률에 규정하지 않고 대통령령에 위임해야 한다면 이는 위임의 필요성을 충분히 설명하는 근거가 될 수 있다. 그러나 포괄위임금지원칙의 헌법적 취지는 권력분립원리[17]에 기반하여 '행정부의 입법행위'에 대한 입법부의 통제에 중점이 있기 때문에, 대통령령에 위임하지 않고 부령에 위임하는 이유를 설득력있고 합리적으로 제시해야 할 것이다. 사견(私見)으로는 행정업무의 전문성·행정업무의 효율성·행정영역의 자율성을 고려하면 대통령령 보다 부령에 위임하는 것이 적절하다는 논거가 더욱 타당해 보인다.

---

14) BVerfGE 34, 165 (192 f.); 41, 251 (259 f.); 45, 400 (417 ff.); 47, 46 (78 ff.); 58, 257 (268 ff.); 98, 218 (251 f.).

15) 이부하, "헌법유보와 법률유보", 공법연구 제36집 제3호, 2008. 2, 216면.

16) Hans-Jürgen Papier, Der Vorbehalt des Gesetzes und seine Grenzen, 1985, S. 41 ff.

17) 이에 관하여는 이부하, "권력분립에서 기능법설에 대한 평가", 『헌법학연구』 제12권 제1호, 2006. 3, 433면 이하; 이부하, "권력분립원리의 재고찰", 『법학논고』 제55집, 2016. 8, 1면 이하.

(2) 법률에서 위임받은 사항을 재위임 가능 여부

1) 헌법재판소 결정에서 판시사항

헌법재판소는 계속적으로 “법률에서 위임받은 사항을 전혀 규정하지 않고 모두 재위임하는 것은 ‘위임받은 권한을 그대로 다시 위임할 수 없다’는 복위임(復委任) 금지의 법리에 반할 뿐 아니라 수권법의 내용변경을 초래하는 것이 되고, 대통령령 이외의 법규명령의 제정·개정절차가 대통령령에 비하여 보다 용이한 점을 고려할 때 하위의 법규명령에 대한 재위임의 경우에도 대통령령에의 위임에 가하여지는 헌법상의 제한이 마땅히 적용되어야 할 것이다. 따라서 법률에서 위임받은 사항을 전혀 규정하지 아니하고 그대로 하위의 법규명령에 재위임하는 것은 허용되지 않으며 위임받은 사항에 관하여 **대강(大綱)을 정하고** 그 중의 **특정사항을 범위를 정하여** 하위의 법규명령에 다시 위임하는 경우에만 재위임이 허용된다.”라고 판시하였다.[18]

2) 평가

헌재 2007헌마1456 결정에서 “초·중등교육법 시행령 제98조 제1항 각 호는 고등학교를 졸업한 자와 동등의 학력이 있다고 인정되는 자의 범위를 정하고 있는데, 그 중 제1호[19]에서 ‘고등학교 졸업학력 검정고시에 합격한 자’를 규정하고, 같은 조 제2항은 “제1항 제1호의 규정에 의한 학력검정고시에 관하여 필요한 사항은 교육인적자원부령으로 정한다.”라고 규정하여 그 내용을 재위임하고 있다. 즉 위 시행령 규정은 초·중등교육법 제54조의 위임에 따라 ‘법령에 의하여 고등학교를 졸업한 자와 동등한 학력이 있다고 인정된 자’의 내용을 규정하면서 먼저 제1항 제1호에서 ‘고등학교 졸업학력 검정고시에 합격한 자’를 열거하고, 다시 제2항에서 ‘위 검정고시를 실시함에 있어서 필요한 사항’을 한정하여 교육인적자원부령[20]에 재위임한 것이다.”[21]라고 판시하였다.

---

18) 헌재 2002. 10. 31. 2001헌라1, 판례집 14-2, 362, 363; 헌재 2004. 1. 29. 2001헌마894, 판례집 16-1, 114, 131; 헌재 2008. 4. 24. 2007헌마1456, 판례집 20-1상, 720, 730.

19) 초·중등교육법 시행령 제98조(고등학교 졸업자와 동등의 학력인정) ① 다음 각 호의 어느 하나에 해당하는 자는 상급학교의 입학에 있어 고등학교를 졸업한 자와 동등의 학력이 있다고 본다. 1. 고등학교 졸업학력 검정고시에 합격한 자

20) 고등학교 졸업학력 검정고시 규칙(1999. 1. 25. 교육부령 제732호로 개정된 것) 제10조(응시자격) ① 고시를 받을 수 있는 자는 다음 각 호의 1에 해당하는 자이어야 한다. 다만, 고등학교 또는 초·중등교육법시

헌법재판소는 법률에서 위임받은 사항에 관한 대강(大綱)을 정하고 특정사항에 대해 범위를 정하여 하위법령에 재위임하는 것은 가능하다고 한다. '특정사항의 범위를 정하여'와 관련하여, 위 사건에서 동법 시행령에 '고등학교를 졸업한 자와 동등의 학력이 있다고 인정되는 자'로 '고등학교 졸업학력 검정고시에 합격한 자'를 규정하고 있다. 그리고 '고등학교 졸업학력 검정고시를 실시함에 있어서 필요한 사항'에 관해서는 교육인적자원부령에 재위임하고 있다. 그런데 동법 시행령에는 규정이 없이 교육인적자원부령에 "고등학교에서 퇴학된 날로부터 6월(고등학교 졸업학력 검정고시 공고일 기준)이 지나지 아니한 자는 제외한다."고 규정하였다. 누가 고등학교에서 퇴학된 날로부터 6월이 지나지 아니하면 검정고시에 응시할 수 없다는 부령 규정이 있으리라는 것을 예측할 수 있겠는가? 동법 시행령에 특정사항에 대해 범위를 정하여 하위법령에 재위임해야 함에도 불구하고, 동법 시행령에는 특정사항에 대한 범위를 정하여 규정하지 않았다. 이렇게 예측가능성이 없는 경우에는 재위임이 불허된다고 보아야 한다.

(3) 정관에의 위임 가능 여부

1) 헌법재판소 결정에서 판시사항

법률에서 자치적인 사항을 공법적 단체의 정관으로 정하도록 위임한 경우, 헌법 제75조의 포괄위임금지원칙이 적용되는지 여부가 문제되었다. 이에 대해 헌법재판소는 "헌법 제75조, 제95조의 문리해석상 및 법리해석상 포괄적인 위임입법의 금지는 법규적 효력을 가지는 행정입법의 제정을 그 주된 대상으로 하고 있다. … 그런데 법률이 행정부가 아니거나 행정부에 속하지 않는 공법적 기관의 정관에 특정 사항을 정할 수 있다고 위임하는 경우에는 이러한 권력분립의 원칙을 훼손할 여지가 없다. 이는 자치입법에 해당되는 영역이므로 자치적으로 정하는 것이 바람직하다. 따라서 법률이 정관에 자치법적 사항을 위임한 경우에는 헌법 제75조, 제95조가 정하는 포괄적인 위임입법의 금지

행령 제98조 제1항 제2호의 학교를 졸업하였거나 동 학교에 재학 중인 자 또는 고등학교에서 퇴학된 날로부터 6월(제8조 제3항의 규정에 의한 공고일을 기준으로 한다)이 지나지 아니한 자는 제외한다.

21) 헌재 2008. 4. 24. 2007헌마1456, 판례집 20-1상, 720, 730.

는 원칙적으로 적용되지 않는다고 봄이 상당하다."[22]고 판시하였다.

2) 평가

헌법상 포괄위임금지원칙은 권력분립원리에 입각하기 때문에, 포괄위임금지원칙의 주된 통제대상은 국민들의 자유와 권리를 침해할 가능성이 있는 법규적 효력을 가지는 행정입법이다. 위 사건에서 헌법재판소의 판시사항은 법률이 자치적인 사항을 공법적 단체의 정관으로 정하도록 위임한 경우에는 국민의 기본권을 침해할 가능성이 낮고, 권력분립원리에 위반될 가능성도 낮기 때문에 포괄위임금지원칙에 위반되지 않는다는 취지이다.

그러나 법률이 행정입법에 위임한 것이 아니라 행정부에 속하지 않는 공법적 단체의 정관에 특정사항을 위임한 경우에 공법적 단체의 정관에 국민의 기본권 침해가능성이 있는 내용을 규정할 수도 있다. 그 정관에 규정될 내용이 국민의 기본권과 관련되는지 여부가 중요한 기준이 되어야 한다. 법률이 법규적 효력을 가지는 행정입법에 위임한 것이 아니라 공법적 단체의 정관에 특정사항을 위임했다고 하더라도 국민의 기본권 침해 가능성을 완전히 배제할 수는 없다.

(4) 행정규칙에의 위임 가능 여부

1) 헌법재판소 결정에서 판시사항

첫째, 법률이 입법사항을 고시 등과 같은 행정규칙에 위임하는 것이 포괄위임금지원칙에 위배되는지 여부와 관련하여 헌법재판소는 위임입법의 형식이 열거적(列擧的)인 것인지 아니면 예시적(例示的)인 것인지에 대해 다음과 같이 판단하고 있다.

헌법재판소는 "이러한 사정을 감안하여 헌법 제40조·제75조·제95조의 의미를 살펴보면, 국회가 입법으로 행정기관에게 구체적인 범위를 정하여 위임한 사항에 관하여는 당해 행정기관이 법 정립의 권한을 갖게 되고, 이때 입법자가 그 규율의 형식도 선택할 수 있다고 보아야 하므로, 헌법이 인정하고 있는 위임입법의 형식은 **예시적인 것**으로 보아야 한다. 따라서 법률이 일정한 사

22) 헌재 2006. 3. 30. 2005헌바31, 판례집 18-1상, 362, 367.

항을 행정규칙에 위임하더라도 그 행정규칙은 위임된 사항만을 규율할 수 있으므로, 국회입법의 원칙과 상치되지 않는다."고 판시하였다.[23)]

둘째, 헌법재판소는 법률이 입법사항을 고시 등과 같은 행정규칙에 위임하는 것이 가능한지 여부에 대해 설시하고 있다. 헌법재판소는 "행정규칙은 법규명령과 같은 엄격한 제정 및 개정절차를 필요로 하지 아니하므로, 기본권을 제한하는 내용의 입법을 위임할 때에는 법규명령에 위임하는 것이 원칙이고, 고시(告示)와 같은 형식으로 입법위임을 할 때에는 법령이 전문적·기술적 사항이나 경미한 사항으로서 업무의 성질상 위임이 불가피한 사항에 한정된다."[24)] 고 하였다.

2) 평가

헌법재판소는 법률에서 전문적·기술적 사항이나 경미한 사항만 '행정규칙'에 위임할 수 있고, 기본권을 제한하는 내용의 입법의 경우에는 '법규명령'에 위임해야 한다는 입장이다. 그런데 전문적·기술적 사항이지만 국민의 기본권을 제한하는 내용의 입법의 경우에는 행정규칙에 위임하는 것이 가능한지가 문제된다. 이처럼 '전문적·기술적 사항'에만 해당하거나 '기본권을 제한하는 내용의 입법'에만 해당하는 경우인지를 명확히 구분할 수 없기 때문에, 행정규칙에 위임해야 하는지 아니면 법규명령에 위임해야 하는지가 불분명한 경우가 발생하게 된다.

(5) 형벌법규의 위임 가능 여부

1) 헌법재판소 결정에서 판시사항

형벌법규가 구성요건의 일부를 하위법령에 위임하는 경우에는, "죄형법정주의의 원칙상 그 위임에 긴급한 필요가 있거나 미리 법률로써 자세히 정할 수 없는 부득이한 사정이 있을 것이 요구되며, 이러한 경우에도 법률에서 처벌대상행위가 어떠한 것일지 예측할 수 있을 정도로 그 구성요건이 구체적으로 규

23) 헌재 2014. 7. 24. 2013헌바183 등, 판례집 26-2상, 149, 158; 헌재 2016. 10. 27. 2015헌바360등; 헌재 2017. 9. 28. 2016헌바140; 헌재 2019. 11. 28. 2017헌바449, 공보 제278호, 1249, 1252-1253.

24) 헌재 2014. 7. 24. 2013헌바183 등, 판례집 26-2상, 149, 159; 헌재 2016. 3. 31. 2014헌바382, 판례집 28-1상, 388, 394.

정되어야 한다."고 판시하고 있다.[25]

처벌법규의 위임은 "첫째, 특히 **긴급한 필요**가 있거나 미리 법률로써 자세히 정할 수 없는 **부득이한 사정**이 있는 경우에 한정되어야 하고, 둘째, 이러한 경우일지라도 법률에서 범죄의 구성요건은 처벌대상인 행위가 어떠한 것일 거라고 예측할 수 있을 정도로 구체적으로 정하고, 셋째, 형벌의 종류 및 그 상한과 폭을 명백히 규정하여야 한다."고 판시하고 있다.[26]

2) 평가

헌법재판소는 형벌법규를 위임할 때에는 형벌법규 이외의 법규를 위임할 때보다 위임 요건이 더욱 엄격해야 한다고 요구하고 있다. 법률에서 하위법령에 형벌법규를 위임하는 경우에는 법률에 범죄의 구성요건과 형벌의 종류와 상한과 폭을 명확히 규정하라는 취지이다. 이는 죄형법정주의의 명확성 원칙에서 당연히 요청되는 것이지, 포괄위임금지원칙의 특유한 요청이라 보기 어렵다.

또한 헌법재판소가 말하고 있는 '긴급한 필요가 있는 경우'가 어떤 경우인지, '법률로써 미리 자세히 정할 수 없는 부득이한 사정이 있는 경우'란 어떤 경우인지를 예시를 들어 설명할 필요가 있다. 헌법재판소의 다른 결정에서 '**긴급한 필요**'란 "손해의 발생이 시간상 임박하여 손해를 방지하기 위해서 본안판결까지 기다릴 여유가 없는 경우"[27]를 의미하는 것인지 아니면 다른 의미를 내포하는지를 설시할 필요가 있다.

---

25) 헌재 1996. 2. 29. 94헌마213, 판례집 8-1, 147, 158-159; 헌재 1998. 3. 26. 96헌가20, 판례집 10-1, 213, 220; 헌재 2004. 8. 26. 2004헌바14, 판례집 16-2상, 306, 314; 헌재 2007. 7. 26. 2006헌바12, 판례집 19-2, 70, 81; 헌재 2010. 5. 27. 2009헌바183, 판례집 22-1하, 262, 268-269; 헌재 2012. 4. 24. 2009헌바329, 판례집 24-1하, 16, 26; 헌재 2012. 12. 27. 2010헌바489, 공보 제195호, 85, 89; 헌재 2019. 11. 28. 2017헌가23, 공보 제278호, 1213, 1215.

26) 헌재 2004. 8. 26. 2004헌바14, 판례집 16-2상, 306, 314; 헌재 2008. 7. 31. 2005헌마667 등, 판례집 20-2상, 269, 288; 헌재 2010. 9. 30. 2009헌바2, 판례집 22-2상, 1, 18; 헌재 2011. 3. 31. 2009헌가12, 판례집 23-1상, 200, 210; 헌재 2012. 12. 27. 2010헌바489, 공보 제195호, 85, 89.

27) 헌재 2018. 1. 25. 2016헌바208, 판례집 30-1상, 58.

4. 예측가능성 판단

헌법 제75조의 포괄위임입법금지원칙과 관련하여 헌법재판소는 일관되게 "헌법에 의하여 위임입법이 용인되는 한계인 법률에서 '**구체적으로 범위를 정하여**'라 함은 법률에 대통령령 등 하위규범에 규정될 **내용 및 범위의 기본사항**이 가능한 한 구체적이고도 명확하게 규정되어 있어서, 당해 법률 그 자체로부터 대통령령 등에 규정될 내용의 대강을 예측할 수 있어야 함을 의미한다."고 판시하고 있다.[28)]

(1) 예측가능성의 주체

1) 헌법재판소의 입장

우리나라 헌법재판소는 "헌법 제75조에서 '대통령은 법률에서 구체적으로 범위를 정하여 위임받은 사항 …에 관하여 대통령령을 발할 수 있다.'고 규정함으로써 위임입법의 근거를 마련함과 동시에, 입법상 위임은 '구체적으로 범위를 정하여' 하도록 함으로써 그 한계를 제시하고 있다. 여기에서 '법률에서 구체적으로 범위를 정하여'라 함은 법률에 이미 대통령령 등 하위법규에 규정될 내용 및 범위의 기본사항이 구체적이고 명확하게 규정되어 있어 누구라도 당해 법률 그 자체로부터 하위법령에 규정될 내용의 대강을 예측할 수 있어야 함을 의미한다."라고 판시하고 있다.[29)]

2) 평가

헌법재판소는 명확성 원칙과 관련하여 그 주체에 관해, "건전한 상식과 통상적인 법감정을 가진 사람으로 하여금 그 적용대상자가 누구이고 구체적으로 어떠한 행위가 금지되고 있는지를 충분히 알 수 있도록 규정하고 있다면 명확성 원칙에 위배되지 않는다고 보아야 한다."[30)]고 판시하고 있다. 즉, 법률규정

---

28) 헌재 1998. 3. 26. 96헌바57, 판례집 10-1, 255, 26; 헌재 2003. 11. 27. 2003헌바2, 판례집 15-2하, 281, 291; 헌재 2009. 4. 30. 2007헌마106, 공보 제151호, 966, 978; 헌재 2016. 2. 25. 2015헌바191, 판례집 28-1상, 156, 165; 헌재 2017. 8. 31. 2015헌바388, 판례집 29-2상, 316, 327; 헌재 2018. 4. 26. 2015헌가13, 판례집 30-1상, 516, 525; 헌재 2019. 11. 28. 2017헌바449, 공보 제278호, 1249, 1253.

29) 헌재 2002. 1. 31. 2001헌바13; 헌재 2009. 7. 30. 2007헌바15; 헌재 2013. 10. 24. 2012헌바368; 헌재 2016. 6. 30. 2015헌바125등; 헌재 2017. 8. 31. 2015헌바388등; 헌재 2018. 4. 26. 2015헌가13; 헌재 2019. 8. 29. 2018헌바4, 공보 제275호, 966, 971; 헌재 2019. 9. 26. 2018헌바337, 공보 제276호, 1092, 1096.

이 명확한지를 판단하는 주체로는 **건전한 상식과 통상적인 법감정을 지닌 사람**으로 정하고 있다. 그러나 포괄위임금지원칙에서 예측가능성의 주체는 '누구나'가 아니라 행정기관인 '피수권기관'이 되어야 한다.

명확성 원칙에서 법률의 명확성 여부의 판단주체는 '일반적인 사람'인 반면, 포괄위임금지원칙에서 예측가능성의 판단주체는 법률에서 하위규범으로 위임하는 것이므로 하위규범(시행령, 시행규칙 등)을 제정하는 행정기관인 '피수권기관'이 되어야 한다. 즉, 포괄위임금지원칙에서는 일반인이 아닌 '피수권기관'인 '행정기관'이 하위규범에 규정될 내용 및 범위의 기본사항을 예측할 수 있어야 한다.[31)]

3) 헌법재판소 결정들 검토

가) 헌재 2016. 12. 29. 2014헌바419

○ 심판대상 조문: 구 중소기업제품 구매촉진 및 판로지원에 관한 법률 제8조의2 (중소기업자간 경쟁입찰 참여제한 등) ① 공공기관의 장은 중소기업자간 경쟁입찰의 공정한 경쟁을 위하여 다음 각 호의 어느 하나에 해당하는 중소기업을 영위하는 자의 참여를 제한하여야 한다. 2. 대기업과 같은 종류의 사업을 영위하고 그 대기업과 대통령령으로 정하는 지배 또는 종속의 관계에 있는 기업들의 집단에 포함되는 중소기업

○ 판시사항: 일반적으로 기업 간의 지배·종속 관계는 해당 기업의 소유 또는 경영에 영향력을 미칠 수 있는지를 기준으로 판단할 수 있다. 따라서 대통령령에 규정될 '지배 또는 종속의 관계'에는, 예컨대 대기업이 일정비율 이상의 지분을 소유하거나, 임원을 겸임하거나, 사업 또는 거래활동을 위임받아 수행하거나, 일정금액 이상의 채권채무관계를 갖는 등 물적·인적·사업적·경제적 지배력이 인정되는 경우가 규정될 것임을 충분히 예측할 수 있다.

○ 평가: 2014헌바419 결정에서 청구인은 대기업과 대통령령으로 정하는

---

30) 헌재 2015. 2. 26. 2013헌바107, 판례집 27-1상, 112, 120; 헌재 2015. 9. 24. 2015헌가17, 판례집 27-2상, 488, 498; 헌재 2016. 11. 24. 2014헌바252, 판례집 28-2하, 158, 163; 헌재 2017. 11. 30. 2015헌바300, 판례집 29-2하, 123, 129; 헌재 2017. 12. 28. 2016헌바368, 판례집 29-2하, 381, 387; 헌재 2019. 7. 25. 2018헌바85, 공보 제274호, 830, 835.

31) 이부하, "포괄위임입법금지원칙에 대한 헌법재판소 견해에 대한 평가", 『법학논총』 제29권 제2호, 2016. 10, 304면.

지배 또는 종속의 관계에 있는 기업들의 집단에 포함되는 중소기업에 대하여 중소기업자 간 경쟁입찰 참여를 제한하도록 한 「중소기업제품 구매촉진 및 판로지원에 관한 법률」(이하 '판로지원법'이라 함) 제8조의2 제1항 제2호에 해당하는 중소기업을 영위하는 자이다. 판로지원법에서 참여제한 규율대상자는 '대기업의 위장 중소기업' 내지 '대기업으로부터 분할된 중소기업'이다. 이 사건에서 헌법재판소는 '중소기업을 영위하는 자'를 예측가능성의 주체로 삼고 있다. 헌법재판소 결정에서 수차례 강조해 온 예측가능성의 주체인 '누구라도'는 '중소기업을 영위하는 자'가 아니며, 누구나 판로지원법을 보고 동법 시행령에 경쟁입찰 참여제한의 대상이 되는 중소기업에 해당한다고 예측할 수는 없는 것이다.

나) 헌재 2017. 5. 25. 2014헌마844

○ 심판대상 조문: 이동통신단말장치 유통구조 개선에 관한 법률 제4조 ② 이동통신사업자는 제1항에 따라 방송통신위원회가 정하여 고시하는 상한액을 초과하여 지원금을 지급하여서는 아니 된다. (단서 생략) ⑤ 대리점 또는 판매점은 제3항에 따라 이동통신사업자가 공시한 지원금의 100분의 15의 범위에서 이용자에게 지원금을 추가로 지급할 수 있다.

○ 판시사항: 지원금 상한 조항은 위임의 내용과 범위를 "이동통신단말장치 구매 지원 상한액에 대한 기준 및 한도"로 구체적으로 확정하였고, 가입자 평균 예상 이익, 이동통신단말장치 판매 현황, 통신시장의 경쟁 상황 등이 그 기준 및 한도를 정하는 고려요소가 된다는 점을 명시하고 있다. 이용자들에 대한 지원금의 차별 지급을 금지하는 단말기유통법의 관련 규정, 이용자의 권익보호 및 이동통신산업의 건전한 발전 도모라는 지원금 상한제의 도입취지에 비추어 볼 때, 지원금 상한 조항의 직접적인 수범자인 이동통신사업자 등과 지원금 상한제로 인하여 영향을 직접 받는 이용자들은 지원금 상한액의 기준 및 한도가 이용자들 간의 형평성을 해하거나 소비자의 후생을 왜곡하지 아니하는 범위 내에서 이동통신사업자 등의 자율성을 존중하면서도 이동통신사업자 등 사이의 시장 점유율 확보 경쟁이 서비스 경쟁이 아닌 지원금 지급 경쟁으로 변질되는 것을 막을 수 있는 수준으로 정해질 것이라는 점을 충분히 예측할 수 있다. 이처럼 지원금 상한 조항은 방송통신위원회가 지원금 상한액의 기준 및

한도를 정할 때 기준이 되는 본질적인 사항들을 직접 규정하면서, 다만 상한액의 구체적인 기준 및 한도만을 방송통신위원회가 정하도록 위임하고 있으며, 이동통신사업자 등과 이용자들은 방송통신위원회가 정하여 고시할 내용의 대강을 충분히 예측할 수 있다 보여지므로, 예측가능성 또한 인정된다.

○ 평가: 2014헌마844 결정에서 헌법재판소는 '지원금 상한 조항의 직접적인 수범자인 이동통신사업자, 대리점 또는 판매점(이하 '이동통신사업자 등'이라 함)과 이동통신단말장치를 구입하고, 이동통신서비스의 이용에 관한 계약을 체결하여 지원금 상한제로 인하여 영향을 직접 받는 이용자들'을 예측가능성의 주체로 보고 있다. 그런데 헌법재판소는 방송통신위원회가 이동통신단말장치 구매 지원 상한액에 대한 기준 및 한도를 정하여 고시하고, 이동통신사업자 등은 구매자들에게 법률 및 위 고시에서 정하고 있는 상한을 초과한 지원금을 지급할 수 없도록 정하고 있는 「단말기유통법」 조항을 보고 지원금 기준과 상한이 어떻게 정해질 것이라는 것을 청구인들이 충분히 예측할 수 있다고 판시하였다. '이동통신사업자 등'과 '이동통신단말장치 이용자들'이 신(神)이 아니며 방송통신위원회도 아닌데 고시에 정할 상한 지원금 기준과 한도를 어떻게 미리 알 수 있단 말인가?

다) 헌재 2019. 5. 30. 2018헌마1208 등

○ 심판대상 조문: 변리사법 제4조의2(변리사시험) ⑤ 변리사시험의 과목과 그 밖에 시험에 관한 사항은 대통령령으로 정한다.

○ 판시사항: 변리사의 직무범위, 산업재산권 분야의 전문자격인인 변리사로서의 업무를 수행할 수 있는 자질과 능력을 갖추었는지를 평가하고 이러한 능력을 갖춘 사람을 선발하도록 하는 변리사시험 제도의 목적, 변리사법 제4조의3이 특허청 소속 공무원으로서 일정 경력을 갖춘 사람에 대하여 변리사 업무에 관한 어느 정도의 소양을 갖추었다고 보아 변리사시험의 일부를 면제하고 있는 점 등을 종합하면, 변리사시험의 시험과목은 변리사 업무에 필요한 지식과 소양, 즉 특허, 실용신안, 디자인 또는 상표에 관한 업무를 수행하기 위한 능력, 그리고 그에 관한 소송대리를 수행하기 위한 능력을 갖추기 위하여 공부하여야 할 과목 등이 될 것임을 예측할 수 있다. 또한 위와 같은 변리사의 직무범위, 대

통령령에 규정될 것으로 예측되는 변리사시험 과목에 더하여, 시험실시 방법, 합격자 결정 기준·방식 등은 시험제도라면 반드시 마련되어야 하는 사항이라는 점 등을 종합하면, 변리사시험을 구체적으로 어떻게 시행할 것인지, 어떠한 방식으로 시험을 시행함으로써 변리사가 갖추어야 할 지식·능력 등을 검증할 것인지, 합격자는 어떠한 기준에 따라 결정할 것인지 등에 관한 사항이 '그 밖에 시험에 필요한 사항'으로서 대통령령에 규정될 것임을 예측할 수 있다.

ㅇ 평가: 2018헌마1208 결정[32]에서 청구인들은 2019년도 변리사 제2차 시험에 응시하고자 하는 사람들이다. '변리사 국가자격시험 시행계획 공고'에는 그 이전의 시험과는 달리 2019년에 시행되는 변리사 제2차 시험 중 특허법과 상표법 과목에 배점 20점의 '실무형 문제'를 각 1개씩 출제하도록 되어 있었다. 헌법재판소는 「변리사법」 제4조의2 제5항에서 변리사시험의 과목과 그 밖에 시험에 관한 사항과 관련하여 '그 밖에 시험에 관한 사항'은 대통령령으로 정하도록 하여 '실무형 문제'가 출제될 것을 예측할 수 있다고 판시하였다. 헌법재판소는 청구인들 중 상당수가 과거 변리사 제1차 시험에 합격한 사실이 있기 때문에 실무형 문제가 출제될 것을 예측할 수 있다는 것이다.

특허청 소속 공무원으로서 일정 경력을 갖춘 사람도 이러한 '실무형 문제'를 풀 수 있을지 여부를 알기 어려운데, 변리사 제2차 시험 응시자들이 '변리사 국가자격시험 시행계획 공고'에 '실무형 문제'가 출제되리라고 예측한다는 것은 상당히 어려운 일이다. 헌법재판소는 일관되게 '누구라도' 하위법령에 규정될 내용의 대강을 예측가능해야 한다고 판시하였는데, 이 결정에서는 '변리사 제2차 시험에 응시하고자 하는 사람들'은 예측가능성의 주체로서 '누구라도'에 해당되지 않는다.

(2) 예측가능성 유무 판단

1) 헌법재판소의 입장

헌법재판소는 "위임의 예측가능성의 유무는 당해 특정조항 하나만을 가지고 판단할 것이 아니라 관련 법조항 전체를 유기적·체계적으로 종합하여 판단하여야 하고, 위임된 사항의 성질에 따라 구체적·개별적으로 검토하여야 하며,

---

32) 헌재 2019. 5. 30. 2018헌마1208·1227(병합), 판례집 31-1, 640.

법률조항과 법률의 입법취지를 종합적으로 고찰할 때 합리적으로 그 대강이 예측될 수 있는 것이라면 위임의 한계를 일탈하였다고 볼 수 없다."[33] 또한 "위임조항 자체에서 위임의 구체적 범위를 명백히 규정하고 있지 않다고 하더라도 당해 법률의 전반적 체계와 관련규정에 비추어 위임조항에 내재된 위임의 범위나 한계를 객관적으로 분명히 확인할 수 있다면 이를 포괄적인 백지위임에 해당하는 것으로는 볼 수 없다."고 판시하고 있다.[34]

2) 평가

위임의 예측가능성 유무 판단과 관련하여, 첫째, 헌법재판소는 당해 특정조항만을 가지고 판단할 것이 아니라 관련된 법률조항 전체를 체계직·유기적으로 종합하여 판단하라고 하며, 위임된 사항의 성질에 따라 구체적·개별적으로 검토하여야 하며, 법률조항과 법률의 입법취지를 종합적으로 고찰하라고 한다. 헌법재판소가 요구하는 법조항에 대한 유기적·체계적 판단, 구체적·개별적 검토, 법률조항과 법률의 입법취지의 종합적 고찰은 헌법재판이 청구된 후 사후적으로 헌법재판소가 면밀히 판단·검토해야 하는 것이지, 일반인에 해당되는 '누구라도' 이러한 전문적이고 난해한 유기적·체계적 판단 및 종합적 고찰은 불가능한 일이다.

둘째, 헌법재판소는 위임법률이 명확한지 여부를 판단함에 있어서 체계적 해석을 해야 하고, 이 때 수권목적(당해 법률조항의 입법목적)을 중요한 기준으로 삼으라고 판시하고 있다. 법률의 입법목적을 보고 위임법률이 명확한지 여부를 판단할 수 있는 사람이 얼마나 되겠는가?

셋째, 위임의 예측가능성 유무를 판단하기 위해서는 법률에 이미 하위규범에 규정될 내용 및 범위의 기본사항을 규정되어 있어야 한다고 판시한다. 즉, 당해 위임법률을 보고 하위규범에 규정될 내용의 대강을 예측가능해야 한

33) 헌재 1995. 11. 30. 94헌바40등, 판례집 7-2, 616, 635; 헌재 1999. 4. 29. 96헌바22등, 판례집 11-1, 422, 445; 헌재 2014. 6. 26. 2012헌바299, 513; 헌재 2015. 11. 26. 2012헌바403; 헌재 2017. 8. 31. 2015헌바388, 판례집 29-2상, 316, 327; 헌재 2018. 6. 28. 2016헌바347등; 헌재 2019. 5. 30. 2018헌마1208등, 판례집 31-1, 640, 651; 헌재 2019. 9. 26. 2018헌바337, 공보 제276호, 1092, 1096.

34) 헌재 1998. 3. 26. 96헌바57, 판례집 10-1, 255, 26; 헌재 2003. 10. 30. 2000헌마801; 헌재 2003. 11. 27. 2003헌바2, 판례집 15-2하, 281, 291; 헌재 2013. 7. 25. 2010헌바51등; 헌재 2016. 2. 25. 2015헌바191, 판례집 28-1상, 156, 165; 헌재 2018. 4. 26. 2015헌가13, 판례집 30-1상, 516, 525; 헌재 2019. 5. 30. 2018헌마1208 등, 판례집 31-1, 640, 651; 헌재 2019. 11. 28. 2017헌바449, 공보 제278호, 1249, 1253.

다. 즉, 이는 법률에 규정되는 내용 및 범위의 기본사항이 규정되어 있어야 함을 전제로 그 다음으로 법조항에 대한 유기적·체계적 판단, 구체적·개별적 검토, 법률조항과 법률의 입법취지의 종합적 고찰이 가능한 것이다. 헌법재판소는 법률에 규율될 내용 및 범위의 기본사항은 구체적으로 어디까지인지가 불분명하다. 법률에 하위규범에 규정될 기본사항이 무엇인지를 규정하는 경우가 드물다.

3) 헌법재판소 결정들 검토

가) 헌재 2019. 4. 11. 2013헌바112

○ 심판대상 조문: 근로기준법 제11조(적용 범위) ② 상시 4명 이하의 근로자를 사용하는 사업 또는 사업장에 대하여는 대통령령으로 정하는 바에 따라 이 법의 일부 규정을 적용할 수 있다.

○ 판시사항: 비록 심판대상조항이 근로기준법의 어떤 규정을 4인 이하 사업장에 적용할지에 관한 기준을 명시적으로 두고 있지 않은 것은 사실이나, 근로기준법이 제정된 이래로 근로기준법의 법규범성을 실질적으로 관철하기 위하여 5인 이상 사업장까지 근로기준법 전부 적용 사업장의 범위를 확대하고, 종전에는 근로기준법을 전혀 적용하지 않던 4인 이하 사업장에 대하여 근로기준법을 일부나마 적용하는 것으로 범위를 점차 확대해 나간 근로기준법 시행령의 연혁 및 심판대상조항의 입법취지와, 근로기준법 조항의 적용 여부를 둘러싼 근로자보호의 필요성과 사용자의 법 준수능력 간의 조화 등을 종합적으로 고려하면, 심판대상조항은 사용자의 부담이 그다지 문제되지 않으면서 동시에 근로자의 보호필요성의 측면에서 우선적으로 적용될 수 있는 근로기준법의 범위를 선별하여 적용할 것을 대통령령에 위임한 것으로 볼 수 있고, 그러한 근로기준법 조항들이 일부적용 대상 사업장에 적용되리라 예측할 수 있다.

○ 평가: 2013헌바112 결정에서 심판대상조항은 「근로기준법」 조항 중 어떤 규정이 4인 이하 사업장에 적용될지에 관한 기준이 전혀 제시되지 않고 있다. 헌법재판소는 「근로기준법 시행령」의 연혁과 「근로기준법」 조항의 입법취지 등을 종합적으로 고려하라고 한다. 이러한 종합적 고려는 헌법재판소의 역할이지, 헌법소원심판 청구인의 역할로 보기 어렵다. 포괄위임금지원칙에서 요

구한대로 「근로기준법」 조항에 규율 내용 및 범위의 기본사항이 규정되어 있지 않는데 어떻게 「근로기준법 시행령」에 규정될 내용을 예측할 수 있겠는가?

나) 헌재 2018. 11. 29. 2017헌바465

○ 심판대상 조문: 도로교통법 제15조(전용차로의 설치) ③ 제2항에 따라 전용차로로 통행할 수 있는 차가 아니면 전용차로로 통행하여서는 아니 된다. 다만, 긴급자동차가 그 본래의 긴급한 용도로 운행되고 있는 경우 등 대통령령으로 정하는 경우에는 그러하지 아니하다.

○ 판시사항: 도로교통법 제15조 제1항은 '원활한 교통을 확보하기 위하여 특히 필요한 경우' 도로에 전용차로를 설치할 수 있도록 하고 있고, 같은 조 제3항 단서는 예외사유의 예시로 '긴급자동차가 그 본래의 긴급한 용도로 운행되고 있는 경우'를 들고 있다. 이와 같은 전용차로의 설치 목적, 법문에 규정한 예외 사유의 취지를 종합하여 볼 때, 전용차로통행차가 아닌 차가 예외적으로 전용차로로 통행할 수 있는 "대통령령으로 정하는 경우"는 소방차나 응급자동차 등 긴급자동차가 그 본래의 긴급한 용도로 운행되고 있는 경우와 도로파손이나 공사 등으로 인하여 전용차로가 아니면 통행이 불가능한 경우 등임을 쉽게 알 수 있으며, 일반 운전자의 입장에서도 이를 충분히 예측할 수 있다.

○ 평가: 2017헌바465 결정에서 「도로교통법」 제15조(전용차로의 설치) 제3항에서는 "제2항에 따라 전용차로로 통행할 수 있는 차가 아니면 전용차로로 통행하여서는 아니된다. 다만, 긴급자동차가 그 본래의 긴급한 용도로 운행되고 있는 경우 등 대통령령으로 정하는 경우에는 그러하지 아니하다."고 규정하고 있다. 이에 따라 「도로교통법 시행령」 제10조에서는 전용차로 통행금지의 예외사유로서, 긴급자동차가 그 본래의 긴급한 용도로 운행되고 있는 경우(제1호), 전용차로통행차의 통행에 장해를 주지 아니하는 범위에서 택시가 승객을 태우거나 내려주기 위하여 일시 통행하는 경우(이 경우 택시 운전자는 승객이 타거나 내린 즉시 전용차로를 벗어나야 한다. 제2호), 도로의 파손, 공사, 그 밖의 부득이한 장애로 인하여 전용차로가 아니면 통행할 수 없는 경우(제3호)를 열거하고 있다. 헌법재판소는 "전문적이고 기술적인 사항들을 규율하는 경우, 변화하는 상황에 즉각적인 대응이나 탄력적인 규율이 필요한 경우 위임의 필요성

이 커진다고 볼 수 있다."는 논거를 든다.[35] 이러한 주장은 '국회'는 변화하는 상황에 즉각적인 대응이나 탄력적인 규율을 할 수 없는 국가기관이며, 행정입법을 하는 '행정부'는 변화하는 상황에 즉각적인 대응이나 탄력적인 규율을 잘 할 수 있는 국가기관이라는 취지이다. 또한 일반 운전자가 '긴급자동차가 그 본래의 긴급한 용도로 운행되고 있는 경우 등'에 동법 시행령에서 열거하고 있는 3가지를 능히 예측할 수 있겠는가? 만약 일반 자동차로 가족의 긴급한 병원 이송을 위해 전용차로로 운행하면 「도로교통법」 제15조 제3항 단서에 해당할 수 있을 것인가?

다) 헌재 2018. 1. 25. 2016헌바466

○ 심판대상 조문: 산업재해보상보험법 제6조(적용범위) 이 법은 근로자를 사용하는 모든 사업 또는 사업장(이하 "사업"이라 한다)에 적용한다. 다만, 위험률·규모 및 장소 등을 고려하여 대통령령으로 정하는 사업에 대하여는 이 법을 적용하지 아니한다.

○ 판시사항: 산재보험법 적용대상사업의 사업주는 가입강제에 따라 적지 않은 보험비용을 부담하여야 할 뿐 아니라 보험과 관련하여 법이 정하는 각종 의무를 이행하여야 하고 일정한 위반사유에 대해서는 과태료의 제재를 받기도 한다. 그런데 업종이나 사업규모에 따라 재해 발생의 위험성이 극히 낮아 굳이 산재보험의 활용이 불필요한 사업의 사업주 또는 비용부담능력이 미약한 영세사업주에게는 보험료가 적지 않은 부담으로 작용하므로, 위와 같은 사업에 대해서는 산재보험을 적용하지 않는 것이 현실적으로 불가피하다. 따라서 누구라도 심판대상조항으로부터 대통령령에 산재보험의 강제적용에 따른 부담을 감당하기 어렵거나 그 부담으로 인하여 사업수행에 적지 않은 지장을 받을 수 있는 소규모 사업 또는 낮은 재해발생률로 인하여 산재보험에 따른 부담에 비하여 효과가 미약하다고 볼 수 있는 사업이 산재보험 적용제외사업으로 규정될 것이라고 충분히 예측할 수 있다.

○ 평가: 2016헌바466 결정에서 일정 범위의 사업을 「산업재해보상보험법」

35) 헌재 2016. 7. 28. 2014헌바158등, 판례집 28-2상, 21, 28; 헌재 2018. 11. 29. 2017헌바465, 판례집 30-2, 618, 625.

의 적용 대상에서 제외하면서 그 적용제외사업을 대통령령으로 정하도록 규정한 「산업재해보상보험법」이 포괄위임금지원칙에 위배되는지 여부가 문제되었다. 헌법재판소는 “산재보험 적용제외사업의 범위는 법률에서 자세히 규정하기보다는 전문적·기술적 능력을 갖춘 행정부가 사회경제적 상황의 변동에 따라 탄력적으로 대응할 수 있도록 하위법령에 위임할 필요성이 인정된다.”는 것이다.[36)]

이 사건에서 헌법재판소처럼 ‘사회경제적 상황의 변동에 따라 탄력적으로 대응’하기 위해 법률로 정하는 것은 입법기술적으로 매우 곤란하므로 하위법령에 위임할 필요성이 있다고 논증하기 보다는 「산업재해보상보험법」에 적용을 받지 않는 적용제외사업에 해당하기 때문에 그 법규범의 성격이 ‘기본권 제한적 성격’이라는데 초점을 두어 논증함이 타당해 보인다. 헌법재판소는 위임의 구체성·명확성의 요구 정도가 규제대상의 종류와 성격에 따라서 달라진다고 보고 있다. 즉, 일반적인 급부행정법규의 경우보다 조세법규나 처벌법규 등 국민의 기본권을 제한하거나 침해할 소지가 있는 법규범에서는 구체성·명확성의 요구가 강화되어 그 위임의 요건과 범위가 더 엄격하게 제한적으로 규정되어야 한다는 것이다.[37)] 이러한 기본권 제한적·침해적 성격의 법률에서 위임을 할 경우 구체성·명확성의 요구가 강화되는데, 당해 법률에 규율 내용 및 범위의 기본사항을 구체적으로 규정하지 않고 대통령령에 위임하는 것은 예측가능성을 확보하지 못한 것이므로, 포괄위임금지원칙에 위배된다고 볼 수 있다.

(3) 위임의 구체성·명확성 요구 정도

1) 헌법재판소의 입장

헌법재판소는 “위임의 구체성·명확성의 요구 정도는 각종 법률이 규제하고자 하는 대상의 종류와 성격에 따라서 달라진다.[38)] 예를 들어, 일반적인 급부행정법규의 경우보다 처벌법규나 조세법규 등 국민의 기본권을 직접적으로

---

36) 헌재 2018. 1. 25. 2016헌바466, 판례집 30－1상, 102, 106.

37) 헌재 2015. 11. 26. 2012헌바403, 판례집 27－2하, 161, 171; 헌재 2016. 3. 31. 2014헌가2 등, 판례집 28－1상, 324, 330; 헌재 2016. 4. 28. 2015헌바123, 판례집 28－1하, 14, 22; 헌재 2016. 12. 29. 2016헌바263, 판례집 28－2하, 629, 641.

38) 헌재 2019. 4. 11. 2013헌바112, 판례집 31－1, 378, 386.

제한하거나 침해할 소지가 있는 법규에서는 구체성·명확성의 요구가 강화되어 그 위임의 요건과 범위가 더 엄격하게 제한적으로 규정되어야 한다. 규율대상이 지극히 다양하거나 수시로 변화하는 성질의 것일 때에는 위임의 구체성·명확성의 요건이 완화되어야 할 것이다."[39]라고 계속하여 판시하고 있다.

반면, "이 사건 법률조항은 처벌법규의 구성요건 조항이라는 점에서 국민의 기본권을 직접적으로 제한하거나 침해할 소지가 있으므로 구체성·명확성의 요구가 강화되어 그 위임의 요건과 범위가 일반적인 급부행정의 경우보다 더 엄격하게 제한적으로 규정되어야 하나, 한편으로 위임의 필요성에서 살펴본 바와 같이 … 행위가 다양하고 수시로 변화하는 점을 고려하면 위임의 구체성·명확성의 요건을 완화할 필요성도 인정된다."고 판시하고 있다.[40]

2) 헌법재판소 견해에 대한 평가

헌법재판소 견해에 의하면, 위임의 구체성·명확성의 요구 정도는 법률에서 규제하고자 하는 대상의 종류와 성격에 따라 달라진다는 것이다. 헌법재판소는 위임의 구체성·명확성의 요구 정도를 달리하기 위해 규제대상의 종류와 성격을 이분화하고 있다. 하나는 급부행정법규이고, 다른 하나는 국민의 기본권을 직접적으로 제한하거나 침해할 소지가 있는 법규이다. 예를 들어, 일정 범위의 사업을 「산업재해보상보험법」의 적용 대상에서 제외하면서 그 적용제외사업을 대통령령으로 정하도록 규정한 「산업재해보상보험법」 조항[41]은 급부행정법규이기도 하고 국민의 기본권을 직접적으로 제한하거나 침해할 소지가 있는 법규이기도 하다. '공상군경'의 요건에 해당하는지에 대한 구체적인 기준과 범위를 대통령령으로 정하도록 한 「국가유공자법」 조항[42]도 급부행정법규이기도 하고 기본권을 직접적으로 제한하거나 침해할 소지가 있는 법규이기도 하다. 위임의 구체성·명확성 요구 정도의 이분화를 위해 헌법재판소가 법률에서 규제하는 대상의 종류와 성격을 이분화하려는 시도는 법률에서 규제하

39) 헌재 1998. 6. 25, 95헌바35, 판례집 제10권 1집, 771, 794; 헌재 2012. 2. 23. 2011헌가13; 헌재 2012. 7. 26. 2009헌바328; 헌재 2014. 4. 24. 2012헌바412, 판례집 26-1하, 64, 73; 헌재 2015. 5. 28. 2013헌바82 등, 판례집 27-1하, 216, 236; 헌재 2017. 8. 31. 2015헌바388, 판례집 29-2상, 316, 328.

40) 헌재 2016. 4. 28. 2015헌바123, 공보 제235호, 753, 755.

41) 헌재 2018. 1. 25. 2016헌바466.

42) 헌재 2016. 12. 29. 2016헌바263.

고자 하는 대상의 종류와 성격을 명확히 양분할 수 없다는 문제에 부딪힌다.

헌법재판소는 한편으로는 처벌법규나 조세법규 등 기본권 제한 또는 침해의 소지가 있는 법규는 급부행정법규 보다 위임의 구체성·명확성의 요구 정도를 '강화'(強化)시켜 놓고, 다른 한편으로는 규율대상이 지극히 다양하거나 수시로 변화하는 성질의 경우에는 위임의 구체성·명확성의 요구를 '완화'(緩和)시켜 놓았다.[43] 헌법재판소는 미리 포괄위임금지원칙 위반 여부의 결론을 내려놓고, 급부행정법규에는 위임의 구체성·명확성 요구를 완화시킨 반면, 기본권을 직접적으로 제한하거나 침해할 소지가 있는 법규에는 위임의 구체성·명확성 요구를 강화시키는 방법을 사용하고 있다. 그런데 조세법규의 경우에는 기본권 제한 또는 침해의 소지가 있는 법규이므로 위임의 구체성·명확성의 요구 정도가 **강화**되어야 하지만, 규율대상이 지극히 다양하거나 수시로 변화하는 성질의 경우에 해당되어 **완화**해야 한다. 어떻게 보면 판단자의 자의나 임의성이 충분히 가능하리라 예상된다.

5. 포괄위임입법금지원칙과 다른 헌법원칙과의 관계

(1) 포괄위임입법금지원칙과 법률유보원칙 간의 관계

1) 헌법재판소의 입장

헌법재판소는 "법률이 자치적인 사항을 정관에 위임할 경우 원칙적으로 헌법상의 포괄위임입법금지 원칙이 적용되지 않는다 하더라도, 그 사항이 국민의 권리와 의무에 관련되는 것일 경우에는, 적어도 국민의 권리와 의무의 형성에 관한 사항을 비롯하여 국가의 통치조직과 작용에 관한 기본적이고 본질적인 사항은 반드시 국회가 정하여야 한다는 법률유보 내지 의회유보의 원칙이 지켜져야 할 것이다."[44]라고 판시하고 있다.

헌법재판소는 "심판대상조항이 … 등에 관한 사항을 직접 규정하지 아니하고 대통령령에 위임하였다고 하여 법률유보원칙에 위반된다고 볼 수 없다."

---

43) 이부하, "포괄위임입법금지원칙에 대한 헌법재판소 견해에 대한 평가", 『법학논총』 제29권 제2호, 2016. 10, 316면.

44) 헌재 1998. 5. 28. 96헌가1 판례집 10-1, 509, 515-516; 헌재 2001. 4. 26. 2000헌마122, 판례집 13-1, 962, 973.

이러한 이유로 "…에 관한 본질적인 부분이 국회에서 정한 법률로 입법되어 있다. …의 구체적인 요건·절차 및 그에 따른 …은 세부적·기술적 사항으로 입법자가 반드시 스스로 결정하여야 하는 본질적 사항이라기보다는 행정입법이 충분히 규율할 수 있는 사항에 해당한다."고 판시하고 있다.[45] 동일한 사건에서 "심판대상조항이 … 대통령령에 위임한 것이 포괄위임금지원칙에 위반된다고 볼 수 없다."고 판시하였다.[46]

2) 평가

헌법재판소는 헌법상의 포괄위임금지원칙이 적용되지 않는 사건의 경우에도 법률유보원칙은 지켜져야 한다는 입장이다. 다시 말하면 포괄위임금지원칙과 법률유보원칙은 일반원칙과 특별원칙의 관계에 있는 것이 아니라, 양자가 병렬적·독자적인 심사기준으로 기능한다는 것이다.

양 원칙은 심사의 초점이 상이하다. "국가공동체와 그 구성원에게 기본적이고도 중요한 의미를 갖는 영역, 특히 국민의 기본권실현과 관련된 영역에 있어서는 국민의 대표자인 입법자가 그 본질적 사항에 대해서 스스로 결정하여야 한다는 요구"[47]인 법률유보원칙은 '본질적인 사항'인지 여부가 중요한 기준이 된다. 반면, "당해 법률 그 자체로부터 대통령령 등에 규정될 내용의 대강을 예측할 수 있어야 한다."는 요청인 포괄위임금지원칙은 '위임의 예측가능성'이 중요한 기준이 된다. 이러한 까닭에 헌법재판소 2012헌바412 결정, 2015헌바388 결정, 2017헌바58 결정을 살펴보면, 헌법재판소는 먼저 법률유보원칙 위반 여부를 판단하고, 그 다음으로 별도로 포괄위임금지원칙 위반 여부를 판단하였다.[48]

45) 헌재 2017. 10. 26. 2017헌바58, 판례집 29-2하, 68, 74.
46) 헌재 2017. 10. 26. 2017헌바58, 판례집 29-2하, 68, 76-77.
47) 헌재 2012. 2. 23. 2011헌가13, 판례집 24-1상, 25, 40; 헌재 2019. 4. 11. 2013헌바112, 판례집 31-1, 378, 385.
48) 헌재 2014. 4. 24. 2012헌바412, 판례집 26-1하, 64, 72-74; 헌재 2017. 8. 31. 2015헌바388, 판례집 29-2상, 316, 326-328; 헌재 2017. 10. 26. 2017헌바58, 판례집 29-2하, 68, 74-77.

(2) 포괄위임입법금지원칙과 명확성 원칙 간의 관계

1) 헌법재판소의 입장

헌법재판소는 포괄위임금지원칙과 명확성 원칙과의 관계에 대하여, "포괄위임금지원칙은 행정부에 입법을 위임하는 수권법률의 명확성 원칙에 관한 것으로서 법률의 명확성 원칙이 위임입법에 관하여 구체화된 특별규정이라고 할 수 있다. 따라서 수권법률 조항의 명확성 원칙 위반 여부는 헌법 제75조의 포괄위임금지원칙의 위반 여부에 대한 심사로써 충족된다."고 판시하고 있다.[49]

또한 "법률에서 일부 내용을 하위법령에 위임하고 있는 경우, 위임을 둘러싼 법률 규정의 명확성 문제는 포괄위임금지원칙의 문제가 된다. 다만 위임규정이 하위법령에 위임하고 있는 내용과는 무관하게 해당 부분을 완결적으로 정하고 있는 경우 포괄위임금지원칙과는 별도로 명확성 원칙이 문제될 수 있다."[50]고 한다.

헌법재판소는 더 자세히 설명하기를 "일반적으로 법률에서 일부 내용을 하위법령에 위임하는 경우 위임을 둘러싼 법률규정 자체에 대한 명확성의 문제는, 그 위임규정이 하위법령에 위임하고 있는 내용과는 무관하게 법률 자체에서 해당 부분을 완결적으로 정하고 있는지에 따라 달라진다. 즉 법률에서 사용된 추상적 용어가 하위법령에 규정될 내용과는 별도로 독자적인 규율 내용을 정하기 위한 것이라면 별도로 명확성 원칙이 문제될 수 있으나, 그 추상적 용어가 하위법령에 규정될 내용의 범위를 구체적으로 정해주기 위한 역할을 하는 경우라면 명확성의 문제는 결국 포괄위임금지원칙 위반의 문제로 포섭된다."[51]고 한다.

2) 평가

헌법재판소는 법률에서 규정된 추상적 용어가 하위규범에 규정될 내용의 범위를 정해주는 경우에는 법률의 명확성 원칙 위반 여부 판단은 생략하고 포

---

49) 헌재 2011. 12. 29. 2010헌바385 등, 판례집 23-2하, 673, 687; 헌재 2015. 11. 26. 2014헌바359, 판례집 27-2하, 233, 248.

50) 헌재 2016. 6. 30. 2015헌바125 등, 판례집 28-1하, 589, 598.

51) 헌재 2015. 7. 30. 2013헌바204, 판례집 27-2상, 116, 126; 헌재 2016. 12. 29. 2014헌바419, 판례집 28-2하, 362, 369.

괄위임금지원칙 위반 여부만 판단한다는 것이다. 이 경우 당해 법률 규정만으로는 정확한 내용 파악이 어렵기 때문에 명확성 원칙 위반 여부를 판단하기 곤란하므로, 포괄위임금지원칙 위반 여부만 판단한다는 것이다. 이러한 사건에서 헌법재판소는 포괄위임금지원칙은 위임하는 수권법률에 명확성 원칙이 적용되어 구체화된 원칙으로 여기고 있다.[52] 그러나 위임규정인 법률 자체에서 해당 부분을 완결적으로 규정하고 있는 경우에 포괄위임금지원칙 위반 여부 판단 이외에, 명확성 원칙 위반 여부 판단도 별도로 가능하다.

필자는 포괄위임금지원칙과 명확성 원칙은 헌법재판에서 독자적인 심사원칙으로 기능한다고 생각한다. 그 이유로 첫째, 양 원칙은 헌법적 취지와 요구가 상이하다. 포괄위임금지원칙은 위임법률에 하위법령에 규정될 내용 및 범위의 기본사항이 구체적이고 명확하게 규정하도록 요구하는 원칙이다. 즉, 포괄위임금지원칙은 법률에서 하위규범에 규정될 내용의 대강을 예측할 수 있어야 하는 주체는 '하위법령의 제정자'인 '피수권기관'이다. 이러한 예측가능성을 지니고 법령을 제정하게 함으로써 '피수권기관'의 법령 제정권을 통제하기 위한 원칙이다. 반면, 명확성 원칙은 기본권을 제한하는 법률의 내용은 명확하게 규정해야 한다는 헌법원칙으로, '법 집행자'의 차별적이거나 자의적인 법해석 및 법집행을 예방하기 위한 원칙이다.

둘째, 양 원칙은 헌법상 일반원칙과 특별원칙의 관계에 있지 않다. 헌법재판소는 명확성 원칙은 '일반원칙'이며, 포괄위임금지원칙은 명확성 원칙에 대한 '특별원칙'이라고 한다. 그러나 특정한 사건에서 양 원칙이 동시에 적용되는 경우에, 명확성 원칙과 포괄위임금지원칙은 헌법재판에서 별개의 심사원칙으로 기능한다. 따라서 명확성 원칙 문제가 포괄위임금지원칙 문제에 포섭되는 것이 아니다. 그 이유로 포괄위임금지원칙은 '형식적 헌법원칙'[53]이지만, 명확성 원칙은 '실질적 헌법원칙'이기 때문이다. 양 원칙이 그 기능과 심사의 초점이 다르기 때문에 특정한 사건에서 경합하는 경우에도 각각 독자적인 헌법재

52) 이상경, "명확성의 원칙과 포괄위임입법금지원칙", 서울시립대 『서울法學』 제22권 제3호, 2015. 2, 460면.

53) 김해원, "수권법률에 대한 수권방식통제로서 포괄위임금지원칙 – 기본권심사를 중심으로 –", 『헌법학연구』 제21권 제2호, 2015, 167면. 형식적 헌법적합성심사에 관하여는 김해원, "기본권심사에서 형식적 헌법적합성심사에 관한 연구 – 법률에 의한(durch Gesetz) 규율을 중심으로 –", 『헌법학연구』 제21권 제1호, 2015, 241면.

판의 심사원칙으로 기능한다.

셋째, 양 원칙의 예측가능성의 주체가 상이하며, 예측가능성의 정도도 상이하다. 명확성 원칙은 '일반적인 사람'의 입장에서 법규범의 의미내용으로부터 금지되는 행위와 허용되는 행위를 알 수 있도록 명확하게 규정하라는 원칙이므로,[54] 법률의 예측가능성의 주체는 '통상적인 사람'이 된다. 반면, 포괄위임금지원칙과 관련하여, 위임법률에서는 하위법령에 규정될 내용 및 범위의 기본사항을 구체적이고 명확하게 규정함으로써, 피수권기관이 하위법령을 제정하는데 그 내용과 범위를 설정해 주는 것이므로, 예측가능성의 주체는 '피수권 국가기관'인 행정기관이 된다.

(3) 포괄위임입법금지원칙 심사기준에 대한 대안 모색

1) 포괄위임입법금지원칙의 심사강도의 다원화

포괄위임입법금지원칙의 심사강도를 다원화하는 경우, 크게 '강화'와 '완화'의 2가지로 구분할 수 있다. 헌법 '현실적' 요청과 헌법 '규범적' 요청에 의해 심사강도의 다원화 필요성이 존재한다.

첫째, 헌법 '현실적' 요청에서 살펴보면, 국회에게 "구체적으로 범위를 정하여 위임"하라는 헌법적 명령은 국회가 그 분야에 관한 전문성이 부족하거나 법규율을 하기 어려운 경우, 즉 국회가 수권내용을 규율함에 있어서 피수권기관이 보유하고 있는 전문성·기술성에 의존할 필요성이 큰 경우와 수권내용이 헌법현실의 빠른 변화로 인해 국회가 신속한 법률 제정이 어려워 피수권기관이 탄력적이고 기민한 대응을 해야 하는 경우[55] 등이다. 이 경우 헌법재판에서 포괄위임입법금지원칙의 심사강도는 완화될 수 있다.

둘째, 헌법 '규범적' 요청에서 살펴보면, 헌법에서 죄형법정주의(헌법 제12조 제1항, 제13조 제1항)나 조세법률주의(헌법 제38조, 제59조)의 등과 같이 명시적으로 국회가 법률의 형식으로 규율하라는 요청을 하는 경우이다.[56] 이 경우 헌

---

54) 헌재 2012. 2. 23. 2008헌마500, 공보 185, 450, 458; 헌재 2012. 2. 23. 2011헌가13, 판례집 24-1상, 25, 35.

55) 유은정, "소위 수익적 법률에서 위임입법의 헌법적 한계 – 특수임무수행자보상에 관한 법률 제2조 및 동법 시행령 제2조를 중심으로 –", 『공법학연구』 제14권 제3호, 2013, 279면: "… '다양하고 급속한 경제적·사회적·기술적 변화에 대응하여 신속하게 법제정을 하는 것이 요구되나 의회의 입법절차로서는 그 것을 실현할 수 없는 영역이 존재'하는지, '규제가 장소적, 시간적, 기술적으로 세분화되어 있어서 국가에게 본질적인 문제를 결정하여야하는 의회가 시간적 여유'가 없는지, … 등의 문제를 고려할 수 있다."

법재판에서 포괄위임입법금지원칙의 심사강도는 강화되어야 한다.

2) 규제대상의 종류와 성격에 따른 심사강도의 구분

가) 심사강도 구분 논의

독일 학계에서도 기본법 제80조 제1항 제2문을 '명확성 원칙'[57]이라고 하기도 하고, '예견가능성'[58]이라고도 부른다. 이 헌법규정의 취지는 입법자가 스스로 특정한 방향을 규정해주어야 한다는 것이다. 즉, 입법자는 사회공동체의 갈등을 어떻게 해결할 것인지와 어떠한 정책을 추구할 것인지를 결정해야 한다.[59]

독일 연방헌법재판소 판결에 의하면, 위임의 한계는 명백한 명확성을 지닌 법률이어야 한다는 것이다.[60] 독일 연방헌법재판소는 침해적 법규명령, 수익적 법규명령, 처벌을 규정한 법규명령의 3가지로 나누어 수권법률의 명확성 정도를 달리 적용하고 있다. 즉, 수익적 성격의 수권법률의 명확성 정도는 침해적 성격의 수권법률의 명확성 보다 완화된다.[61] 기본법 제80조 제1항 제2문의 요청은 침해적 성격의 수권법률의 명확성을 강하게 요구하고 있고,[62] 부담적 수권법률의 경우 수익적 수권법률보다 엄격한 명확성을 요구한다.[63] 특히 형벌적 성격의 수권법률의 명확성은 엄격성을 요구하고 있다.[64]

우리나라 헌법재판소도 "위임의 구체성·명확성의 요구 정도는 규제대상의 종류와 성격에 따라서 달라진다. 즉, 일반적인 급부행정법규의 경우보다 처벌법규나 조세법규 등 국민의 기본권을 직접적으로 제한하거나 침해할 소지가 있는 법규에서는 구체성·명확성의 요구가 강화되어 그 위임의 요건과 범위가 더 엄격하게 제한적으로 규정되어야 하고, 규율대상이 지극히 다양하거나 수시로 변화하는 성질의 것일 때에는 위임의 구체성·명확성의 요건이 완화되어

---

56) 김해원, 전게논문, 2015. 6, 175－177면; 전종익, 전게논문, 16면.

57) Astrid Wallrabenstein, in: v. Münch/Kunig, GGK II, 6. Aufl. 2012, Art. 80 Rn. 35 ff.; Fritz Ossenbühl, in: HdbStR III, § 64 Rn. 17.

58) Horst Hasskarl, Die Rechtsprechung des Bundesverfassungsgerichts zu Art. 80 Abs. 1 Satz 2 GG, AöR 94 (1969), S. 85 (88); BVerfGE 1, 14 (60); 29, 198 (210); 42, 191 (200); 55, 207 (226); 56, 1 (12).

59) BVerfGE 78, 249 (272).

60) BVerfGE 2, 307 (334 f.); 4, 7 (21); 5, 71 (77).

61) BVerfGE 48, 227 ff.

62) BVerfGE 7, 282 (295).

63) BVerfGE 23, 62 (73)).

64) BVerfGE 14, 174 (185).

야 할 것이다."[65]라고 계속하여 판시하고 있다.

또한 "위임조항에서 위임의 구체적 범위를 명확히 규정하고 있지 않다고 하더라도 당해 법률의 전반적 체계와 관련규정에 비추어 위임조항의 내재적인 위임의 범위나 한계를 객관적으로 분명히 확정할 수 있다면 이를 일반적이고 포괄적인 백지위임에 해당하는 것으로 볼 수 없다."[66]

반면, "이 사건 법률조항은 처벌법규의 구성요건 조항이라는 점에서 국민의 기본권을 직접적으로 제한하거나 침해할 소지가 있으므로 구체성·명확성의 요구가 강화되어 그 위임의 요건과 범위가 일반적인 급부행정의 경우보다 더 엄격하게 제한적으로 규정되어야 하나, 한편으로 위임의 필요성에서 살펴본 바와 같이 석유 등의 건전한 유통질서를 저해하는 행위가 다양하고 수시로 변화하는 점을 고려하면 위임의 구체성·명확성의 요건을 완화할 필요성도 인정된다."[67]

나) 평가

헌법재판소는 위임의 구체성·명확성의 요구 정도를 규제대상의 종류와 성격에 따라 달리한다. 그러나 이는 규제대상의 종류와 성격에 따라 이분화할 수 없는 경우가 많다. 예를 들어, 급부행정법규에서 위임의 구체성·명확성의 요구를 완화하면 급부행정 영역에서 수급권자가 되는지 여부를 법률을 보고 예측할 수 없고 대통령령 등 하위법규를 통해서 그 여부가 확정되므로 오히려 평등권을 침해할 소지가 발생한다.

헌법재판소는 "구체성·명확성의 요구의 강화 내지 완화는 명확성 원칙에서 개개의 법률이나 법조항의 성격에 따라 요구되는 정도에 차이가 있을 수 있다."[68]고 판시한다. 그러나 포괄위임입법금지원칙에서 위임의 구체성·명확성

65) 헌재 1994. 6. 30. 93헌가15 등, 판례집 6-1, 576; 헌재 1995. 11. 30. 91헌바1등, 판례집 7-2, 562, 591; 헌재 1998. 6. 25, 95헌바35, 판례집 제10권 1집, 771, 794; 헌재 1999. 1. 28. 97헌가8, 판례집 11-1, 8; 헌재 2002. 6. 27. 2000헌가10, 판례집 14-1, 565, 570; 헌재 2002. 12. 18. 2001헌바52; 헌재 2008. 4. 24. 2004헌바48; 헌재 2009. 12. 29. 2008헌바48; 헌재 2011. 12. 29. 2010헌바385 등, 판례집 23-2하, 673, 688-690; 헌재 2014. 3. 27. 2013헌바198, 판례집 26-1상, 480, 488; 헌재 2014. 4. 24. 2012헌바412.

66) 헌재 1997. 12. 24. 95헌마390, 판례집 9-2, 817-834: 헌재 2007. 4. 26, 2005헌바51, 판례집 제19권 1집, 450.

67) 헌재 2016. 4. 28. 2015헌바123, 공보 제235호, 753, 755.

68) 헌재 1992. 2. 25. 89헌가104, 판례집 4, 64, 78-79; 헌재 2001. 6. 28. 99헌바34, 판례집 13-1, 1255, 1264; 헌재 2010. 4. 29. 2009헌바46, 판례집 22-1하, 21, 27; 헌재 2011. 10. 25. 2010헌바272, 공보 181,

의 요구 정도는 피수권기관의 수권법률에 대한 예측가능성을 최우선적 기준으로 삼아 판단해야지, 법률의 성격에 따라 가변적으로 위임의 구체성·명확성의 요구 정도를 달리하게 되면 법적 안정성을 침해하게 될 가능성이 높다.

2015헌바123 결정에서 보듯이, 한편으로는 처벌법규 또는 침해적 성격의 수권법률의 경우는 급부행정법규의 경우보다 위임의 구체성·명확성의 요구가 '강화'되는 기준을 설정해 놓고, 다른 한편으로는 규율대상이 지극히 다양하거나 수시로 변화하는 성질의 경우에는 위임의 구체성·명확성의 요구가 '완화'되는 기준을 설정해 놓았다. 헌법재판소의 입장은 이미 결론을 내어놓고 2가지 기준을 임의로 혼용하는 자의성을 보여주고 있다.

3) "법률에서 구체적으로 범위를 정하여"의 조명

가) 헌법재판소의 입장

"헌법 제75조는 "대통령은 법률에서 구체적으로 범위를 정하여 위임받은 사항에 관하여 대통령령을 발할 수 있다."고 규정하고 있다. 여기서 '법률에서 구체적으로 범위를 정하여 위임받은 사항'이란 법률에 이미 대통령령으로 규정될 내용 및 범위의 기본사항이 구체적이고도 명확하게 규정되어 있어서 누구라도 당해 법률로부터 대통령령에 규정될 내용의 대강을 예측할 수 있어야 함을 의미한다."[69]

"법률이 대통령령에 위임하면서 대통령령으로 규정될 사항 및 범위의 기본사항을 구체적으로 규정하지 아니하고 다소 개괄적으로 위임하였다고 하여 헌법 제75조의 포괄위임금지원칙에 어긋난다고 보기 어렵다."[70]

나) 평가

헌법 제75조는 "법률에서 구체적으로 범위를 정하여 위임받은 사항에 관하여 대통령령을 발할 수 있다."고 규정하고 있다. 여기서 '법률에서 구체적으로 범위를 정하여'라는 의미는 법률에 이미 대통령령 등 하위규범에 규정될 '내용' 및 '범위'의 기본사항이 구체적이고 명확하게 '규정'되어 있어야 한다는 의미이

1605, 1607; 헌재 2012. 2. 23. 2008헌마500, 공보 185, 450, 458; 헌재 2013. 6. 27. 2012헌바169, 판례집 25-1, 519, 528.

69) 헌재 2014. 5. 29. 2012헌마515, 판례집 26-1하, 423, 430.

70) 헌재 2010. 10. 28. 2007헌마890, 138.

다.[71] 여기에서 '내용'이란 법규명령의 전문 분야(Sachgebiet), 대상(Gegenstand), 소재(Materie), 법적 주제(das rechtliche Thema)를 의미하며,[72] '범위'란 피수권기관이 위임된 법규범 제정시 준수해야 하는 위임의 한계를 설정해 주는 것이다.[73] 그런데 우리나라 헌법재판소는 위임의 내용 및 범위의 기본사항이 무엇인지를 구체적으로 설시하지 않고, 일반적으로 '위임의 필요성'[74]만을 강조함으로써 포괄위임입법금지원칙의 근본취지를 도외시하고 있다.

헌법재판소는 "법률에서 구체적으로 범위를 정하여"를 "입법목적 및 관련 법조항을 유기적·체계적으로 종합하여 보면" 알 수 있다고 한다. 그러나 법률에서 구체적으로 범위를 정하라는 의미는 입법자가 법률에 구체적으로 '규정'하라는 의미이지, 일반인이 법률을 유기적·체계적으로 '해석'하라는 의미는 아니다.

헌법재판소가 설시하는 것처럼 법률조항의 입법취지를 보고 대통령령에 규정될 내용을 예측하는 것이 가능할지 심히 의문이 든다. 또한 2007헌마890 결정에서 법률이 대통령령에 위임하면서 대통령령으로 규정될 내용 및 범위의 기본사항을 구체적으로 규정하지 아니하고 다소 개괄적으로 위임하였다고 헌법상 포괄위임입법금지원칙에 위배되지 않는다고 판시하고 있다. 그러면 개괄적·포괄적으로 위임하였음에도 불구하고 어떠한 이유로 포괄위임입법금지원칙에 위배되지 않는다는 것인가?

6. 결 론

(1) 우리나라 헌법재판소는 포괄위임입법금지원칙을 명확성 원칙에 대한 특별원칙으로 보고, 양 원칙이 모두 심사기준으로 고려될 경우에는 포괄위임입법금지원칙 위반 여부만을 심사하면 된다는 입장이다. 또한 헌법재판소는 포괄위

---

71) 헌재 2011. 12. 29. 2010헌바385 등, 판례집 23-2하, 673, 688; 헌재 2014. 7. 24. 2013헌바183등; 헌재 2016. 3. 31. 2014헌바382, 공보 제234호, 571, 575.

72) Dieter Wilke, in: v. Mangoldt/Klein (Hrsg), GG, Art. 80 Anm. VI 1. a.

73) Michael Nierhaus, in: W. Kahl/Chr. Waldhoff/Chr. Walter(Hrsg), Bonner Kommentar zum Grundgesetz, Art. 80 Abs. 1 Rn. 279.

74) 헌재 2013. 7. 25. 2012헌바54, 판례집 25-2상, 140, 147; 헌재 2014. 4. 24. 2013헌가4, 판례집 26-1상, 587, 597; 헌재 2016. 4. 28. 2015헌바123, 공보 제235호, 753, 755.

임입법금지원칙에서 예측가능성의 주체를 '누구라도'로 폭넓게 상정하고 있다. 헌법재판소는 처벌법규의 위임요건으로 ① 긴급한 필요가 있거나 ② 미리 법률로써 자세히 정할 수 없는 부득이한 사정이 있는 경우를 들고 있다. 헌법재판소는 헌법 제75조의 "법률에서 구체적으로 범위를 정하여"를 "입법목적 및 관련 법조항을 유기적·체계적으로 종합하여 보면" 알 수 있다고 주장한다.

(2) 포괄위임입법금지원칙과 명확성 원칙은 각각 독자적인 헌법상 심사원칙이며, 서로 다른 기능을 수행한다. 따라서 명확성 원칙은 포괄위임입법금지원칙의 특별원칙이 아니다. 헌법재판에서 포괄위임입법금지원칙은 '형식적 헌법심사원칙'인 반면, 명확성 원칙은 '실질적 헌법심사원칙'으로 기능한다.

(3) 명확성 원칙은 법률의 수범자가 일반인이므로 '일반인'이 그 법률의 내용을 이해할 수 있어야 하는 반면, 포괄위임입법금지원칙은 입법자가 법률로 피수권기관에게 위임의 구체적 범위를 정해 주는 것이므로 '피수권기관'인 '행정기관'이 그 위임을 내용을 이해할 수 있는 주체가 된다. 따라서 포괄위임입법금지원칙에서 예측가능성의 주체를 '누구라도'로 상정해서는 안되고, '피수권기관'의 입장에서 위임의 예측가능성을 기준으로 판단해야 한다.

(4) 헌법재판소가 설시하고 있는 처벌법규의 위임의 예외적인 경우인 ① 긴급한 필요가 있거나 ② 미리 법률로써 자세히 정할 수 없는 부득이한 사정이 있는 경우가 구체적으로 무엇을 의미하는지를 알 수 없다.

(5) 헌법 제75조의 법률에서 구체적으로 범위를 정하라는 의미는 법률에 구체적으로 '규정'하라는 의미이지, 법률을 유기적·체계적으로 '해석'하라는 의미는 아니다. 또한 헌법재판소는 위임의 내용 및 범위의 기본사항이 무엇인지를 구체적으로 설시하지 않고, 일반적으로 '위임의 필요성'만을 강조함으로써 포괄위임입법금지원칙의 근본취지를 도외시하고 있다.

Ⅲ. 법률유보원칙(의회유보원칙)

1. 법률유보의 유형

법률유보는 '단순한 법률유보'와 '가중된 법률유보'로 구분할 수 있다. '단순한 법률유보'는 기본권에 대해 법률에 의한 또는 법률에 근거한 제한만을 요구하는 경우이고, 기본권 제한에 대해 헌법상 법률에 특별한 가중(加重) 요건을 요구하지 않고 입법자가 수권(授權)하는 형태이다. 그에 반해 '가중된 법률유보'는 기본권에 대해 법률에 의한 또는 법률에 근거한 제한뿐만 아니라, 헌법상 특정한 상황을 전제로 하거나 특정한 목적에 기여하거나 특정한 수단을 사용하도록 부가적 조건을 요구하여[75] 단순한 법률유보 보다 기본권 제한을 더욱 엄격하게 하고자 하는데 의의가 있다. 예를 들어, 헌법 제21조 제3항에 "통신·방송의 시설기준과 신문의 기능을 보장하기 위하여 필요한 사항은 법률로 정한다."는 조항은 '단순한 법률유보'에 해당한다.

헌법상 기본권에 의해서 보호되는 생활영역을 기본권 보호영역(Schutzbereich)이라 한다.[76] 개별적인 기본권의 보호영역은 일차적으로 개별 기본권 규정의 해석에 의하여 결정된다. 헌법이 개별 기본권에 대하여 광범위한 제한가능성을 허용하고 있다면(예를 들면, 단순한 법률유보), 당해 기본권의 보호영역을 협소하게 이해할 필요가 없다. 이 경우 보호영역을 너무 협소하게 정하게 되면 법률유보가 그 기능을 상실할 수 있다. 따라서 법률유보가 광범위한 제한가능성을 허용한다면 그 보호영역도 그에 상응하게 광범위하게 확정될 수 있다. 이에 반하여 법률유보가 매우 한정적인 제한가능성을 허용한다면(예를 들면, 가중된 법률유보), 이에 상응하게 보호영역은 협소하게 확정될 필요가 있다. 특히 제한가능성이 없는 기본권(예를 들면, 법률유보 없는 기본권)의 경우나 인간의 존엄성 조항처럼 절대적 기본권으로 이해되는 경우는 그 보호영역은 그에 상응하게 협소하여 해석되어야 한다.[77] 이점에 있어서 기본권은 주관적 법적 지위를 보장할 뿐만 아니라, 법질서에서 기본권의 실현을 위해 구체화와 형성화에 의

---

75) Pieroth/Schlink, Grundrechte – Staatsrecht Ⅱ, Rn. 255.
76) Pieroth/Schlink, Grundrechte – Staatsrecht Ⅱ, Rn. 142.
77) Vgl. Sachs, Verfassungsrecht Ⅱ – Grundrechte, 2. Aufl., A 7 Rn. 25 f.

한 법률적 전환이 요구되는 객관법적 규정의 보장을 의미한다.[78]

2. 재산권에 있어서 법률유보

헌법 제23조 제1항 제1문에서 “모든 국민의 재산권은 보장된다.”라고 하여 재산권의 보장을 선언하고, 제2문에서 “그 내용과 한계는 법률로 정한다.”라고 하여 재산권은 다른 기본권 규정과는 달리 그 내용(內容)과 한계(限界)가 법률에 의해 구체적으로 형성되는 **기본권 형성적 법률유보**의 형태를 취하고 있다. 그리하여 헌법이 보장하는 재산권의 내용과 한계는 국회에서 제정되는 형식적 의미의 법률에 의하여 정해지므로 헌법상의 재산권 보장은 재산권 형성적 법률유보에 의하여 실현되고 구체화하게 된다.[79]

재산권의 내용과 한계를 구체적으로 형성함에 있어서 입법자는 일반적으로 광범위한 입법형성권을 가진다. 그렇지만 재산권의 본질적 내용을 침해하여서는 아니되고 ‘사회적 기속성’(社會的 羈束性)을 함께 고려하여 균형을 이루도록 해야 하는 등 입법형성권의 한계를 일탈해서는 안된다.[80]

우리 헌법재판소는 **재산권에 관한 법률유보**에 관하여 다음과 같은 내용으로 해석한다.

> *우리 헌법상의 재산권에 관한 규정은 다른 기본권 규정과는 달리 그 내용과 한계가 법률에 의해 구체적으로 형성되는 기본권형성적 법률유보의 형태를 띠고 있다. 그리하여 헌법이 보장하는 재산권의 내용과 한계는 국회에서 제정되는 형식적 의미의 법률에 의하여 정해지므로 이 헌법상의 재산권 보장은 재산권형성적 법률유보에 의하여 실현되고 구체화하게 된다. 따라서 재산권의 구체적 모습은 재산권의 내용과 한계를 정하는 법률에 의하여 형성된다. 물론 헌법이 보장하는 재산권의 내용과 한계를 정하는 법률은 재산권을 제한한다는 의미가 아니라, 재산권을 형성한다는 의미를 갖는다.*[81]

---

78) W. Hoffmann-Riem, Gesetz und Gesetzesvorbehalt im Umbruch, AöR 130 (2005), S. 10 f.
79) 헌재 1993. 7. 29. 92헌바20, 판례집 5-2, 44-45면; 헌재 2000. 2. 24. 97헌바41, 판례집 12-1, 163면.
80) 헌재 2000. 2. 24. 97헌바41, 판례집 12-1, 164면.

우리 헌법재판소는 기본권형성적(形成的) 법률유보와 기본권제한적(制限的) 법률유보의 2분론에 기초하여 그 논리를 전개하고 있다. 이는 기존 학계의 이론을 그대로 수용한 것으로 보인다. 위 헌법재판소의 결정을 선해(善解)하면, 재산권의 내용과 한계를 정하는 법률은 재산권을 형성하는 의미뿐만 아니라 재산권을 제한하는 의미도 함께 지니지만, 그 중점은 기본권형성에 있다는 것이다.[82]

그런데 이러한 용어를 자세히 살펴보면, 원래 기본권형성(Grundrechtsprägung)과 기본권침입(제한: Grundrechtseingriff)임을 알게 되면 헌법상 그 정확한 해석이 용이해진다. '기본권형성적 법률유보'는 기본권 보호영역이 미확정적인 경우에 법률에 의하여 구체적으로 '형성'하는 것을 말한다.[83] 반면, '기본권제한적 법률유보'는 기본권의 보호영역이 확정된 경우에 법률에 의하여 기본권을 '침입'(Eingriff)하는 것을 말한다. 즉, 기본권형성은 그 본질로부터 제약되는 것이기에 내부적 제약임에 반하여, 기본권제한(침입)[84]은 외부적 제약을 말한다.[85] 따라서 양 개념 모두 기본권 제약의 한 형태이자, 기본권의 구체화를 지칭하는 것이며, 양자는 기본권의 보호영역이 확정적이냐 미확정적이냐의 차이를 가질 뿐이다. 따라서 일반적인 의미에서 2분론적으로 제한하거나 형성한다는 뜻으로 해석될 것은 아니다.

3. 법률의 우위와 법률유보

법률의 우위와 법률유보는 하나의 세트(set)를 이루어 헌법이나 행정법에서 설명하고 있다.[86] '법률의 우위'라는 의미는 형식적 의미의 법률이 법률 이하의 규범과 상충하는 경우에 법률이 법률 이하의 규범을 통제하는 것을 의미한다. 그 반면 '법률유보'는 행정기관이 특정한 종류의 처분을 하려면 그러한

---

81) 헌재 1993. 7. 29. 92헌바20, 44면.
82) 허 영, 헌법이론과 헌법, 2011, 490면.
83) 장영수, 헌법학, 홍문사, 2007, 522면.
84) P. Lerche, Schutzbereich, Grundrechtsprägung, Grundrechtseingriff, HdBSR V, 2000, Rn. 8.
85) K. Hesse, Grundzüge des Verfassungsrechts der Bundesrepublik Deutschland, 20. Aufl., Heidelberg, 1995, Rn. 307.
86) Fritz Ossenbühl, Vorrang und Vorbehalt des Gesetzes, in: Josef Isensee/Paul Kirchhof (Hrsg.), HdbStR Bd. III, 1998, § 62 Rn. 1 ff., 7 ff.

행정작용은 법률에 근거하여야 한다는 의미이다.

행정이 법률에 기속되어야 한다는 것은 2가지 의미를 내포하고 있다. 첫째, 행정은 법률에 의한 수권의 범위내에서 행위해야만 한다는 것이다. 이를 '행위의무'라 할 수 있다. 둘째, 비록 행정행위가 법률에 규정되어 있지 않을 지라도 행정은 법률에 위반되는 행위를 해서는 안된다는 것이다. 이를 '위반금지의무'라 할 수 있다.[87] 행위의무를 수반하는 적극적인 의미의 법률적합성 원칙을 '법률유보' 원칙이라 한다. 그리고 위반금지의무를 수반하는 소극적인 의미의 법률적합성 원칙을 '법률의 우위' 원칙이라 한다.

'법률의 우위' 원칙에 의해 법률은 행정의 한계로서 기능하고, '법률유보' 원칙에 의해 법률은 행정의 근거로서 기능한다.[88] 행정은 전체적인 행정행위에 있어서 '법률유보' 원칙에 의해 지배받는 것이 아니라, '법률의 우위' 원칙에 의해 지배받고 있다. 그러나 헌법의 영향 하에서 전통적인 행정의 자율성은 법률의 광범위한 기속을 점점 벗어나려 한다. 그 반면, 민주주의원리 및 법치국가원리는 더욱 더 행정이 법률규정에 근거하고, 행정이 점점 더 법률에 밀도높게 기속되도록 작용하고 있다.[89] 행정의 법률적합성으로부터 자유로운 영역에서조차도 행정은 헌법에 기속된다는 것을 인식해야 한다. 이는 헌법유보의 문제와 직결된다.

4. 법률유보의 헌법상 기능

첫째, 헌법상 법률유보는 국가와 국민 간의 관계에서 국가공권력이 기본권제한에 대해 정당성을 입증해야 하는 정당화기능을 한다.[90]

둘째, 법률유보는 국민의 기본권 보장[91]과 국민생활에 대한 법적 안정성을 확보하는 기능을 수행한다. 법률유보의 본질적인 정당성은 기본권 보장과

87) St. Detterbeck, Vorrang und Vorbehalt des Gesetzes, Jura 2002, S. 235.
88) Josef Isensee, Vorbehalt der Verfassung – Das Grundgesetz als abschließende und als offene Norm, in: ders./Helmut Lecheler (Hrsg.), Freiheit und Eigentum, FS für Walter Leisner, Berlin 1999, S. 359.
89) Josef Isensee, Vorbehalt der Verfassung, S. 359 f.
90) H. Bethge, Der Grundrechtseingriff, in: VVDStRL 57 (1998), S. 10.
91) Hoffmann-Riem, Gesetz und Gesetzesvorbehalt im Umbruch, AöR Bd. 130 (2005), S. 5(10, 42): 기본권 보장에는 사적(私的)인 권력에 대한 보장도 포함한다고 기술하고 있다.

이를 위한 법적 안정성으로부터 파생되는 예측가능성의 보장에 의해 인정된다. 동시에 오늘날 기본권 보장은 침입(Eingriff)에 대한 방어로서의 방어권적 기본권 사상에 국한되지 않고, 사회적 기본권(급부권)과 관련하여 법적 형성을 하며 법적으로 규정된 구조의 유지를 위한 방책, 그리고 법률을 통한 구조형성에 영향을 미친다.[92] 이러한 기본권의 객관법적 내용은 생활관계가 변경되고 현재까지 법규범이 달성했던 정책이 장차 이와 유사한 경우에 적절히 문제해결에 대처하지 못한다면, 위임법률에 의해 새롭게 활성화되어질 수 있다.

셋째, 법률유보는 행정과 입법 간의 권한 획정에 결정적 근거를 마련해 준다. 즉, 입법자인 국회가 제정한 법률은 행정부의 작용범위를 획정시켜 준다.[93] 이는 우리 헌법 제40조의 입법권은 국회에 속한다는 '국회중심 입법원칙'에 근거하면서도, 권력분립원리에 의거하여 행정에게 일정한 권한과 영역을 법률로써 인정하게 한다.

5. 법률유보에 관한 여러 이론과 그 평가

법률유보에 관해 다양한 이론이 전개되고 평가되고 있다. 이러한 여러 가지 법률유보이론에 대한 학문적 비판은 크게 2가지 방향에서 이루어지고 있다. 하나의 비판은 기본권에 대한 제한(침입: Eingriff) 개념을 명확히 확정하기 어렵다는 점이다. 제한(침입) 개념의 정의 및 확정에 관한 논쟁은 최근까지도 독일의 연방헌법재판소 판결에서 볼 수 있다.[94] 이를 통해 터득할 수 있는 것은, 제한(침입)의 개념은 행정부와 입법부 간의 권한 분배의 결과를 고려해서는 해결될 수 없고, 관념적으로 개념 정의를 내려야 해결 가능하다는 것을 반증해 준다.[95] 다른 하나의 비판은 행정부의 부담을 완화하고 입법부에게 독점적인 권한을 부여함으로써 법치국가적 근거와 민주적 정당성을 강화시켜야 한다는 점에서 문제 제기된다. 이러한 취지에서 본질성설 또는 중요사항유보설이 주효(主效)하게 주장되고 있다.

---

92) Vgl. M. Burgi, DV 33 (2000), S. 183 ff.; G. F. Schuppert, in: FS für König, 2004, S. 290 ff.

93) Chr. Bumke, Der Grundrechtsvorbehalt, 1998, S. 48.

94) BVerfGE 105, 252 (Glykol–Weine); BVerfGE 105, 279 (Osho).

95) Chr. Ohler, Der institutionelle Vorbehalt des Gesetzes, AöR Bd. 131 (2006), S. 343.

(1) 침해유보설

침해유보설(Eingriffsvorbehalt)은 국민의 자유와 재산권에 대한 행정권의 침해에 있어서는 반드시 법적 근거가 필요하다는 학설이다. 고전적인 침해 개념은 침입이 국가행위의 최종적이고 직접적인 결과이고 법적 효과를 지닌 법적 행위이며, 명령이나 강제를 통해 행해지거나 관철되어지는 것을 의미했다.[96] 그러나 현대의 침해(침입) 개념은 그 개념이 확대되어, 개인의 기본권 보호영역에 속하는 어떠한 행위를 전부 또는 일부 불가능하게 하는 모든 국가행위를 말하고 있다.[97] 그런데 침해(침입)유보설은 침해(침입)적 행정행위에만 법률의 근거를 요한다는데 문제점이 있다. 또한 현대행정의 범위가 일반적인 공공의 안전과 질서유지뿐만 아니라, 공공복리, 재정지원, 환경보호 등의 광범위한 비침해적 행정행위를 행하고 있으며, 행위형식도 행정행위는 물론 계약, 행정지도, 행정계획 등 다양화되어 침해성 유무의 기준만으로 판단하기 어렵게 되었다.

(2) 전부유보설

전부유보설(Totalvorbehalt)도 주장되고 있다.[98] 전부유보설은 행정이 법률의 기계적인 집행이 아닌 탄력성있는 집행이 필요함에도, 법률의 근거가 없으면 행정기관은 어떠한 행위도 할 수 없게 되기에, 오늘날 요구되는 행정책임을 제대로 완수하기 불가능하다는 비판을 받는다.[99]

(3) 본질성설(중요사항유보설)

그에 반해 본질성설 또는 중요사항유보설[100]은 학계에서 다수의 지지를 받고 있는데, '본질적'(wesentlich)이라는 것을 계기로 기본권행사와 관련된 국가적 규제가 필요한 규범영역에 있어서 국회는 스스로 국민의 본질적인 사항을 법률로 규정해야 한다는 이론이다.[101] 즉, '기본권의 실현을 위해 본질적'[102]이

---

96) Pieroth/Schlink, Grundrechte – Staatsrecht Ⅱ, Rn. 238; Sachs, Verfassungsrecht Ⅱ – Grundrechte, 2. Aufl., A 8 Rn. 6 f.

97) Bleckmann/Eckhoff, DVBl. 1988, S. 373; Lübbe–Wolff, Grundrechte als Eingriffsabwehrrechte, 1988 참조.

98) 이러한 입장은 Fritz Ossenbühl, Vorrang und Vorbehalt des Gesetzes, § 62 Rn. 17 ff., 41 ff., 51 ff.

99) 정하중, 행정법총론, 법문사, 2006, 43면.

100) Vgl. BVerfGE 49, 89 (126); 61, 260 (275); 88, 103 (116).

라는 것을 강조하며 '본질적 사항'을 국회가 법률로 규율해야 한다는 이론이다. 그러나 무엇을 법규범으로 규율해야 하는지(규범유보)뿐만 아니라, 의회는 특정한 사항을 행정에 위임해서는 안되고, 의회 스스로 규율해야 하는지(의회유보), 즉, 본질적인 사항과 비본질적인 사항을 구분할 명확한 기준이 없다는 비판을 받고 있다.[103] 따라서 본질성설은 '공허한 공식'[104] 내지 '본질성설의 병사(病死)'[105]라고 비판받기도 한다.

또한 본질성설 또는 중요사항유보설은 오직 국가와 국민의 관계에서만 적용된다는 한계를 지니고 있다. 따라서 국가조직에 관한 규율에 있어서는 법률유보원칙이 적용되기 어렵게 된다. 결국 본질성설에서는 적용역영 내에서 법률유보의 영역을 보충하고 세분화해야 하는 작업이 필요하다. 본질성설은 특정한 사안에 있어서 형식적 의미의 법률이 존재해야 한다는 것만을 말하고 있지, 그 법률의 내용과 규율밀도에 대해서는 침묵하고 있다는 문제점이 존재한다.

(4) 의회유보설

중요사항유보설과 밀접한 관련이 있는 의회유보(Parlamentsvorbehalt)설[106]은 국가의 중요하고 본질적인 행정작용은 의회가 직접 형식적 의미의 법률로 규율해야 한다는 입장이다.[107] 의회유보는 위임입법에 위임할 수 없고 반드시 형식적 의미의 법률로 규율해야 한다는 '위임금지(Delegationsverbot)로서의 법률유보'[108]로서 또는 '확장된 침입유보'(Eingriffsvorbehalt)[109]로 불리기도 한다.[110]

---

101) Vgl. BVerfGE 84, 212 (226).

102) BVerfGE 34, 165 (192 f.); 41, 251 (259 f.); 45, 400 (417 f.); 47, 46 (78 f.); 49, 89 (126); 58, 257 (268); 80, 124 (132); 83, 130 (142); 98, 218 (251).

103) G. Kisker, Neue Aspekte im Streit um den Vorbehalt des Gesetzes, NJW 1977, S. 1317 f.; M. Kloepfer, Der Vorbehalt des Gesetzes im Wandel, JZ 1984, S. 692 ff.; H-J. Papier, Der Vorbehalt des Gesetzes und seine Grenzen, in: Götz/Klein/Starck (Hrsg.), Die öffentliche Verwaltung zwischen Gesetzgebung und richterlicher Kontrolle, 1985, S. 41 ff.

104) Maurer, Allgemeines Verwaltungsrecht, 13. Aufl., 2000, § 6 Rn. 11; M. Kloepfer, JZ 1984, S. 691.

105) R. Herzog, Gesetzgebung und Einzelfallgerechtigkeit, NJW 1999, S. 25 (26).

106) 중요사항유보설과 의회유보와의 관계 및 독일의 연방헌법재판소 판례의 소개로는 송동수, "중요사항유보설과 의회유보와의 관계", 토지공법연구 제34집, 2006. 12, 103면 이하.

107) 우리나라 헌법재판소는 "오늘날 법률유보원칙은 단순히 행정작용이 법률에 근거를 두기만 하면 충분한 것이 아니라, 국가공동체와 그 구성원에게 기본적이고도 중요한 의미를 갖는 영역, 특히 국민의 기본권실현과 관련된 영역에 있어서는 국민의 대표자인 입법자가 그 본질적 사항에 대해서 스스로 결정하여야 한다는 요구까지 내포하고 있다(의회유보원칙)"고 판시하고 있다(헌재 1999. 5. 27. 98헌바70. 633면).

108) E. Schmidt-Aßmann, Der Rechtsstaat, in: Josef Isensee/Paul Kirchhof (Hrsg.), HdbStR Bd. I, 1995, § 24 Rn.

의회유보는 의회의 동의없이 국가의 중요한 결정을 금지시키기 때문에, 민주주의원칙에 근거한 것이다.[111] 또한 의회유보는 권력분립원칙에 의하여 그 한계가 설정된다.

이러한 의회유보의 사항으로서 헌법상 의회가 형식적 의미의 법률로 규율하는 기준으로는 기본권관련성, 국민생활에 미치는 영향, 정치적 중요성 등을 고려하여 개별적으로 판단하게 된다.[112] 그러나 의회유보를 통한 입법자의 권한 확대는 그 스스로 일정한 한계를 지녀야 한다. 왜냐하면 입법자가 모든 것을 입법화할 수도 없으며, 국회가 완전무결한 입법을 할 수도 없는 것이다. 입법자의 권한 확대에 대한 조정기능은 헌법해석과 판례를 통해 조정되어야 한다. 또한 의회유보설에 입장에서는 형성적 법률유보와 제한적 법률유보 간의 양분화가 점점 무의미하게 된다.

(5) 새로운 견해

헌법에 적합한 법률유보를 하기 위해서 법률유보의 유형을 9가지로 분류하는 견해는 참조할 만하다.[113] ① 기본권적 법률유보, ② 조세법적 법률유보, ③ 재정헌법적 법률유보, ④ 인가 법적 법률유보, ⑤ 조직법 또는 제도적 법률유보, ⑥ 자치행정법적 법률유보, ⑦ 법제정적 법률유보, ⑧ 신분법상 법률유보, ⑨ 그밖에 특별한 법률유보 등이다.

---

64 Fn. 182; Hans-Uwe Erichsen, VerwArch, 67 (1976), S. 93 ff.; Nierhaus, in: FS für K. Stern, 1997, S. 719.

109) Badura, Peter, in: FS für Walter Odersky, 1996, S. 163.

110) 이와 다르게 법률유보는 침입(Eingriff) 관련적이고, 의회유보는 침입과는 무관하기에 이 양자는 병렬적이며, 침입유보는 기본권과 법치국가에 특수하게 작용하는 것으로 보는 견해가 있다(H. Bethge, Der Grundrechtseingriff, in: VVDStRL 57 (1998), S. 31 f.).

111) Sommermann, in: v. Mangoldt/Klein/Starck, GG Ⅱ, 4. Aufl., Art. 20 Rn. 176, 263.

112) 김충묵, "법률유보의 원칙", 현대행정법학이론 -우제이명구박사화갑기념논문집 Ⅱ-, 1996, 4면.

113) Reimer, Vorbehalt des Gesetzes, in: W Hoffmann-Riem/E. Schmidt-Aßmann/A. Voßkuhle (Hrsg.), Grundlagen des Verwaltungsrechts Bd. I, 2006, S. 560 ff.

6. 법률유보의 입법기술 및 규율형식

법률유보를 위한 입법기술로는 **네거티브 리스트 시스템**(Negative List System)과 **포지티브 리스트 시스템**(Positive List System)이 있다. 전자(前者)는 각종 제한, 예컨대 행정규제·관세·무역법규 등에서 "무엇 무엇만 할 수 없다."고 규제금지 조항을 구체적으로 밝히고, 그 이외에는 포괄적이고 광범위하게 허용하는 제도를 말한다. 반면, 후자(後者)는 "무엇 무엇만 할 수 있다."라고 하여 이러한 항목 이외에는 모두 법규정으로 금지하는 방식으로, 이 경우 정부가 광범위하게 규제권을 행사할 수 있다. 입법론적으로 네거티브 리스트 시스템(Negative List System)이 개인의 자율성을 존중할 수 있기에 더 바람직한 제도라 할 수 있다.[114)]

헌법유보와 달리, 법률유보에서는 기본권 보장의 범위를 입법자가 스스로 한계 설정하는 경우가 많다. 입법자의 형성여지는 법률유보의 경우가 헌법유보의 경우 보다 더 넓게 인정된다. 이 때 법률유보는 '법률에 의한(durch Gesetz) 규율'과 '법률에 근거한(auf Grund eines Gesetzes) 규율'로 구별할 수 있다.[115)] '**법률에 의한 규율**'의 경우는 입법자가 기본권보장의 한계를 스스로 설정하며, 그 실현을 위해 또 다른 집행행위를 필요로 하지 않는다. 그러나 '**법률에 근거한 규율**'의 경우는 입법자가 다른 집행기관 또는 사법기관의 행위에 의하여 기본권 보장의 한계가 설정되고 실현될 것을 전제조건으로 규정하는 것이다. 이 경우에 입법자는 기본권을 규율하는 권한을 전적으로 행정기관이나 사법기관의 재량에 맡겨지는 일이 없도록 법률의 구성요건을 명확히 규정해야 한다.[116)]

헌법 제37조 제2항은 기본권 제한에 관한 '일반적 법률유보조항'이라고 할 수 있는데, 법률유보의 원칙은 '법률에 의한 규율'만을 요청하는 것이 아니라 '법률에 근거한 규율'을 요청하는 것이기 때문에 기본권 제한에는 법률의 근거가 필요할 뿐이고 기본권제한의 형식이 반드시 법률의 형식일 필요는 없다.[117)] 위임입법에 있어서는 법률에 대통령령 등 하위법규에 규정될 내용 및 범위의

114) 이기철, "헌법재판소는 비례의 원칙에 목적의 정당성을 포함시켜도 좋은가?", 공법연구 제35집 제1호, 2006. 10, 396면 각주 84.

115) Konrad Hesse, Grundzüge des Verfassungsrechts, Rn. 314.

116) Konrad Hesse, Grundzüge des Verfassungsrechts, Rn. 314.

117) 헌재 2005. 3. 31. 2003헌마87, 437면.

기본사항이 가능한 한 구체적이고도 명확하게 규정되어 있어서 피수권기관이 당해 법률 그 자체로부터 대통령령 등에 규정될 내용의 대강을 예측할 수 있어야 하지만, 이러한 위임의 구체성·명확성의 요구 정도는 규제대상의 종류와 성격에 따라서 달라지며, 다양한 사실관계를 규율하거나 사실관계가 수시로 변화될 것이 예상될 때에는 위임의 명확성의 요건이 완화된다.118)

7. 의회유보원칙

(1) 의회유보원칙의 근거와 의미

오늘날 법률유보원칙은 단순히 행정작용이 법률에 근거를 두기만 하면 충분한 것이 아니라, 국가공동체와 그 구성원에게 기본적이고 중요한 의미를 갖는 영역에 대하여는 입법자가 직접 결정하여 입법해야 한다는 원칙이다. 특히 국민의 기본권 실현에 관련된 영역에 대해서는 행정에 위임할 것이 아니라, 국민의 대표자인 입법자가 스스로 그 본질적인 사항에 대하여 결정해야 한다는 원칙이 '의회유보(議會留保)원칙'이다.

의회유보원칙이란 국가공동체와 그 구성원에게 기본적이고 중요한 의미를 갖는 영역, 특히 국민의 기본권 실현에 관련된 영역에 있어서는 그 본질적 사항에 대하여 법률에 근거만 두고 행정에 위임해서는 안되고, 국민의 대표자인 입법자가 직접 결정해야 한다는 원칙이다. 즉, 의회유보원칙은 법률유보원칙이 강화된 것으로서, '**위임금지(委任禁止)명령**'이라 할 수 있다.

헌법재판소는 "오늘날의 법률유보원칙은 단순히 행정작용이 법률에 근거를 두기만 하면 충분한 것이 아니라, 국가공동체와 그 구성원에게 기본적이고도 중요한 의미를 가지는 영역, 특히 국민의 기본권 실현에 관련된 영역에 있어서는 행정에 맡길 것이 아니라 국민의 대표자인 입법자 스스로 그 본질적 사항에 대하여 결정하여야 한다는 요구, 즉 의회유보원칙까지 내포하는 것으로 이해되고 있다. 이때 입법자가 형식적 법률로 스스로 규율하여야 하는 사항이 어떤 것인지는 일률적으로 확정할 수 없고 구체적인 사례에서 관련된 이익 내지 가치의

118) 헌재 1997. 12. 24. 95헌마390, 829면.

중요성 등을 고려하여 개별적으로 정할 수 있다고 할 것이다. 그러나 적어도 헌법상 보장된 국민의 자유나 권리를 제한할 경우에는 그 제한의 본질적인 사항에 관한 한 입법자가 법률로써 스스로 규율하여야 한다."고 판시하고 있다.[119]

(2) 의회유보원칙 관련 사례

▌사 례▐

甲은 현재 독점적으로 전기를 공급하고 있는 전기판매사업자 S와 전기공급계약을 체결하고 전기를 공급받는 전기사용자이다. S는 甲에게 2016. 7. 3.부터 같은 해 8. 2.까지 甲 가구기 사용한 525kWh의 전기에 대해 131,682원의 전기요금을 부과하였다. 甲은 위 기간 동안 특별히 전기를 많이 사용하지 않았음에도 불구하고 전월에 비해 전기요금이 2배 이상으로 부과된 것이 새로 도입된 누진요금제 때문이라는 것을 알게 되었다. 이에 甲은 S의 전기공급약관 중 누진요금에 관한 부분이 「전기사업법」 제16조 제1항, 「전기사업법 시행령」 제7조 제1항을 위반하고 甲의 계약의 자유를 침해하여 무효라고 주장하면서, 2016. 11. 16. 전주지방법원 군산지원에 S를 상대로 甲이 납부한 131,682원과 누진요금제 시행 이전 기준으로 산정한 55,500원의 차액 상당을 구하는 부당이득반환 청구소송을 제기하였다. 甲은 위 소송 계속 중 2017. 3. 6. 위 법원에 「전기사업법」 제16조 제1항 중 '전기요금' 부분이 의회유보원칙 및 포괄위임금지원칙에 위배된다고 주장하며 위 법률조항 부분에 대한 위헌법률심판 제정신청을 하였다.[120]

1) 합헌론

첫째, 전기가 국민의 생존에 직결되어 있고 전기 사용이 일상생활을 정상적으로 영위하는데 필수불가결한 요소라 하더라도, 전기요금은 전기판매사업자가 전기사용자와 체결한 전기공급계약에 따라 전기를 공급하고 그에 대한 대가로 전기사용자에게 부과되는 것으로서, 국가가 일방적·강제적으로 재정수입을 목적으로 징수하는 조세나 공익사업에 필요한 경비조달을 위해 부과하는 부담금과는 구별된다. 따라서 전기요금의 결정에 관한 내용을 의회유보의 요청에 따라 입법자가 스스로 결정해야 할 사항으로 보기 어렵다.

둘째, 전기요금의 산정이나 부과에 필요한 세부적인 기준을 정하는 것은 전문적이고 정책적인 판단을 요할 뿐만 아니라 기술의 발전이나 환경의 변화

---

119) 헌재 2015. 5. 28. 2013헌가6; 헌재 2016. 6. 30. 2015헌바125등; 헌재 2017. 8. 31. 2015헌바388, 판례집 29-2상, 316, 326.

120) 헌재 2021. 4. 29. 2017헌가25, 판례집 33-1, 378 사건개요 참조.

에 따라 즉각적으로 대응할 필요가 있는 사항이므로, 전기요금의 결정에 관한 내용을 반드시 입법자가 스스로 규율해야 할 사항이라 보기 어렵다.

셋째, 전기사업법이 전기판매사업자로 하여금 전기의 보편적·안정적 공급을 위해 노력할 의무를 부과하고 있고, 전기사업법 하위법령 등에서 전기요금 산정에 관한 공법상 규제 장치를 마련하고 있는 이상, 전기사업법 제16조 제1항이 전기요금의 산정기준이나 요금 체계 등을 의회가 직접 결정하거나 그에 관여할 수 있도록 규정하지 않았다 하더라도 의회유보원칙 위반이라 할 수 없다.

2) 위헌론

첫째, 법치국가원리의 핵심적 내용으로서 법률유보원칙은 의회유보원칙을 내포하고 있다. 헌법상 국민의 기본권 및 기본의무와 관련된 중요사항 내지 본질적인 내용에 대한 정책 형성 기능은 주권자인 국민에 의해 선출된 대표자들로 구성된 입법부가 담당하여 법률의 형식으로 결정해야지, 행정부나 사법부에 그 기능을 넘겨서는 안된다. 규율대상이 기본권적 중요성을 가질수록, 그에 관한 공개적 토론의 필요성 내지 상충하는 이익 사이의 조정 필요성이 클수록, 국회가 제정하는 법률에 의해 직접 규율될 필요성 및 그 규율밀도의 요구정도는 그만큼 더 증대되는 것이다.121)

둘째, 전기는 국민 개개인이 기본적인 생활을 영위하기 위해 필수적인 재화이자 공공재로서 대규모 기간시설이 요구되므로 개인이 사회에서 스스로 조달하기 어렵다. 국가는 공공의 이익을 위한 보편적 공급과 보편적 서비스를 제공하는 사경제주체의 자율규제가 가능하도록 관여하거나 협력할 책임이 있다. 헌법 제34조 제1항과 제2항, 헌법 제119조 제2항을 참조해 보면, 국가는 서비스 제공자가 사인이라 하더라도 서비스 이용자인 국민의 기본권이 침해되지 않도록 지향점을 제시하고 조정할 수 있고, 서비스 제공자의 자율규제 기준을 마련할 수 있다. 이러한 사항에 있어서는 상충하는 이익 간의 정당한 조정이 무엇보다 중요하므로, 국회가 제정하는 법률에 의해 직접 규율될 필요성이 크다.

셋째, 모든 국민이 언제 어디서나 적정한 요금으로 전기를 공급받을 수 있도록 하는 것은 전기공급이라는 공공서비스 제공의 주요 목적이고, 이는 전기사업법상 '보편적 공급'의 개념으로 규정되었으나, 전기사업법은 보편적 공급

121) 헌재 2004. 3. 25. 2001헌마882.

의 주요 원칙 내지 기준을 구체화하고 있지 않다. 전기사업법 제7조에 따라 S사는 산업통상자원부 장관의 허가를 받아 독점적 지위에서 전기판매사업을 영위하는 바, S사와 전기사용자들은 개별적인 계약조건을 협상하는 것이 불가능하고, 오직 S사가 작성하여 산업통상자원부 장관의 인가를 받은 공급약관에 따라 공급계약을 체결해야 하며, 그 약관을 받아들이지 않을 경우 전기를 공급받지 못하게 되므로 S사가 작성한 공급약관은 전기사용자들에게 사실상 강제력을 가지게 된다. 입법자로서는 전기사용자의 이익을 보호할 수 있도록 전기의 보편적 공급의 기본요소로서 전기요금의 산정에 관한 전기공급약관의 인가 기준의 핵심적인 사항을 직접 규정하였어야 한다.

넷째, 전기사업법 제16조 제1항이 전기요금의 구체적인 산정방식이나 요금체계에 관하여 구체적인 사항을 규정하지 않았을 뿐만 아니라 이에 관해 위임하고 있지도 않음에 따라 누진요금 체계와 같은 주요한 전기요금 산정방식에 관한 사항이 시행령의 위임에 의해 산업통상자원부장관이 고시한 '전기요금 산정기준'에만 근거를 두게 되었고, 그 구체적인 내용은 기본공급약관에서 정해지게 된다. 공공서비스 제공에 관한 국가의 보장책임이 의회의 의사결정이 아닌 전적으로 행정적 의사결정에 맡겨지는 결과가 된다.

제 3 절 실질적 헌법원칙

Ⅰ. 서 론

형식적 헌법원칙 심사 이후에 행해지는 실질적 헌법원칙 심사는 기본권 침입이 인적·물적 기본권구성요건을 의미하는 기본권 보호영역에 미치는 영향에 주목하여 헌법에 위반되는지를 내용적으로 판단하는 단계이다. 여기서는 비례성 원칙, 명확성 원칙, 신뢰보호원칙, 소급입법금지원칙, 과소보호금지원칙 등을 설명하기로 한다.

Ⅱ. 비례성 원칙 (비례의 원칙)

1. 개념의 정리

(1) 비례성 원칙의 개념

학계와 판례에서 전통적으로 '과잉금지원칙'을 심사기준으로 하여, 모든 공권력 작용에 대한 헌법재판의 심사를 하여 왔다.[1] 일반적으로 '과잉금지원칙'은 '비례성 원칙'으로 지칭하고 있으나, 소수의 의견이기는 하지만 이 양자를 다른 개념으로 보아 구별의 필요성을 주장하는 입장도 있다. 비례성 원칙은 공법에서 또한 헌법재판에서 가장 중요한 헌법원칙 중 하나이다. 비례성 원칙은 법치국가원리와 기본권에 그 근거를 두고 있기 때문에 비례성 원칙은 법의 모든 영역으로 적용된다. 비례성 원칙 등 헌법원칙은 그 목적에 주어진 사실적 및 법적 상황에서 가능한 한 최대한 실현, 즉 최적화하도록 요구한다. 그래서 법적 심사에서는 '다소'(多少)의 문제로 이어진다. 따라서 헌법원칙 심사는 '전부 아니면 전무'(All or Nothing)의 문제와는 범주적으로 다르다. 비례성 원칙은

---

1) 예를 들면 김철수, 『헌법학개론』, 박영사, 2007, 435-438면; 권영성, 『헌법학원론』, 2007, 352면; 헌재 1989. 12. 22, 88헌가13; 헌재 1990. 9. 3. 89헌가95, 245 (260면); 헌재 1992. 12. 24, 92헌가8; 헌재 2006. 1. 26, 2003헌가21; 헌재 2006. 7. 27, 2005헌가4; 2006. 12. 28. 2005헌바87 등.

상반되는 헌법원칙 간의 상충되는 목표를 합리적으로 해결하는데 가장 좋은 원칙이다.

비례성 원칙의 요소로 열거되는 '목적의 정당성'이 과연 필수불가결한 심사요소인지를 논할 필요가 있다. 더불어 '비례성 원칙'의 각 심사기준인 목적의 정당성, 수단의 적합성, 침해의 최소성, 법익의 균형성을 자세히 설명하기로 한다.

(2) 과잉금지원칙과 비례성 원칙

과잉금지원칙은 비례성 원칙을 소극적으로 파악한 것이라는 견해가 있다.[2] 비례성 원칙이 소극적으로 이해된다면 이 경우 비교형량은 목적과 수단이 이성적 관계에 있어야 한다는 적극적 요청을 담을 수 없다고 한다. 즉, 비례성 원칙의 적극적 이해는 국가침해의 장·단점 그리고 개별사안의 마지막 부분까지 수단과 결과를 섬세하게 비교형량할 것을 적극적으로 요청하는 내용으로 구성된다. 그러나 소극적 이해는 현저하거나 극단적인 반비례 관계의 확인만으로 만족하게 된다. 이 경우 소극적으로 이해할 경우 비례성 원칙을 적용할 때 허용되는 수단과 허용되지 않는 수단의 경계가 적극적 이해의 경우보다 훨씬 넓게 나타난다고 한다.[3]

그러나 과잉금지원칙을 금지나 명령의 소극적 의미로만 보았던 것은 연혁적인 의미를 지니고 있으나, 이제는 소극적인 의미나 적극적인 의미로 양분하여 이해되지 않고 있다. 비례성 원칙을 협의의 비례성 원칙과 광의의 비례성 원칙 양자로 나누어 생각할 때, 여기서 논의되는 과잉금지의 원칙은 광의의 비례성 원칙(적합성 원칙 + 필요성 원칙 + 협의의 비례성 원칙)과 동의어라 할 수 있다. 소극적이냐 적극적이냐의 수단의 허용성 여부는 적합성 원칙을 통해 허용되었던 수단이더라도 필요성 원칙을 통하여 각각 달리 판단되어 여과되기에, 소극적인 비례의 관계 확인만으로는 더 이상 비례성 원칙이라 설명하기 어렵다. 결국 이제는 광의의 비례성 원칙을 '과잉금지원칙'과 동일하게 이해되며, 협의의 비례성 원칙은 '균형성', '상당성' 내지 '기대가능성'으로 이해하게 되었다.

---

2) 배종대, 「보안처분과 비례성원칙」, 법치국가와 형법, 세창출판사, 1998. 2, 53면.
3) 배종대, 「보안처분과 비례성원칙」, 53-54면.

2. 비례성 심사 대(對) 미국의 합리성 심사, 중간적 심사, 엄격심사

비례성 심사기준과 구별해야 할 것으로, 미국 헌법상 연방대법원 판례로 정립된 심사기준으로서 합리성 심사, 중간적 심사 및 엄격심사의 기준들이 있다. 이러한 심사기준들은 특별히 '평등권'(미국 헌법상 '평등보호')과 관련된 심사기준이다.

먼저 합리성 심사기준에서 수정헌법 제14조의 평등보호조항은 주(州)가 법률을 시행하는 데 있어서 대상의 분류에 대하여 광범위한 재량을 가지는 것으로 해석되어 왔다. 합리적 기준이 있고 필요한 정부이익과 합리적으로 연관되어 있는 한, 법률상의 차별이 불평등한 결과를 가져온다고 해도 반드시 헌법상 평등보호조항에 위배되는 것은 아니다.[4] 합리성 심사기준은 1920년의 Royster Guano Co. v. Virginia 사건[5]의 판결에서 구체적으로 확립되었다. 이 사건에서 미국 연방대법원은 "차별은 자의적인 것이 아니라 합리적이어야 하며, 그 차별은 동일한 여건 아래 있는 모든 사람들이 똑같이 처우될 수 있도록, 입법목적이 정당하고 실질적인 관련이 있는 차별에 어느 정도 근거가 있어야 한다."고 판시하였다. 여기서 미국 연방대법원은 첫째, 차별이 자의적인 것이 아니라 합리적인 근거가 있어야 하고, 둘째, 그러한 차별은 입법목적이 '정당'하고 그 수단이 목적과 '실질적인 관련'이 있는 차별에 근거를 두고 있어야 한다고 강조하였다. 셋째, 입법목적과 구체적인 차별수단 사이에는 엄격한 관계를 요구하지 않고, 다만 '상당한 정도의 합리적 근거'만을 요구하고 있다.

합리성 심사기준은 연방의회가 제정한 법률이 추구하는 목적과 수단에 합리적인 연관성만 존재하면, 당해 법률의 합헌성이 인정되는 심사기준이다.[6] 미국 연방대법원은 법률이 자의적(arbitrary)이거나 일관성이 결여(capricious)되지 아니한 경우에는 이러한 합리성 기준을 대부분 충족시키고 있는 것으로 보고 있다.[7] 결국, 합리적 차별 여부에 대한 판단은 (1) 차별의 근거, (2) 그 차별에 의하여 침해받는 권리의 본질, (3) 그 차별에 관하여 정부(국가)가 갖고 있는

---

4) Jerome A. Barron & C. Thomas Dienes, Constitutional Law, 7th ed, (West Group), 2003, p. 214.
5) Royster Guano Co. v. Virginia, 253 U.S. 412 (1920).
6) John E. Nowak/Ronald D. Rotunda, "Constitutional Law", 7th ed., 2004, p. 687.
7) 이상윤, 『영미법』, 박영사, 1997, 191면.

이익에 의하여 좌우된다.[8)]

중간적 심사기준(Intermediate Test)은 차별이 합리성을 지니기 위해서는 '중요한 정부목적'의 실현에 기여해야 하고, 그러한 입법목적을 실현하는데 실질적으로 관련이 있어야 한다. 즉, 중간적 심사기준은 입법목적의 중요성과 그 목적과 차별수단과의 '실질적 관련성'을 특징으로 한다.[9)]

반면, 엄격심사 기준(Strict Scrutiny Test)은 입법목적과 차별수단 간에 합리적인 관련성만 있으면 합헌성이 인정되는 것이 아니라, 그 차별수단이 '절박한 공익'(compelling public interests)을 달성하기 위해 반드시 필요한 경우이어야 합헌으로 인정되게 된다. 엄격심사는 '위헌에 의심이 가는 차별'(suspect classification)에 해당하는 사항과 '기본적 권익'(fundamental right)에 해당하는 사항에 대하여 적용된다.

이상과 같이, 미국의 합리성 심사기준, 중간적 심사기준 및 엄격심사기준은 '평등권'과 관련한 심사기준이고, 목적과 수단간의 관계가 합리적이냐 아니면 반드시 절실히 필요한 관계이냐 에만 중점을 두고 있지, 침해의 최소성이라든가 법익의 균형성은 전혀 다루지 않고 있다. 따라서 미국의 이러한 심사기준은 원칙적으로 평등권에만 국한하여 적용되며 목적과 수단의 관계만을 다루기 때문에, 우리 헌법상 일컫는 비례성 원칙의 내용과 범주에 포함되기에는 어려움이 있다.

3. 기본권 제한의 3가지 입법목적

헌법 제37조 제2항은 일반적 법률유보를 위한 목적상 한계로서 국가안전보장, 질서유지, 공공복리를 규정하고 있다.

(1) 국가안전보장

'국가안전보장'은 1972년 유신헌법에 처음으로 규정되어 현행 헌법에까지 이르고 있다. 헌법재판소는 '국가의 안전보장'은 "국가의 존립과 영토의 보존, 국민의 생명·안전의 수호를 위한 불가결한 전제조건이자 모든 국민이 자유를

8) Jerome A. Barron & C. Thomas Dienes, "Constitutional Law", p. 214.

9) Lockhart · Kamisar · Choper · Shiffscin, "Constitutional Law", 6th ed., 1986, pp. 1290 – 1292.

행사하기 위한 기본적 전제조건으로서 헌법이 이를 명문으로 규정하는가와 관계없이 헌법상 인정되는 중대한 법익"이라고 설명하고 있다.[10] '국가안전보장'에 관하여는 '국가의 존립과 안전',[11] 외부로부터 국가의 존립과 안전 그리고 이와 관련되는 내부적 안전과 존립의 보장,[12] 외국의 침범을 방지하고 이에 대비하며, 대내적으로는 자유민주적 기본질서의 보장,[13] 국가의 존립과 헌법의 기본질서 유지,[14] 국가의 독립과 영토의 보전, 헌법과 법률의 규범력, 헌법기관의 유지 등 국가적 안전의 확보[15] 등으로 설명한다.

(2) 질서유지

'질서유지'에 관해서는 공공의 안녕질서,[16] 국가라는 단체생활을 원활히 하기 위하여 최소한도로 필요한 질서를 유지함,[17] 공공의 안녕질서를 의미하며, 헌법의 기본질서 이외의 타인의 권리 유지, 도덕질서 유지, 사회의 공공질서 유지,[18] 자유민주적 기본질서를 포함하는 헌법적 질서는 물론이고 그 밖의 사회적 안녕질서,[19] 내부에 있어서의 국가의 존립과 안전의 보장 및 경찰법적 의미의 공공질서를 포함,[20] 사회공공의 안녕질서의 유지,[21] 공동체가 존속하고 유지하며, 그 공동체 속에서 구성원들이 평화롭고 안전하게 살 수 있도록 하는 질서를 유지함[22] 등으로 설명한다.

---

10) 헌재 2004. 8. 26. 2002헌가1
11) 한태연, 『헌법학』, 906면.
12) 계희열, 『헌법학(중)』, 120면; 홍성방, 『헌법학』, 332면; 장영수, 『헌법학』, 518면.
13) 문홍주, 『한국헌법』, 334면.
14) 김철수, 『헌법학개론』, 430면.
15) 권영성, 『헌법학원론』, 349면; 성낙인, 『헌법학』, 281면; 정종섭, 『헌법학원론』, 280면.
16) 한태연, 『헌법학』, 906면.
17) 문홍주, 『한국헌법』, 334면.
18) 김철수, 『헌법학개론』, 432면.
19) 권영성, 『헌법학원론』, 349면.
20) 계희열, 『헌법학(중)』, 120면; 장영수, 『헌법학』, 518면; 홍성방, 『헌법학』, 332면.
21) 성낙인, 『헌법학』, 281면.
22) 정종섭, 『헌법학원론』, 281면.

(3) 공공복리

1) 공공복리의 정의

'공공복리'[23]에 관해서는 일반적 복리 또는 공공의 이익,[24] 소극적인 질서 유지를 넘어서 국가 구성원의 공공의 행복과 이익,[25] 현대적 복지국가의 이념을 구현하는 적극적인 의미를 갖는 것으로, 인권 상호 간의 충돌을 조정하고 각인의 인권의 최대한의 보장을 꾀하는 사회정의의 원리,[26] 공동으로 사회생활을 영위하는 사회구성원 전체를 위한 공공적 이익, 즉 국민 공동의 이익,[27] 사회생활을 하는 만인 공통의 공존공영의 이익,[28] 기본적으로 개인의 이익을 인정하지민, 공동체 진체의 입장에서 이를 사회정의에 맞게 조성한 국민 공동의 이익,[29] 현대 복지국가의 헌법이념을 적극적으로 구현하기 위하여 사회구성원 전체를 위한 공공의 이익,[30] 개개 국민의 다수의 실질적 이익,[31] 개인의 수준을 넘어 공동체 내의 구성원 전체의 삶을 위한 이익[32] 등으로 설명한다.

2) 공공복리와 공공필요의 해석

우리 헌법 제23조 제3항의 '공공필요'라는 개념은 추상적이고 불확정적 개념이다. 재산권의 공용수용을 위한 목적인 '공공필요'는 사업시행자와 토지소유자 간의 이해충돌이 발생하는 상황에서 중요한 판단개념이 된다. 공공필요의 해석에 관한 우리나라 학설과 헌법재판소 견해를 살펴보고 입장을 제시해 본다.

가) 공공필요를 비례성 원칙과 동일시하는 견해

공공필요란 공공이익을 위한 일정한 공익사업을 실현하거나, 국가안전보장·질서유지 등의 공익목적을 달성하기 위해 재산권의 수용이 불가피한 경우

---

23) "공공복리" 개념에 관한 연구로는 조한상, 「헌법 제37조 제2항 '공공복리' 개념에 관한 고찰」, 헌법학연구 제12권 제5호, 2006. 12, 83면 이하 참조.
24) 한태연, 『헌법학』, 907면.
25) 문홍주, 『한국헌법』, 335면.
26) 김철수, 『헌법학개론』, 434면.
27) 권영성, 『헌법학원론』, 350면.
28) 구병삭, 『신헌법원론』, 321면.
29) 계희열, 『헌법학(중)』, 121면; 장영수, 『헌법학』, 519면.
30) 성낙인, 『헌법학』, 282면.
31) 홍성방, 『헌법학』, 333면.
32) 정종섭, 『헌법학원론』, 281면.

를 말한다. 공용수용에 있어서 공공필요는 그 재산권 침해의 적법성을 정당화하는 실질적 근거이자 한계를 이루고, 공익사업의 성립요건에서 요구하였던 공익목적에의 지향만이 아니라, 특정의 공익사업이 사실상 공공필요를 실현하는데 봉사했는지를 심사하여 그 적법 여하를 판단하기 위한 요건이 된다. 구체적인 사안에 있어 특정 사업이 공공필요를 충족하였는지를 판단함에 있어서는 수용을 통해 기대되는 공익과 피수용자의 재산권 보호에 관한 이익을 비교형량하여 엄격히 해석해야 한다. 재산권 수용을 정당화하는 공공필요의 요건이 존재하는지 여부를 판단하는데 있어서 비례성 원칙이 하나의 척도가 된다.[33]

나) 공공필요를 '공공성'과 '필요성'이라는 2가지로 구성되었다는 견해

공용수용에 있어서 공공필요는 사업의 '공공성'과 '필요성'이라는 2가지 요소로 구성되어 있다. 사업의 공공성이 인정된다고 하여 공용수용이 허용될 수 있는 것이 아니며, 공익을 위해 사익의 희생을 요구하는 현실적 필요성이 추가적으로 충족되어야 한다.[34] 공용수용이 허용될 수 있는 공익성을 가진 사업, 즉 공익사업의 범위는 공용수용에 대한 법률유보원칙에 따라 법률에서 명확히 규정되어야 한다. 공익에 도움이 되는 사업이라도 공익사업으로 실정법에 열거되어 있지 않은 사업은 공용수용에 있어서 공공성을 지닌 사업이라 할 수 없다.[35] 공용수용에 있어서 '필요성'은 목적물의 공익사업에의 적합성과 목적물 취득의 보충성 및 목적 달성에의 필요최소성을 내포하는 개념이다.[36]

다) 고양된 공익이라는 견해

공공필요는 단순히 공익이나 국가의 이익 이상의 중대한 공익으로서 특정한 공익사업과 관련하여 특정인 내지 특정 집단에 대한 재산권 침해가 불가피한 '고양된 공익'개념이다.[37] 헌법 제23조 제3항의 '공공필요'는 헌법 제37조 제2항의 '국가안전보장, 질서유지 또는 공공복리' 개념보다 협의의 개념이며, 공

---

33) 류하백, "토지수용에 있어 공익사업 강제의제규정의 위헌성", 토지공법연구 제44집, 2009. 5, 4면.
34) 정찬우, "사인의 토지수용권에 관한 고찰", 입법학연구 제11집 2호, 2014, 97면.
35) 김연태, "공공수용의 요건으로서 '공공필요'", 고려법학 제48권, 2007, 89-91면.
36) 김연태, "공공수용의 요건으로서 '공공필요'", 고려법학 제48권, 2007, 94면.
37) 김성수, "행정상 손실보상의 요건으로서 공공의 필요와 특별한 희생의 재조명", 「행정상 손실보상의 주요문제」, 박영사, 1997, 31면; 정남철, "사인을 위한 공용수용의 위헌성 판단", 헌법논총 제17집, 2006. 12, 382면.

공필요를 충족하기 위해서는 특별히 공용수용에 부수되는 특유한 정당화 근거가 요청된다.[38]

라) 헌법재판소의 입장

헌법재판소는 "헌법 제23조 제3항에서 규정하고 있는 '공공필요'는 "국민의 재산권을 그 의사에 반하여 강제적으로라도 취득해야 할 공익적 필요성"으로서, '공공필요'의 개념은 '공익성'과 '필요성'이라는 요소로 구성되어 있는바, '공익성'의 정도를 판단함에 있어서는 공용수용을 허용하고 있는 개별법의 입법목적, 사업내용, 사업이 입법목적에 이바지하는 정도는 물론, 특히 그 사업이 대중을 상대로 하는 영입인 경우에는 그 사입 시실에 대한 대중의 이용·접근가능성도 아울러 고려하여야 한다. 그리고 '필요성'이 인정되기 위해서는 공용수용을 통하여 달성하려는 공익과 그로 인하여 재산권을 침해당하는 사인의 이익 사이의 형량에서 사인의 재산권 침해를 정당화할 정도의 공익의 우월성이 인정되어야 하며, 사업시행자가 사인인 경우에는 그 사업 시행으로 획득할 수 있는 공익이 현저히 해태되지 않도록 보장하는 제도적 규율도 갖추어져 있어야 한다."[39]고 판시하고 있다.

마) 소결

생각건대, '공공필요'란 공익을 위해 일정한 공익사업을 실현하거나 국가안전보장·질서유지 등의 공익목적을 달성하기 위해서 재산권의 공용침해가 필요한 경우로 넓게 해석하여야 할 것이다.[40] 즉, '공공필요'란 '공익적 필요성'으로 해석할 수 있다.[41] 여기서 '필요'란 단순한 공익과 사익 간의 이익형량을

---

38) 김성수, "행정상 손실보상의 요건으로서 공공의 필요와 특별한 희생의 재조명", 고시계 1997/7, 11면.

39) 헌재 2014. 10. 30. 2011헌바172 등, 판례집 26-2상, 639.

40) 이부하, "재산권의 존속보장과 재산권에 관한 법이론", 공법학연구 제9권 제3호, 2008. 8, 344면.

41) 우리 헌법재판소도 '공공필요'를 '공익적 필요성'으로 이해하고 있다. "공공필요에 의한 재산권의 공권력적·강제적 박탈을 의미하는 공용수용은 헌법 제23조 제3항에 명시된 대로 국민의 재산권을 그 의사에 반하여 강제적으로라도 취득하여야 할 공익적 필요성이 있을 것, 수용과 그에 대한 보상은 모두 법률에 의거할 것, 그리고 정당한 보상을 지급할 것의 요건을 갖추어야 한다."(헌재 1998. 3. 26. 93헌바12, 판례집 10-1, 226, 243; 헌재 2000. 6. 1. 98헌바34, 판례집 12-1, 607, 617-618 등; 헌재 2011. 10. 25. 2009헌바281, 799; 헌재 2011. 12. 29. 2010헌바205·282·296·297(병합), 639; 헌재 2014. 10. 30. 2011헌바172 등, 판례집 26-2상, 639). 이와 관련하여 김성수 교수는 "우리 헌법 제23조 제3항의 공공필요는 보다 유연하게 해석할 필요와 가능성이 있다. 다시 말하자면, 우리나라의 경우 처음부터 특정 사업이 오로지 공익 또는 공공복리를 위해서 이루어지는 경우는 물론 사업시행의 과정 또는 그 부수적인 결과로서 공익의 실현이 가능한 경우까지 포함하여 토지수용을 허용하는 방향으로 공공필요 개념의 해석에

의미하지, 비례의 원칙상의 필요성 원칙과 동일하지 않다. 만약 헌법 제23조 제3항의 공공필요에 헌법 제37조 제2항의 공공복리와 같이 비례성 원칙이 동일하게 적용된다면, 굳이 공공필요라는 별개의 개념을 사용하지 않았을 것이다. 헌법 제23조 제3항의 공공필요는 정책적 사유 및 사회정의적 사유로 인한 공용수용을 정당화시키는 넓은 개념이라 할 수 있다. 헌법 제23조 제3항의 공공필요의 충족 여부에 비례성 원칙을 적용할 특별한 이유는 없다.

또한 국가가 주체가 되어 공용수용하는 경우와 민간기업 등 사인이 주체가 되어 수용하는 경우에 공공필요의 정도를 달리 적용하는 것은 설득력이 약하다. 먼저 사인이 주체가 되어 수용하는 경우에도 법률상 공법적인 절차를 거쳐 공용수용이 이루어지기 때문이다. 또한 국가가 현실적인 필요성과 재정적인 문제 등으로 인해 사인에게 공용수용을 할 권한을 부여하면서 공공필요에 대해 국가가 공용수용하는 경우 보다 더 엄격한 요건을 부과하는 것은 공용수용 주체 확대의 취지에 부합하지 않는다. 더욱이 헌법 제23조 제3항의 공공필요성은 재산권의 존속보장을 위한 것이 아니라, 가치보장의 차원에서 고찰해야 한다.

헌법 제23조 제3항의 공공필요는 헌법 제37조 제2항의 공공복리보다 더 넓고 적극적인 개념으로, 정책적 제약 및 사회정의를 실현하기 위한 경우까지 포함한다.[42] 왜냐하면, 공공복리에 해당되지 않지만 공공필요에 해당되는 경우가 있고, 공공복리에 해당되는 경우는 거의 모두 공공필요에 해당되기 때문이다. 예를 들면, 국가가 도로나 철도건설을 위해 개인의 사유지를 수용하는 경우, 공공복리 및 공공필요에 해당하는 경우이나, 도시계획시설 중 화장장·공동묘지·납골시설 등 보건위생시설을 건립하고 위한 수용의 경우에는 공공복리라고 보기 보다는 공공필요에 의한 공용침해에 해당된다. 따라서 공공필요에 의한 재산권 제한범위가 공공복리에 의한 재산권 제한범위보다도 넓다고 생각한다.[43]

여기서 논의되는 헌법재판소 사건에서 공공필요성을 갖추었는지 여부가 문제된다. 공공필요성 여부의 판단을 위해서는 산업입지법 제1조의 입법목적

대한 확장이 이루어질 수 있다."(김성수, "사인을 위한 공용침해와 재산권 보장", 원광법학 제24집 제4호, 2008. 12, 81면)

42) 홍성방, 헌법학, 현암사, 2008, 529면; 정종섭, 헌법학원론, 박영사, 2008, 600면.

43) 이부하, "재산권의 존속보장과 재산권에 관한 법이론", 공법학연구 제9권 제3호, 2008. 8, 344면.

이 공공필요를 갖추었는지와 산업입지법에 수용시에 공익성을 추구하기 위한 제도적 장치들이 존재하는지 여부로 판단할 수 있다. 이 사건 수용조항은 산업입지의 원활한 공급과 산업의 합리적 배치를 통하여 균형있는 국토개발과 지속적인 산업발전을 촉진함으로써 국민경제의 건전한 발전에 이바지하고자 하고(산업입지법 제1조), 산업의 적정한 지방 분산을 촉진하고 지역경제의 활성화를 목적으로 하는 것이다(산업입지법 제2조 제5호 나목 (1)). 또한 산업입지법 여러 조항에서 공익성을 유지하기 위해 공익성을 보장하려는 제도적 장치를 두고 있다.

또 하나의 논점으로 공공필요성이 공용수용시뿐만 아니라, 사업이 종료된 후에도 공공필요성이 존속해야 하는지 여부가 문제된다. 민간기업이 수용하는 경우 공익성 보장 및 유지를 하지 아니하는 경우에 원 토지소유자의 환매권이 인정되어야 한다고 주장한다. 그런데 우리 헌법 제23조 제3항에서는 공공필요에 의한 재산권의 공용수용시 보상을 법률로써 규정하고, 정당한 보상을 지급하도록 하고 있다. 즉, 우리 헌법은 공용수용시에만 공공필요성을 갖출 것을 요구하고 있다. 공용수용이 재결되고 사업이 종료된 후에 원 토지소유자가 사업시행자 또는 현재의 토지소유자에게 환매권을 행사할 수 있게 할 수는 없다고 생각한다. 원 토지소유자가 환매권을 행사하려고 하여도 민간기업인 사업시행자를 찾을 수 없는 경우가 많고, 그렇다고 전혀 관계가 없는 제3자인 현재의 토지소유자에게 환매권을 행사할 수도 없는 것이다. 따라서 민간기업의 공익성 강화를 위해서는 개발이익환수제와 수용집행절차와 집행결과의 공개 등의 제도를 도입할 필요가 있다.[44)]

4. 비례성 심사기준의 세부적 심사기준

우리나라 헌법재판소는 "국가작용, 특히 입법작용에 있어서의 과잉입법금지의 원칙이라 함은 국가가 국민의 기본권을 제한하는 내용의 입법활동을 함

44) 정남철, "사인을 위한 공용수용의 위헌성 판단", 헌법논총 제17집, 2006. 12, 399-400면; 김남욱, "사인에 대한 수용권 부여의 법적 문제", 토지공법연구 제43집 제1호, 2009. 2, 305-306면; 전극수, "민간기업의 골프장건설을 위한 수용의 허용성", 강원법학 제43권, 2014. 10, 565면; 이재삼, "공익사업에 있어서 사인의 수용권에 관한 연구", 토지공법연구 제43집 제1호, 2009, 271-272면.

에 있어서 준수해야 할 기본원칙 내지 입법활동의 한계를 의미하는 것으로써, 국민의 기본권을 제한하려는 입법의 목적이 헌법 및 법률의 체계상 그 정당성이 인정되어야 하고(목적의 정당성), 그 목적의 달성을 위하여 그 방법이 효과적이고 적절하여야 하며(수단의 적합성), 입법권자가 선택한 기본권 제한의 조치가 입법목적 달성을 위하여 설사 적절하다 할지라도 가능한 한 보다 완화된 형태나 방법을 모색함으로써 기본권의 제한은 필요 최소한도에 그치도록 하여야 하며(침해의 최소성), 그 입법에 의하여 보호하려는 공익과 침해되는 사익을 비교교량할 때 보호되는 공익이 더 커야 한다(법익의 균형성)는 법치국가의 원리에서 당연히 파생되는 헌법상의 기본원리의 하나인 비례의 원칙을 말하는 것이고, 우리 헌법은 제37조 제2항에서 입법권의 한계로서 과잉입법금지의 원칙을 명문으로 인정하고 있다."[45]고 판시하고 있다.

또한 침해의 최소성과 관련하여, "입법자는 공익 실현을 위하여 기본권을 제한하는 경우에도 입법목적을 실현하기에 적합한 여러 수단 중에서 되도록 국민의 기본권을 가장 존중하고 기본권을 최소로 침해하는 수단을 선택해야 한다. 기본권을 제한하는 규정은 기본권행사의 '방법'에 관한 규정과 기본권행사의 '여부'에 관한 규정으로 구분할 수 있다. 침해의 최소성의 관점에서, 입법자는 그가 의도하는 공익을 달성하기 위하여 우선 기본권을 보다 적게 제한하는 단계인 기본권행사의 '방법'에 관한 규제로써 공익을 실현할 수 있는가를 시도하고 이러한 방법으로는 공익 달성이 어렵다고 판단되는 경우에 비로소 그 다음 단계인 기본권행사의 '여부'에 관한 규제를 선택해야 한다."[46]고 판시하고 있다.

우리나라 헌법재판소의 결정에서 언급되고 있는 비례성 원칙의 4단계인 목적의 정당성, 수단의 적합성, 침해의 최소성, 법익의 균형성을 구체적으로 평가해 본다.

(1) 목적의 정당성

국민의 자유를 제한하는 국가기관의 행위는 '정당한 목적'을 추구해야 한다. 목적의 정당성 심사는 두 단계로 구성된다. 첫째, 국가의 제한(개입)을 통해

45) 헌재 1992. 12. 24, 92헌가8.
46) 헌재 1998. 5. 28, 96헌가5. Vgl. Pieroth/Schlink, Grundrechte Staatsrecht II, 20. Aufl., 2004, Rn. 297.

실제로 추구하려는 목적이 사건의 사실관계에서 정확히 파악되어야 하고, 정확히 지목되어야 한다. 둘째, 이러한 국가가 추구하려는 입법목적이 헌법적으로 허용되는지 여부를 평가해야 한다. 목적의 정당성 심사에서는 목적과 수단의 관계를 판단하지 않는다. 일반적으로 목적의 정당성 심사에서 목적의 정당성은 거의 인정된다고 본다.

정당한 입법목적은 2가지 유형으로 나뉜다.[47] 절대적인 사회 공동체적 가치로서 국가기관에 부과된 헌법원칙과 기본권이 있다. 국가는 이러한 목적을 추구해야 한다. 예를 들어 국가는 헌법 제21조의 언론·출판의 자유(표현의 자유)를 보장해야 한다. 반면 상대적인 사회 공동체적 가치로서 국가기관, 특히 입법자는 경제정책에 있어서 광범위한 입법형성권을 가진다.[48] 이를 위한 전제조건은 '목적 설정 권한'[49]이다.

우리 헌법 제37조 제2항은 기본권제한에 관한 '일반적 법률유보조항'[50]에 해당된다. 이는 모든 기본권에 일반적으로 적용될 수 있도록 법률유보를 규정한 것이다. 헌법 제37조 제2항은 일반적 법률유보를 위한 목적상 한계로서 국가안전보장, 질서유지, 공공복리를 규정하고 있다. 이 조항의 의미는 기본권을 제한하는 목적으로서 그 목적을 한정적으로 열거한 것이다. 따라서 이러한 목적 이외의 다른 목적으로 기본권을 제한할 수 없다는 것을 천명한 것이다. 그런데 우리 헌법재판소 결정에 의하면, 일반적으로 비례성 심사 또는 과잉금지원칙심사에 있어서 목적의 정당성, 수단의 적합성, 침해의 최소성, 법익의 균형성을 들고 있는데, 비례성 심사에 있어서 그 법률의 목적을 신중하고 엄격하게 다투어 '목적의 정당성'을 부정하기는 실제상 곤란하다. 기본권을 제한하는 목적으로 헌법상 국가안전보장, 질서유지, 공공복리만으로 한정하였음에도 헌법재판소가 입법부의 입법을 의심하여 목적의 정당성을 심사하는 것은 이 3가지 목적 이외에 다른 목적으로 입법한 경우를 심사하려는 것인지에 대한 의문을

47) Martin Borowski, Grundrechte als Prinzipien, 3. Auflage. 2018, S. 187.

48) BVerfGE 13, 97 (107).

49) Eberhard Grabitz, Der Grundsatz der Verhaltnismäßigkeit in der Rechtsprechung des BVerfG, AoR Bd. 98 (1973), S. 568 (600-609).

50) 헌재 2014. 2. 27. 2014헌마7, 판례집 26-1상, 310, 319; 헌재 2015. 12. 23. 2014헌마1149, 판례집 27-2하, 710, 716; 헌재 2017. 11. 30. 2016헌마503, 공보 제254호, 1199, 1205.

갖게 한다. 그리고 실제로 다수의 헌법재판소 결정들에서는 입법목적의 정당성을 논할 때, 국가안전보장, 질서유지, 공공복리라는 목적에 부합한다는 취지보다는 그 법률 자체의 목적이 정당성을 지니는지 여부에 초점을 두고 있다.[51] 그러나, 헌법상 기본권제한을 위한 입법목적의 정당성은 입법목적이 헌법상 정당성을 지니는지를 의미하는 것이지, 법률 자체의 목적의 정당성을 의미하는 것이 아니다.[52] 법률 자체의 목적의 정당성 판단은 헌법적합적인 입법목적인지를 판단하는 것이 아닌, 법률 자체의 정당성을 추구하는 유권해석이기에 당해 법률의 목적을 설명할 필요성이 적어진다. 당해 법률의 목적은 개별 법률의 제1조에 구체적으로 적시되어 있으므로, 만일 헌법재판소가 법률의 목적심사로서 입법목적의 내용적 정당성을 판단하는 것이라면, 이는 헌법재판소 스스로 목적심사에 관한 아무런 기준을 제시하지 못하는 상황에서 헌법상 요청되는 법률의 합헌성 추정 원칙을 위배하는 것이 된다.[53] 법률의 목적심사가 가능하려면 법률의 목적이 구체적으로 특정화되어야만 하는데, 실제상 법률의 목적은 대부분 추상적이고 불확정적인 개념들로 규정되어 있기에 목적심사의 전제조건을 충족하지 못하고 있다.

일반적으로 법률의 합헌성 추정과 합헌적 법률해석의 결과 심사대상인 법률의 목적은 원칙적으로 합헌성이 있다고 보아야 한다. 목적의 정당성 문제에서 헌법상 열거된 목적에 적합한지 여부만을 심사하는 것은 가능하더라도, 그 내용적 심사까지 하는 것은 비례성 원칙의 본질을 잘못 이해한 것이다.[54] 왜냐

51) 예를 들면, "가산점제도의 주된 목적은 군복무 중에는 취업할 기회와 취업을 준비하는 기회를 상실하게 되므로 이러한 불이익을 보전해 줌으로써 제대군인이 군복무를 마친 후 빠른 기간내에 일반사회로 복귀할 수 있도록 해 주는 데에 있다. 인생의 황금기에 해당하는 20대 초·중반의 소중한 시간을 사회와 격리된 채 통제된 환경에서 자기개발의 여지없이 군복무 수행에 바침으로써 국가·사회에 기여하였고, 그 결과 공무원채용시험 응시 등 취업준비에 있어 제대군인이 아닌 사람에 비하여 상대적으로 불리한 처지에 놓이게 된 제대군인의 사회복귀를 지원한다는 것은 입법정책적으로 얼마든지 가능하고 또 매우 필요하다고 할 수 있으므로 이 입법목적은 정당하다."고 판시하고 있다(헌재 1999. 12. 23, 98헌마363, 788면).

52) 同旨: 이기철, 「헌법재판소는 비례의 원칙에 목적의 정당성을 포함시켜도 좋은가?」, 공법연구 제35집 제1호, 385면.

53) 매우 희소하겠지만 만약 헌법재판소가 입법목적의 정당성이 헌법에 위반된다고 판단하여 그 위헌성을 주장한다면, 이는 또 다른 입법자로서 역할을 하는 것이 된다. 이는 헌법재판소가 헌법해석에 의한 권한확장의 의도를 지니고 있다고 할 수 있다.

54) 이와 동일한 견해로는 이준일, 헌법학강의, 홍문사, 2005, 350면("관계의 개념을 처음부터 배제하고 있는 목적의 정당성은 비례성 원칙의 부분원칙에 포함되지 않는 것으로 보아야 한다. 목적의 설정은 정책수립의 문제로서 입법자의 고유한 권한영역에 속해서 헌법재판소가 통제할 수 없는 영역으로 보아야 하기 때문에 목적의 정당성에 대한 심사는 비례성심사의 대상이 될 수 없다").

하면 비례성 원칙은 목적을 심사하기 위한 것이 아니라, 목적에 적합한 '수단'인지를 심사하기 위한 것이다.[55] 즉, 목적의 정당성은 목적에 대한 수단이 적합성이 있는지를 심사하는 전제이며, 수단의 통제에 중점이 있다고 보아야지 입법의 목적을 다투기 위한 것이 아니다.[56]

따라서 우리 헌법재판소처럼 비례성 심사를 할 경우 목적의 정당성, 수단의 적정성, 침해의 최소성, 법익의 균형성으로 판단할 것이 아니라, 예외적인 경우를 제외하고는 적합성, 필요성, 협의의 비례성(법익의 균형성)으로 3가지 원칙으로 판단하는 것이 합리적이라 생각한다.

(2) 수단의 적합성 (적합성 원칙)

수단의 적합성(Geeignetheit) 원칙이란 특정한 입법목적을 실현하기 위하여 채택된 수단은 그 목적실현에 적합하여야 한다는 원칙을 말한다. 이때 적합성의 의미는 그 채택된 수단의 도움으로 의욕하는 결과의 발생을 촉진시키거나,[57] 조금이라도 그 결과 발생에 기여하는 것을 말한다. 사용하기로 채택된 수단이 결과 발생에 전혀 영향을 주지 않거나 의도한 결과 발생을 어렵게 만드는 경우에는 적합성이 존재하지 아니한다고 말할 수 있다.[58] 한편, 적합성의 정도는 완전히 부적합한 수단이 아닌 한, 부분적인 적합성이 있으면 되지, 완전한 적합성을 요구하지 않는다. 그러나 국가 공권력에게 특정한 목표 달성을 의무지우는 일정한 행위위임이 부여되어 있을 때에는 오히려 채택된 수단의 단순한 부분적인 적합성만으로는 그 자체가 적합성 원칙의 위반으로 평가될 수도 있을 것이다.[59]

수단의 적합성 심사는 추상적으로 2단계로 분리되어 이루어진다. 실제 사

---

55) 同旨: 황치연, 「우리 헌법재판소 판례에 있어서의 과잉금지원칙의 문제점」, 고시연구 97. 3, 180면.

56) 이와 다른 견해로는 김대환, 「우리나라 헌법상 과잉금지원칙」, 공법학연구 제6권 제3호, 2005. 12, 199-200면.

57) 예를 들면, 적합성 원칙의 관점하에서, 삼림의 고사현상을 방지 또는 둔화시키기 위한 목적으로 자동차 속도제한은 공해물질배출의 감축(기본권제한을 통해 형성된 상태)과 삼림의 구조개선(목적이 실현된 것으로 관찰될 수 있는 상태) 사이에 관련성이 있는 경우에만 비례성이 있다(Pieroth/Schlink, Grundrechte Staatsrecht II, 20. Aufl., 2004, Rn. 284).

58) 황치연, 「과잉금지원칙의 내용」, 공법연구, 제24집 제3호, 1996.7, 280면.

59) M. C. Jakobs, Der Grundsatz der Verhältnismäßigkeit mit einer exemplarischen Darstellung seiner Geltung im Atomrecht, 1985, S. 62; 황치연, 「과잉금지원칙의 내용」, 280면 이하.

용되는 수단을 정확히 명시한 후 법적으로 평가해야 한다. 심사과정에서 수단의 적합성은 일반적으로 인정된다. 이는 특히 수권법률에 의해 위임을 받아 상위법의 근거를 가지고 사용된 수단에 있어서, 원칙적으로 사용된 수단을 허용하는 법적 효과를 낳는다. 추구하는 목적을 달성하는 데 기여할 수 있다면 수단의 적합성은 인정된다.[60] 즉, 사용된 수단이 그 목적을 전부 달성할 필요는 없다. 목적 달성에 사용된 수단이 그 목적 달성에 조그마한 기여만 하면 충분하다.[61] 따라서 수단의 적합성 인정은 부정하기 어렵다.

(3) 침해의 최소성 (필요성 원칙)

필요성(Erforderlichkeit) 원칙이란 입법목적을 실현하기 위해 필요한 수단이어야지, 필요한 정도를 넘어서 국민의 기본권을 침해하는 정도의 수단은 허용될 수 없다는 원칙이다. 달리 표현하면, 목적을 실현하기 위해 조금이라도 필요한 한도를 넘어서는 수단 또는 목적을 달성하기 위해 다른 수단이 있는 경우는 이 원칙을 위반하는 것이다. 이를 엄격히 해석하면 입법목적을 위한 여러 가지 수단이 존재할 때 그 수단 중에서 가능한 한 '기본권 침해가 적은 수단'을 선택하라는 요청이다. 이를 일반적으로 '침해의 최소성'이라 부른다.

침해의 최소성에 관해서는 더 상세한 설명이 필요하다. 독일 연방헌법재판소 판례에서 비례성 원칙 심사 중 침해의 최소성을 부정하는 경우가 많다. 덜 기본권을 침해하는 적합한 수단이 없다면 그 수단은 필요성 원칙을 충족하는 것이다.[62] 법 적용자의 임무는 국가가 추구하는 정당한 목적을 실행할 수 있는 대안적 수단을 찾는 것이다. 이러한 대안적 수단은 순전히 가상에 의한 설정이다. 실제로 이러한 대안적 수단은 국가가 사용하지 않았던 수단이다. 사례 해결을 위해서는 종종 몇 가지 대안적인 수단들을 구체적으로 제시하고 심사해야 한다.

침해의 최소성 원칙을 충족하기 위해서는 2가지 조건이 있다. 첫째, 대안적 수단이 실제로 법에서 사용되고 있는 수단과 동일한 정도의 입법목적을 달

60) BVerfGE 81, 156 (192); 96, 10 (23); Lothar Hirschberg, Der Grundsatz der Verhältnismäßigkeit, 1981, S. 50–56.

61) Janneke Gerards, How to improve the necessity test of the European Court of Human Rights, International Journal of Constitutional Law 11–2 (2013), p. 466 (474–480).

62) BVerfGE 77, 84 (109); 90, 145 (172).

성해야 한다. 둘째, 실제로 법에서 사용되고 있는 수단이 가상의 대안적 수단을 사용하는 경우보다 기본권 덜 제한적이거나 동일한 정도여야 한다.[63] 즉, 필요성 원칙 심사에 있어서 가상의 대안적 수단과 실제 사용된 수단이 정당한 입법목적의 추구 정도와 기본권 제한에 미치는 효과를 각각 판단하여 비교해야 한다.

침해의 최소성 판단에 있어서 심사순서는 첫째, 입법적 대안이 존재하는지 여부를 검토한다. 둘째, 입법적 대안이 입법목적 달성을 위해 법에 사용된 수단보다 더 많은 댓가를 요구하지 않는지 여부를 판단한다. 셋째, 입법적 대안이 법에 사용된 수단 처럼 입법목적을 동등한 정도로 달성하는지 여부를 확인한나. 넷째, 입법적 대안이 기본권을 덜 제한하는지 여부를 확인한다.[64]

국가기관(입법자)은 다양한 비슷하고 적합하며 같은 정도로 제한하는 수단 중에서 선택할 수 있는 '수단 선택의 재량'을 가지고 있다. 국가기관은 이러한 다양한 수단들 중에서 자유롭게 선택할 수 있다.[65] 개별 사건의 경우 침해의 최소성 원칙을 충족하는지 여부를 판단하는 것은 매우 어려운 과정이다. 헌법재판소가 불확실한 사실에 기반하여 다양한 수단 중 하나를 선택한 입법자에게 평가재량 내지 판단재량이 있다고 언급하는 일은 종종 유용한 일이다.

침해의 최소성은 기본권의 유형에 따라 기본권 제한에 있어서 입법자의 입법형성의 자유에 차이를 나타낸다. 예를 들면, 정신적 자유권과는 달리, 재산권에 관한 입법의 경우 재산권의 내용과 한계를 형성할 입법자의 입법재량을 헌법이 상대적으로 넓게 허용하기 때문에, 재산권에 관한 입법에 있어서 입법자는 '기본권 침해가 가장 적은 수단인 유일한 최소 침해의 수단'을 선택하거나, '자유와 공익을 위한 최적화적 수단'을 선택한 입법을 할 것을 헌법이 요구하는 것은 아니다.

그런데 어떠한 수단이 기본권 침해가 적은 수단이냐는 여러 수단 사이에 비교를 통해 달성되기에 입법자가 상정하는 여러 수단이 반드시 가장 최소 침

---

63) 이재홍, "과잉금지원칙의 논증구조 - 침해의 최소성 원칙을 중심으로 -", 저스티스 제163호, 2017. 12, 81면.

64) 이재홍, "과잉금지원칙의 논증구조 - 침해의 최소성 원칙을 중심으로 -", 저스티스 제163호, 2017. 12, 75면 이하; 강일신, "과잉금지원칙의 논증방식 - 침해최소성·법익균형성 심사를 중심으로 -", 충남대 법학연구 제30권 제1호, 2019. 2, 191면 이하.

65) Matthias Klatt, in: Klatt, Prinzipientheorie und Theorie der Abwägung, 2013, S. 34.

해의 유일한 수단이라는 보장은 없다. 다만 입법자에게 최소침해성을 위한 노력과 의무는 헌법상 요청된다. 그러므로 필요성의 원칙은 기본권 침해를 최소화하는 단 하나의 수단만을 선택해야 하는 이상적이나 불가능한 최소침해성 원칙은 아니고,[66] 목적을 실현하는 여러 수단 가운데 되도록 덜 기본권을 침해하는 수단을 채택하라는 침해의 최소성의 요청인 것이다.

현재 발생하는 문제를 해결하기 위해 입법수단이 투입된 경우와 그렇지 않은 경우 간의 비교 및 관련성을 검증하여 침해의 최소성을 판단하는 것은 상당히 난해한 일이다. 따라서 침해의 최소성을 충족하는지 여부가 의심스러울 때에는 입법자에게 이익이 되는 방향으로 인정해 줌으로서 입법자의 평가적 우월권 내지 예측재량을 허용해 주어야 한다.[67]

(4) 법익의 균형성 (협의의 비례성 원칙)

비례성 원칙 심사의 마지막 단계는 협의의 의미의 비례성 원칙 또는 법익의 균형성이라고 한다. 심사방법으로서 법익형량의 합리성 여부는 논쟁의 여지가 있다.[68] 특정한 입법목적을 달성하기 위하여 적합하고 필요한 수단이 있다고 하여도 기본권제한입법에 의하여 침해 또는 제한되는 사익과 이를 제한함으로써 보호되는 공익을 비교형량할 때, 공익이 더 크거나 적어도 양자의 균형이 유지되어야 한다는 것이 법익의 균형성 원칙이다. 이를 균형성(Proportionalität), 상당성(Angemessen- heit) 내지 기대가능성(Zumutbarkeit)이라고도 부른다.

법익의 균형성을 충족하기 위해서는 양자의 이익간 형량(Abwägung)이 필요하다. 형량이란 서로 충돌하는 법익 및 가치 간의 중요성 및 비중의 평가작업이다.[69] 이러한 평가는 주장되는 논증의 우위에 의해 결정되므로 절대적으

---

66) 이러한 의미에서 우리 헌법재판소도 다음과 같은 취지의 결정을 하고 있다("국가작용에 있어서 취해진 어떠한 조치나 선택된 수단은 그것이 달성하려는 사안의 목적에 적합하여야 함은 당연하지만 그 조치나 수단이 목적 달성을 위하여 유일무이한 것일 필요는 없는 것이다. 국가가 어떠한 목적을 달성함에 있어서는 어떠한 조치나 수단 하나만으로서 가능하다고 판단할 경우도 있고 다른 여러 가지의 조치나 수단을 병과하여야 가능하다고 판단하는 경우도 있을 수 있으므로 과잉금지의 원칙이라는 것이 목적달성에 필요한 유일의 수단선택을 요건으로 하는 것이라고 할 수는 없는 것이다 – 헌재 1989. 12. 22. 88헌가13, 378면).

67) F. Ossenbühl, Die Kontrolle von Tatsachenfeststellungen und Prognoseentscheidungen durch das Bundesverfassungsgericht, in: BVerfG und GG I, 1976, S. 489 ff.; M. Raabe, Grundrechte und Erkenntnis – Der Einschätzungsspielraum des Gesetzgebers, Baden- Baden, 1998.

68) Schlink, Abwägung im Verfassungsrecht, 1976, S. 79, 152 f., 214–219; Habermas, Between facts and norms, 1996, S. 258.

로 결정될 수 있는 것이 아니라, 구체적인 상황에서 상대적인 중요성에 의해 결정된다.[70]

비교형량에 있어서 '양 법익의 균형'을 어느 정도로 엄격하게 인정할 것인가 여부에 따라 심사강도는 달라질 수 있지만, 원칙적으로 입법자의 입법형성의 자유를 전제로 하여, 입법자의 법익형량이 자의적이거나 일관성이 결여되거나 균형이 파괴된 것이 명확한 경우라서 기본권주체에 대한 과도한 부담이 되는 경우, 비례성을 위반한 것으로 인정할 수 있다.

법익의 균형성 원칙을 '상당성' 원칙 또는 '균형성' 원칙이라고도 하는데, 개별 사건의 경우에 무엇이 상당한가 또는 균형적인가를 판단해야 한다. 그러나 법익의 균형성 원칙은 형량해야 할 이익 간의 문제[71]로 귀결되고 형량에 사용할 합리적이고 구속력있는 구체적인 기준이 부재하다는 문제점을 지니고 있다.[72] 법익의 균형성 원칙은 구체적으로 판단할 때 이렇게 명확한 기준이 결핍되어 있기에 판단주체인 법원이나 헌법재판소의 주관적인 판단과 선입견이 개입할 가능성이 높다.

법익의 균형성 원칙을 '최적화 명령'이라는 것으로 동일시하려 하는데 이는 논리 전개에 문제가 있다. 일반적으로 알려진 법익의 균형성 원칙(법익의 균형성)은 입법수단으로써 보호하려는 공익과 침해되는 기본권 사이에 균형이 이루어져 있는지의 여부에 대하여 형량하는 작업이다. 이러한 법익의 균형성을 판단함에 있어서는 그 당해 법률규정의 특성, 사실관계 및 그 실태, 입법규제의 필요성, 현제도의 실질적인 운용현황 등을 종합적으로 고려하여야 한다.[73] 그러므로 법익의 균형성 원칙(법익의 균형성)은 입법수단으로써 얻는 공익과 침

69) H. Schneider, Die Güterabwägung des Bundesverfassungsgerichts bei Grundrechtskonflikten, Baden-Baden, 1979, S. 178; 황치연, 「헌법과 과잉금지」, 헌법학도의 길, 한국학술정보 2005, 119면(법익형량이란 상충하는 법익간의 순위비교 또는 양자의 법익간에 관련되어 문제되는 내용의 우열을 비교하는 작업이다.)

70) R. Alexy, Theorie der Grundrechte, 1996, S. 146.

71) 슈테른(Stern) 교수는 법익형량이란 두 개의 상충하는 법익간의 중요도를 평가하는 것을 목표로 불가피하게 충돌하는 법익의 서열을 비교하는 것이라고 정의한다. 구체적으로 (1) 헌법적 지위를 가지는가 단순한 법률상의 지위를 가지는가, (2) 헌법상 법익간 상위의 가치 확정가능성, (3) 고유한 평가범주의 필요, (4) 기본권 법익의 경합, (5) 특정한 기본권이 다른 기본권을 전제로 하는 것, (6) 주변 영역이 침해될 뿐이 기본권, (7) 연방헌법재판소에 의한 추상적·구체적 우월성의 언명, (8) 법익형량과 비례의 원칙 등의 원칙을 제시하고 있다(K. Stern, Das Staatsrecht für die Bundesrepublik Deutschland, Bd. III/2, 1994, § 84).

72) B. Schlink, in: Festschrift für 50 Jahre BVerfG, 2001, Bd. II, S. 445, 460 ff.

73) 헌재 1998. 4. 30. 95헌가16, 327(346-347).

해되는 사익(기본권)을 비교형량하는 반면, 최적화명령은 두 개의 목적 상호간의 관계에서 최적의 상태를 실현하도록 요청하는 명령이라고 할 수 있다. 그런데 최적화명령을 따를 경우에는 입법자의 형성의 자유가 제로(O)가 되기에 입법자의 형성의 자유를 박탈하는 문제가 발생한다. 또한 최적화명령에 의하면 법률제정시에 선택할 수 있는 입법수단은 특정한 입법목적의 실현을 위한 하나의 최적화된 수단이어야 하기 때문에 일반적인 비례성 원칙보다 더욱 더 엄격한 기준이 되므로 사법심사시 합헌적 법률해석의 가능성을 배제시킬 가능성이 높다.

(5) 구체적 심사과정

비례성 원칙(과잉금지원칙)은 오늘날 일반적으로 비례성 원칙과 동일한 의미로 사용되고 있으며, 각각의 심사기준에서 그 심사강도가 달리 작용하고 있으므로, 이를 연혁적 의의에서 소극적으로만 이해해서는 안된다. 또한 비례성 원칙은 미국 헌법상 사용되는 합리성 심사기준, 중간적 심사기준 및 엄격심사기준과는 그 내용상 다른 원칙이라 할 수 있다. 헌법상 비례성 원칙은 목적을 심사하기 위한 것이 아니라, 목적에 적합한 '수단'인지를 심사하기 위한 것이기 때문이다.

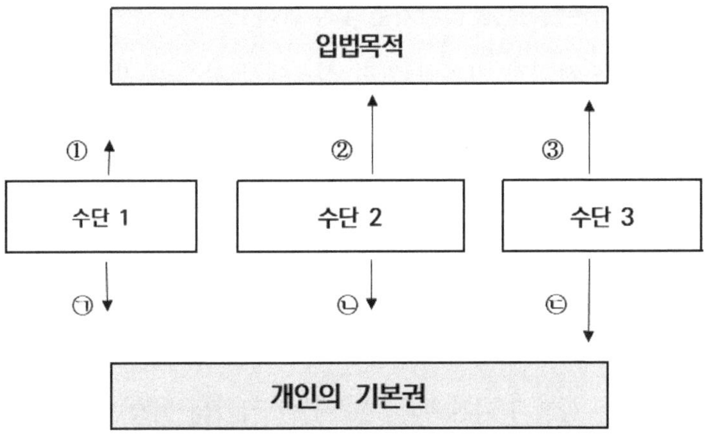

수단의 적합성을 충족했는지 여부의 판단에서 수단의 적합성이란 특정한 입법목적을 실현하기 위하여 투입된 수단이 그 목적 실현에 조금이라도 기여하면 충족된다. [수단 1]은 표에서 ① 만큼의 입법목적에 기여했다. [수단 2]와 [수단 3]은 ②와 ③ 만큼 입법목적을 증진시켰다. 여기서 수단의 적합성은 [수단 1], [수단 2], [수단 3] 모두 충족한다.

침해의 최소성 원칙에 의한 심사에서 [수단 1]은 ㉠ 만큼 기본권 제한을 가하고 있고, [수단 2]는 ㉡ 만큼 기본권 제한을 가하고 있다. [수단 3]은 가장 강한 정도로 ㉢ 만큼 기본권 제한을 가하고 있다. 그러나 비례성 원칙에서 침해의 최소성을 판단함에 있어서 수단의 적합성에서 동일한 정도의 입법목적을 달성하는 비교대상만을 고려한다. 즉, ②와 ③은 입법목적을 달성하는 정도가 동일하다. 이러한 [수단 2]와 [수단 3] 중 기본권 제한이 덜 한 것은 [수단 2]이다.

법익의 균형성은 [수단 2]에서 ②의 입법목적을 달성하는 공익의 크기와 ㉡ 만큼 기본권에 가해지는 불이익 간을 측정한다. [수단 2]에서 ②가 ㉡ 보다 크기 때문에 법익의 균형성을 갖춘 것이다.

5. 사회적 기본권 관련 비례성 원칙

(1) 사회적 기본권 관련 심사기준의 부재

헌법재판소는 사회적 기본권 관련 심사에서 다음과 같이 설시하고 있다. "국가가 인간다운 생활을 보장하기 위한 헌법적 의무를 다하였는지의 여부가 사법적 심사의 대상이 된 경우에는, 국가가 최저생활보장에 관한 입법을 전혀 하지 아니하였다든가 그 내용이 현저히 불합리하여 헌법상 용인될 수 있는 재량의 범위를 명백히 일탈함으로써 사회적 기본권을 보장하여야 할 국가의 최소한 보장의무의 불이행으로 볼 수 있는 경우에 한하여 헌법에 위반된다고 할 수 있다."[74]

헌법재판소는 사회적 기본권과 관련하여, '국가의 최소한 보장의무의 불이

74) 헌재 1997. 5. 29. 94헌마33, 판례집 9-1, 543, 555; 헌재 2003. 5. 15. 2002헌마90, 판례집 15-1, 581, 601; 헌재 2004. 10. 28. 2002헌마328, 판례집 16-2하, 195, 204-205; 헌재 2008. 10. 30. 2005헌마1156, 판례집 20-2상, 1007, 1019; 헌재 2011. 3. 31. 2009헌마617 등, 판례집 23-1상, 416, 423.

행'이라는 심사척도를 제시하고 있다. 그러나 '최소한 보장'이라는 것이 무엇을 의미하며, 어떠한 내용을 지닌 심사기준인지를 이해하기 어렵다. 주목할 것은 여기서 말하는 사회적 기본권과 관련된 '국가의 최소한 보장의무'는 자유권적 기본권에 국한되어 적용되는 '국가의 기본권보호의무'[75] 내지 '과소보호금지원칙'과는 전혀 다른 개념이다.

헌법재판소는 대표적으로 사회적 기본권 관련 심사기준의 내용으로 "입법을 전혀 하지 아니하였다든가 그 내용이 현저히 불합리하여 헌법상 용인될 수 있는 재량의 범위를 명백히 일탈한 경우에 한하여 헌법에 위반된다."고 설시하고 있다. 이는 '명백성 통제' 기준을 의미하는 듯하다. 명백성 통제는 사회적 기본권에 특유한 심사기준이 아니라, 헌법재판소가 비례성 원칙 심사에서 입법자의 예측판단을 심사하는 통제 기준이다.

비례성 원칙에 의한 심사에 있어서 수단의 적합성 심사 단계에서 독일 연방헌법재판소는 입법자의 예측 판단을 심사한다. 이 경우 독일 연방헌법재판소는 입법자의 미래에 대한 상황발전에 대한 예측 판단을 규율영역의 특성, 확실한 판단을 내릴 수 있는 현실적 가능성의 정도 및 침해된 법익에 따라 통제 강도를 다르게 사용한다. 독일 연방헌법재판소는 입법자의 예측 판단을 3가지의 통제강도로 구분할 수 있다. 명백성통제(Evidenzkontrolle), 설득력통제(주장가능성통제; Vertretbarkeitskon- trolle), 내용통제(Inhaltskontrolle)를 사용한다.[76]

'명백성 통제' 기준에 의하면, 헌법재판소가 입법자의 재량 한계를 명백히

75) 기본권보호의무에 관하여는 표명환, "국가의 기본권보호의무와 행정법상의 개인적 공권이론", 「헌법학연구」 제10권 제1호, 2004, 277면 이하; 표명환, "입법자의 기본권보호의무와 헌법적 통제", 「헌법학연구」 제11권 제2호, 2005. 6, 212면 이하; 표명환, "기본권보호청구권의 구조와 체계에 관한 고찰", 「법학연구」 제45집, 2012. 2, 23면 이하; 허완중, "기본권보호의무에서 과소보호금지원칙과 과잉금지원칙의 관계", 「공법연구」 제37집 제1-2호, 한국공법학회, 2008. 10, 201면 이하; 이부하, "국가의 기본권보호의무와 과소보호금지원칙", 「법학연구」 제17집 제2호, 2014. 6, 39면 이하; 이부하, "생명에 대한 기본권보호의무와 과소보호금지원칙", 「동아법학」 제62호, 2014. 2, 1면 이하; 이부하, "비례성원칙과 과소보호금지원칙", 「헌법학연구」 제13권 제2호, 2007. 6, 275면 이하; 이부하, "헌법영역에서의 기본권보호의무", 「공법학연구」 제8권 제3호, 2007. 8, 123면 이하.

76) BVerfGE 50, 290 (332); Schneider, NJW 1980, S. 2105 f.; Ossenbühl, Die Kontrolle von Tatsachenfeststellung und Prognoseentscheidungen durch das BVerfG, in: BVerfG und GG I, S. 484 ff. 한수웅, "헌법재판의 한계 및 심사기준 - 헌법재판소와 입법자의 관계를 중심으로 -", 「헌법논총」 제8집, 1997, 217면 이하와 233면; 방승주, "독일 연방헌법재판소의 입법자에 대한 통제의 범위와 강도", 「헌법논총」 제7집, 1996, 308면 이하("입법자의 선택 수단에 대한 헌법재판소의 통제 강도는 관련된 기본권적 법익의 중대성, 그 가해의 심각성, 그 가해의 빈도 등에 따라서 달라지게 된다.").

일탈했는지 여부만을 심사하게 된다. 이 통제 기준에 의하면, 입법자의 예측 판단권이 광범위하게 인정되고, 헌법재판소는 법률상 입법목적 실현이 명백하게 부적합한 수단인지 여부만을 심사한다.[77] 이에 반해, '설득력 통제'(주장가능성 통제) 기준에 의하면, 헌법재판소가 입법자의 예측 판단을 심사함에 있어서 입법자가 가용한 모든 판단자료를 활용하여, 장래에 발생할 법률의 효과를 납득할만하게 지니도록 노력했는가를 심사한다.[78] '내용통제' 기준을 사용하는 경우, 헌법재판소는 입법자의 예측 판단이 내용적·실체적으로 타당한가 여부를 심사하게 된다.[79] 내용통제 기준은 침해되는 법익이 생명권이나 신체의 자유, 의식주 등 인간의 기본적 욕구, 직업의 자유 등 가장 기본적이고 개인적인 자유가 관련되는 영역에 적용한다.[80] 이러한 내용통제 기준의 사용은 입법자의 예측 판단을 헌법재판소의 예측 판단으로 대체하게 된다.[81]

입법자의 예측 판단에 대한 헌법재판소의 통제강도 3단계화는 입법자와 국민 간의 실체법적인 입증책임을 분배하는데 초점이 있다.[82] 독일 연방헌법재판소에 의하여 형성된 3단계의 통제 기준은 입증책임 분배의 구분이다.[83] 법률이 개인의 핵심적 자유영역(생명권, 신체의 자유 등)을 침해하는 경우, 입증책임을 입법자에게 부담시킴으로써 기본권 보장을 강화하려는 것이다. 이에 반해, 경제적 활동을 규율하는 법률에 대해서는 입법자가 보다 광범위한 입법형성권을 지닌다. 이 경우 헌법재판소는 명백성 통제에 의해 심사한다.[84]

헌법재판소는 사회적 기본권과 관련하여, "입법자는 … 광범위한 입법재량권을 행사할 수 있다. … 인간다운 생활을 할 권리로부터는 … 직접 그 이상의 급부를 내용으로 하는 구체적인 권리를 발생케 한다고는 볼 수 없다."고 설시하고 있다. 헌법재판소는 인간다운 생활을 할 권리를 사회적 기본권으로 인

77) BVerfGE 36, 1 (17); 37, 1 (20); 196, 223. 방승주, "헌법재판소의 입법자에 대한 통제의 범위와 강도", 「공법연구」 제37집 제2호, 2008. 12, 151면.
78) BVerfGE 25, 1 (12 f., 17); 30, 250 (263); 39, 210 (225 f.). 방승주, 상게논문, 152면.
79) BVerfGE 7, 377 (415); 11, 30 (45); 17, 269 (276 ff.); 39, 1 (46, 51 ff.); 45, 187 (238).
80) BVerfGE 50, 290 (333); H.-P. Schneider, NJW 1980, S. 2105.
81) 이부하, "입법자의 입법형성권의 내용과 한계", 「법과 정책연구」 제13집 제1호, 2013. 3, 108면.
82) M. Kriele, Grundrechte und demokratischer Gestaltungsspielraum, Rn. 44 ff.
83) BVerfGE 50, 290 (331, 333, 340 ff.).
84) 한수웅, "헌법재판의 한계 및 심사기준 – 헌법재판소와 입법자의 관계를 중심으로 –", 233-237면; 이부하, "입법자의 입법형성권의 내용과 한계", 「법과 정책연구」 제13집 제1호, 2013. 3, 108-109면.

정하면서도, 그 법적 성격을 '추상적 권리'로 보고 있다.

또한 헌법재판소는 사회적 기본권 관련 심사기준으로서 종종 "국가가 실현해야 할 사회적 기본권의 최소한 내용 보장"을 이행했는지 여부에 중요한 기준을 둔다. '최소한 내용 보장'[85]이 무엇을 의미하는지 불투명하고, 이는 입법자가 사회적 기본권의 보장 의무를 면할 수 있는 구실로서 작용할 수 있다.[86]

(2) 사회적 기본권에 적용할 심사기준 제시

헌법재판소는 종종 사회적 기본권 침해 여부로 직접 판단하지 않고, 평등원칙 위반 여부로 우회적인 방법을 사용하기도 한다. 이러한 이유 중 하나는 사회적 기본권에 대한 구체적인 심사기준이 존재하지 않기 때문이다. 이에 헌법재판에서 사회적 기본권에 적용할 구체적인 심사기준을 제시하는 견해들이 있다.[87] 이러한 견해들을 참조하여 다음과 같은 심사기준을 제시해 본다.

1) 국가 공권력의 행위의무 내지 보호의무 유무 확인

우리나라 헌법재판소는 "입법부작위에 대한 헌법소원은 헌법에서 기본권 보장을 위해 법률에 명시적으로 입법위임을 하였음에도 불구하고 입법자가 이를 이행하지 않고 있는 경우, 또는 헌법해석상 특정인에게 구체적인 기본권이 생겨 이를 보장하기 위한 국가의 행위의무 내지 보호의무가 발생하였음이 명백함에도 불구하고 입법자가 아무런 입법조치를 취하지 아니한 경우에 한하여만 허용된다."[88]고 판시하고 있다.

---

85) 이와 관련하여 '최소핵심의무'를 설명하는 논문으로는 정영훈, "남아프리카공화국 헌법상 사회적 기본권 침해 여부의 심사기준에 관한 연구", 「법과 정책연구」 제16집 제1호, 2016. 3, 483면.

86) 정태호, "원리모델에 의한 사회적 기본권 침해여부의 판단기준 및 심사구조", 「헌법학연구」 제13권 제3호, 2007. 9, 553면("입법자는 언제나 '최소한 조치'만을 취하기만 하면 항상 그 위헌판단을 면할 수 있다는 것이라면 이에는 동의할 수 없다.").

87) 정태호, "원리모델에 의한 사회적 기본권 침해여부의 판단기준 및 심사구조", 558－559면: 1) 청구인이 주장하는 급부의 제공을 내용으로 하는 일응 사회적 기본권의 헌법적 근거가 존재하는가?, 2) 청구인이 주장하는 급부의 일부 또는 전부가 적극적·소극적인 방식으로 공권력에 의해 거부되고 있는가?, 3) 공권력에 의한 급부거부가 헌법적으로 정당화되는가?). 김해원, "급부권적 기본권의 심사구조 - 국회입법부작위를 중심으로 －", 「공법학연구」 제13권 제2호, 2012. 5, 265－285면(1) 잠정적 보호영역을 확인하는 단계, 2) 국가 공권력의 부작위의 정당성을 심사하는 단계(진정입법부작위와 부진정입법부작위로 구분)). 정극원, "헌법재판에서의 사회적 기본권의 심사기준과 그 적용", 「세계헌법연구」 제17권 제2호, 2011, 157－181면(원리모델에 따른 주관적 공권성의 도출, 국가의 기본권보호의무, 평등원칙).

88) 헌재 1989. 3. 17. 88헌마1, 판례집 1, 9, 17; 1989. 9. 29. 89헌마13, 판례집 1, 294, 296; 헌재 1994. 12. 29. 89헌마2, 판례집 6－2, 395, 405－406; 1998. 7. 16. 96헌마246, 판례집 10－2, 283, 299; 헌재 2003. 5.

"'공권력의 주체에게 헌법에서 유래하는 작위의무가 특별히 구체적으로 규정되어'가 의미하는 바는, 첫째, 헌법상 명문으로 공권력 주체의 작위의무가 규정되어 있는 경우, 둘째, 헌법의 해석상 공권력 주체의 작위의무가 도출되는 경우, 셋째, 공권력 주체의 작위의무가 법령에 구체적으로 규정되어 있는 경우 등을 포괄하고 있는 것으로 볼 수 있다."[89)]

사회적 기본권의 경우 헌법해석에 의해 국가의 행위의무나 보호의무가 있는지 여부를 확인하는 작업이 필요하다. 헌법재판소 판시이유에서도 설시하고 있듯이, 국가의 행위의무 내지 보호의무가 발생하는 경우는 청구인에게 '헌법해석상 구체적인 기본권이 보장'되는 경우이거나 헌법에서 기본권 보장을 위해 '법률에 명시적으로 입법위임'을 하고 있는 경우이다.

2) 국가 공권력의 행위의무 불이행 여부

국가 공권력이 행위의무를 이행하지 않고 있음을 확인하기는 쉽지 않다. 국가 공권력의 행위의무 불이행 여부는 방어권처럼 국가 공권력에 의한 특정한 기본권 침해행위 자체를 확인하는 것이 아니라, 간접적으로 작위의무의 불이행 상태를 확인해야 한다.[90)] 사회적 기본권에 있어서 국가가 부진정입법부작위[91)]를 하는 경우가 많은데, 이 경우 입법부작위라는 헌법소원을 제기할 수 없고, 헌법위반이라는 적극적인 헌법소원을 청구할 수 있다.[92)]

국가 공권력의 행위의무 불이행의 확인은 사회적 기본권을 보장하는 헌법

---

15. 2000헌마192등, 판례집 15-1, 551, 558; 헌재 2003. 6. 26. 2002헌마624; 헌재 2012. 4. 3. 2012헌마223, 1, 2; 헌재 2014. 12. 24. 2014헌마1069, 1, 2; 헌재 2016. 4. 28. 2015헌마1177 등, 판례집 28-1하, 141, 151; 헌재 2016. 7. 26. 2016헌마590, 1, 2.

89) 헌재 2004. 10. 28. 2003헌마898, 판례집 16-2하, 212, 219; 헌재 2011. 8. 30. 2008헌마648, 판례집 23-2상, 417, 433; 헌재 2011. 12. 29. 2009헌마621, 판례집 23-2하, 853, 858.

90) 김해원, "급부권적 기본권의 심사구조 - 국회입법부작위를 중심으로 -", 268면.

91) "넓은 의미의 입법부작위에는 입법자가 헌법상 입법의무가 있는 어떤 사항에 관하여 전혀 입법을 하지 아니함으로써 입법행위의 흠결이 있는 경우와 입법자가 어떤 사항에 관하여 입법은 하였으나 그 입법의 내용·범위·절차 등이 당해 사항을 불완전, 불충분 또는 불공정하게 규율함으로써 입법행위에 결함이 있는 경우가 있는데, 일반적으로 전자를 '진정입법부작위', 후자를 '부진정입법부작위'라고 부르고 있다."(헌재 1996. 10. 31. 94헌마204, 공보 18, 648, 651; 헌재 2001. 6. 28. 2000헌마735, 판례집 13-1, 1431, 1437; 헌재 2007. 7. 26. 2006헌마1164, 판례집 19-2, 194, 201; 헌재 2009. 7. 14. 2009헌마349, 공보 제154호, 1524, 1525; 헌재 2012. 2. 23. 2010헌마300, 공보 제185호, 492, 494).

92) "부진정입법부작위의 경우에는 그 불완전한 법규정 자체를 대상으로 하여 그것이 헌법위반이라는 적극적인 헌법소원을 청구할 수 있을 뿐 이를 입법부작위라 하여 헌법소원을 제기할 수 없다."(헌재 1993. 3. 11. 89헌마79, 판례집 5-1, 92, 102; 1996. 6. 13. 93헌마276, 판례집 8-1, 493, 496; 헌재 2003. 5. 15. 2000헌마192 등, 판례집 15-1, 551, 558).

규정에 의하여 입법의무가 발생한 지 '상당기간이 경과'하였음에도 입법부작위 상황에 있는 경우 인정될 수 있다.[93)]

3) 국가 공권력의 부작위의 정당성 여부

사회적 기본권을 실현해야 할 국가 의무가 존재한다. 헌법해석상 국가의 행위의무 내지 보호의무가 있음에도 불구하고 국가 공권력이 부작위하는 경우, 이러한 부작위가 정당화되는지 여부에 대해 헌법재판적 심사가 이루어진다. 사회적 기본권 관련 심사에서도 자유권적 기본권 심사와 유사하게 '헌법원칙'에 의한 심사가 이루어진다. 사회적 기본권 관련 헌법재판에서 법률유보원칙, 포괄위임입법금지원칙 등 '형식적 헌법심사원칙'[94)]과 명확성 원칙,[95)] 신뢰보호원칙,[96)] 과소보호금지원칙 등 '실질적 헌법심사원칙'을 사용해야 한다. 다만, 사회적 기본권 관련 심사에서는 공권력에 의한 제한 문제가 아니므로, 비례성 원칙(과잉금지원칙)이 사용될 여지는 적다.

Ⅲ. 명확성 원칙

1. 논의의 쟁점

국가는 법치국가원리(Rechtsstaatsprinzip)에 근거하여 기본권 보장의 조건으로서 국민에게 국가작용에 대한 예측가능성을 보장해 주어야 한다. 특히, 오늘날 복지국가에서는 국민은 자신의 생존이나 개성 신장을 국가가 제공하는 급부나 국가로부터 부여받은 허가 등에 의존하기 때문에 국민의 기본권은 국가작용에 대한 예측가능성이 보장될 때에만 비로소 실현될 수 있다.[97)] 그러한 이

93) 정태호, "원리모델에 의한 사회적 기본권 침해여부의 판단기준 및 심사구조", 560면.

94) 김해원, "수권법률에 대한 수권방식통제로서 포괄위임금지원칙 – 기본권심사를 중심으로 –", 헌법학연구 제21권 제2호, 2015, 167면(형식적 헌법심사의 내용으로는 ① 수권법률(법률정립권자)이 '누구'에게 '어떤 법률하위규범'의 정립을 수권하고 있으며(피수권기관·피수권규범 특정에 관한 헌법적 통제), ② 이러한 수권은 '어떤 사항'에 대하여(수권내용에 관한 헌법적 통제), ③ '어떤 방식'으로(수권방식에 관한 헌법적 통제) 행해지는가? 이다).

95) 이부하, "법적 안정성의 의미에서 명확성의 원칙", 「세계헌법연구」 제20권 제1호, 2014. 4, 1면 이하.

96) 이부하, "헌법상 신뢰보호원칙에 대한 고찰", 「한양법학」 제21권 제4집, 2010. 11, 147면 이하; 이부하, "헌법재판소의 신뢰보호원칙 심사기준에 대한 평가", 「법학논고」 제48집, 2014. 11, 145면 이하.

유로 오늘날의 복지국가에서 법치국가원리의 본질적 요소인 '법적 안정성'의 요청은 더욱 중요한 의미를 지니게 되었다.

법적 안정성(Rechtssicherheit)이란 국가의 관할, 권한, 조직, 절차규정과 함께 국가행위의 예견가능성을 담보하는 국가행위의 합리성, 투명성, 예측성을 그 내용으로 하고 있다. 법적 안정성은 **객관적 요소**로서 법질서의 신뢰성·항구성·법적 투명성과 법적 평화를 의미하고, 이와 내적인 상호연관관계에 있는 법적 안정성의 **주관적 요소**는 한번 제정된 법규범은 원칙적으로 존속력을 갖고 자신의 행위기준으로 작용하리라는 개인의 신뢰보호원칙[98]이다.[99]

법적 안정성의 객관적 요소로서 법적 투명성 내지 법적 명확성 원칙은 입법자에게 명확하고 구체적인 법규범을 법적 절차에 의거하여 제정하고, 일반인에게 공고하라는 헌법적 요청이다.

2. 명확성 원칙의 헌법적 요청

명확성 원칙은 법규정 자체가 언어적, 형식적, 절차적으로 명료해야 하며, 법 내용적으로 국민에게 예견가능성을 부여하고, 국가기관이 자의적 해석 및 적용을 할 수 없도록 명확하게 규정해야 한다는 원칙이다. 우리나라 헌법 및 헌법재판에서 요구하는 명확성 원칙이란 형식적 및 내용적 명확성을 모두 일컫는 것으로서 이 양자를 모두 포함한다고 보아야 한다.

(1) 법의 형식적 명료성 (Klarheit)

1) 언어적 명료성

법의 언어적 명료성 또는 법규범의 명료성은 법규정이 대체로 이해될 수 있어야만 한다는 것을 의미한다. 이러한 법규범의 명료성 요청과 국민을 위한 계도적 안전장치 간의 관련성은 계몽시대로부터 논의되어져 왔다.[100] 베어

---

97) 이상철, "독일 행정절차법상의 신뢰보호원칙", 안암법학 2, 안암법학회, 1994. 8, 203면 이하 참조.

98) 신뢰보호원칙에 관하여는 이부하, "헌법상 신뢰보호원칙에 대한 고찰", 한양법학 제21권 제4호, 2010. 11, 147면 이하 참조.

99) 헌재 1996. 2. 16. 96헌가2 등, 판례집 8-1, 51, 84.

100) B. Mertens, Gesetzgebungskunst im Zeitalter der Kodifikationen, Tübingen 2004, S. 354 ff.

(Wilhelm Joseph Behr)의 1810년 발행된 '통용되는 일반 국가학 시스템'이라는 저서에서 다음과 같이 기술하고 있다. "입법에 의해 개별 국민의 안전이 보장됨과 동시에 법적으로 부여되는 국민의 자유의 범위가 정해진다. 입법에 의해 국가의 각 기관과 각 구성원은 국가목적으로 실행하고자 하는 것, 실행해서는 안되는 것, 지원해야 하는 것을 인식할 수 있다. 국가의 구성원과 국가기관에 유용하도록 법은 명확하고 제대로 규정되어야 한다."[101]

법규정 해석이 필요하다는 것 자체가 헌법상 요구되는 명확성 원칙에 위반된다고 할 수는 없다. 물론 법규정은 전통적인 법학적 해석방법으로 해석 가능해야만 한다.[102] 합헌적 법률해석이 더 이상 불가능한 상황이 되면, 전통적인 법학적 해석방법으로는 해석할 수 없게 된다.[103] 전통적인 법학적 해석방법의 활용은 법규범 해석에 있어서 안정된 방법에 기초하여 법규정을 해석할 수 있다는 법적 안정성의 의미를 지닌다.

일반인이 법규정을 명확하게 이해하고, 법규정의 내용을 전반적으로 이해할 수 있어야 한다는 것은 그리 놀라운 일은 아니다. 그런데 일반인에게 법규정의 내용을 어떻게 이해하는지를 질문하면 놀라운 일이 생긴다.

독일 연방헌법재판소의 일관된 판례에 의하면, "법규정은 그 전제조건과 그 내용을 규정해야 하며, 그 법의 당사자가 법적 상황을 인식하고 그 후에 자신의 행동을 취할 수 있어야 한다."[104]고 판시하였다. 일반인에 의한 법규정의 내용 판단을 의심해서인지 독일 연방헌법재판소 판례에서는 계속적으로 법규정을 이해해야 하는 주체로서 '당사자'(Betroffene)를 언급하고 있다.[105] 법규정은 명확하게 이해될 수 있어야 하고, 법규정은 누구나 쉽게 이해되고 일반 국민에게 삶의 지침을 줄 수 있어야 한다는 요청은 계몽시대 이래로 광범위하게 인식되어 온 **토포스**[106](Topos)이다.[107]

---

101) W. J. Behr, System der angewandten allgemeinen Staatslehre oder Staatskunst, Teil Ⅱ, § 374 (S. 74).

102) BVerfGE 93, 213 (238 f.); BVerfGE 103, 121 (133).

103) BVerfGE 101, 312 (330) 참조.

104) BVerfGE 21, 73 (79); BVerfGE 37, 132 (142); BVerfGE 47, 239 (247).

105) Ph. Kunig, Zur hinreichenden Bestimmtheit von Norm und Einzelakt, in: Jura 12 (1990), S. 495.

106) 비벡(Viehweg)은 법학을 위해 적합한 "문제사고기술"(Techne des Problemdenkens)로 Topik이론을 내세운다. Topik이론은 헌법규범을 토대로 해서 우선 헌법규범의 구체적인 의미와 내용을 주로 분석적 방법을 사용한 다음, 각 구체적인 사안을 관찰의 출발점으로 해서 이 사안을 해결하는데 있어서 여러 가지 원리적 관점(topos)을 중심으로 귀납적으로 설득력 있는 논증을 찾아내려는 해석방법이라고 한다. 어떤 사안을 누

벤담(Bentham)의 "민법의 기초"에서는 다음과 같이 주장하고 있다. "법의 스타일은 질서정연할 정도로 명료하게 규정되어야 할 필요성이 있다. 일상적으로 사용되는 용어를 사용해야 한다. 법규정의 서식은 과학적 공식처럼 어려워서는 안된다. 그리고 … 법전의 문체가 다른 책의 문체와 구별된다면, 법문은 최고의 명료성을 지님에 의해, 보다 더 명확함을 지님에 의해, 보다 더 친숙함을 지님에 의해 구별되어져야 한다. 왜냐하면, 모든 사람 아니면 적어도 계몽된 사람들이 법을 이해할 수 있도록 법을 제정해야 하기 때문이다."[108]

2) 법 수범자의 이해가능성

일반인이 어떠한 법률을 처음 보았을 때 완전히 그 법률의 내용을 이해할 수 있다면, 이러한 법률은 법적 안정성에 부합하는 법규범일 것이다. 그러나 이러한 경우는 발생할 가능성이 매우 낮다. 일반인은 그가 속한 영역에 따라 법규정을 상이하게 이해할 수 있다.[109] 법규범은 공포되고 시행됨으로써 국민 누구에게나 잠재적으로 적용될 수 있도록 일반적 효력을 발생시킨다. 그런데 실제로 대부분의 법규범은 특수한 지식을 갖춘 특정한 인적 집단에만 적용된다.[110] 예를 들면, 일반인 내지 비전문가인 법관이 이해하기 어려운 과학기술법 규정은 과학기술적 개념과 자료를 인지하고 있는 해당 종사자들에게는 일반적으로 큰 어려움 없이 이해될 수 있다. 또한 집행행위를 매개로 하는 법규정은 법집행자인 집행부가 이해하고 관심을 갖고 있어야 할 뿐만 아니라, 그 법규정을 적용받는 당사자가 이해할 수 있는 내용을 담고 있어야 한다.[111]

몽테스키외(Montesquieu)는 자신의 저서인 「법의 정신」에 다음과 같이 기술하고 있다. "법률은 이해하기 쉬운(용이한) 언어로 규정해야 한다. 왜냐하면, 단순한 표현이 오히려 오랫동안 생각하여 고안해 낸 표현보다 훨씬 더 이해되기 쉽기 때문이다. 법률은 평균적 지식을 지닌 사람들에게 적합하게 만들어야

구나 확신할 수 있도록 설득력 있게 해결할 수 있는 원리적 관점(topos)을 중시하게 된다.

107) B. Mertens, Gesetzgebungskunst im Zeitalter der Kodifikationen, Tübingen 2004, S. 380 ff.

108) J. Bentham, Civil Code, Part I, Chapter XVII, S. 326.

109) P. Noll, Gesetzgebungslehre, 1973, S. 172 ff.; E. Baden, Gesetzgebung und Gesetzesanwendung im Kommunikationsprozeß, S. 65 ff., 69 f.

110) K. Binding, Die Normen und ihre Übertretung, I. Buch, Erster Abschnitt, § 2 Fn. 9 (S. 8).

111) U. Krüger, Der Adressat des Rechtsgesetzes, Berlin 1969, S. 63 ff.

한다."[112] 형법이나 민법과 같이 일반적으로 적용되고 일반인이 법적용을 받는 법규범에 대해서는 최대한 일반적인 이해가능성의 요청에 부합해야 한다. 즉, 일상생활에서 일반성을 지니는 법규정은 그 내용을 이해하기 위해 전문가나 법관의 보충적 해석이 필수불가결하게 요구될 필요가 없다.[113] 물론 이 경우 일반인은 법규정을 이해하기 위해 어느 정도 지적인 최소한의 노력을 다해야 한다.[114]

그런데 조세법과 같은 영역에서는 이해가능성을 다르게 적용할 수 있다. 즉, 조세법 영역에서 일반인의 법규정의 이해 부족은 전문가에 의한 보충적 해석에 의해 법규정의 명확성 여부는 해소될 수 있다. 실제 법규정의 당사자와 잠재적·간접적 법규정의 당사자간의 차이라는 특성을 고려하여, 실제 법규정의 당사자라는 협의의 법규정의 수범자 개념을 사용하게 되면, 일반적인 이해가능성 개념 대신에 협의의 수범자의 이해가능성이라는 요청을 적용할 수 있다. 국민 중 특수한 영역에 속하는 사람들에게 적용되는 법규범은 특수한 전문적 지식을 지닌 그들의 용어를 이해할 수 있는 수범자를 이해가능성의 주체로 보아야 할 것이다.[115]

3) 법의 형식적·절차적 명료성

언어적 명료성 이외에 법의 형식적·절차적 명료성의 요청이 인정되고 있다.[116] 법규정이 외부적 상황과 접목되어 효력을 발생하면서 명료화되게 된다.[117] 법규정의 형식성을 갖추도록 하면, 법이 경솔하게 제정되는 것으로부터 보호될 뿐만 아니라, 그 법형식에 상응하는 법적 실효성을 지니도록 함으로써 법을 명료화시킨다.[118] 법이 외부적 형식을 갖추도록 요구하는 것은 규율 주체를 명확하게 한다. 예를 들면, 법은 자연인 이외에 단체의 형태를 갖추도록 요구한다. 책임통일체로서의 법인은 법적 안정성에 기여하게 된다.[119] 이러한 법

112) de Montesquieu, Vom Geist der Gesetze, Buch XXIX, Kapitel 16 (Band 2, S. 364, 366).
113) J. Hey, Steuerplanungssicherheit als Rechtsproblem, Köln 2002, S. 558 ff.
114) E. Baden, Gesetzgebung und Gesetzesanwendung im Kommunikationsprozeß, S. 76.
115) U. Krüger, Der Adressat des Rechtsgesetzes, S. 84 ff.
116) E. Schmidt-Aßmann, Institute gestufter Verwaltungsverfahren: Vorbescheid und Teilgenehmigung, München 1978, S. 569 f.
117) F. Scholz, Rechtssicherheit, Berlin 1955, S. 40 ff.; R. Zippelius, Rechtsphilosophie, S. 169.
118) M. Rümelin, Die Rechtssicherheit, Tübingen 1924, S. 15, 28.

규정은 누구에게 책임이 있는지, 법적 책임이 어느 정도까지인지 등을 명확하게 한다. 또한 법에서 연령을 제한하는 것은 개인의 성숙성에 대한 분쟁을 방지하고 개인에 관한 정보를 통해 외부적 공통점을 연결함으로써 법의 명확성을 달성하게 한다.[120)]

(2) 법 내용적 예견성 (Inhaltliche Bestimmtheit)

법의 예견성이라는 의미에서 법적 안정성은 언어적 명료성뿐만 아니라, 내용적 예견성에 의해 보장된다. 법이 어느 정도 내용적 예견성을 지녀야 하는가의 문제는 언어적 명료성 원칙과 법규범의 모순성·다의성 간의 접점을 지닌다.[121)]

독일 연방헌법재판소는 재산형이 부과된 당사자에게 자신의 범죄행위에 대해 예견되는 형벌의 유형과 정도를 넘어 더 이상 감수할 수 없을 정도로 형벌이 부과된 경우 법률의 예견가능성의 헌법적 최소한을 갖추지 못한 것으로 판시하고 있다.[122)]

법의 예견성에 관한 헌법적 논의는 2가지 차원에서 논의할 수 있다. 하나는 어느 정도까지 법률의 명확성 정도를 요구할 것인가의 문제이다. 다른 하나는 위임입법에 있어서 명확성 원칙의 문제이다.[123)] 여기서는 위임입법의 명확성의 문제는 제외하고 법률의 명확성 문제에 국한하기로 한다.

법규범을 추상적이고 일반적으로 규정하려 하면 할수록 그 법규범은 더욱 명확하게 규정해야 하며, 개별 국민이 그 법규범의 내용을 더 잘 이해할 수 있도록 규정해야 한다.[124)] 높은 추상성을 지닌 일반조항 내지 불확정 개념은 구체적으로 규정된 법조문보다 법적 안정성에 기여하지 못하게 된다. 추상적이고 일반적인 법규정은 구체적 사건에서 법 내용을 인식하지 못하게 하고, 그럼으로써 법 적용의 예측가능성을 감퇴시킨다. 이러한 결과 법 집행자가 객관적 판단지침을 지니지 못함으로 인해 자의적인 법해석 및 법집행이 가능하게 된다.

---

119) E. Schmidt-Aßmann, Zur Bedeutung der Privatrechtsform für den Grundrechtsschutz gemischt-wirtschaftlicher Unternehmen, 1991, S. 383.

120) O. A. Germann, Rechtssicherheit, Basel 1946, S. 55.

121) Ph. Kunig, Das Rechtsstaatsprinzip, Tübingen 1986, S. 396.

122) BVerfGE 105, 135 (152).

123) 이에 관해서는 지성수, "위임입법에 있어서의 명확성 원칙", 헌법논총 제15집, 2004, 665면 이하.

124) R. Walter, Die Lehre von der Gesetzestechnik, ÖJZ 18, 1963, S. 87.

헌법상 요청되는 명확성 요구 정도를 법규정의 성격에 따라 세분화하여 정도의 차이를 낸다면, 명확성 정도의 상대화라는 문제가 발생한다. 일반적으로 법규율의 밀도가 높을수록 명확성의 요구가 더욱 커진다. 입법자가 생각할 수 있는 생활환경에 대해서만 법적으로 세밀하게 규정하게 된다. 그런데 법의 내용적 명확성 요청은 모순되게도 법규정의 복잡성을 유발한다. 이는 법의 인식가능성을 저해하게 되어 내용적 명확성을 해친다. 이러한 법의 인식가능성을 고려하여 하나의 타협안에 이르게 된다. 즉, 적절하게 상세히 규정하고, 유연하게 규정하고, 적절히 일반적으로 규정한다. 결국 법규정은 일반화되고 유형화되게 된다.

3. 우리나라 헌법재판소가 판시하는 명확성 원칙의 내용

(1) 명확성 원칙의 의의

명확성의 원칙은 법치국가원리(Rechtsstaatsprinzip)의 한 표현으로서 기본권을 제한하는 법규범의 내용은 명확하여야 한다는 헌법상의 원칙이다.[125] 건전한 상식과 통상적인 법감정을 가진 일반인이 규범의 의미내용으로부터 무엇이 금지되는 행위이고 무엇이 허용되는 행위인지를 알 수 있도록 함으로써[126] 적용 대상자, 즉 수범자에게 그 규제내용을 미리 알 수 있도록 공정한 고지를 하여 장래의 행동지침을 제공하여[127] 법적 안정성과 예측가능성을 확보하게 하고,[128] 동시에 법 집행자에게 객관적 판단지침을 주어 차별적이거나 자의적인 법해석 및 집행을 예방하기 위한 원칙을 의미하며, 민주주의와 법치주의의 원리에 기초하여 모든 기본권제한 입법에 요구되는 원칙이다.[129]

---

125) 헌재 2011. 8. 30. 2009헌바128 등, 판례집 23-2상, 304, 320.

126) 헌재 1996. 8. 29. 94헌바15; 헌재 1996. 12. 26. 93헌바65; 헌재 1998. 4. 30. 95헌가16 판례집 10-1, 327, 341; 헌재 2002. 1. 31. 2000헌가8, 판례집 14-1, 1, 8; 헌재 2008. 4. 24. 2004헌바92, 공보 제139호, 528, 531; 헌재 2010. 4. 29. 2008헌바118, 판례집 22-1상, 676, 682; 헌재 2011. 10. 25. 2010헌바272, 공보 181, 1605, 1607; 헌재 2012. 2. 23. 2008헌마500, 공보 185, 450, 458; 헌재 2012. 2. 23. 2011헌가13, 판례집 24-1상, 25, 35; 헌재 2013. 6. 27. 2012헌바169, 판례집 25-1, 519, 528.

127) 헌재 2010. 10. 28. 2008헌마638, 판례집 22-2하, 216, 228; 헌재 2012. 2. 23. 2009헌바34, 판례집 24-1상, 80, 87-88.

128) 헌재 2008. 1. 17. 2007헌마700, 판례집 20-1상, 139, 164; 헌재 2011. 8. 30. 2009헌바128 등, 판례집 23-2상, 304, 320; 헌재 2012. 8. 23. 2010헌바28, 판례집 24-2상, 420, 428.

129) 헌재 2010. 10. 28. 2008헌마638, 판례집 22-2하, 216, 228; 헌재 2012. 2. 23. 2009헌바34, 판례집 24-1상, 80, 87-88.

(2) 명확성 원칙의 헌법적 근거

헌법재판소는 "명확성 원칙은 헌법상 내재하는 법치국가원리로부터 파생될 뿐만 아니라, 국민의 자유와 권리를 보호하는 기본권보장으로부터도 나온다. 헌법 제37조 제2항에 의거하여 국민의 자유와 권리를 제한하는 법률은 명확하게 규정되어야 한다."[130]고 하여 명확성 원칙의 헌법적 근거로 법치국가원리 및 헌법 제37조 제2항을 들고 있다.

반면, 형벌규정의 명확성 원칙의 헌법적 근거에 관해서는, "죄형법정주의에서 파생되는 명확성 원칙은 누구나 법률이 처벌하고자 하는 행위가 무엇이며 그에 대한 형벌이 어떠한 것인지를 예견할 수 있고, 그에 따라 자신의 행위를 결정할 수 있도록 구성요건이 명확할 것을 의미하는 것이다."라고 하여 죄형법정주의를 들고 있다.[131]

(3) 명확성 여부의 판단주체

명확한지 여부는 정도(程度)의 문제인데 이 정도라는 것은 적용의 주체 내지 판단의 주체에 따라 달리 적용할 수밖에 없기 때문에 판단자가 누구인가에 따라 명확 여부가 달라질 수 있는 것이다. 일반적인 행위규범의 경우에는 일차적으로는 그 규범의 수범자(守範者)가, 그리고 재판의 단계에 이르러서는 그 규범을 해석, 적용하는 법관(法官)이 그 판단의 주체가 된다. 그러므로 결국 명확성의 요구라는 것은 일차적으로는 건전한 일반상식을 가진 '수범자'에 의하여 법규정의 의미의 범위가 대체로 파악될 수 있는 정도의 것이어야 하고 그런 가운데 종국적으로는 '법관'이, 심급과정을 거치면서, 관계법규 전반에 대한 종합적이고 유기적인 이해를 기초로 이를 해석하여 그 의미의 범위를 일의적으로 귀결시킬 수 있는 정도의 것이어야 한다는 요청으로 보아야 한다.[132]

헌법재판소는 일관되게 "건전한 상식과 통상적인 법감정을 가진 사람으로

130) 헌재 1992. 4. 28. 90헌바27등, 판례집 4, 255, 268-269; 1998. 4. 30. 95헌가16, 판례집 10-1, 327, 341-342; 2000. 2. 24. 98헌바37, 판례집 12-1, 169, 179; 헌재 2001. 6. 28. 99헌바34, 판례집 13-1, 1255, 1264.

131) 헌재 2000. 6. 29. 98헌가10, 판례집 12-1, 741, 748; 헌재 2011. 4. 28. 2009헌바56, 판례집 23-1하, 1, 7.

132) 헌재 1989. 12. 22. 88헌가13, 판례집 1, 357, 383; 2001. 12. 20. 2001헌가6등, 판례집 13-2, 804, 813; 헌재 2005. 2. 3. 2003헌바1, 판례집 17-1, 70, 85.

하여금 그 적용대상자가 누구이고 구체적으로 어떠한 행위가 금지되고 있는지를 충분히 알 수 있도록 규정하고 있다면 명확성 원칙에 위배되지 않는다고 보아야 한다."[133]고 판시하면서, 법규정의 명확성 여부의 판단주체를 "**건전한 상식과 통상적인 법감정을 가진 사람**"으로 정하고 있다.

그러면서도 헌법재판소는 "수범자에 대한 행위규범으로서의 법령이 명확하여야 한다는 것은 일반 국민 누구나 그 뜻을 명확히 알게 하여야 한다는 것을 의미하지는 않고, 사회의 평균인이 그 뜻을 이해하고 위반에 대한 위험을 고지받을 수 있을 정도면 충분하며, 일정한 신분 내지 직업 또는 지역에 거주하는 사람들에게만 적용되는 법령의 경우에는 그 사람들 중의 평균인을 기준으로 하여 판단하여야 한다."[134]고 하면서 특정한 사람들에게만 적용되는 경우에는 그 영역 사람들의 평균인을 판단주체로 하고 있다.

헌법재판소는 "모든 법규범의 문언을 순수하게 기술적 개념만으로 구성하는 것은 입법 기술적으로 불가능하고 또 바람직하지도 않기 때문에 어느 정도 가치개념을 포함한 일반적, 규범적 개념을 사용하지 않을 수 없으므로 법 문언이 해석을 통해서, 즉 법관의 보충적인 가치판단을 통해서 그 의미내용을 확인해 낼 수 있고, 그러한 보충적 해석이 해석자의 개인적인 취향에 따라 좌우될 가능성이 없다면 명확성의 원칙에 반한다고 할 수 없다."[135]고 판시하였다. 이를 해석하면, 일반인이 법규범의 명확성 여부를 판단하기 어려운 경우에도 법관의 보충적 해석이 심히 주관적이지 않고 법문의 의미내용을 확인할 수 있다면, 명확성 원칙에 위반되지 않는다고 판시하고 있다.

(4) 명확성 원칙에 위반되는지 판단기준

헌법재판소는 "법규범이 명확한지 여부는 그 법규범이 수범자에게 법규의

133) 헌재 1996. 12. 26. 93헌바65, 판례집 8－2, 792; 헌재 1998. 5. 28. 97헌바68, 판례집 10－1, 640, 655－656; 헌재 2002. 4. 25. 2001헌바26, 판례집 14－1, 301, 322; 헌재 2006. 7. 27. 2004헌바68, 판례집 18－2, 80, 89; 헌재 2010. 4. 29. 2008헌바118, 판례집 22－1상, 676, 682.

134) 헌재 2012. 2. 23. 2009헌바34, 판례집 24－1상, 80, 88.

135) 헌재 1998. 4. 30. 95헌가16, 판례집 10－1, 327, 341－342; 헌재 2001. 6. 28. 99헌바31, 판례집 13－1, 1233, 1239; 헌재 2005. 12. 22. 2004헌바45, 판례집 17－2, 712, 721; 헌재 2008. 1. 17. 2007헌마700, 판례집 20－1상, 139, 164; 헌재 2010. 4. 29. 2009헌바46, 판례집 22－1하, 21, 27; 헌재 2011. 8. 30. 2009헌바128 등, 판례집 23－2상, 304, 320; 헌재 2012. 8. 23. 2010헌바28, 판례집 24－2상, 420, 428; 헌재 2012. 12. 27. 2011헌바225, 판례집 24－2하, 467, 473; 헌재 2013. 7. 25. 2012헌바471 등, 7.

의미내용을 알 수 있도록 공정한 고지를 하여 예측가능성을 주고 있는지 여부 및 그 법규범이 법을 해석·집행하는 기관에게 충분한 의미내용을 규율하여 자의적인 법해석이나 법집행이 배제되는지 여부, 다시 말하면 예측가능성 및 자의적 법집행 배제가 확보되는지 여부에 따라 이를 판단할 수 있는데, 법규범의 의미내용은 그 문언뿐만 아니라 입법목적이나 입법취지, 입법연혁, 그리고 법규범의 체계적 구조 등을 종합적으로 고려하는 해석방법에 의하여 구체화하게 되므로, 결국 법규범이 명확성 원칙에 위반되는지 여부는 위와 같은 해석방법에 의하여 그 의미내용을 합리적으로 파악할 수 있는 해석기준을 얻을 수 있는지 여부에 달려 있다."[136]고 하여 종합적으로 해석 판단해야 한다는 입장이다. 또한 다른 결정에서는 "일반적이거나 불확정된 개념이 사용된 경우에는 당해 법률의 입법목적과 당해 법률의 다른 규정들을 원용하거나 다른 규정과의 상호관계를 고려하여 합리적인 해석이 가능한지 여부에 따라 명확성 여부가 가려져야 할 것이"[137]라고 판시하고 있다.

형벌규정에 대한 예측가능성의 유무는 당해 특정조항 하나만으로 판단할 것이 아니라, 관련 법조항 전체를 유기적·체계적으로 종합 판단하여야 하고, 그것도 각 대상법률의 성질에 따라 구체적·개별적으로 검토하여야 하며, 일반적이거나 불확정된 개념이 사용된 경우에는 당해 법률의 입법목적과 당해 법률의 다른 규정들을 원용하거나 다른 규정과의 상호관계를 고려하여 합리적으로 해석할 수 있는지 여부에 따라 가려야 한다.[138] 또한, 처벌법규의 구성요건이 어느 정도 명확하여야 하는 것은 일률적으로 정할 수 없고, 각 구성요건의 특수성과 그러한 법적 규제의 원인이 된 여건이나 처벌의 정도 등을 고려하여 종합적으로 판단하여야 한다.[139]

---

136) 헌재 2005. 6. 30. 2002헌바83, 판례집 17－1, 812, 821－822; 헌재 2009. 5. 28. 2006헌바109등, 판례집 21－1하, 545, 561; 헌재 2011. 3. 31. 2010헌바86, 판례집 23－1상, 369, 378－379; 헌재 2011. 4. 28. 2009헌바56, 판례집 23－1하, 1, 7; 헌재 2012. 2. 23. 2009헌바34, 판례집 24－1상, 80, 88.

137) 헌재 2001. 6. 28. 99헌바34, 판례집 13－1, 1255, 1265.

138) 헌재 1996. 2. 29. 94헌마13, 판례집 8－1, 126, 137; 헌재 2001. 6. 28. 99헌바34, 판례집 13－1, 1255, 1265; 헌재 2012. 3. 29. 2010헌바83, 판례집 24－1상, 392, 397.

139) 헌재 1997. 3. 27. 95헌가17, 판례집 9－1, 219, 232; 헌재 2011. 9. 29. 2010헌바66, 판례집 23－2상, 583, 590.

(5) 명확성의 요구 정도

헌법재판소는 "법규범의 문언은 어느 정도 일반적·규범적 개념을 사용하지 않을 수 없다."[140] 또한 "명확성의 원칙에서 명확성의 정도는 모든 법률에 있어서 동일한 정도로 요구되는 것은 아니고 개개의 법률이나 법조항의 성격에 따라 요구되는 정도에 차이가 있을 수 있으며, 각각의 구성요건의 특수성과 그러한 법률이 제정되게 된 배경이나 상황에 따라 달라질 수 있다."[141]라고 판시하고 있다.

구체적으로 "일반론으로는 어떠한 규정이 부담적(負擔的) 성격을 가지는 경우에는 수익적(受益的) 성격을 가지는 경우에 비하여 명확성의 원칙이 더욱 엄격하게 요구된다고 할 것이고 따라서 형사법이나 국민의 이해관계가 첨예하게 대립되는 법률에 있어서는 불명확한 내용의 법률용어가 허용될 수 없으며, 만일 불명확한 용어의 사용이 불가피한 경우라면 용어의 개념정의, 한정적 수식어의 사용, 적용한계조항의 설정 등 제반방법을 강구하여 동 법규가 자의적으로 해석될 수 있는 소지를 봉쇄해야 하는 것이다."[142]고 판시하고 있다.

구체적으로 3영역에서 명확성의 정도를 강화하고 있다. **형사관련 법률, 표현의 자유를 규제하는 입법, 조세법**이 이에 해당된다.

첫째, 죄형법정주의가 지배되는 형사관련 법률에서는 명확성의 정도가 강화되어 더 엄격한 기준이 적용된다(죄형법정주의상의 명확성 원칙). 그러나 일반적인 법률에서는 명확성의 정도가 그리 강하게 요구되지 않기 때문에 상대적으로 완화된 기준이 적용된다(일반적 명확성 원칙).[143]

둘째, 표현의 자유를 규제하는 입법이다. 명확성의 원칙은 모든 기본권을 제한하는 입법에 대하여 요구되는 것이지만, 민주사회에서 표현의 자유가 수행하는 역할과 기능에 비추어 볼 때, 불명확한 규범에 의하여 표현의 자유를

140) 헌재 2011. 8. 30. 2009헌바128 등, 판례집 23-2상, 304, 320.

141) 헌재 1992. 2. 25. 89헌가104, 판례집 4, 64, 78-79; 헌재 2001. 6. 28. 99헌바34, 판례집 13-1, 1255, 1264; 헌재 2010. 4. 29. 2009헌바46, 판례집 22-1하, 21, 27; 헌재 2011. 10. 25. 2010헌바272, 공보 181, 1605, 1607; 헌재 2012. 2. 23. 2008헌마500, 공보 185, 450, 458; 헌재 2013. 6. 27. 2012헌바169, 판례집 25-1, 519, 528.

142) 헌재 1992. 2. 25. 89헌가104; 2001. 6. 28. 99헌바34; 2002. 7. 18. 2000헌바57; 2002. 1. 31. 2000헌가8.

143) 헌재 2000. 2. 24. 98헌바37, 판례집 12-1, 169, 179; 헌재 2001. 6. 28. 99헌바34, 판례집 13-1, 1255, 1264-1265; 헌재 2011. 10. 25. 2010헌바272, 판례집 23-2상, 868, 875.

규제하는 것은 헌법상 보호받는 표현에 대한 위축효과를 가져오게 되므로, 이러한 표현의 자유를 규제하는 입법에서는 특별히 중요한 의미를 지닌다. 즉, 무엇이 금지되는 표현인지가 불명확한 경우에는, 자신이 행하고자 하는 표현이 규제의 대상이 아니라는 확신이 없는 기본권 주체는 대체로 규제를 받을 것을 우려해서 표현행위를 스스로 억제하게 될 가능성이 높아지기 때문에 표현의 자유를 규제하는 법률은 그 규제로 인해 보호되는 다른 표현에 대해 위축효과가 미치지 않도록 규제되는 표현의 개념을 세밀하고 명확하게 규정할 것이 헌법적으로 요구된다.[144]

셋째, 조세법 분야이다. 헌법재판소는 "조세의 징수는 국민의 재산권에 대한 중대한 침해를 가져올 수 있는 것이기 때문에 이에 관한 것은 국민의 대표기관인 의회의 입법인 법률에 의하도록 하는 것이 국민주권주의와 법치주의를 채택하고 있는 민주국가의 헌법상의 공통된 기본원칙이라고 할 수 있으며,[145] 우리 헌법 역시 제38조에서 '모든 국민은 법률이 정하는 바에 의하여 납세의 의무를 진다.'라고 규정한 데 이어 제59조에서 이를 구체화하여 '조세의 종목과 세율은 법률로 정한다.'라고 규정함으로써, 행정부의 일방적이고 자의적인 조세 부과를 금하고 반드시 국회가 제정한 법률에 의하여만 조세를 부과할 수 있다는 조세법률주의의 원칙을 선언하고 있다. 헌법규정에 근거를 둔 이러한 조세법률주의의 핵심적 내용은 과세요건 법정주의 및 과세요건 명확주의로서, 과세요건 법정주의는 납세의무를 성립시키는 납세의무자·과세물건·과세표준·과세기간·세율 등의 과세요건과 조세의 부과·징수절차를 모두 국민의 대표기관인 국회가 제정한 법률로 규정하여야 한다는 것이고, 과세요건 명확주의란 과세요건을 법률로 규정하였다고 하더라도 그 규정내용이 지나치게 추상적이고 불명확하면 과세관청의 자의적인 해석과 집행을 초래할 염려가 있으므로 그 규정 내용이 명확하고 일의적(一義的)이어야 한다는 것이다."[146]라고 판시하고 있다.

---

144) 헌재 1998. 4. 30. 95헌가16, 판례집 10-1, 327, 342; 헌재 2002. 6. 27. 99헌마48, 판례집 14-1, 616, 628; 헌재 2008. 7. 31. 2007헌가4, 판례집 20-2상, 20, 35-36.

145) 헌재 2001. 11. 29. 2000헌바95, 판례집 13-2, 660, 671.

146) 헌재 1989. 7. 21. 89헌마38, 판례집 1, 131, 138-139; 헌재 1995. 11. 30. 91헌바1등, 판례집 7-2, 562, 584; 헌재 1999. 12. 23. 99헌가2, 판례집 11-2, 686, 695; 헌재 2002. 6. 27. 2000헌바88, 판례집 14-1, 579, 584-584; 헌재 2009. 12. 29. 2008헌바171, 판례집 21-2하, 817, 833.

법률해석의 이러한 여러 방법들은 규율영역에 따라 허용되지 않거나 엄격하게 제한되는 경우가 있는바, 국민의 재산권과 밀접한 관련을 갖고 있는 조세법의 해석에 있어서는 조세법률주의의 원칙상 과세요건, 절차, 결과 등 모든 면에서 엄격하게 법문언대로 해석하여야 하고 합리적인 이유 없이 확장해석하거나 유추해석할 수는 없다.[147)]

4. 헌법재판소의 견해에 대한 분석

(1) 명확성 여부의 판단주체

헌법재판소는 계속적으로 일관되게 법규범의 명확성의 판단자로서 '건전한 상식과 통상적인 법감정을 가진 사람'을 들고 있다. 명확성을 판단하는 주체로 평균인 내지 일반인이 아닌, '건전한 상식과 통상적인 법감정'을 가진 일반인이어야만 하는가? 라는 의문을 들게 한다. 건전한 상식과 통상적인 법감정을 가진 일반인이 현재 계류 중인 헌법재판과 관련하여 당해 법률조항의 의미와 내용을 명확하게 이해하는 사람의 기준이 되어 그 심판대상 법조항의 명확성을 판단하는 주체가 되어야 하는가? 대부분 법학을 전공하지 않은 일반인은 그 심판대상 법조항의 명확성을 판단하지 못할 가능성이 높다. 법규범의 명확성 여부를 판단하는 주체를 왜 이렇게 수준 높은 사람으로 한정했는지 모르겠지만, 추측건대 법관을 그 판단주체로 설정한 것 같다.

또한 건전한 상식과 통상적인 법감정을 가진 사람을 판단주체로 삼음으로써 이 정도의 수준에 미치지 못할까봐 두려움에 처한 헌법재판의 청구인은 자신이 건전한 상식과 통상적인 법감정을 가지고 있음을 입증해야 하는 부담을 지게 된다. 명확성 원칙 위반을 문제삼는 청구인에게 헌법재판소는 청구인이 그러한 정도의 주체가 됨을 입증해야 하는 입증책임을 부담시키고 있다.[148)]

더욱이 헌법재판소는 마치 '건전한 상식과 통상적인 법감정을 가진 일반인'이 현존하고 그들이 법조문의 명확성 여부를 현실적으로 판단해 줄 것처럼 설명하고 있다. 그러나 법조문의 명확성을 판단하는 주체는 '현존하는' 우리 공

147) 헌재 2012. 7. 26. 2009헌바35 등, 판례집 24-2상, 7, 13.
148) 이준일, "헌법재판소가 이해하는 명확성원칙의 비판적 재구성", 헌법학연구 제7권 제1호, 2001, 286면.

동체이지, '가설적' 존재인 건전한 상식과 통상적인 법감정을 가진 일반인이 아니다.[149)]

또한 헌법재판소는 형식적으로는 건전한 상식과 통상적인 법감정을 가진 일반인이라는 규범적으로 구성된 가설적 존재를 명확성의 판단 주체로 내세우면서 종국적 및 실질적으로는 법관이 명확성 여부를 판단하기 때문에 건전한 상식과 통상적인 법감정을 가진 일반인은 명확성 판단에 있어서 아무런 역할을 담당하지 못하는 허구인(虛構人)인 것이다.

(2) 법관의 보충적인 해석

법규정은 가치개념을 포함한 일반적, 규범적 개념을 사용하지 않을 수 없으므로 법관의 보충적인 해석을 통하여 이러한 법조문의 의미내용을 확인해 낼 수 있다면 명확성의 원칙에 반하지 않는다[150)]고 헌법재판소는 계속적으로 판시하고 있다. 헌법재판소는 법관의 보충적 해석을 강조하면서 명확성 판단의 실질적 주체를 법관으로 삼고 있다. 법관은 명확성 판단의 주체가 되어서는 안되고, 법규정의 최종적 유권해석자이다.

명확성 원칙 위반 여부의 판단과 관련하여, 법관의 보충적인 해석자 내지 종국적인 판단자라는 생각은 법규정이 오로지 법적인 문제와 관련된 경우라면 큰 문제가 없으나, 법조문에 다양한 지식과 상황 및 특정한 전문성을 지닌 용어가 규정된 경우 법관에 의한 해석은 법규정의 명확성 여부 판단에 있어서 실수를 범하거나 오판할 가능성이 높다. 예를 들면, 예술과 관련한 용어가 법규범에 있다고 하면, 이는 예술에 대한 전문적인 식견과 지식이 함께 고려되어야 하는데 법관이 이를 제대로 파악하지 못할 가능성을 배제하기 어렵다.[151)] 또한 법관의 보충적 해석 및 판단은 일반인이 법규범에 대해 이해하거나 해석하는 판단과 배치될 경우, 일반인의 예측가능성을 침해하고 법적 안정성을 저해하게 된다.

---

149) 이준일, "헌법재판소가 이해하는 명확성원칙의 비판적 재구성", 헌법학연구 제7권 제1호, 2001, 287면.

150) 헌재 1998. 4. 30. 95헌가16, 판례집 10-1, 327, 341-342; 헌재 2001. 6. 28. 99헌바31, 판례집 13-1, 1233, 1239; 헌재 2005. 12. 22. 2004헌바45, 판례집 17-2, 712, 721; 헌재 2008. 1. 17. 2007헌마700, 판례집 20-1상, 139, 164; 헌재 2010. 4. 29. 2009헌바46, 판례집 22-1하, 21, 27; 헌재 2011. 8. 30. 2009헌바128 등, 판례집 23-2상, 304, 320.

151) 손희권, "교육법에서의 명확성 원칙의 법리에 관한 헌법재판소 결정 비판", 헌법학연구 제13권 제1호, 2007. 3, 467-468면.

건전한 상식과 통상적인 법감정을 가진 일반인이 자신과 관계되는 특정한 법조문이 명확한지 여부가 불분명한 경우 법관의 보충적인 해석으로 그 의미가 명확해진다면 일반 국민은 법규정 그 자체로부터 구체적 법내용을 알 수 없기 때문에 법적 안정성으로부터 근원하는 예측가능성을 보장받지 못하는 결과에 이른다.

(3) 명확성 여부의 판단기준

헌법재판소는 법규범이 명확한지 여부는 그 법규범이 수범자에게 법규범의 의미내용을 알 수 있도록 공정한 고지를 하여 예측가능성을 주고 있는지 여부에 따라 판단한다고 한다. 명확성 원칙의 판단기준으로서 예견가능성은 국민의 입장에서 형식적으로 법문의 명확성을 갖출 뿐만 아니라, 내용적으로 법문의 의미내용이 무엇인지를 알 수 있는 상황을 요구한다. 그런데 헌법재판소의 견해에 의하면, 법규범의 의미내용은 그 문언뿐만 아니라 입법목적이나 입법취지, 입법연혁, 그리고 법규범의 체계적 구조 등을 종합적으로 고려하는 해석방법에 의하여 구체화하게 된다고 한다. 또한 명확성의 정도는 모든 법률에 있어서 동일한 정도로 요구되는 것은 아니고 개개의 법률이나 법조항의 성격에 따라 요구되는 정도에 차이가 있을 수 있으며 각각의 구성요건의 특수성과 그러한 법률이 제정되게 된 배경이나 상황에 따라 달라질 수 있다고 한다.

헌법재판소의 견해에 따르면, 국민이 법규범의 의미내용을 알려고 하면 법규범의 문언뿐만 아니라 입법목적이나 입법취지, 입법연혁, 그리고 법규범의 체계적 구조 등을 종합적으로 고려하는 해석방법을 제대로 숙지하고 있어야 된다는 말이다. 또한 국민은 개개의 법률이나 법조항의 성격의 차이를 알아야 하고, 법률조항의 구성요건의 특수성과 그러한 법률이 제정되게 된 배경이나 상황도 알아야 하는 엄청난 능력을 지녀야 한다. 이러한 노력과 능력을 지닌 특수한 국민만이 자신의 생업을 포기하고 법규범을 연구하고 해석하여 명확성 여부를 판단해야 한다는 것은 어불성설이다.

5. 구체적인 헌법재판소 결정들에 대한 평가

(1) 2009헌바34 결정

1) 심판대상: 법관에 대한 징계사유를 규정한 구 법관징계법 제2조 제2호 중 '품위 손상'과 '위신 실추' 부분

2) 결정요지: 입법취지, 용어의 사전적 의미, 유사 사례에서의 법원의 법률해석 등을 종합하여 보면, 구 법관징계법 제2조 제2호의 '법관이 그 품위를 손상하거나 법원의 위신을 실추시킨 경우'란 '법관이 주권자인 국민으로부터 수임받은 사법권을 행사함에 손색이 없는 인품에 어울리지 않는 행위를 하거나 법원의 위엄을 훼손하는 행위를 함으로써 법원 및 법관에 대한 국민의 신뢰를 떨어뜨릴 우려가 있는 경우'로 해석할 수 있고, 위 법률조항의 수범자인 평균적인 법관은 구체적으로 어떠한 행위가 여기에 해당하는지를 충분히 예측할 수 있으므로, 구 법관징계법 제2조 제2호는 명확성 원칙에 위배되지 아니한다.

3) 평가: 2009헌바34 결정은 법관에 대한 징계사유로 '법관이 그 품위를 손상하거나 법원의 위신을 실추시킨 경우'를 규정한 구 법관징계법을 청구인이 위반하였다고 하여 제기된 사건이다. 청구인은 판사로서 법원 내부는 물론 외부 언론기관에까지 의견표명을 하여 구 법관징계법에 저촉되었다. 일반 법관이 특정 행위를 구 법관징계법에서 규정하고 있는 '품위를 손상'하거나 법원의 '위신을 실추'시킨 경우에 해당하는지 여부는 법관징계위원회의 결정에 좌우된다. 이 사건에서 법관징계위원회 결정 이전에 법관의 의견표명이 품위 손상이나 위신 실추에 해당하는지를 법률 조문에서 명확히 예견할 수 없으므로, '품위를 손상'하거나 법원의 '위신을 실추'라는 법조문은 명확성 원칙에 위반된다고 보아야 한다.

(2) 2004헌바68 결정

1) 심판대상: 구 관세법 제137조 제1항 중 '수입(수출자유지역에의 반입을 포함한다)' 부분 및 제179조 제2항 제1호 중 제137조 제1항 가운데 '수입(수출자유지역에의 반입을 포함한다)' 부분

2) 결정요지: 남북교류법은, 교역당사자의 남북 간 물품 이동(단순히 제3국

을 경유하는 경우를 포함한다)의 경우에만 적용되는 것이고 단순경유지가 아닌, 북한 이외의 제3국으로부터 우리나라에 도착된 물품에는 관세법 등이 적용되므로 남북교류법이 관세법상의 수입의 개념에 영향을 미치지 아니한다. 따라서 이 사건 법률조항들은 법률조항 자체에 불명확성을 의심할 여지가 보이지 아니하므로 형벌법규의 명확성 원칙에 위반되지 아니한다.

3) 평가: 2004헌바68 결정에서 관세법상 '수입'과 관련하여, 수입의 대상물품이 그 제조국 또는 가공국이 외국이어야 하는 것으로 볼 여지가 많음에도, 이 사건의 경우 관세법의 '수입'이라는 용어가 명확한지 여부보다는 청구인이 북한산 문화재를 중국에서 비교적 저가로 구입한 다음 이를 밀수입한 행위에 초점을 둔 것 같다. 헌법재판소 자체도 '남북교류협력에 관한 법률'상의 '교역'을 남북 간의 물품의 반출·반입으로, '반출·반입'을 매매 등을 원인으로 하는 남북 간의 물품의 이동으로 해석해야 할 정도로 법조문의 명확성을 판단하기 어려운 법문을 두고 관세법상 '수입'이라는 법문이 예측가능성을 지녔다고 볼 수 있을지 의문이다. 또한 헌법 제3조의 영토조항에 의해 북한은 우리나라임에도 불구하고, 법원이 북한 문화재를 구 관세법 제179조 제2항 제1호, 제137조 제1항, 제2조 제1항에 해당하는 외국물품으로 인정하는 것은 체계정당성에 위반되는 것이다.

헌법재판소의 견해에 의거하면, 조세법 분야의 법규정은 명확성 원칙의 정도가 강화됨에도 불구하고, 2004헌바68 결정의 관세법상 '수입'이라는 법문을 판단함에 있어서 헌법재판소는 명확성의 정도를 완화시켜 임의적으로 해석하고 있다.

(3) 2010헌바83 결정

1) 심판대상: 구 의료법 제89조 중 제17조 제1항 본문의 '직접 진찰한' 부분

2) 결정요지: '직접'의 사전적 의미, 이 사건 법률조항의 입법연혁, 의료법 관련 규정들을 종합적으로 고려하면, 이 사건 법률조항에서 말하는 '직접 진찰한'은 의료인이 '대면하여 진료를 한'으로 해석되는 외에는 달리 해석의 여지가 없고, 결국 이 사건 법률조항은 의료인의 '대면진료 의무'와 '진단서 등의 발급주체' 양자를 모두 규율하고 있다. 또한, 이 사건 법률조항은 일반 국민을 대상

으로 하지 않고 의료인을 수범자로 한정하고 있는바, 통상적인 법감정과 직업의식을 지닌 의료인이라면 이 사건 법률조항이 규율하는 내용이 대면진료를 한 경우가 아니면 진단서 등을 작성하여 교부할 수 없고 이를 위반한 경우 형사처벌을 받게 된다는 것임을 인식하고 이를 의료행위의 기준으로 삼을 수 있으며, 또한 이 사건 법률조항의 내용은 이를 위반한 행위에 대한 형사소송에서 법관의 통상적인 해석·적용에 의하여 보완될 수 있으므로, 법 집행당국의 자의적인 집행의 가능성 또한 예상되지 않는다.

3) 평가: 2010헌바83 결정에서 법정의견은 의료법상 '직접 진찰한'을 의료인이 '대면하여 진료를 한'으로 해석하고 있다. 의료법을 처음 보는 일반인이 대면진료와 원격진료를 구분하여 전자는 직접 진찰한 경우이고, 후자는 직접 진찰한 경우가 아니라고 판단할 수 있는지 의문이 든다. 이 의료법 조항이 진찰의 방식을 제한하고 있다고 억지로 해석하기 보다는 진단서 등의 발급주체만을 한정한 것으로 해석하는 것이 타당한 해석으로 보인다. 진정으로 '직접 진찰한'을 '대면하여 진료한'으로 하고자 하였다면, 명확성 원칙에 입각하여 '대면으로 진료한'으로 입법자는 규정했을 것이다.

(4) 2011헌가13 결정

1) 심판대상: 방송통신심의위원회의 직무의 하나로 '건전한 통신윤리의 함양을 위하여 필요한 사항으로서 대통령령이 정하는 정보의 심의 및 시정요구'를 규정하고 있는 '방송통신위원회의 설치 및 운영에 관한 법률' 제21조 제4호 중 '건전한 통신윤리' 부분

2) 결정요지: '건전한 통신윤리'라는 개념은 다소 추상적이기는 하나, 전기통신회선을 이용하여 정보를 전달함에 있어 우리 사회가 요구하는 최소한의 질서 또는 도덕률을 의미하고, '건전한 통신윤리의 함양을 위하여 필요한 사항으로서 대통령령이 정하는 정보(이하 '불건전정보'라 한다)'란 이러한 질서 또는 도덕률에 저해되는 정보로서 심의 및 시정요구가 필요한 정보를 의미한다고 할 것이며, 정보통신영역의 광범위성과 빠른 변화속도, 그리고 다양하고 가변적인 표현형태를 문자화하기에 어려운 점을 감안할 때, 위와 같은 함축적인 표현은 불가피하다고 할 것이어서, 이 사건 법률조항이 명확성의 원칙에 반한다

고 할 수 없다.

3) 평가: 2011헌가13 결정에서 '건전한 통신윤리'라는 개념이 추상적이지만, 이를 법조문으로 표현하기 어렵다는 이유로 명확성 원칙에 위반되지 않는다고 판시하였다. 그런데 이와 유사한 법조문인 2004헌바29 결정에서는 '공중도덕상 유해'라는 표현은 특정하거나 예측하기 매우 어렵다는 이유로 명확성 원칙에 위반된다고 판시하였다. 2011헌가13 결정에서는 '입법자'의 입장에서 함축적이고 불확정적인 표현의 사용이 불가피하다고 보았고, 2004헌바29 결정에서는 '수범자'의 입장에서 법규정을 행위준칙으로 삼고 파악하여 이를 예측하여 준수하기 어렵다는 이유로 명확성 원칙에 위반된다고 판시하였다. 명확성 원칙의 위반 여부는 수범자의 입장에서 법규범이 예측가능성을 지니는지 여부를 판단해야지, 헌법재판소가 입법자의 옹호자 내지 추종자의 역할을 담당해서는 안된다.

(5) 2020헌바100 결정

1) 심판대상: 구 도로교통법 제60조 제1항 본문 중 '자동차의 운전자는 고속도로등에서 자동차의 고장 등 부득이한 사정이 있는 경우를 제외하고는 갓길(「도로법」에 따른 길어깨를 말한다)로 통행하여서는 아니 된다.' 부분(이하 '금지조항'이라 한다) 중 '부득이한 사정' 부분이 명확성 원칙에 위배되는지 여부

2) 결정요지: '부득이'의 사전적 의미는 '마지못하여 하는 수 없이'로, 자동차가 고속도로 등을 통행하는 중에는 다양한 상황이 발생할 수 있으므로, 법률에 구체적이고 일의적인 기준이 제시될 경우 갓길 통행이 불가피한 예외적인 사정이 포섭되지 않는 등으로 인하여 오히려 비상상황에서 적절한 대처를 할 수 없게 될 가능성을 배제하기 어렵다.

결국 금지조항이 규정한 '부득이한 사정'이란 사회통념상 차로로의 통행을 기대하기 어려운 특별한 사정을 의미한다고 해석된다. 건전한 상식과 통상적인 법감정을 가진 수범자는 금지조항이 규정한 부득이한 사정이 어떠한 것인지 충분히 알 수 있고, 법관의 보충적인 해석을 통하여 그 의미가 확정될 수 있다. 그러므로 금지조항 중 '부득이한 사정' 부분은 죄형법정주의의 명확성원칙에 위배되지 않는다.

3) 평가: '부득이한 사정'이란 불가피한 예외적인 사정이라고 해석할 수 있다. 그런데 이에 해당하는 예외적인 사정은 건전한 상식과 통상적인 법감정을 가진 일반인이 구체적으로 무엇인지 예견하기 어렵다. 예외적인 사정에 관하여 미리 법률에 열거하여 규정하는 것이 필요하다.

6. 소결

(1) 법규범의 명확성 여부 판단의 주체는 그 법규범의 수범자인 국민이어야 한다. 수범자인 국민이 그 법규범으로부터 예견가능성을 지녀야 법적 안정성을 갖춘 입법이라 할 수 있다. 법규범의 수범자가 일반인인 경우에는 '일반인'이 법규정을 명확하게 이해하고 예견가능성을 갖도록 법을 명확하게 규정해야 한다는 것이 헌법상 명확성 원칙이다. 법규범은 일반 국민이 알 수 있도록 명료하고 쉬운 언어로 표현되어야 한다. 그렇지 못하면 법의 예견가능성은 그 기능을 다 하지 못하게 된다.

(2) 법규범의 명확성 여부를 판단하는 주체로 헌법재판소는 '건전한 상식과 통상적인 법감정을 가진 일반인'을 상정하고 있다. 이러한 존재는 현존하는 실체가 아니라, 규범적으로 구성된 가설적 존재이다. 그리고 일반적인 사건의 경우 건전한 상식과 통상적인 법감정을 가진 일반인이 명확성 여부를 판단하는 것이 아니라, 일반인이 법조문의 명확성 여부를 판단하기 어려운 경우에 법관의 보충적인 해석으로 명확성 여부를 판단한다고 한다. 헌법재판소가 명확성 판단의 실질적 주체로서 법관을 활용하게 되면, 명확성 원칙은 유명무실하게 된다.

(3) 법규범의 수범자인 일반 국민의 입장에서 법규범이 이해가능하고 예견가능성을 지녀야지, 특정한 능력을 지닌 수준 높은 사람이나 법관이 명확성 판단의 주체가 되어서는 안된다. 또한 특정한 인적 집단에게만 적용되는 법규범의 경우에도 이는 그 영역의 평균인이 기준이 되어 명확성 여부를 판단해야지, 그 영역에 대한 전문적 지식이 부족한 법관이 명확성 여부의 판단주체가 되어서는 안된다.

(4) 헌법재판소는 명확성의 원칙에서 명확성의 정도는 모든 법률에 있어서 동일한 정도로 요구되는 것은 아니고, 개개의 법률이나 법조항의 성격에 따라

요구되는 정도에 차이가 있을 수 있으며, 법규범의 문언뿐만 아니라 입법목적이나 입법취지, 입법연혁, 그리고 법규범의 체계적 구조 등을 종합적으로 고려하는 해석방법에 의하여 구체화된다고 한다. 명확성 원칙은 국민에게 법적 안정성에서 근원하는 예견가능성을 보장해 주어야 하는 원칙인데, 일반 국민이 명확성의 정도를 파악하기 위해 법률이나 법조항의 성격의 차이도 알아야 하고, 법규범의 문언뿐만 아니라 입법목적이나 입법취지, 입법연혁, 그리고 법규범의 체계적 구조 등을 분석하여 명확성 여부를 판단하라는 것은 어불성설이다.

(5) 헌법재판소는 명확성의 정도와 관련하여, 최대한이 아닌 최소한의 명확성을 요구하는 것이라고 한다. 그러면서도 형사관련 법률, 표현의 자유를 규제하는 입법, 조세법률에는 특별히 명확성의 정도가 강화되고 그 밖의 일반법률에는 명확성의 정도가 완화된다고 한다. '최소한'과 '명확성'은 서로 모순되는 개념이다. 어느 정도가 최소한이며, 명확성이 강화되는 법률과는 어떻게 조화될 수 있는지가 설명되어야 한다. 명확성의 정도를 크게 강화와 완화, 즉 2가지 영역으로 나누는 기준과 양 영역의 명확성 정도가 어느 정도인지를 밝히지 않고 추상적으로 명확성의 정도가 강화되는 영역을 구체적 사건과 관련하여 설시하고 있다. 그런데 표현의 자유를 규제하는 입법의 경우에는 명확성의 정도가 강화되어야 함에도 불구하고, 명확성의 정도를 강화하여 적용하지 않는 사례가 더러 있다. 이는 강화된 영역과 완화된 영역간의 명확한 적용이 불확실할 뿐만 아니라, 그 기준도 유동적이며 불확실하다는 것이 문제다.

Ⅳ. 신뢰보호원칙

1. 문제의 제기

국민의 국가에 대한 의존성의 증가와 급격한 생활환경의 변화 및 이로 인한 법률의 잦은 개정은 국민의 기본권 보장 측면에서 법률의 존속성에 대한 신뢰에 관심을 갖게 하고, 법률의 존속성에 대해 더 높은 신뢰를 부여하게 한다. 국민에게 신뢰보호원칙(信賴保護原則)은 국가 입법자에게 신뢰성있고 지속성있는 입법을 하라는 요청이자 이를 관철하는 하나의 지침이다.

헌법원칙으로서 신뢰보호원칙[152]의 헌법 해석에 있어서 어려움은 신뢰보호원칙의 불분명한 성격에 기인한다. 따라서 신뢰보호원칙은 이론상이나 실무상으로 명확한 이론체계나 정교한 심사기준이 더욱 필요한 헌법원칙이다. **첫째**, 신뢰보호원칙의 근거와 보호내용을 살펴본다. **둘째**, 이론적으로 신뢰보호원칙과 과잉금지원칙은 심사기준으로서 명백히 구별되는 듯 보이지만, 실무상 양자는 혼용되거나 양자 중 하나가 임의로 심사기준으로 채택되는 경우가 대부분이다. 신뢰보호원칙이 비례성(과잉금지) 원칙에 대해 독립된 헌법원칙으로서 어떻게 기능하는가를 해명할 필요성이 있다. 또한 헌법재판의 심사기준으로서 신뢰보호원칙과 비례성 원칙의 적용순서가 문제된다. 즉, 기본권 침해 여부와 관련하여 비례성 원칙이 먼저 적용되어야 하는지 아니면, 신뢰보호원칙이 먼저 적용되어야 하는지를 살펴보도록 한다. **셋째**, 종전에 행정작용에 대한 신뢰보호원칙의 적용요건을 입법작용에 대한 신뢰보호원칙의 적용요건에 그대로 적용할 수 있는가를 살펴본다. 구체적으로 법률의 변경으로 인하여 불이익을 입은 경우 신뢰보호원칙이 어떠한 요건 하에 적용될 수 있는가를 설명한다. 또한 신뢰보호를 위한 구체적 방법을 알아본다. **넷째**, 신뢰를 제공한 법률이 본래 제3자의 기본권을 침해하고 있어서, 신뢰이익의 보호를 위한 경과규정이 오히려 제3자에게 차별 취급의 불이익을 심화시키는 경우 평등권 침해 여부가 문제된다. 신뢰보호원칙과 평등권의 관계를 살펴볼 필요가 있다. **다섯째**, 전통적으로 우리나라 헌법재판소 판례에서 사용하는 소급입법의 구분과 독일 연방헌법재판소의 새로운 소급입법의 구분을 소개한다. 그리고 신뢰보호원칙과 소급입법금지원칙의 관계 정립의 해명이 필요하다. 소급입법의 경우 신뢰보호원칙이 적용되나, 소급입법이 아닌 경우(장래에 대해서만 효력을 가지는 입법의 경우)에도 신뢰보호원칙이 적용될 수 있는가가 문제된다. **여섯째**, 신뢰보호의 상실시점을 어느 시기로 정할 것인가를 논의하기로 한다. 우리나라 헌법재판소는 신뢰보호 상실시점에 대한 언급이 없다. 따라서 독일의 학설과 연방헌법재판소의 판결을 참조하여 신뢰보호의 상실시점을 논하기로 한다.

---

152) 헌법원칙으로서의 신뢰보호원칙에 대해서는 St. Muckel, Kriterien des verfassungsrechtlichen Vertrauensschutzes bei Gesetzesänderungen, 1989, S. 60 ff.

2. 신뢰보호원칙의 근거와 보호내용

(1) 신뢰보호원칙의 근거

1) 신의성실설

신뢰보호원칙의 근거를 사법상(私法上) 신의성실의 원칙(bona fides)에서 찾으려는 견해이다.[153] 사법상의 신의성실의 원칙이란 구체적인 사정하에서 상대방으로부터 일반적으로 기대되는 신뢰를 배반하지 않도록 성의를 가지고 행동해야 한다는 원칙을 말한다. 신의성실설은 정당한 신뢰에 대한 보호 청구의 근거를 신의성실에 두고 있다.

2) 법적 안정성설

국가는 법적 안정성의 보장이라는 측면에서 법질서 속에서 생활하는 개개 국민에게 자신이 신뢰한 법상태를 보호해 줄 것이라는 신뢰를 보장해 주어야 한다. 이러한 신뢰보호원칙은 법치국가원리의 법적 안정성의 주관적 요소라 할 것이다.[154]

3) 소 결

신의성실의 원칙은 첫째, 사법상(私法上) 신의성실은 당사자 간에 일정한 특별한 관계가 존재하여야 적용되기에, 공법관계에도 신의성실의 원칙이 적용되기 위해서는 국가와 국민 간에 특별한 신뢰관계가 사전에 존재해야 한다. 공법상 이러한 특별한 신뢰관계가 존재하지 않는 경우, 신의성실의 원칙이 적용될 수 없다는 문제점이 있다.[155] 예를 들면, 행정법상 확약(確約)의 경우와 같이 국가와 국민 간의 구체적인 신뢰관계가 있는 경우에는 신의성실의 원칙이 적용될 수 있으나, 법률이나 행정청의 행정처분 등과 같은 경우에는 국가와 국민 간의 특별한 신뢰관계가 존재하지 않기 때문에 신의성실의 원칙이 적용될 수 없게 된다.[156]

---

153) 최성근, 조세법: 이론과 판례, 2023, 155면 이하; 이태로, 조세법강의, 1997, 30면 이하.

154) Jörg Neuner, Die Rechtsfindung contra legem, 2005, S. 171 ff.; M. Sachs, in: Stelkens/Bonk/Sachs, VwVfG, § 48 Rn. 142.

155) Forsthoff, Lehrbuch des Verwaltungsrechts, Bd. I, 1973, S. 169; Ossenbühl, Vertrauensschutz im sozialen Rechtsstaat, DÖV 1972, S. 27.

156) 송동수, 공법상의 신뢰보호의 원칙, 「현대공법이론의 전개」, 석정 허영민박사화갑기념논문집, 1993, 284면.

둘째, 사법상(私法上) 신의성실의 원칙을 공법에서 발생하는 모든 이익상충사건에 적절하게 적용하기 어려우며, 반대로 공법상 신뢰보호의 적용영역은 점점 확장되고 있다. 비(非)헌법원리인 사법상의 신의성실의 원칙을 공법에 적용하기에는 어려운 점이 많다.157)

(2) 신뢰보호원칙의 근거로서 법적 안정성

법치국가원리는 이념적으로 실질적 정의(正義)의 실현이라는 요청과 법적 안정성의 요청이라는 상충하는 두 요소가 본질적 구성요소를 이루고 있다.158) 법치국가원리의 객관적 측면인 법적 안정성은 ① 법적 명확성, 즉 법적 효과의 예견가능성과 예측가능성, ② 법적 평화, 즉 한번 제정된 법질서의 안정성 및 법질서에 대한 신뢰성, 그리고 ③ 법적 강제력, 즉 제정된 법의 사회적 현실에의 관철가능성 등의 구성요소로 이루어져 있다.159) 이와 내적인 상호 연관관계에 있는 법적 안정성의 주관적 측면에는 한번 제정된 법규범은 원칙적으로 존속력을 갖고 이러한 법상태를 신뢰한 개개 국민의 주관적 권리를 보장해야 한다는 신뢰보호원칙으로 이루어져 있다.160)

법적 안정성이라는 객관법적 헌법원칙은 국가와 국민의 관계와 관련하여, 자신의 생활을 자신의 설계하에 형성하는데 필요한 '신뢰성'이라는 기준에 초점을 두고 있다. 법적 안정성은 자유를 향유하는 국민에게 삶의 설계에 있어서 안정성을 부여한다. 국가는 법적 안정성 보장의 측면에서 법상태를 신뢰한 개개 국민의 주관적 권리를 보장해 주어야 한다는 의미에서 신뢰보호원칙의 근거는 '법적 안정성'에서 구하여야 한다.161) 우리 헌법재판소도 헌법상 법치국가

157) Weber-Dürler, Vertrauensschutz im öffentlichen Recht, 1983, S. 12 f.

158) Vgl. BVerfGE 7, 194 (196); 15, 313 (319); 49, 148 (164); 60, 253 (267); 63, 343 (358); K. Stern, Staatsrecht, Bd. I, S. 796 f.; K. Sobota, Das Prinzip Rechtsstaat, 1997, S. 154 ff.; Karl-Peter Sommermann, in: v. Mangoldt/Klein/ Stark, GG II, 4. Aufl., 2000, Art. 20 Abs. 3, Rn. 229 u. 277 ff.; B. Grzeszick, in: Maunz/Dürig, GG, Art. 20 VII Rn. 50 ff.

159) St. Muckel, Kriterien des verfassungsrechtlichen Vertrauensschutzes bei Gesetzesänderungen, 1989, S. 61.

160) BVerfGE 43, 242 (286); 67, 1 (14); 84, 133 (159); 94, 241 (258); 97, 67 (79); W. Leisner, Das Gesetzesvertrauen des Bürgers. Zur Theorie der Rechtsstaatlichkeit und der Rückwirkung der Gesetze, in: FS für Friedrich Berber, 1973, S. 273; V. Götz, Bundesverfassungsgericht und Vertrauensschutz, in: BVerfG und GG II, 1976, S. 421 (424); B. Weber-Dürler, Vertrauensschutz im öffentlichen Recht, Basel und Frankfurt am Main, 1983, S. 28 ff.; St. Muckel, Kriterien des verfassungsrechtlichen Vertrauensschutzes bei Gesetzesänderungen, 1989, S. 60 ff.

원리와 법적 안정성에 근거하여 신뢰보호원칙을 인정하고 있다.[162]

(3) 신뢰보호원칙의 보호내용의 징표

신뢰보호원칙의 헌법적 도출과 관련하여, 법해석학적 논리와 보호내용의 실질적 규정 간의 관련성을 이해하면 그 보호내용이 명확해진다. 신뢰보호원칙의 구성요건적 특징을 설명함이 없이, 즉 무엇을 보호해야 하는지에 대해 확정함이 없이, 신뢰보호의 여부 및 정도를 법원(法源)에 의해 규정된 것으로 설명하는 것은 불가능하다.[163] 자칫 잘못하면 신뢰보호원칙은 주관적인 관점에서 개별적 사건마다 해석에 의해 규범적으로 보호할 가치있는 행위를 보호하는데 그치는 "순환적인 일반규정"[164]으로 전락하게 된다. 따라서 신뢰보호의 내용적 징표가 중요하다.

1) 법적 일관성

'보호 가치있는 신뢰'라는 개념은 불가변성,[165] 신뢰성,[166] 예측가능성,[167] 예견가능성[168] 등의 개념으로 달리 표현되기도 한다. 신뢰 보호[169]란 법치국가원리의 파생원칙으로서 법적 안정성 원칙으로부터 근원한다.[170] 이는 '법질서의 신뢰성' → '국가의 침입에 대한 예견가능성' → '법적 일관성에 대한 신뢰 보호'라는 사고의 연결고리를 형성한다.[171]

2) 존속보호

실질적으로 신뢰보호는 존속보호를 통해 이루어진다.[172] 존속보호는 헌법

---

161) BVerfGE 3, 225 (237); 19, 150 (166); 61, 319 (356); 63, 343 (357); 101, 331 (348).
162) 헌재 1995. 6. 29, 94헌바39 결정, 판례집 7-1, 910면 이하; 1995. 10. 26, 94헌바12, 판례집 7-2, 461면 이하; 헌재 1997. 11. 27. 97헌바10, 판례집 9-2, 651, 668; 2001. 9. 27. 2000헌마152, 판례집 13-2, 338, 346; 2004. 12. 16. 2003헌마226·270·298·299(병합), 판례집 16-2, 589면 이하.
163) Fr. Ossenbühl, VVDStRL 32 (1974), S. 240.
164) W. Schmidt, JuS 1973, S. 529 (532).
165) Jellinek, Allgemeine Staatslehre, S. 369 f.; Klein/Barbey, Bundesverfassungsgericht, S. 65 ff.; Degenhart, Systemgerechtigkeit, S. 72.
166) BVerfGE 24, 75 (98).
167) Jellinek, Allgemeine Staatslehre, S. 369 f.; Hoppe, HStR Ⅲ, § 71 Rn. 81.
168) Leisner, FS Berber, S. 227 ff.
169) Maurer, HStR IV, § 79 Rn. 2; Kunig, Das Rechtsstaatsprinzip, S. 420.
170) BVerfGE 45, 167 (168); 59, 128 (164, 169).
171) Vgl. Fuß, FS Kutscher, S. 203 ff.

상 재산권 보장을 위한 것이다. 즉, 국민의 재산권에 대한 국가의 개입에 있어서 재산권 보장의 불변성이다.[173] 헌법에 의해 보장된 존속보호는 법적 안정성의 원칙과 법치국가원리에 있어서 자신의 노력과 투자의 결과로서 투자 존속에 근거하고 있다.[174]

3) 체계 충실 (Systemtreue)

체계 충실과 **체계정당성**[175](Systemgerechtigkeit) 원칙은 신뢰보호사상과 밀접한 관련을 맺고 있다.[176] 이 원칙은 입법자에 의한 일반적인 법원칙, 법규범, 가치들의 가치론적 질서나 목적론적 질서로서 법체계의 체계일관적인 실행을 선언한 것이다.[177] 입법자에게 있어서 체계 충실의 원칙은 법규범의 구조상에서 '법질서에 대한 자기 기속'에 그 근거가 있다.[178]

4) 처분행위 보호 (Dispositionsschutz)

신뢰보호의 규범적 보장장치로서 처분행위 보호가 있다.[179] 신뢰보호는 처분행위를 보호하기 위한 법제도라고 말한다.[180] 처분행위 조건의 기준으로서 신뢰자에게 유리한 법상태의 보호라는 의미에서 고도의 관철가능성을 부여해주는 존속성은 구체적이고 주관적인 사실관계들에 좌우된다.[181] 이러한 점에서 처분행위 보호는 객관적으로 있는 그대로의 현상에 중점을 두는 '존속 보호'와는 차이가 있다.

---

172) Achterberg, Allgemeines Verwaltungsrecht, § 23 Rn. 55.

173) 개념에 관하여는, Mainka, Vertrauensschutz, S. 27.

174) Vgl. Ossenbühl, Bestandsschutz, S. 111.

175) '체계정당성 원칙'은 하부원칙으로 모순금지의 원칙을 지니고 있다. '모순금지의 원칙'은 상이한 규범간에 서로 논리적으로 모순되는 결과를 유발해서는 안된다는 원칙이다(F.-J. Peine, Systemgerechtigkeit, 1985; C. Degenhart, Systemgerechtigkeit und Selbstbindung des Gesetzgebers als Verfassungspostulat, 1976).

176) Stern, Staatsrecht Ⅰ, § 20 Ⅳ 4 g e (S. 837).

177) Peine, Systemgerechtigkeit, S. 47.

178) Koenig, JuS 1995, S. 317.

179) Grabitz, DVBl. 1973, S. 680; Ossenbühl, Rücknahme, S. 88; Kisker, VVDStRL 32 (1974), S. 151, 161 ff.; Leisner, FS Berber, S. 279, 283, 295.

180) Burmeister, Vertrauensschutz im Rechtsstaat, S. 247.

181) Vgl. Schmidt-Aßmann, HStR Ⅰ, § 24 Rn. 81.

3. 헌법재판소의 신뢰보호원칙 심사기준

입법작용과 관련하여 신뢰보호원칙의 심사기준으로서 우리나라 헌법재판소는 ① 청구인의 신뢰이익과 침해 정도, ② 법률의 존속에 대한 기본권자의 신뢰 정도, ③ 경과규정, ④ 공익의 비중과 정도, ⑤ 법익의 비교형량 등을 사용하고 있다.[182)]

(1) 청구인의 신뢰이익과 침해 정도

청구인들이 투자한 자본 및 노력들이 비교적으로 적은 경우, 청구인들이 가지는 신뢰이익이 그리 크지 않다. 이러한 경우 새로운 법률조항의 제정으로 인하여 청구인들이 받은 신뢰이익의 침해 정도도 그리 중하지 않다.[183)]

(2) 법률의 존속에 대한 기본권자의 신뢰 정도

입법자는 새로운 변화를 인식하고 변화한 현실에 적절하게 대처해야 하기 때문에 법률은 개정될 수밖에 없고, 국민은 현재의 법적 상태가 항상 지속되리라는 것을 원칙적으로 신뢰할 수 없다.

개인의 신뢰이익의 보호가치와 관련하여, 국가가 입법행위를 통하여 개인에게 신뢰의 근거를 제공한 경우, 법률의 존속에 대한 개인의 신뢰가 어느 정도로 보호되는지 여부에 대한 주요한 판단기준으로 다음과 같은 2가지 요소를 제시하고 있다.

1) 법령개정의 예측성

법적 상태의 존속에 대한 개인의 신뢰는 그 개인이 어느 정도로 법적 상태의 변화를 예측할 수 있는지, 혹은 예측하였어야 하는지 여부에 따라 상이한 강도를 가진다. 그런데, 일반적으로 법률은 현실상황의 변화나 입법정책의 변경 등으로 언제라도 개정될 수 있는 것이기 때문에, 원칙적으로 이에 관한 법

---

182) 헌재 1995. 10. 26. 94헌바12, 판례집 7-2, 447, 460-461; 헌재 1998. 11. 26. 97헌바58, 판례집 10-2, 673, 680-683; 헌재 1999. 7. 22. 97헌바76 등, 판례집 11-2, 175, 195; 헌재 2002. 11. 28, 2002헌바45, 판례집 14-2, 704, 713-715; 헌재 2003. 10. 30, 2003헌바11; 헌재 2008. 9. 25. 2007헌마233, 1316, 1321; 헌재 2009. 9. 24, 2007헌마872, 1780, 1783-1785.

183) 헌재 2003. 10. 30, 2003헌바11.

률의 개정은 예측할 수 있다고 보아야 한다.[184] 국민은 현재의 법적 상태가 항상 지속되리라고 신뢰할 수는 없기 때문에, 청구인이 당시 법률규정에 따라 가지고 있던 신뢰이익의 보호가치는 미약하다고 할 것이다.[185] 당해 법률조항은 매우 큰 공익상 필요가 있기 때문에, 이에 관한 입법자의 입법형성권의 범위가 매우 넓다. 따라서 국민들은 이러한 영역에 관한 법률이 제반 사정에 따라 언제든지 변경될 수 있다는 것을 충분히 예측할 수 있어야 한다.[186]

2) 유인된 신뢰의 행사 여부

개인의 신뢰이익에 대한 보호가치는 ㉠ 법령에 따른 개인의 행위가 국가에 의하여 일정방향으로 유인된 신뢰의 행사인지, ㉡ 아니면 단지 법률이 부여한 기회를 활용한 것으로서 원칙적으로 사적 위험부담의 범위에 속하는 것인지 여부에 따라 달라진다. 만일 법률에 따른 개인의 행위가 단지 법률이 반사적으로 부여하는 기회의 활용을 넘어서 국가에 의하여 일정 방향으로 유인된 것이라면 특별히 보호가치가 있는 신뢰이익이 인정될 수 있고, 원칙적으로 개인의 신뢰보호가 국가의 법률개정이익에 우선된다고 볼 여지가 있다.[187]

(3) 기존 기득권자에 대한 경과규정

일반적으로 신뢰 보호의 구체적 실현수단으로 사용되는 경과규정에는 ① 기존 법률이 적용되던 사람들에게 신법 대신 구법을 적용하도록 하는 방식과, ② 적응보조규정을 두는 방식 등이 있다.[188] "당해 법률조항의 경우, 임의적 적응조정규정을 신설함으로써 종전의 법률을 적용받던 사람 등의 기본권제약적 요소를 부분적으로 완화시킬 수 있는 보완조치를 하였다. 또한 청구인에 대하여는 개정된 법률에 적응·대비할 수 있는 '시간'을 제공하는 등 개정 법률에 적응할 수 있도록 나름대로 보완조치를 한 것이므로, 개정 법률로 인하여 개인이 입은 신뢰이익 침해의 정도는 작다고 할 수 있다."[189]고 판시하였다.

---

184) 헌재 2004. 8. 26. 2003헌마337, 판례집 16-2상, 334, 352; 헌재 2009. 9. 24. 2007헌마872, 판례집 21-2상, 738, 746; 헌재 2013. 2. 28. 2012헌마34, 판례집 25-1, 138, 144.

185) 헌재 2004. 8. 26. 2003헌마337, 판례집 16-2상, 334, 352; 헌재 2013. 6. 27. 2011헌마315 등, 판례집 25-1, 570, 579-580.

186) 헌재 2002. 11. 28, 2002헌바45, 판례집 제14권 2집, 704, 712-715.

187) 헌재 2002. 11. 28, 2002헌바45, 판례집 제14권 2집, 704, 712-715.

188) 헌재 2002. 11. 28. 2002헌바45, 판례집 14-2, 704, 714.

헌법재판소는 2013. 1. 1.부터 판사임용자격에 일정기간 법조경력을 요구하는 법원조직법 부칙(2011. 7. 18. 법률 제10861호) 제1조 단서 중 제42조 제2항에 관한 부분 및 제2조(2014. 1. 7. 법률 제12188호로 개정된 것)가 신뢰보호원칙에 반하여 2011. 7. 18. 법원조직법 개정 당시 사법시험에 합격하였으나 아직 사법연수원에 입소하지 않은 청구인들의 공무담임권을 침해하는지 여부의 헌법소원심판을 하였다.190) 이 사건에서 청구인들은 "법률에 의하여 수십년 동안 유지되어 온 판사임용제도에 대한 신뢰는 보호받아야 함에도 불구하고, 이 사건 심판대상조항은 그러한 신뢰를 보호하기 위한 경과규정을 두지 않아 청구인들의 공무담임권을 침해하였다."고 주장하였다.191) 그럼에도 불구하고 ① 신뢰이익의 존재 및 보호가치, ② 청구인들의 신뢰이익에 대비되는 공익, ③ 신뢰이익과 공익의 비교·형량을 검토한 후, 신뢰보호원칙에 반하여 청구인들의 공무담임권을 침해하지 않는다고 판시하였다.192)

이 사건에서 청구인들은 심판대상 법률조항에서 경과규정을 두지 않아 신뢰보호원칙을 위반한다는 주장을 하였지만, 헌법재판소는 법원조직법 부칙에 경과규정을 두지 않은 것에 대한 일체의 판단을 회피한 채, 단순히 비교형량에 의존하여 신뢰보호원칙을 위반하지 않았다고 판시하였다.

(4) 공익의 비중과 정도

법에 의해 시행되는 제도의 도입을 통하여 공익을 증진시켜야 할 필요성이 매우 크다. 새로운 법률조항이 법 시행 이전에 이미 기득권을 가진 자의 기본권을 제한해야 할 필요성이 큰 반면, 공익의 비중은 매우 높고 법 조항이 추구하는 공익은 매우 중대하고 긴요하다. 시행되는 제도는 공공복리의 증진에 이바지함을 목적으로 하는 입법취지에 부합한다고 할 것이다.193)

189) 헌재 2002. 11. 28, 2002헌바45, 판례집 제14권 2집, 704, 712-715.
190) 헌재 2014. 5. 29. 2013헌마127 등, 공보 제212호, 1027.
191) 헌재 2014. 5. 29. 2013헌마127 등, 공보 제212호, 1027, 1030.
192) 헌재 2014. 5. 29. 2013헌마127 등, 공보 제212호, 1027, 1031-1032.
193) 헌재 2009. 9. 24, 2007헌마872, 1780, 1783-1785.

(5) 법익의 비교형량

“신뢰보호원칙의 위반 여부를 판단하기 위해서는, 한편으로는 침해받은 신뢰이익의 보호가치, 침해의 중한 정도, 신뢰가 손상된 정도, 신뢰침해의 방법 등과 다른 한편으로는 새로운 입법을 통해 실현하고자 하는 공익적 목적을 종합적으로 비교·형량하여 판단하여야 한다.”194)

4. 헌법재판소의 신뢰보호원칙 심사기준의 문제점

(1) 세부 심사기준의 체계성과 설득력 부족

우리나라 헌법재판소는 ① 개인의 신뢰이익과 침해 정도, ② 법률의 존속에 대한 기본권자의 신뢰 정도, ③ 경과규정, ④ 공익의 비중과 정도, ⑤ 법익의 비교형량 등을 구체적인 심사기준으로 사용했었다.195) 그러나 다른 결정에서는 ① 개인의 신뢰이익의 보호가치(㉠ 법령개정의 예측성, ㉡ 유인된 신뢰의 행사 여부, ㉢ 경과규정), ② 개인의 신뢰이익에 대비되는 공익 등을 심사기준으로 제시하고 있다.196) 또 다른 결정에서는 ① 법령의 개정과 신뢰의 보호, ② 심판대상부분의 입법목적, ③ 법익의 형량 등을 심사기준으로 사용하기도 한다.197) 다른 결정에서는 ① 보호가치 있는 신뢰이익의 존부에 대한 판단, ② 심판대상조항으로 달성하려는 공익의 내용, ③ 신뢰이익과 공익 간의 비교형량 등을 심사기준으로 사용하기도 한다.198) 또한 ① 신뢰에 대한 보호가치, ② 침해의 방법과 정도, ③ 공익의 중대성 등을 심사기준으로 사용하기도 한다.199)

이렇듯 헌법재판소는 여러 결정에서 동일한 신뢰보호원칙의 심사기준을 사용하는 것이 아니라, 사건마다 필요한 심사기준을 만들어 임시방편으로 사

194) 헌재 1995. 10. 26. 94헌바12, 판례집 7-2, 447, 460-461; 헌재 1998. 11. 26. 97헌바58, 판례집 10-2, 673, 680-683; 헌재 1999. 7. 22. 97헌바76 등, 판례집 11-2, 175, 195; 헌재 2001. 2. 22. 98헌바19, 판례집 13-1, 212, 219-220; 헌재 2001. 4. 26. 99헌바55, 판례집 13-1, 869, 885-886; 헌재 2002. 11. 28, 2002헌바45, 판례집 14-2, 704, 713-715; 헌재 2008. 9. 25. 2007헌마233, 1316, 1321.

195) 헌재 2003. 10. 30. 2001헌마700 등, 판례집 15-2하, 137, 161-164.

196) 헌재 2002. 11. 28. 2002헌바45, 판례집 14-2, 704, 713-715.

197) 헌재 2002. 8. 29. 2001헌마159, 판례집 14-2, 203, 210-211.

198) 헌재 2009. 5. 28. 2005헌바20 등, 판례집 21-1하, 446, 458-461.

199) 헌재 2008. 9. 25. 2007헌마233, 판례집 20-2상, 587, 600-604.

용하는 듯하다. 세부 심사기준 중 어떠한 심사기준은 반드시 필요하고 어떠한 심사기준은 특정한 상황에서 생략할 수 있는지를 설명해야 한다.

개인의 신뢰이익 침해 정도를 중요한 심사기준으로 사용해야 하는지 아니면, 신뢰이익의 보호가치를 중요한 심사기준으로 사용해야 하는지를 신중하게 고려해야할 필요가 있다. 사견(私見)으로는 신뢰보호원칙의 심사기준으로서 신뢰이익의 침해 정도는 상당히 주관적인 판단이므로 지양해야 하고, 개인의 신뢰이익이 보호가치가 있는지 여부를 중요한 심사기준으로 삼아야 한다.

법률의 존속에 대한 기본권자의 신뢰 정도와 법령개정의 무조건적인 예측성은 상호 모순되는 심사기준이므로, 하나의 심사기준은 폐기하여야 한다. 그런데 법령개정의 무조건적인 예측성은 신뢰보호사상을 무력화시키는 것이므로 이를 심사기준으로 사용하는 것은 타당하지 않다.

(2) 보호가치있는 신뢰이익 유무의 구체적 논증 필요

헌법재판소는 "사회환경이나 경제여건의 변화에 따른 필요성에 의하여 법률은 신축적으로 변할 수밖에 없고, 변경된 새로운 법질서와 기존의 법질서 사이에는 이해관계의 상충이 불가피하다. 따라서 국민이 가지는 모든 기대 내지 신뢰가 헌법상 권리로서 보호될 것은 아니고, 신뢰의 근거 및 종류, 상실된 이익의 중요성, 침해의 방법 등에 의하여 개정된 법규·제도의 존속에 대한 개인의 신뢰가 합리적이어서 권리로서 보호할 필요성이 인정되어야 한다."[200]고 설명하고 있다. 그런데 헌법재판소는 어떠한 신뢰가 합리적인지에 대한 명확한 기준은 제시하지 않고 있다.

헌법재판소는 신뢰보호원칙의 심사기준으로 법률의 존속에 대한 기본권자의 신뢰 정도를 판단한다. 법률의 존속에 대한 기본권자의 신뢰 정도를 "법령개정의 예측성"이나 "유인된 신뢰의 행사 여부" 등으로 중점적으로 심사한다. 그런데 신뢰보호원칙 심사에서 중요한 것은 당사자의 신뢰가 헌법상 보호가치있는 신뢰이익인지 여부이다. 신뢰이익이란 기존 법령에 따라 형성된 사실관계나 법률관계의 법적·사실적 의미가 개정된 신법에 의해 불리하게 변경

200) 헌재 2002. 2. 28. 99헌바4, 판례집 14-1, 106, 116; 헌재 2008. 9. 25. 2007헌마233, 판례집 20-2상, 587, 599.

된 경우에 구법질서에서 형성된 사실관계나 법률관계가 존속하리라고 생각하는 기본권주체의 이익을 의미한다.[201)]

헌법재판소의 결정이유를 살펴보면, "청구인 유○찬 등에게 보호가치 있는 신뢰이익이 존재하는지 여부에 관하여 살피건대, 이 사건 법률조항은 제1차 시험성적 만점의 100분의 10 이내의 범위에서 가산점을 부여한다고 규정하고 있고, 관계법령에서 가산점 배점비율의 결정은 교육감에게 위임하고 있다. 이와 같이 관계법령에서 구체적인 배점비율은 당해 임용시험 모집정원 등을 감안하여 교육감이 변경할 수 있는 가능성을 예정하고 있으므로, 가사 청구인 유○찬 등이 서울특별시 및 경기도의 지역가산점 배점배율이 4%로 계속 유지될 것이라고 믿었다 하더라도 이를 보호가치 있는 합리적인 신뢰라고 보기는 어렵다. 따라서 이 사건 공고가 신뢰보호의 원칙에 위배하여 청구인 유○찬 등의 공무담임권을 침해한다고 할 수 없다."[202)]고 판시했다. 이 결정에서 헌법재판소는 당사자가 관계법령에 규정된 내용을 신뢰했고 장래에도 이러한 상태가 지속될 것이라고 신뢰하더라도 언제든지 법령은 변경가능성이 있기 때문에 이는 보호가치있는 신뢰가 아니라고 한다.

이와 같이 헌법재판소는 "법령에 규정된 내용이 개정될 것이라는 것을 예측해야 한다는 것"(법령개정의 예측성)과 "보호가치있는 신뢰이익인지 여부"를 동일한 것으로 오해하여 혼동하고 있다. 이처럼 헌법재판소가 보호가치있는 신뢰이익인지 여부를 법령개정의 예측성이라는 심사기준으로 대체하여 판단하는 것은 문제가 있다.

헌법재판소는 단지 "… 청구인들에게 인정될 수 있는 신뢰이익의 보호가치는 미약하다."[203)] 또는 "청구인이 이 사건 법률조항을 … 신뢰하였다고 하더라도 이러한 신뢰는 보호할만한 정도에 이르지 못하는 단순한 희망 내지 기대에 불과하다 할 것이다."[204)]라는 단정적인 결론만을 제시하고 있다. 헌법재판소는 왜 신뢰이익의 보호가치가 미약한지는 논증하지 않고 이러한 신뢰는 단지 희망 내지 기대라고 치부한다. 또한 헌법재판소는 매번 "수범자의 입장에

201) 박경철, "헌법원칙으로서 신뢰보호원칙", 헌법학연구 제16권 제2호, 2010. 6, 365면.
202) 헌재 2014. 4. 24. 2010헌마747, 공보 제211호, 799, 806.
203) 헌재 2009. 4. 30. 2007헌마106, 966, 980.
204) 헌재 2003. 4. 24. 2002헌바9, 판례집 15-1, 406, 407.

있는 청구인은 …될 것으로 신뢰하였다 하더라도 그 신뢰가 보호받을 것을 기대할 수는 없는 것이 원칙이다."[205]라고 설시하고 있다. 왜 법령을 신뢰하였는데도 그 신뢰가 보호가치가 없는지를 명확히 설명해 주지 않는다. 설령 신뢰이익이 법률상의 권리나 기대에 불과하더라도 이에 대한 이유나 후속적인 판단이 이루어져야 한다. 인식해야 될 것은 신뢰이익은 반드시 기본권일 필요가 없으며, 법령에 대한 신뢰이익은 법률상 권리나 기대이어도 상관없기 때문이다.

(3) 법령개정에 대해 국민이 무조건적으로 예측해야 하는가?

헌법재판소는 법령개정의 예측성을 설명하면서 "일반적으로 법률은 현실상황의 변화나 입법정책의 변경 등으로 언제라도 개정될 수 있는 것이기 때문에, 원칙적으로 이에 관한 법률의 개정은 예측할 수 있다고 보아야 한다."[206]고 함으로써 법률의 존속에 대한 국민의 신뢰를 절대적으로 부정하고 국민이 전적으로 법령개정의 예측성을 인식해야 한다고 설시하고 있다. 헌법재판소는 신뢰보호원칙 심사 중 법령개정의 예측성 판단에 있어서 전지전능한 인간을 상정하여 판단하고 있다.

법령개정에 대한 예측성을 신뢰보호원칙의 심사기준으로 삼는 것은 심사기준으로서 객관성을 상실하는 일이다. 법규범이 새롭게 개정될 것을 국민에게 예측하라고 함은 국민이 국회의 법률의결을 사실상 인지하거나 법적으로 주시하여 인식해야만 함을 전제로 한다. 국민에게 법률 의결 뿐만 아니라, 개정될 법률의 본질적 내용과 소급효 규정에 대한 내용까지 지득할 것을 요구함은 결코 타당하지 않다.[207]

법규범의 개정에 대한 예측성을 구체적인 사건에서 당사자에게 주어진 신뢰정도를 확인하는 기준으로 활용해서는 안된다. 일반국민이 자신의 국민 경제생활에 전념할 시간에 항시 법률상황의 개정이나 악화를 예측해야 한다는 것은 불가능하기 때문이다. 따라서 법령개정의 예측성을 신뢰보호원칙의 심사기준으로 삼는 것은 국가행위에 대한 신뢰사상을 완전히 상대화시키는 일이

205) 헌재 2012. 3. 29. 2010헌마443 등, 판례집 24-1상, 591, 611.

206) 헌재 2002. 11. 28. 2002헌바45, 판례집 14-2, 704, 713.

207) 이부하, "헌법상 신뢰보호원칙에 대한 고찰", 한양법학 제21권 제4호, 2010. 11, 156면.

다.[208] 헌법재판소가 제시하는 심사기준대로, 국민이 법령개정을 무조건적으로 예측해야 한다는 것은 무리한 요구이다.

(4) 유인된 신뢰인지 여부의 논거 부족

헌법재판소는 "개인의 신뢰이익에 대한 보호가치는 ① 법령에 따른 개인의 행위가 국가에 의하여 일정방향으로 유인된 신뢰의 행사인지, ② 아니면 단지 법률이 부여한 기회를 활용한 것으로서 원칙적으로 사적 위험부담의 범위에 속하는 것인지 여부에 따라 달라진다. 만일 법률에 따른 개인의 행위가 단지 법률이 반사적으로 부여하는 기회의 활용을 넘어서 국가에 의하여 일정 방향으로 유인된 것이라면 특별히 보호가치가 있는 신뢰이익이 인정될 수 있고, 원칙적으로 개인의 신뢰보호가 국가의 법률개정이익에 우선된다고 볼 여지가 있다."고 판시하고 있다.[209]

1) 헌재 2002. 11. 28. 2002헌바45

가) 심판대상: 구 병역법 (1999. 2. 5. 법률 제5758호로 일부 개정되고, 1999. 12. 28. 법률 제6058호로 개정되기 전의 것) 제71조(입영의무등의 감면) ① 징병검사·현역병입영 또는 공익근무요원소집의무는 31세부터 면제되며, 면제된 사람은 제2국민역에 편입한다. 다만, 다음 각호의 1에 해당하는 사람은 36세부터 면제된다.

의무사관후보생의 병적에서 제외된 사람의 징집면제연령을 31세에서 36세로 상향조정한 구 병역법 제71조 제1항 단서가 신뢰보호원칙에 위반되는지 여부이다.

나) 결정요지: 이 사건 법률조항의 경우 국가가 입법을 통하여 개인의 행위를 일정방향으로 유도하였다고 볼 수는 없고, 따라서 청구인의 징집면제연령에 관한 기대 또는 신뢰는 단지 법률이 부여한 기회를 활용한 것으로서 원칙적으로 사적 위험부담의 범위에 속하는 것이다.

다) 평가: 2002헌바45 결정에서는 병역법이 개정되어 징집면제연령을 31세에서 36세로 갑자기 상향조정하였다면, 기존에 이러한 법률조항을 신뢰한 사람에 대한 경과규정을 두어야 함에도 이 병역법에는 이러한 경과규정을 전

208) 이부하, "헌법상 신뢰보호원칙에 대한 고찰", 한양법학 제21권 제4호, 2010. 11, 156면.
209) 헌재 2002. 11. 28. 2002헌바45, 판례집 14-2, 704, 713.

혀 두지 않고 있음에도 불구하고, 이를 두고 단지 법률이 부여한 기회를 활용한 것으로서 사적 위험부담의 범위에 속하는 것이라고 설명하고 있다. 국민이 현행 법률에 규정된 내용을 신뢰하여 계속적으로 행동하였고 새로운 법률에서 갑자기 부담적 내용으로 개정된 것을 두고, 헌법재판소는 사적 위험부담에 속하는 것이라고 단정짓는 것에 대해 아무런 설명이나 근거가 없다.

2) 헌재 2007. 4. 26. 2003헌마947, 2004헌마4 · 156 · 352 · 1009, 2005헌마414 · 1009 · 1263(병합)

가) 심판대상: 사법시험법(2001. 3. 28. 법률 제6436호로 제정된 것) 제5조(응시자격) ① 시험에 응시하고자 하는 자는 다음 각 호의 1에 해당하여야 한다.

1. 고등교육법 제2조 각 호의 규정에 의한 학교, 평생교육법 제21조 또는 제22조의 규정에 의한 사내대학 또는 원격대학 형태의 평생교육시설(이하 "학교"라 한다)에서 일정학점 이상의 법학과목을 이수한 자

2. 학점인정 등에 관한 법률의 규정에 의하여 일정학점 이상의 법학과목을 이수한 것으로 학점인정을 받은 자

② 제1항의 규정에 의한 법학과목의 종류, 학점의 수, 학점인정의 기준 및 응시자격의 소명방법은 대통령령으로 정한다.

사법시험법(2001. 3. 28. 법률 제6436호로 제정된 것) 제9조(시험과목) ① 제1차시험의 과목은 헌법, 민법, 형법 및 대통령령이 정하는 과목으로 하고, 제2차시험의 과목은 헌법, 민법, 형법, 상법, 행정법, 민사소송법 및 형사소송법으로 한다. 이 경우 일부 과목에 대하여는 대통령령이 정하는 바에 따라 출제범위를 정하여 시험을 실시할 수 있다.

② 제1차시험의 과목 중 대통령령이 정하는 과목은 당해 시험 공고일부터 역산하여 2년이 되는 날이 속하는 해의 1월 1일 이후에 실시된 다른 시험기관의 시험(이하 "다른 시험"이라 한다)에서 취득한 성적으로 그 과목의 시험을 대체할 수 있다. 이 경우 다른 시험의 종류와 해당과목의 합격에 필요한 점수 및 그 소명방법은 대통령령으로 정한다.

사법시험법 시행령(2001. 3. 31. 대통령령 제17181호로 제정된 것) 제3조(응시자격) ① 법 제5조 제2항의 규정에 의한 법학과목의 종류와 학점인정의 기준은

법학학위과정이 개설되어 있는 학교의 경우에는 그 학교의 학칙에 의하고, 그 밖의 경우에는 학점인정 등에관한법률에 의한다. 다만, 법무부장관은 사법시험관리위원회의 심의를 거쳐 법학학위과정의 전공과목으로 규정되어 있지 아니한 과목인 경우에도 그 내용이 법학에 관한 것인 경우에는 법학과목의 학점으로 인정할 수 있고, 법학학위과정의 전공과목으로 규정되어 있는 과목인 경우에도 그 내용이 명백히 법학에 관한 것이 아닌 경우에는 법학과목의 학점으로 인정하지 아니할 수 있다.

② 법 제5조 제2항의 규정에 의한 학점의 수는 이를 35학점으로 한다.

③ 법 제5조 제2항의 규정에 의한 응시자격의 소명방법은 법학사의 경우에는 학위증서 사본 또는 학위증명서에 의하고, 그 밖의 경우에는 법무부령이 정하는 방법에 의하여 학점을 이수한 학교의 장 또는 학점인정기관의 장이 발급한 법학과목 학점취득증명서에 의한다. 다만, 부득이한 사유로 법학과목 학점취득증명서에 의하여 응시자격을 소명하지 못하게 된 경우에는 법무부장관은 사법시험관리위원회의 심의를 거쳐 성적증명서로 이를 대체하게 할 수 있다.

④ 시험에 응시하고자 하는 자는 응시원서와 함께 제3항의 규정에 의한 소명서류를 제출하여야 한다.

나) 결정요지: 이 사건의 경우 국가가 기존의 사법시험제도를 통하여 오래도록 제2외국어를 시험과목으로 삼아 옴으로써 청구인들이 제2외국어 과목을 자신의 사법시험과목으로 선택하여 집중적으로 공부한 경우가 적지 아니할 것이므로 국가가 개인의 행위를 일정방향으로 유도하였다고 볼 수 있을 것이어서 청구인들이 가지고 있었던 시험과목에 관한 기대 또는 신뢰는 이를 보호해야 할 필요가 큰 경우에 속한다 할 것이다.

그러나 법적 상태의 존속에 대한 개인의 신뢰는 그가 어느 정도로 법적 상태의 변화를 예측할 수 있는지, 혹은 예측하였어야 하는지 여부에 따라서도 영향을 받을 수 있는데, 청구인들과 같이 사법시험을 준비하는 자로서는 사회의 변화에 따라 시험과목이 달라질 수 있음을 받아들여야 할 것이고, 자신이 공부해 오던 과목으로 계속하여 응시할 수 있다는 기대와 신뢰가 절대적인 것이라고 볼 수는 없다.

다) 평가: 2003헌마947 등(병합) 결정에서 사법시험법 제9조 제1항에서 "대

통령령이 정하는 과목"의 위임 하에 사법시험법 시행령 제4조 제1항에서 기존의 시험과목이었던 제2외국어를 폐지하고 어학과목을 영어로 한정하여 사법시험에 응시하도록 한 사건에서 제2외국어를 공부해 오던 청구인들의 신뢰는 보호가치가 크다고 설시하고 있다. 그럼에도 불구하고 그러한 신뢰는 절대적인 것은 아니라고 한다. 청구인의 신뢰의 보호가치가 크다고 하면서, 갑자기 청구인의 신뢰가 절대적이 아니라는 것은 무슨 의미인지 이해가 되지 않는다. 이 세상에 절대적인 신뢰란 존재하지 않는다는 것은 누구나 알고 있다. 이것이 논증이란 말인가? 이 결정에서도 적절한 경과규정을 두지 않은 것에 대한 위헌성을 문제삼았어야 했다.

3) 헌재 2008. 11. 27. 2005헌마161 등

가) 심판대상: 게임제공업소의 경품취급기준(2004. 12. 31. 문화관광부고시 제2004－14호)

3. 경품지급기준

가. 경품을 제공할 수 있는 게임물 및 경품한도액 기준은 다음과 같다.

② 18세이용가게임물:2만 원 이내(시중판매가격 기준)

③ 사행성 간주 게임물은 경품을 제공할 수 없음

나. 동 지급기준의 용어의 의미는 다음과 같다.

① "경품한도액"이라 함은 1회 이상의 게임을 진행하면서 당첨된 점수를 누적하여 획득할 수 있는 경품의 최고금액을 말함.

④ "사행성 간주 게임물"이라 함은 다음과 같은 게임물을 말함

㉯ 1시간당 총 이용금액이 90,000원을 초과하는 게임물

㉰ 잭팟누적점수·최고당첨액(주게임, 부가게임, 잭팟게임의 당첨액 등을 모두 포함)·경품누적점수 등이 경품한도액을 초과하는 게임물

4. 경품제공방법

다. 게임의 결과 획득한 점수는 보관할 수 없으며 이를 누구든지 매매하거나 또는 매매하도록 하여서는 아니 된다.

5. 경품제공 시 준수사항

라. 경품지급기준에 의거 경품을 제공할 수 없는 게임물에는 「비경품게임

물」이라는 표지판(10㎝×5㎝이상)을 게임물의 전면부 우측 상단에 식별이 용이하게 부착·관리하여야 한다.

6. 시행시기

가. 이 고시는 고시한 날부터 시행한다. 다만, 이 고시 시행 당시 종전의 게임물은 고시한 후 60일이 경과한 날부터 시행한다.

나) 결정요지: 청구인들의 영업행위는 특정 경제정책상의 목표를 달성하기 위하여 국가에 의하여 유도된 사경제의 활동에 속하는 것이 아니라, 스스로의 위험부담으로 법률이 부여한 기회를 활용한 경우에 지나지 않는다고 할 것이므로, 그러한 관점에서도 법규개정의 이익에 우선하는 특별히 보호되어야 하는 신뢰이익이라 볼 수 없다.

4) 헌재 2009. 4. 30. 2007헌마106

가) 심판대상: 게임산업진흥에 관한 법률(2006. 4. 28. 법률 제7941호로 제정된 것) 제21조(등급분류) ① 게임물을 유통시키거나 이용에 제공하게 할 목적으로 게임물을 제작 또는 배급하고자 하는 자는 당해 게임물을 제작 또는 배급하기 전에 등급위원회로부터 당해 게임물의 내용에 관하여 등급분류를 받아야 한다. 다만, 다음 각 호의 어느 하나에 해당하는 게임물의 경우에는 그러하지 아니하다.

1. 중앙행정기관의 장이 추천하는 게임대회 또는 전시회 등에 이용·전시할 목적으로 제작·배급하는 게임물

2. 교육·학습·종교 또는 공익적 홍보활동 등의 용도로 제작·배급하는 게임물로서 대통령령이 정하는 것

③ 등급위원회는 게임물의 이용에 따라 지급하는 경품 그 밖의 재산상 이익이 문화관광부령이 정하는 기준과 방법을 초과하는 게임물에 대하여 사행성 게임물로 결정할 수 있다.

제22조(등급분류 거부 및 통지 등) ① 생략

② 등급위원회는 '사행행위 등 규제 및 처벌특례법', 형법 등 다른 법률의 규정에 의하여 규제 또는 처벌대상이 되는 행위 또는 기기에 대하여 등급분류를 신청한 자, 정당한 권원을 갖추지 아니하였거나 거짓 그 밖의 부정한 방법

으로 등급분류를 신청한 자에 대하여 등급분류를 거부할 수 있다.

③~⑤ 생략

제26조(게임제공업 등의 등록) ① 게임제공업을 영위하고자 하는 자는 문화관광부령이 정하는 시설을 갖추어 시장·군수·구청장에게 등록하여야 한다. 다만, 정보통신망을 통하여 게임물을 제공하는 자로서 전기통신사업법에 따라 허가를 받거나 신고 또는 등록을 한 경우에는 이 법에 의하여 등록한 것으로 본다.

제28조(게임물 관련사업자의 준수사항) 게임물 관련사업자는 다음 각 호의 사항을 지켜야 한다.

3. 경품 등을 제공하여 사행성을 조장하지 아니할 것. 다만, 문화관광부장관이 정하여 고시하는 경품의 종류·지급기준·제공방법 등에 의한 경우에는 그러하지 아니하다.

제32조(불법게임물 등의 유통금지 등) ① 누구든지 게임물의 유통질서를 저해하는 다음 각 호의 행위를 하여서는 아니 된다. 다만, 제4호의 경우 '사행행위 등 규제 및 처벌특례법'에 따라 사행행위영업을 하는 자를 제외한다.

4. 제21조 제3항의 규정에 의하여 사행성게임물로 결정된 게임물을 유통시키거나 이용에 제공하는 행위 또는 유통·이용제공의 목적으로 진열·보관하는 행위

6. 제33조 제1항 또는 제2항의 규정을 위반하여 등급 및 게임물내용정보 등의 표시사항을 표시하지 아니한 게임물 또는 게임물의 운영에 관한 정보를 표시하는 장치를 부착하지 아니한 게임물을 유통시키거나 이용에 제공하는 행위

제33조(표시의무) ① 생략

② 게임물을 유통시키거나 이용에 제공할 목적으로 게임물을 제작 또는 배급하는 자는 당해 게임물마다 게임물의 운영에 관한 정보를 표시하는 장치를 부착하여야 한다.

제44조(벌칙) ① 다음 각 호의 어느 하나에 해당하는 자는 5년 이하의 징역 또는 5천만 원 이하의 벌금에 처한다.

2. 제32조 제1항 제1호 또는 제4호에 해당하는 행위를 한 자

제45조(벌칙) 다음 각 호의 어느 하나에 해당하는 자는 2년 이하의 징역

또는 2천만 원 이하의 벌금에 처한다.

3. 제28조 제3호의 규정을 위반하여 사행성을 조장한 자

7. 제32조 제1항 제6호 및 제33조의 규정을 위반하여 표시의무를 이행하지 아니한 게임물을 유통시키거나 이용에 제공한 자

부 칙

제5조(게임물의 등급분류에 관한 경과조치) 이 법 시행 당시 종전의 '음반·비디오물 및 게임물에 관한 법률'의 규정에 의하여 전체이용가, 12세이용가 및 15세이용가 등급을 부여받은 게임물은 이 법 제21조 제2항 제1호의 개정규정에 의한 전체이용가 등급을 부여받은 것으로 본다. 다만, 18세이용가 등급을 부여받은 게임물은 이 법 시행 후 6개월 이내에 제16조의 규정에 의한 등급위원회에서 등급분류를 받아야 한다.

제7조(게임물의 운영에 관한 정보표시 장치에 관한 경과조치) 이 법 시행 당시 종전의 '음반·비디오물 및 게임물에 관한 법률'의 규정에 의하여 등급을 부여받은 모든 게임물은 이 법 시행 후 6개월 이내에 제33조 제2항에 의한 게임물의 운영에 관한 정보표시장치를 부착하여야 한다.

게임산업진흥에 관한 법률 시행령(2006. 10. 27. 대통령령 제19717호로 제정된 것) 제19조(게임물에 표시하는 상호 등의 표시방법) 법 제33조 제1항 및 제2항에 따라 게임물에 표시하여야 하는 상호, 등급 및 게임물내용정보의 표시와 게임물의 운영에 관한 정보를 표시하는 장치(이하 "운영정보표시장치"라 한다)의 표시방법 등은 [별표 3]과 같다. 이 경우 운영정보표시장치는 경품을 제공하는 게임물에 한하여 부착한다.

[별표 3] 상호, 등급, 게임물내용정보표시 및 운영정보표시장치의 표시방법 (제19조 관련)

1. 및 2. 생략

3. 게임물 운영정보표시장치

가. 표시의 내용

운영정보표시장치에는 다음의 사항이 표시되어야 한다.

(1) 1회의 게임이 진행되는 시간

(2) 시간당 게임기에 투입할 수 있는 이용요금의 한도

(3) 회당 배출되는 경품의 최대금액

(4) 시간당 배출되는 경품의 최대금액

나. 표시방법

운영정보표시장치를 게임물에 부착한다.

다. 운영정보표시장치의 지정

(1) 운영정보표시장치는 문화관광부장관이 산업자원부장관과의 협의를 거쳐 지정한 표준모델의 것으로서 문화관광부령이 정하는 기관으로부터 그 성능 등을 인정받은 것을 부착하여야 한다.

(2) (1)에 따른 운영정보표시장치의 성능 등의 인정 신청 및 심사절차, 비용부담 그 밖에 필요한 사항은 문화관광부령으로 정한다.

나) 결정요지: 청구인들의 영업행위는 특정 경제정책상의 목표를 달성하기 위하여 국가에 의하여 유도된 사경제의 활동에 속하는 것이 아니라, 스스로의 위험부담으로 법률이 부여한 기회를 활용한 경우에 지나지 않는다고 할 것이므로, 그러한 관점에서도 법규개정의 이익에 우선하는 특별히 보호되어야 하는 신뢰이익이라 볼 수 없다.

다) 평가: 2005헌마161 결정과 2007헌마106 결정에서 문화관광부고시에서 경품취급기준을 변경하면서 청구인들의 영업행위는 국가에 의해 유도된 사경제의 활동에 속하지 않는다고 주장한다. 어떠한 이유에서 국가에 의해 유도된 사경제의 활동에 속하지 않는지에 대한 대답이 없다. 그렇다면 어떠한 영업행위가 국가에 의해 유도된 사경제의 활동에 속하는지도 밝힐 필요가 있다.

(5) 경과규정의 존재 여부 심사 회피

신뢰 보호를 위한 구체적인 보완방법으로서의 적절한 경과규정의 필요는 신뢰보호원칙의 위헌성을 완화할 수 있는 수단으로 평가된다. 당사자인 국민이 장래에 행할 처분행위가 어떠한 지속적인 존속을 보장받을 수 없을 때, 그 처분행위를 위해 적어도 적절한 경과기간이 고려되어야 한다. 또한 입법자는 적절한 경과규정을 둠으로써 법률조항의 위헌성을 피할 수 있다.[210] 만약 경과규정을 두지 않는다면, 입법자는 새로운 법규범을 적용하든지 아니면 새로운

210) B. Pieroth, Rückwirkung und Übergangsrecht, S. 153 f.; St. Muckel, Kriterien, S. 120.

법규범을 불허하든지 하는 수밖에 다른 대안이 없다. 그러나 경과규정은 일반적 또는 구체적으로 기존 법령의 적용을 받는 기득권자에게 적응을 위한 기회를 부여한다. 경과규정은 새로운 법규범이 비례의 원칙 요청을 충족하는 결과를 가지게 함으로써 기본권침해를 완화할 수 있다.[211] 신뢰가 적은 보호가치를 지니면 지닐수록 그리고 신뢰손상의 정도가 적으면 적을수록, 입법자는 경과규정을 통해 법적 상황의 변경을 더욱 더 시간적으로 단계화할 수 있다.[212]

신뢰보호원칙에서 의미하는 신뢰보호를 위해 구체적 적응(適應) 수단으로 사용되는 경과규정은 기존에 누리고 있던 신뢰이익에 대한 제약적 요소를 부분적으로 완화하는 보완조치이다. 경과규정을 두는 것은 위헌성을 피하기 위한 것이지, 법률상의 입법목적을 실현하기 위한 수단이 아니다. 따라서 신뢰보호원칙 심사에 있어서 특정한 법령에서 경과규정이 존재하지 않는다면, 이러한 경과규정이 없는 새로운 법령은 거의 위헌성을 면하기 어렵다.

우리나라 헌법재판소는 어떤 사건에서는 경과규정 존재 여부에 대한 심사를 한 경우도 있지만, 다른 사건에서는 경과규정 존재 여부나 그 적정성 판단에 대한 언급이나 관심이 없다. 최근 헌법재판소는 "서울특별시 및 경기도의 2011학년도 초등교사 임용시험에서 동일 지역 교육대학 출신 응시자에게 제1차 시험 만점의 6% 내지 8%의 지역가산점을 부여하는 임용시험 시행공고 및 임용시험의 최종합격자를 결정하기 위해 제1, 2, 3차 시험성적을 합산할 때 지역가산점(서울의 경우 제1차 시험성적 100점 만점에 8점, 경기도의 경우 제1차 시험성적 100점 만점에 6점, '이 사건 지역가산점'이라 한다)도 함께 합산하도록 규정하고 있는 구 '교육공무원 임용후보자 선정경쟁시험규칙' 제17조 제2항이 신뢰보호원칙을 위반하는지에 대한 헌법소원심판을 하였다.[213]

이 사건에서 헌법재판소는 청구인 등에게 보호가치 있는 신뢰이익이 존재하는지 여부만을 심사하였다. "이 사건 법률조항은 제1차 시험성적 만점의 100분의 10 이내의 범위에서 가산점을 부여한다고 규정하고 있고, 관계법령에서 가산점 배점비율의 결정은 교육감에게 위임하고 있다. 이와 같이 관계법령에

211) St. Muckel, Kriterien, S. 120.

212) BVerfGE 21, 173 (183); 43, 242 (288); 58, 300 (351); 67, 1 (15); 78, 249 (285); 98, 265 (309 f.); St. Muckel, Kriterien, S. 120 f.; 이부하, "헌법상 신뢰보호원칙에 대한 고찰", 한양법학 제21권 제4호, 2010. 11, 157면.

213) 헌재 2014. 4. 24. 2010헌마747, 공보 제211호, 799.

서 구체적인 배점비율은 당해 임용시험 모집정원 등을 감안하여 교육감이 변경할 수 있는 가능성을 예정하고 있으므로, 가사 청구인 등이 서울특별시 및 경기도의 지역가산점 배점배율이 4%로 계속 유지될 것이라고 믿었다 하더라도 이를 보호가치 있는 합리적인 신뢰라고 보기는 어렵다."고 판시하였다.[214] 이 사건에서 다루어야 할 것은 청구인에게 직접 지역가산점을 부여하지 않는 법령 규정과 관련하여 청구인에게 보호가치있는 신뢰이익이 존재하는지 여부의 문제로 보기 보다는, 지역가산점을 부여하는 이 사건 법률조항 및 이 사건 시행규칙에서 공권력 행사를 함에 있어서 적절한 경과규정을 마련했는지 여부가 중요한 심판대상이어야 했다.

(6) 공익과 사익의 비교형량에서 비구체화된 공익

헌법재판소는 신뢰보호원칙의 판단기준으로 공익의 비중과 정도를 고려하여 사익과 공익을 비교형량한다. 신뢰보호원칙 심사에 있어서 보호가치있는 신뢰이익인 사익과 법에서 추구하는 공익 간을 비교형량하는 작업은 매우 중요하다. 그런데 여기서 지칭되는 '공익'이 무엇인지 구체화될 필요가 있다. 헌법재판소는 일반적으로 공익의 우위를 내세워 개인의 신뢰보호를 저버리는 형량의 결과를 내놓는데, 헌법재판소는 대부분의 판례에서 설득력있는 논거를 제시함이 없이 공익의 상대적 우위를 인정하고 있다. 개인의 신뢰이익보다 공익의 우위를 인정하는 이론 구성은 입법자에게 거의 무제한의 법률개정에 의한 소급적 법규범의 가능성을 열어주고, 국민의 기본권보다 입법자의 관심사가 항상 우선한다는 반기본권적 사상을 반영하는 것이다.[215]

헌법재판소는 공익의 비중과 정도를 심사기준으로 사용하고 있는데, 공익의 비중과 정도는 헌법재판소가 각각의 사건과 상황에 따라 인식하기 나름이기에 공익의 비중과 정도는 매우 유동적이다.

---

214) 헌재 2014. 4. 24. 2010헌마747, 공보 제211호, 799, 806.
215) 이부하, "헌법상 신뢰보호원칙에 대한 고찰", 한양법학 제21권 제4호, 2010. 11, 155면.

5. 신뢰보호원칙의 새로운 심사기준 제시

(1) 개인의 보호가치있는 신뢰이익 존재 여부

신뢰보호의 대상은 '보호가치있는' 신뢰이익을 말한다.[216] 따라서 구체적인 신뢰보호의 구성요건에 해당하기 위해서는 법적으로 보호가치있는 신뢰이익이어야 한다.[217] 헌법상 보장되는 기본권 인식의 중요한 전제는 '법'에 대한 신뢰이다.[218] 신뢰의 토대가 되는 법률의 내용을 인식함으로써 본질상 개인에게 주관적으로 강하게 각인된 신뢰가 객관적으로 이해되고, 이것이 법적으로 평가될 수 있어야 한다. 신뢰의 객관화는 법적 보호의 필수적인 조건이다. 신뢰의 토대를 이루는 실질적 법률규정이 헌법적으로 보호가치있는 각각의 신뢰의 내용을 확정함으로써 신뢰의 객관화는 이루어질 수 있다.[219] 법적 요건의 계속성에 대한 최소한의 보장을 통해 입법자는 '법질서의 일관성'[220]이라는 헌법적 요청을 충족하게 된다. 불법적으로 취득한 법적 권리가 계속적으로 지속되리라는 신뢰는 보호가치가 없다.[221] 헌법 효력이 발생하는 상황에서 법수범자의 법적 상황이 갑자기 예견치 못하게 변경되어서는 안된다는 최소한의 보장은 기대할 수 있어야 한다. 일반 국민은 현행 법령을 신뢰할 수 있어야 한다.

신뢰의 토대로서 법률이 존재해야 한다. 국민의 법률에 기초한 신뢰가 어느 정도 보호될 수 있는지는 법률의 구체적인 형성에 의해 결정된다. 국가의 법률에 대한 국민의 신뢰(信賴)는 그 법률에 대한 국민의 '기대'와 관련된다. 먼저 개개 국민은 신뢰의 기초가 되는 법률에 대해 인식해야만 한다. 그러나 법률의 변경시에는 신뢰의 기초로서 법률에 대해 인식할 수 없다.[222]

---

216) Oldiges, Grundlagen, S. 195 f.; H.-J. Becker, DÖV 1973, S. 384 f.; W. Schmidt, JuS 1973, S. 531; Kisker, VVDStRL 32 (1974), S. 150; Püttner, VVDStRL 32 (1974), S. 201; W.-R. Schenke, AöR 101 (1976), S. 361.

217) Oldiges, Grundlagen, S. 195 f.; Roellecke, Vertrauensschutz, S. 411; K. Sobota, Das Prinzip Rechtsstaat, S. 157; Blanke, Vertrauensschutz, S. 89.

218) J. Isensee, Vertrauensschutz für Steuervorteile, in: P. Kirchhof/K. Offerhaus/H. Schöberle (Hrsg.), Festschrift für Franz Klein, Köln, 1994, S. 611 (613).

219) 이부하, "헌법상 신뢰보호원칙에 대한 고찰", 한양법학 제21권 제4호, 2010. 11, 156면.

220) H. Maurer, HStR IV, § 79 Rn. 2; Ph. Kunig, Das Rechtsstaatsprinzip, 1986, S. 420.

221) BVerfGE 27, 231 (239); 32, 311 (319); 101, 239 (266).

222) St. Muckel, Kriterien, S. 90.

(2) 경과규정의 존재 여부

신뢰보호의 구체적 방법으로 적절한 **경과규정**(經過規程)의 도입은 신뢰보호의 법적 효과로서 정당화된다. 당해 국민의 장래와 관련되어 행해지는 처분행위가 어떠한 지속적인 존속을 보장받을 수 없을 때, 그 처분행위를 위해 적어도 적절한 경과기간이 고려되어야 한다. 입법자는 적절한 경과규정을 둠으로써 자신의 법률행위의 위헌성 판단을 피할 수 있다.[223] 만약 입법자가 현행 법령을 개정하려 하면, 개정 법령은 원칙적으로 장래효(將來效)를 지니도록 해야 한다. 개인의 처분행위가 법령의 개정 전에 경제적 및 법적으로 기속되어 있을 경우, 신뢰보호원칙은 더욱 중요한 의미를 지닌다.[224] 경과규정을 둠으로서 기존의 기득권자는 일반적 또는 구체적으로 새로운 법규범에 적응할 수 있게 된다.[225]

(3) 법익 간의 비교형량

신뢰보호원칙의 위반 여부를 판단하기 위해서는, 한편으로는 신뢰의 토대인 법령의 인식, 당사자의 신뢰 정도, 신뢰에 기초한 당사자의 행위, 보호가치 있는 신뢰이익의 존재 여부 등과 다른 한편으로는 새로운 입법을 통해 실현하고자 하는 공익간을 비교형량하여 판단해야 한다.

법익의 비교형량에 있어서 고려해야 할 사항은 기존에 계속적으로 헌법재판소가 심사기준으로 사용한 "국가에 의하여 유인된 신뢰의 행사인지 여부"이다. 법률의 존속에 대한 기본권자의 신뢰 정도를 판단하는 국가에 의해 유인된 신뢰의 행사인지 여부는 법익의 비교형량에서 중요하게 다루어져야 한다. 즉, 국가에 의해 유인된 신뢰이거나 법령에서 의도된 처분행위를 한 경우 개인의 법령에 대한 존속이익이 국가의 법률개정이익 보다 우선하게 된다.[226]

223) B. Pieroth, Rückwirkung und Übergangsrecht, S. 153 f.; St. Muckel, Kriterien, S. 120.

224) St. Muckel, Kriterien, S. 112 f.; K. Tipke/J. Lang, Steuerrecht, S. 115 Rn. 178.

225) 경과규정의 구체적 방안으로는 이부하, "헌법상 신뢰보호원칙에 대한 고찰", 한양법학 제21권 제4호, 2010. 11, 157-158면 참조.

226) A. Leisner, in: StuW 1998, S. 254 (263); St. Muckel, Kriterien, S. 108 f.

6. 신뢰보호조치의 구체적 방법

신뢰보호의 구체적 방법으로 적절한 경과규정의 도입은 신뢰보호의 법적 효과로 평가된다. 당해 국민의 장래와 관련되어 행해지는 처분행위가 어떠한 지속적인 존속을 보장받을 수 없을 때, 그 처분행위를 위해 적어도 적절한 경과기간이 고려되어야 한다. 입법자는 적절한 경과규정을 둠으로써 자신의 법률행위의 위헌성을 피할 수 있다.[227] 만약 경과규정을 두지 않는다면, 입법자는 새로운 법규범이 허용되든지 아니면 불허되든지 밖에 다른 대안이 없다. 그러나 경과규정에 의해 일반적 또는 구체적으로 그 법령의 적용을 받는 당사자는 적응을 할 수 있는 시간적 여유가 생긴다. 경과규정은 새로운 법규범이 비례성 원칙의 요청을 충족하는 결과를 가지게 함으로써 기본권 침해를 완화할 수 있다.[228]

신뢰가 적은 보호가치를 지니면 지닐수록 그리고 신뢰 손상의 정도가 적으면 적을수록, 입법자는 경과규정을 통해 법적 상황의 변경을 더욱 더 시간적으로 단계화할 수 있다.[229] 소급적 법률에 대한 경과규정에 의한 해결책은 단순히 위헌 또는 합헌의 양자택일 문제로 국한되지 않고, 입법자에 의해 채택될 수 있는 경과규정의 다양한 수단들이 있다. 다양한 경과규정의 수단 중 올바른 선택은 국가적 법률개정이익과의 관계에서 법률 존속에 대한 신뢰의 중요성에 달려있다.[230]

(1) 장래에 발생하는 신뢰의 구성요건에만 신법을 한정적용

원칙적으로 신법은 과거에 실현된 신뢰의 구성요건에 그 효력을 발휘하지 않게 하고, 장래에 발생하는 사실관계에만 효력을 발휘하게 할 수 있다. 이러한 경과규정은 결과적으로 과도기적 기간 동안 구법과 신법이 동시에 존재하는 것을 조율한다.[231] 성질상 동일한 법적 성격을 지닌 사실관계가 언제 발생

227) B. Pieroth, Rückwirkung und Übergangsrecht, S. 153 f.; St. Muckel, Kriterien, S. 120.
228) St. Muckel, Kriterien, S. 120.
229) BVerfGE 21, 173 (183); 43, 242 (288); 58, 300 (351); 67, 1 (15); 78, 249 (285); 98, 265 (309 f.); St. Muckel, Kriterien, S. 120 f.
230) St. Muckel, JA 1994, S. 13 (16).
231) St. Muckel, Kriterien, S. 121.

하였느냐에 따라 법적으로 서로 상이한 취급을 받을 수 있다. 여기서 발생하는 불평등은 신뢰보호를 보장해야 하는 입법자의 형성 여지에 의해 정당화된다.

(2) 한시적·대상적으로 구법의 적용

과거에 발생한 사실에 대해 구법을 한시적(限時的)으로 또는 대상을 특정하여 적용할 수 있다. 한시적인 구법의 적용은 경과규정에서 구법의 한시적 적용을 규정하는 것이고, 적용대상의 한정 적용은 일정한 인적 집단을 신법의 적용대상에서 배제하고 구법을 적용하려는 것이다.[232]

(3) 적응지원제도

적응지원제도(Anpassungshilfe)란 당해 국민이 변경된 법률에 용이하게 적응하도록 하게 하기 위해 신법의 불리한 효과를 피할 수 있는 가능성을 제공하는 것이다.[233] 예를 들면, 법률개정의 목적을 달성하기 위하여 보조금 지급, 조세감면, 금융지원, 일정한 시설의 설치 등의 혜택을 제공하는 것이다.

(4) 신뢰 손해에 대한 보상

중대한 공익 등으로 인해 법률이나 행정행위의 변경이나 폐지가 이루어지지만, 이로 인해 개인의 보호가치있는 신뢰이익에 대한 침해로 발생한 손해는 재산적 손실로서 보상되어야 한다.[234]

7. 신뢰보호원칙과 다른 원칙과의 관계

(1) 신뢰보호원칙과 소급입법금지원칙

구체적 사건에서 헌법원칙에 의한 심사에 있어서 헌법원칙 간의 관계가 문제될 수 있다. 예를 들어 소급입법금지원칙과 신뢰보호원칙 간의 문제이다.

---

232) St. Muckel, Kriterien, S. 122.
233) St. Muckel, Kriterien, S. 125.
234) St. Muckel, Kriterien, S. 126.

1) 소급효의 가상적(假像的) 내용

소급적 법률이 과거 사실을 변경할 수는 없다. 소급적 법률은 그 법적 효력 발생 후부터 과거의 법률의 효력을 변경하는 것이다. 소급효 개념은 가정적인 방법으로 법적 효력을 과거의 사실상태와 법상태에 미친다는 가정으로부터 시작된다. 법률의 소급효는 과거 사건에 대한 법적 효력과 관련하여 가정적인 소급효의 형태라 할 수 있다. 또한 입법자는 법률이 이미 과거에 적용되었던 것처럼 법률을 적용하라고 소급적 법률을 제정한 것이기 때문에, 이러한 가정은 정의하기 어렵다. 이러한 정의하는 것은 과거의 사건과 그와 관련된 소급적 법률 간의 시간적 간격을 봉쇄하고 그로 인해 과거의 사건을 새로운 법규범의 적용하에 둠으로써 법적 효력을 실질적으로 동시간대로 두려는 것이다. 법률의 소급효는 가정이라 할 수 있다.

2) 진정소급입법과 부진정소급입법 간의 구분

소급효의 유형에 따라 신뢰보호원칙이 독자적인 원칙으로 작용하는지가 문제된다. 과거의 사실관계 또는 법률관계를 규율하기 위한 소급입법의 태양을 이미 과거에 완성된 사실·법률관계를 규율대상으로 하는 '진정소급입법'과 이미 과거에 시작하였으나 아직 완성되지 아니하고 진행과정에 있는 사실·법률관계를 규율대상으로 하는 '부진정소급입법'의 양자로 구분한다.[235] 독일 연방헌법재판소 제1재판부는 규율되는 사실관계의 시점을 기준으로 하여, 완성된 사실관계는 진정소급입법으로 보며, 아직 완성되지 않은 사실관계는 부진정소급입법으로 구분하여 판단하고 있다.[236]

진정소급입법은 원칙적(原則的)으로 금지(禁止)된다. 왜냐하면, 입법권자의 입법형성권보다 당사자의 구법질서에 대한 신뢰보호원리 및 법적 안정성을 유지하기 위해 특단의 사정이 없는 한, 구법에 의하여 이미 획득한 법적 권리는 신법에서도 그대로 존중할 의무가 있기 때문이다.[237]

반면, **부진정소급입법**은 원칙적(原則的)으로 허용(許容)된다. 국가 공권력

235) 헌재 1989. 3. 17. 88헌마1, 17－18 ; 1996. 2. 16. 96헌가2등, 84－89 ; 1999. 4. 29. 94헌바37등, 318; 2002. 7. 18. 99헌마574, 43 참조.

236) BVerfGE 95, 64 (85 f.); BVerfGE 101, 239 (263 f.).

237) BVerfGE 30, 272 (285 f.).

이 개인의 과거 특정행위시 적용되던 법적 효과보다 더 부담적인 법적 효과를 추후에 소급하여 당해 특정행위에 부과한다면, 개인은 자신의 신뢰이익을 현저히 침해받게 될 것이다.[238] 다만, 부진정소급입법에 있어서도 소급효를 요구하는 공익상의 사유와 신뢰보호의 요청 사이의 비교형량 과정에서, 신뢰보호의 관점이 입법자의 형성권에 제한을 가하게 된다.[239]

진정소급입법의 경우에는 기본권 침해 여부를 심사하는 다른 원칙심사와 병렬적으로 신뢰보호원칙이 독자적인 심사기준으로 의미를 가져 위헌 여부의 판단으로서 작용한다. 그러나 기본권에 대해 부진정소급입법을 심사할 경우에는 비례성 원칙과 신뢰보호원칙이 동시에 심사기준으로서 작동한다.[240] 결국, 부진정소급입법의 경우에는 기본권제한 입법의 위헌 여부 판단 문제로 되어 형량의 문제가 중요한 심사기준이 된다.

3) '법효과의 소급적용'과 '구성요건의 소급연결' 간 구분

독일 연방헌법재판소 제2재판부는 '진정소급입법'과 '부진정소급입법'간의 전통적인 구분을 포기하고, **'법효과의 소급적용'**과 **'구성요건의 소급연결'** 간 구분으로 새로운 이론구성을 하였다. 독일 연방헌법재판소는 특정한 그리고 규범관련적 시점 전에 존재하는 시간에 법적 효과가 나타나는지(법효과의 소급적용) 아니면, 규범관련적 시점에 또는 시점 후에 시작되는 시간에 법적 효과가 나타나는지(구성요건의 소급연결) 여부로 구분한다.[241] 이러한 구별은 법규범의 '시간적' 적용영역과 '물적' 적용영역의 구별을 기초로 한 것이다. 법규범에 내포된 모든 징표들을 법규범의 사실적인 적용영역에 적용하고, 이러한 모든 징표들은 '구성요건적 징표'라고 한다.[242]

법효과의 소급적용은 법규범의 시간적인 적용영역과 관련된 것이다.[243] 반면, 구성요건의 소급연결은 법규범의 시간적인 적용영역의 문제가 아니라,

238) BVerfGE 72, 200 (257 f.); 97, 67 (78).

239) 헌재 1989. 3. 17. 88헌마1, 17－18; 1996. 2. 16. 96헌가2등, 84－89; 1999. 4. 29. 94헌바37등, 318; 2002. 7. 18. 99헌마574, 43. 또한 BVerfGE 43, 291 (391); 67, 1 (15); 75, 246 (280).

240) BVerfGE 31, 275 (293); Götz, Bundesverfassungsgericht, S. 436 ff.; Maurer, HbStR IV, § 79 Rn. 48 ff.; Möller/Rührmair, NJW 1999, S. 910 f.; Hey, Steuerplanungssicherheit, S. 135 ff., 178 ff.

241) BVerfGE 61, 1 (15); 63, 343 (353); 72, 200 (241 f.).

242) Vgl. BVerfGE 72, 200 (242).

243) BVerfGE 72, 200 (241); 97, 67 (78 f.).

법규범의 물적인 적용영역과 관련된 것이다.[244] 이는 법률의 공포 전에 이미 구성요건의 사실관계가 완성되어 법률의 공포 후에 법률의 법적 효과가 발휘되는 것을 말한다.[245] 독일 연방헌법재판소 제2재판부의 기준에 의하면, 법효과의 소급적용은 규범의 법적 효과가 법률의 공포 시점 전에 발생하는 것이고, 구성요건의 소급연결은 규범의 법적 효과가 법률의 공포 후에 비로소 발생하고, 규범이 장래에만 법적 효과를 미칠 뿐이고 그 구성요건은 법률 공포 전에 이미 실현된 것이다.[246] 법효과의 소급적용은 원칙적으로 금지되지만, 구성요건의 소급연결은 원칙적으로 허용된다.[247] 법효과의 소급적용이 허용되는지 여부는 법치국가원리의 일반적 원칙들, 특히 신뢰보호원칙과 법적 안정성의 원칙에 따라 판단된다. 이때 추후 개정된 법률의 법적 효과에 의하여 그 보호영역이 불리하게 제한되는 기본권은 간접적으로 고려된다. 반면 구성요건의 소급연결의 허용 여부는 우선 법치국가원리에 따라 판단되는 것이 아니라, 기본권에 의거하여 직접 판단된다. 그러나 이 경우에도 신뢰보호원칙, 법적 안정성 원칙, 비례성 원칙과 같은 법치국가원리의 일반적 원칙들이 준수되어야 한다.

독일 연방헌법재판소 제2재판부는 당해 법규범을 기준으로 삼는다.[248] 그러나 제2재판부는 1997년 12월 3일 판결[249]에서 '법효과의 소급적용'을 '진정소급입법'와, '구성요건의 소급연결'을 '부진정소급입법'과 동일하다고 판시하고 있다.

4) 우리나라 헌법재판소의 소급효 법해석

수많은 판례에도 불구하고 우리나라 헌법재판소의 소급입법 결정들은 현재까지 정확히 정리되지 않고 있다. 헌법재판소의 소급입법 결정들은 결과에 대한 예측가능성이 없기에 비판을 받고 있으며, 지금까지 의구심과 불확실성의 상태에 있다. 우리나라 헌법재판소는 구성요건의 완성성이라는 형식적 기

---

244) BVerfGE 31, 275 (292 ff.); 72, 200 (242); 97, 67 (79).

245) BVerfGE 63, 343 (353 ff.); 72, 200 (241 ff.); 97, 67 (78 f.).

246) BVerfGE 97, 67 (78 f.).

247) BVerfGE 97, 67 (78 f.).

248) K. Vogel, JZ 1988, S. 837 f.; Fiedler, NJW 1988, S. 1625 (1626); Pieroth, JZ 1990, S. 280 f.; H. Maurer, Kontinuitätsgewähr und Vertrauensschutz, in: J. Isensee/P. Kirchhof, HStR IV, 3. Aufl., § 79 Rn. 26; K. Fischer, JuS 2001, S. 865; Hey, Steuerplanungssicherheit, S. 207.

249) BVerfGE 97, 67 (78 f.).

준을 가지고 진정소급입법과 부진정소급입법을 구분한다. 이러한 형식적 기준으로는 실질적으로 관련된 관점들이 고려되지 않고 있다.

헌법재판소는 구성요건의 완성성이라는 형식적 기준을 가지고 소급적 법률의 헌법적 허용성에 대해 선(先)판단한다. 비록 특정한 사실형성이 헌법재판소가 생각한 진정소급입법과 부진정소급입법의 기준에 해당되지 않더라고 헌법재판소는 부진정소급입법의 헌법적 판단과 관련하여 자신의 기준으로 판단하고 있다.

또한 우리나라 헌법재판소는 판례를 통해 소급입법금지의 예외의 정당성 근거를 유형별로 발전시켰다. ① 국민이 새로운 법규범을 고려해야만 할 경우, ② 이전의 법상태가 불명확하고 혼란스러운 경우, ③ 이전의 법규범이 위헌이고 무효이어서, 소급적인 새로운 법규범에 의해 대체되어야 할 경우, ④ 보호가치있는 신뢰보호보다 상충하는 공익이 우월한 경우에 진정소급입법은 예외적으로 허용된다.[250)]

불명확하고 혼란스러운 경우라는 소급입법금지의 예외는 판례에서 모순되는 적용을 경험하면서, 매우 추상적이고 미완성적인 표현에 기초하고 있다. 왜냐하면, 국민은 법적 상황의 소급적인 해명(소급입법)을 미리 고려해야만 하며, 어떠한 전제조건하에서 소급적인 법적 상황이 불명확하고 혼란스럽게 되는 상황인지를 스스로 판단해야 하기 때문이다. 이는 일반국민이 명확히 판단하거나 확정할 수 없는 일이다.

5) 신뢰보호원칙과 소급입법금지원칙과의 관계

소급입법의 경우 신뢰보호원칙이 적용되는 경우가 있으나, 소급입법이 아닌 경우(장래에 대해서만 효력을 가지는 경우)에도 신뢰보호원칙이 적용될 수 있는가가 문제된다. 또한 신뢰보호원칙과 소급입법금지원칙의 관계에 있어서 양자의 적용영역이 다른 별개의 원칙인가 아니면, 신뢰보호원칙과 소급입법금지원칙이 밀접한 관련이 있는가가 문제된다.

종전법률의 개정으로 인하여 불이익을 입은 국민의 경우, 법률에 대한 신뢰보호는 소급입법금지원칙과 밀접한 관련이 있다. 따라서 신뢰보호원칙은 소

---

250) 헌재 1989. 3. 17, 88헌마1, 9; 헌재 1996. 2. 16, 96헌가2, 87-88; 헌재 1998. 9. 30, 97헌바38, 539.

급입법금지의 근거로서 뿐만 아니라, 소급입법금지의 한계로도 작용한다.[251] 이는 부진정소급입법의 경우에도 종전법률의 변경에 의해 불이익을 받는 당사자의 신뢰보호 문제에 있어서 소급입법금지는 중요한 기능을 담당한다.

소급입법은 아닌, 장래에 발생하는 사실관계나 법적 관계를 규율하는 법률규정에는 신뢰보호원칙이 적용되지 않는다. 입법자는 지금까지 규율하지 않았던 문제를 규율해야 하고 동시에 과거에 발생한 사실관계를 규율해야 할 때 문제된다.[252] 당해 국민은 그 당시에 규율된 법률이 개정되지 않을 것이라고 신뢰할 수는 없다.[253] 당해 국민은 특정한 단서가 제시될 경우 입법자는 특정한 방향으로 입법할 것이라고 확신할 수 없다.[254] 입법자는 장래를 향하여 개방되어 있어야지 특정한 것에 구속되어서는 안된다. 입법자는 새로운 발전에 반응해야 하고, 새로운 인식들을 수용해야 하며, 새로운 정치적인 사고들을 관철해야 한다. 따라서 장래를 위해 과거의 오류를 수정해야 한다. 이와 동시에 일관성(Kontinuität) 원칙은 급격한 변혁과 잦은 법률개정을 방지하기 위해 입법자에게 지속성과 일관성을 취하라고 요청하고 있다.[255]

우리나라 헌법재판소의 판례에 따르면, 부진정소급입법에 있어서 지금까지 수혜적인 법적 상황의 존속에 대한 국민의 신뢰는 보호가치가 없다. 헌법재판소는 거의 항상 부진정 소급입법 개정의 공익이 기존의 법률의 존속에 대한 국민의 신뢰보다 우월하다는 논증을 선호한다.

법률에 의해 야기된 사적 신뢰와 그 국민의 신뢰행위는 국가적 개정이익과의 형량시 매우 중요한 의미를 지닌다. 국가적 개정이익의 중요성이 법률에 의해 유도된 처분의 경우보다 더 우월한 중요성을 지닐 수 있는 경우도 가능하다. 중요한 판단기준은 법률상 신뢰의 정도가 어느 정도였는가 여부이다.

(2) 신뢰보호원칙과 비례성 원칙과의 관계

이론적으로 신뢰보호원칙과 비례성 원칙(과잉금지의 원칙)은 심사기준으로

---

251) Vgl. BVerfGE 13, 261 (272); 88, 384 (404); 101, 239 (266).
252) BVerfGE 103, 271 (287); 109, 96 (121 f.).
253) BVerfGE 15, 313 (324 ff.); 27, 375 (386); 38, 61 (83); 68, 193 (222); 105, 17 (40); 109, 133 (180 f.).
254) Vgl. BVerfGE 15, 313 (324); 94, 241 (258).
255) H. Maurer, HStR IV, § 79 Rn. 76.

서 명백히 구별되지만, 실무상 양자는 거의 동일한 사실관계와 법적용에 대한 규범적 평가가 이루어지는 경우가 있다. 신뢰보호원칙이 헌법적으로 독자적인 헌법원칙으로 기능할 수 있는 실익이 무엇인가 논의할 필요가 있다.

신뢰를 보호하는 방법이 있느냐의 문제는 수단의 적합성 영역에서 판단하고, 신뢰이익의 침해를 가져오는 수단이 목적을 실현하기 위해 필요한 한도를 넘는 수단인지 여부는 침해의 최소성에서 검토될 수 있다는 견해가 있다.[256] 또한 보호가치있는 신뢰이익과 공익과의 형량문제와 신뢰를 보호하는 방법을 규정하고 있느냐는 법익의 균형성(협의의 비례성 원칙)에서 판단할 수 있다고 한다. 따라서 신뢰보호원칙이 비례성 원칙과는 별개로 독립된 헌법원칙으로서 헌법재판의 심사기준이 될 수 있는지에 의문이 제기될 수 있다.

그러나 신뢰보호원칙에서 의미하는 신뢰 보호를 위해 구체적인 실현수단으로 사용되는 경과규정은 기존에 누리고 있던 신뢰이익에 대한 제약적 요소를 일정 부분 완화하는 완충조치이다. 경과규정을 규정하는 것은 위헌성을 피하기 위한 것이지, 법률상의 입법목적을 실현하기 위한 수단은 아니다. 이는 일반적인 비례성 원칙에서 거론하는 입법목적에 적합한 수단이냐의 물음에서 그 수단의 적합성과 관련된 것이 아니다. 더욱이 신뢰보호원칙에서 말하는 신뢰 침해의 중한 정도 내지 신뢰가 손상된 정도란 비례성 원칙에서 침해의 최소성 여부 판단과 관련이 전혀 없다. 신뢰이익이 침해가 어느 정도 되었느냐와 되도록이면 기본권의 침해가 적은 수단을 사용하라는 것과는 전혀 다른 차원이다. 신뢰이익이 침해가 적은 경우에는 신뢰보호원칙 판단을 할 필요성이 적어지는 것이다. 결국, 신뢰보호원칙에서 다루는 각 심사요소와 비례성 원칙에서의 각 심사요소는 각각 다른 심사 초점을 겨냥하고 있다. 두 헌법원칙이 각각 심사기준의 차이로 인해 독자적 헌법원칙으로 보아야 하는 이유가 있다.

다음으로 헌법재판의 심사기준으로서 신뢰보호원칙과 비례성 원칙(과잉금지의 원칙)의 적용순서가 문제된다. 만약 신뢰보호원칙을 먼저 적용하여 심사한 결과 신뢰보호원칙 위반이 아니라고 판단되는 경우, 비례성 원칙 위반 여부를 다시 판단할 실익은 매우 적다. 왜냐하면, 신뢰보호원칙의 심사에도 공익과 사

256) B. Pieroth/B. Schlink, Grundrechte – Staatsrecht II, 25. Aufl., § 6 Rn. 305.

익간을 형량하는 과정이 있기 때문에, 또 다시 비례성 원칙으로 심사할 필요는 없다. 따라서 기본권 침해 여부를 비례성 원칙으로 심사한 다음, 신뢰보호원칙을 심사기준을 보충적으로 다시 판단할 수 있으나, 신뢰보호원칙 위반 여부를 심사한 다음, 비례성 원칙을 기준으로 다시 심사할 필요성은 적다. 일반적으로 기본권 제한입법의 한계원리로서 비례성 원칙으로 심사하고, 이러한 기본권침해가 발생하지 않았을 경우 보호할 만한 신뢰이익의 침해가 있는지 여부를 신뢰보호원칙에 의해 심사할 수 있다.

(3) 신뢰보호원칙과 평등원칙과의 관계

신뢰를 제공한 법률이 본래 제3자의 기본권을 침해하고 있어서, 신뢰이익의 보호를 위한 경과규정이나 적응보조규정이 오히려 제3자에게 차별 취급의 불이익을 심화시키는 경우 평등권 침해 여부가 문제된다. 헌법상의 신뢰보호는 신뢰가 형성될 수 있는 신뢰의 근거로서 법률을 필요로 한다. 신뢰보호원칙이 적용되는 법률은 부담적 법률에 한한다.[257] 국민의 권리나 이익을 침해하지 않거나 수혜적인 법률의 적용 사건의 경우에는 신뢰보호의 문제가 아니라, 평등원칙 위반 문제가 고려될 수 있다.[258]

8. 신뢰 보호의 상실시점

(1) 문제 제기

입법자가 소급입법을 제정할 경우, 법치국가원리로부터 도출되는 법적 안정성에 의해 그 한계가 설정된다.[259] 독일 연방헌법재판소 판례에 의하면, 예를 들면, 소득세, 법인세 등 기간적으로 사정하는 조세에 있어서 특별한 원칙들이 적용된다. 독일 연방헌법재판소는 완성된 사정기간에 대해 입법자가 소급적 개정입법을 하는 경우 진정소급입법으로 본다. 그에 반해 독일 연방헌법재판소는 진행되는 사정기간에 조세법을 개정하는 것은 부진정소급입법으로

257) BVerfGE 68, 193 (222).
258) 한수웅, 법률개정과 신뢰보호, 인권과 정의 250호, 1997. 6, 80면.
259) BVerfG 13. 5. 1986, NJW 1986, 2561 (2563).

본다. 기간 한정적 조세에 있어서 조세청구권은 사정기간인 1년세 원칙에 따라 1년이 경과한 후에 비로소 발생한다고 판시하고 있다. 따라서 법률의 개정시 국민의 신뢰이익이 언제부터 상실되는가가 중요한 문제가 된다.

(2) 학설

1) 연방의회의 법률의결설

독일 연방헌법재판소의 일관된 판례에 의하면, 국민의 보호가치있는 신뢰는 항상 새로운 법규범에 대한 연방의회의 최종적인 법률의결의 시점에 상실된다고 한다.[260] 법률의결일과 동시에 당사자는 새로운 규범의 공포 및 효력발생을 고려해야만 한다. 당사자는 결정된 법률상황에 자신의 행동을 준비하고 실행해야 하며, 법률의결의 시점에 새로운 규범을 실행할 수 있다.

2) 법률안 발의설

독일 연방헌법재판소는 과거의 판례와는 달리, 최근 판례에서 법률안의 발의시에 신뢰보호상실의 중요한 기준시점이 된다고 판시하고 있다.[261]

3) 법률공포설

신뢰보호의 상실을 연방의회의 법률의결과 관련시키는 것을 수용하면서도 부분적으로 문제를 제기한다. 보호가치있는 신뢰는 독일 기본법 제82조[262]에 의한 법률의 공고시 그리고 동의를 요하는 법률의 경우에는 독일 기본법 제77조 2a[263]에 의한 연방참사원의 동의시에 비로소 상실된다고 한다.[264]

---

260) BVerfGE 13, 261 (272 f.); 30, 272 (287); 31, 222 (227); 43, 291 (392); 72, 200 (260); 95, 64 (87); 97, 67 (79).
261) BVerfGE 97, 67 (82).
262) 독일 기본법 제82조(법률의 공고와 발효) (1) 기본법 조항에 따라 성립된 법률은 부서 후 연방대통령이 서명하고, 연방법률공보에 공고된다. 법규명령은 그것을 제정하는 기관에 의해 서명되고, 법률에 다른 규정이 없는 한, 연방법률공보에 공고된다. (2) 모든 법률과 법규명령은 효력발생일을 정해야 한다. 이에 관한 규정이 없을 때에는 연방법률공보가 발간된 후 14일째에 효력이 발생한다.
263) 독일 기본법 제77조(법률의결의 절차) 2a 법률이 연방참사원의 동의를 필요로 하는 때에는 연방참사원은 제2항 제1문에 따른 요구가 없거나 조정절차가 의결된 법률안에 대한 수정 제의 없이 종료된 경우에, 적절한 기간 내에 동의 여부에 관하여 의결하여야 한다.
264) Englisch/Plum, StuW 2004, S. 342 (354); Chr. Münch, DStR 1997, S. 1674 (1676); J. Hey, BB 1998, S. 1444 (1450); H. Schaumburg, DB 2000, S. 1884 (1888); Schmidt/ Hageböke, IStR 2002, S. 150 (156).

(3) 독일 연방헌법재판소의 예고효과

독일 연방의회에서 법률이 종국적으로 의결되는 시점 전에도 납세의무자의 신뢰이익 보호를 깨뜨리는 효과를 인정할 수 있는 시점이 존재하는가가 문제된다. 이에 대해 연방조세법원은 국고주의(國庫主義)적 입장에서 독일 연방헌법재판소의 조세 우대조치와 관련하여 이른바 '예고효과'(豫告效果) 이론을 주장한다. 이에 따르면, 법치국가적 입법절차는 일정한 시간을 필요로 하는데, 이는 자신에게 유리한 규정을 그 개정이나 폐지의 의회의 의결이 나기 전에 계속 향유하고자 하는 경향을 띠는 납세의무자에 의해 권리 남용의 소지가 있다는 것이다. 따라서 공공복리의 실현을 위해 새로운 법규범을 제정하기 바로 전에 법수범자의 처분행위가 새로운 법규범을 위반하지 않으면서 법률상 흠결을 제거하기 위해 입법자에게 일정한 형성여지가 주어져야 한다는 것이다. 즉, 만약 납세의무자가 법률개정의 예고를 입법자가 법률 개정을 통해 달성하려는 의도를 선수치기 위해 악용한다면, 법치국가원리는 지금까지의 법률 상태에 대한 국민의 신뢰를 보호하지 못한다고 한다.[265] 이러한 이론적 기초위에서 독일 연방조세법원은 납세의무자가 법상태의 변경을 고려해야 하는 시점을 훨씬 이전에 둠으로써 독일 연방의회에 법률개정안을 제출하는 시점을 납세의무자의 신뢰를 박탈하는 기준 시점으로 거론하고 있다.

(4) 소결

예고효과와 관련하여, 정부의 예고(Ankündigung)가 국민의 신뢰에 기초한 처분행위가능성에 영향을 주어서는 안된다. 정부의 예고가 국민의 신뢰에 영향을 준다면, 정부의 예고가 준입법권을 가지는 결과가 되고, 국회는 단순히 정부의 입법안을 형식적으로 확인하는 일만 하는 국가기관이 된다.

독일 연방헌법재판소 견해에 의하면, 당사자는 새로운 규범의 공포 및 효력발생을 고려해야만 하고, 자신의 행위는 의결된 법률상황을 예상하여야만 한다. 그러나 국민 누구나 소급효의 내용을 지닌 법규범을 연방의회의 법률의결과 동시에 인식해야 한다는 생각은 결코 이해되지 않는다. 신뢰보호는 법률 의결시가

---

265) BVerfGE 97, 67 (82).

아니라, 법률 공포시에 상실된다고 보아야 한다. 입법절차 중 국회의 개별적 행위를 일반국민이 모두 인식하라고 요구는 수용하기 어렵고, 일반적으로 법절차대로 공포된 법률을 국민은 인식하게 된다. 국민에게 이러한 입법절차에 관한 구체적 정보를 수집하도록 의무지울 수 없다. 국민이 국회의 법률 의결을 자신이 준수해야 할 내용으로 인식하지 못할 경우, 국민은 자신의 불인식을 인정할 필요도 없다. 또한 국회의 의결과 법률의 공포 간에는 시간적 간격이 존재하고 법적 불안정성이 존재한다. 또한 최종적인 법률 의결 시점에 대한 고려는 임박한 새로운 법규범의 인식 또는 불인식에 의해 평가되지 않는다. 오히려 신뢰 상실의 시점을 확정하는 것은 공익과 사익간 형량과정의 결과이다.

9. 소결

행정작용에 대한 신뢰보호원칙의 적용요건과 입법작용(특히 법률)에 대한 신뢰보호원칙의 적용요건은 서로 상이한 심사기준이 적용된다. 우리나라 헌법재판소는 입법작용에 대한 신뢰보호원칙의 판단기준으로서 '법규범의 개정에 대한 예측성'을 들고 있다. 이는 일반국민에게 요구할 수 없는 부당한 기준이고 신뢰보호사상을 저버리는 기준이라 할 수 있다.

신뢰보호원칙과 소급입법금지원칙은 법률 개정의 경우에 밀접한 관련이 있다. 즉, 신뢰보호원칙은 소급입법금지의 근거(根據)로서 뿐만 아니라, 소급입법금지의 한계(限界)로도 작용한다. 또한 신뢰보호원칙은 비례성 원칙과는 별개의 독자적 헌법원칙이지만, 신뢰보호원칙은 비례성 원칙의 보충적 심사기준으로 작용한다.

법률의 개정시 국민의 신뢰이익이 언제부터 상실되는가가 중요한 문제가 된다. 독일 연방헌법재판소는 납세의무자가 법률개정의 예고를 악용하는 경우, 그러한 국민의 신뢰를 보호하지 않기 위해 독일 연방의회에 법률안 발의시로 소급하여 신뢰이익의 상실시점을 두고자 한다. 그러나 신뢰보호는 국회에 법률안의 발의시나 법률 의결시가 아니라, 법률 공포시에 상실된다고 보아야 한다. 국민에게 국회의 입법절차를 항시 자세히 긴장하면서 관찰하고 주시하도록 요구해서는 안된다.

Ⅴ. 소급입법금지의 원칙

1. 서 설

국가는 법치국가원리에 의거하여 기본권보장의 조건으로서 국민의 국가작용에 대한 예측가능성(豫測可能性)을 보장해야 한다. 특히, 오늘날 사회국가에서 국민은 자신의 생존이나 개성 신장을 위해 국가가 제공하는 급부(給付)나 국가로부터 부여받는 허가(許可) 등에 의존하기 때문에, 국가작용에 대한 예측가능성이 보장될 때 비로소 국민의 기본권은 실현될 수 있다.[266] 그 결과 오늘날의 복지국가에서는 법치국가원리의 본질적 요소인 '**법적 안정성**' 요청이 더욱 중요한 의미를 지니게 되었다. 법적 안정성 원칙은 법치국가원리의 핵심적 요소에 속한다. **법적 안정성**이라는 헌법원리는 국가와 국민의 관계에 있어서 국민이 자신의 생활을 자신의 설계하에 형성하는데 필요한 '신뢰'(信頼)라는 기준에 초점을 두고 있다. 법적 안정성이 보장되어야만 자유를 향유하는 국민은 자신의 생활방향을 정할 수 있고, 예측가능한 국민생활을 영위할 수 있다.

법규범의 항구성과 적응성 사이에는 긴장관계가 존재한다. 법의 항구성은 '일관성 보장'과 '신뢰 보호'라는 2가지 헌법원리에 의해 실정법적으로 구체화된다. 그러나 법규범의 개정을 하려는 입법자의 계획은 국민의 존속이익과 상충하지만, 법규범의 개정 불가피성도 고려되어야 한다. 소급입법은 법규범에 대한 신뢰성과 법규범의 개정성 간에 형성된 갈등으로 작용하게 된다. 이 경우 소급입법에 대한 법해석이 중요한 의미를 지니게 된다.

2. 소급입법금지원칙의 법이론적 전개

(1) 소급입법의 적용영역상 제한

독일 통설(通說)에 의하면, 소급입법은 소급효를 지닌 부담적(負擔的; belastend) 법률과 관련되어 있다.[267] 다시 말하면, 수혜적(受惠的)인 소급입법은

266) Vgl. J. Isensee, JZ 1999, S. 265 (271 ff.).

267) H. Maurer, Kontinuitätsgewähr und Vertrauensschutz, § 79 Rn. 38; H. B. Brockmeyer, in: Schmidt–Bleibtreu/Klein,

헌법적으로 문제되지 않는다. 독일 연방헌법재판소 판결에서도 소급효를 지닌 부담적 법률은 법치국가원리에 부합하지 않는다고 판시하고 있다.[268] 법규범의 수범자인 국민의 법적 지위를 사후에 악화(惡化)시키지 않는 법률개정은 결코 당해 국민에게 불이익을 발생시키지 않는다.[269] 독일 연방헌법재판소는 법률의 소급적 악화를 통해 국민의 법적 지위와 관련한 법적 안정성을 침해하였는지를 심사한다.[270] 또한 소급입법금지원칙은 수혜적 법률에 적용되는 것이 아니라, 부담적 법률에 적용되게 된다. 따라서 독일 연방헌법재판소 견해에 의하면, 소급효를 지닌 수혜적 법률의 경우에는 헌법적 심사가 불필요하게 된다. 다만, 법률의 개정으로 비교가능한 대상간 사실관계의 불평등이 발생하면, 독일 연방헌법재판소는 일반적인 평등원칙 위반 여부를 확인할 수 있다.[271]

부담적 법률로 소급입법 판단의 적용영역을 한정한 것은 개인이 획득한 법적 지위를 고려하도록 하는 신뢰보호원칙의 인적(人的) 특징에 부합하게 된다. 이는 신뢰보호원칙이 법치국가원리에 근거할 뿐만 아니라, 기본권과도 관련되기 때문에 불가피한 것이다.[272]

(2) 형법상 소급입법금지

소급입법금지는 법치국가에서 국가행위의 일관성과 예견가능성을 전제로 한다. 비(非)법치국가적 법질서에서는 엄격한 의미에서 신뢰 보호를 위한 토대가 존재하지 않는다.[273] 소급입법금지원칙은 법치국가에서 법규범 상황에 걸맞게 제정되어야 하고, 국민의 행위 전에 형벌이 법률상 규정되어야 한다. 이러한 방식으로 소급입법금지원칙은 자의적인 국가의 침입으로부터 국민을 보호하게 된다.[274]

독일 기본법 제103조 제2항에는 명문으로 소급입법금지원칙을 규정하고

GG, 9. Aufl., Art. 20, Rn. 30; G. Roellecke, in: D. C. Umbach/Th. Clemens (Hrsg.), GG, Bd. I, 2002, Art. 20 Rn. 93.

268) BVerfGE 18, 429 (439); 23, 12 (32); 24, 220 (229); 30, 367 (385 f.); 30, 392 (401); 32, 111 (123); 50, 177 (193).

269) BVerfGE 14, 288 (299); 15, 313 (324).

270) Vgl. BVerfGE 13, 206 (212); 13, 261 (271 f.); 25, 269 (289 f.); 33, 265 (293).

271) G. Dürig, in: Maunz/Dürig, GG, Art. 3 Abs. 1, Rn. 221; F. Klein/G. Barbey, Bundesverfassungsgericht und Rückwirkung von Gesetzen, 1964, S. 72 ff.

272) A. Leisner, Kontinuität als Verfassungsprinzip, S. 489.

273) Vgl. BVerfGE 95, 96 (132 f.).

274) G. Werle, Rückwirkungsverbot und Staatskriminalität, NJW 2001, S. 301 (303).

있다. 또한 이 기본법 조항은 '소급적인 형벌의 설정'과 '소급적인 형벌의 가중'을 금지하고 있다.[275] 사후 개정된 법규범이 과거 행위의 불법적 내용 평가를 행위자에게 불리하게 변경하는 것을 금지한다.[276] 독일 기본법 제103조 제2항에서는 형법의 예견가능성, 즉 기대되는 형벌의 예측가능성을 보장하고 있다.[277] 독일 기본법 제103조 제2항의 문언에서 도출할 수 있는 것은 새로운 형벌규정의 도입과 형벌규정의 강화는 장래를 향해서만 적용될 수 있다.[278]

독일 형법상 소급입법금지는 2가지 기능을 수행하고 있다. 하나의 기능은, 언제 특정한 행위가 처벌되고 어떻게 처벌될 수 있는지를 사전에 알 수 있도록 개개인의 주관법적 '신뢰 보호'에 기여한다.[279] 또 다른 기능은, 독일 기본법 제103조 제2항의 소급입법금지는 입법자의 자의를 배제함으로서 '법적 안정성'의 사상인 객관법적 요소를 담고 있다.[280]

독일 통설에 의하면, 독일 기본법 제103조 제2항의 **절대적(絶對的) 소급입법금지**가 형법 영역에 적용된다고 한다.[281] 당사자의 보호가치있는 신뢰 간에 형량이 필요한, 그리고 진정소급입법과 부진정소급입법 간의 구분에 입각한 판단이 필요한 일반적인 소급입법금지와는 달리, 독일 기본법 제103조 제2항의 형사법상의 소급입법금지는 형량을 하지 않으므로 '**절대적 소급입법금지**'로 평가된다.[282]

---

275) BVerfGE 25, 269 (285); 26, 41 (42); 46, 188 (193); 81, 132 (135); 95, 96 (131); G. Nolte, in: v. Mangoldt/Klein/Starck (Hrsg.), GG Bd. 3, Art. 103 Abs. 2 Rn. 119; H. Schulze-Fielitz, in: Dreier (Hrsg.), GG III, Art. 103 Abs. 2, Rn. 42; Ch. Degenhart, in: Sachs (Hrsg.), GG, Art. 103 Rn. 73; H. Hill, in: J. Isensee/P. Kirchhof, HStR VI, § 156 Rn. 67; P. Kunig, Das Rechtsstaatsprinzip, S. 417; B. Pieroth, in: Jarass/ders., GG, Art. 103 Rn. 52; H. Rüping, in: BK, Art. 103 Abs. 2 Rn. 56; E. Schmidt-Aßmann, in: Maunz/ Dürig, GG, Art. 103 Abs. 2, Rn. 235.

276) BVerfGE 46, 188 (193); 95, 96 (131).

277) V. Götz, Bundesverfassungsgericht und Vertrauensschutz, in: Chr. Starck (Hrsg.), BVerfG und GG Bd. II, 1976, S. 421 (431).

278) P. Kunig, Das Rechtsstaatsprinzip, S. 417; E. Schmidt-Aßmann, in: Maunz/Dürig, GG, Art. 103 Abs. 2, Rn. 239.

279) H. Hill, in: J. Isensee/P. Kirchhof, HStR VI, § 156 Rn. 59; P. Kunig, in: v. Münch/ders., GG III, Art. 103 Rn. 21; E. Schmidt-Aßmann, in: Maunz/Dürig, GG, Art. 103 Abs. 2, Rn. 236.

280) BVerfGE 64, 389 (394); Ch. Degenhart, in: Sachs (Hrsg.), GG, Art. 103 Rn. 50; H. Schulze-Fielitz, in: Dreier (Hrsg.), GG III, Art. 103 Abs. 2, Rn. 11.

281) V. Epping, in: Der Staat 34 (1995), S. 243 (261); H. Hill, in: J. Isensee/P. Kirchhof, HStR VI, § 156 Rn. 67; H. Maurer, Kontinuitätsgewähr und Vertrauensschutz, § 79 Rn. 59; P. Kunig, in: v. Münch/ders., GG III, Art. 103 Rn. 34; E. Schmidt-Aßmann, in: Maunz/Dürig, GG, Art. 103 Abs. 2, Rn. 238.

282) Ch. Degenhart, in: Sachs (Hrsg.), GG, Art. 103 Rn. 72; H. Schulze-Fielitz, in: Dreier (Hrsg.), GG III, Art.

독일 연방헌법재판소 판례에 의하면, 절대적 소급입법금지는 법질서 일반에 적용되는 것이 아니라, 형법에만 적용된다고 한다.[283] 독일 기본법 제103조 제2항에 규정된 소급입법금지가 징계법상 처분 및 군법상 처분에 적용되는지에 대해 논란이 있다.[284] 독일 통설에 의하면, 형사소송법상 공소시효나 기소조건 등 형사소추의 전제조건은 독일 기본법 제103조 제2항의 의미에서 형사법에 포함되지 않는다. 따라서 독일 기본법 제103조 제2항은 일반적 소급입법금지를 의미하지 않는다.[285]

소급입법 문제와 관련하여 독일 연방헌법재판소는 소급입법과 관련한 첫 번째 판례[286]에서 형법을 제외하고 소급입법을 배제하는 실정법상 어떠한 규정도 존재하지 않는다고 판시하였다. 이러한 독일 연방헌법재판소 판결은 형사법적 소급입법금지의 특별한 지위를 인정하는 것이었다.[287] 하지만 독일 연방헌법재판소는 1996년 10월 24일의 판례[288]에서 절대적 소급입법금지원칙을 파기하면서 "기본법 제103조 제2항은 절대적 소급입법금지의 예외를 헌법 그 자체에서 허용하고 있다"고 판시하였다.[289] 독일 연방헌법재판소가 견지한 유권해석에 의해, 독일 기본법 제103조 제2항의 절대적 소급입법금지는 일반적 소급입법금지로 그 수준이 약화되었다.[290]

---

103 Abs. 2, Rn. 43, 47 ff.; E. Schmidt–Aßmann, in: Maunz/Dürig, GG, Art. 103 Abs. 2, Rn. 177, 238.

283) BVerfGE 2, 237 (265); 7, 89 (95); 26, 186 (203 f.).

284) Ch. Degenhart, in: Sachs (Hrsg.), GG, Art. 103 Rn. 54; H. Schulze–Fielitz, in: Dreier (Hrsg.), GG III, Art. 103 Abs. 2, Rn. 16; E. Schmidt–Aßmann, in: Maunz/Dürig, GG, Art. 103 Abs. 2, Rn. 196.

285) F. Klein/G. Barbey, Bundesverfassungsgericht und Rückwirkung von Gesetzen, S. 9; E. Schmidt–Aßmann, in: Maunz/Dürig, GG, Art. 103 Abs. 2, Rn. 238; Karl–Peter Sommermann, in: v. Mangoldt/Klein/Starck, GG II, Art. 20, Rn. 284; H. Maurer, Kontinuitätsgewähr und Vertrauensschutz, § 79 Rn. 59.

286) BVerfGE 2, 237 (265).

287) BVerfGE 30, 367 (385).

288) BVerfGE 95, 96 ff.

289) BVerfGE 95, 96 (132).

290) B. Schlink, in: FS für A. Podlech (1995), S. 55 (62, 64).

3. 소급입법의 구분

(1) 진정소급입법과 부진정소급입법

1) 진정소급입법과 부진정소급입법 간 구분기준

소급입법의 개념과 구분이 다양한 기준들에 의해 발전했다는 것은 소급입법의 개념과 구분이 그만큼 어렵다는 것을 증명해 준다.[291] 독일 연방헌법재판소는 법치국가원리로부터 진정소급입법과 부진정소급입법의 구분을 주장하는 일련의 기준들을 발전시켜 왔다. 그러나 일관되지 못한 소급효 개념과 구분에 관한 수많은 판례들을 제시해 왔다.

진정소급입법과 부진정소급입법의 구분과 관련하여 독일 연방헌법재판소 제1재판부와 제2재판부는 상이한 심사잣대를 사용하였다.[292] 독일 연방헌법재판소 제1재판부는 1960년 5월 31일 판결에서 "법률이 과거에 속하는 완성된 구성요건에 대해 추후에 변경하여 영향을 미치는 경우, 법률의 진정소급입법은 발생한다.[293] 그에 반해 어느 규범이 현재 아직 완성되지 않은 사실관계 및 법률관계에 장래를 향해 효력을 미치고 동시에 당해 법적 지위를 추후에 무가치하게 만드는 경우, 부진정소급입법이 발생한다."[294]고 판시하였다. 이러한 소급효의 정의와 구분으로부터 2가지 특징을 발견하게 된다. 하나는 **법 개정을 전제한다**는 것이고, 다른 하나는 **완성된 구성요건과 완성되지 않은 구성요건을 구분한다**는 것이다.[295] 이러한 구분에 의하면, 소급적 법규범과 관련된 사실관계가 법률의 공포전에 이미 완성되었는지 아니면, 장래에도 여전히 효력을 미치는지 여부가 헌법적 심사기준을 획정하는데 있어서 중요한 기준이 된다.[296]

독일 연방헌법재판소 판례에 의하면, 법률이 과거에 속하는 완성된 구성요건에 대해 추후 변경하여 영향을 미치는 경우, 법률의 진정소급입법은 발생

---

291) H. Maurer, Kontinuitätsgewähr und Vertrauensschutz, § 79 Rn. 16 ff., 27 ff.

292) Vgl. J. Fiedler, Neuorientierung der Verfassungsrechtsprechung zum Rückwirkungsverbot und zum Vertrauensschutz?, NJW 1988, S. 1624 ff.; Chr. Brüning, Die Rückwirkung von Legislativakten, NJW 1998, S. 1525 ff.

293) BVerfGE 11, 139 (145 f.); 19, 119 (127); 22, 241 (248); 57, 361 (391); 68, 287 (306); 95, 64 (86).

294) BVerfGE 30, 392 (402 f.); 57, 361 (391); 68, 287 (306); 95, 64 (86).

295) B. Pieroth, Die neuere Rechtsprechung des Bundesverfassungsgerichts zum Grundsatz des Vertrauensschutzes, JZ 1990, S. 279 (280).

296) T. Rensmann, Reformdruck und Vertrauensschutz, JZ 1999, S. 168 (169).

하게 된다.[297] 입법자가 완성된 사실관계에 추후 불리한 법적 효과를 미쳐 국민의 처분행위시에 당해 국민이 이를 고려할 수 없었다면, 입법자는 국민의 법질서 존속에 대한 신뢰를 저버리는 것이다.[298] 이러한 취지에서 진정소급입법은 원칙적으로 불허된다.[299] 이러한 소급입법금지원칙에 대해 예외가 형성되었다. 이에는 국민의 신뢰가 불명확한 법적 상황에 기초한 경우, 국민이 그러한 법적 규율을 고려했어야만 하는 경우, 신뢰가 형성되지 않거나 신뢰의 보호가치가 없는 경우 등이다. 또한 다른 예외로는 경미한 사건의 경우와 절박한 공공복리에 근거하여 소급입법이 정당화되는 경우이다.[300]

그에 반해, 부진정소급입법은 신뢰보호사상에 위배되지 않는다. 왜냐하면, 아직 완성되지 않은 사실관계에 적용되기 때문에 국민의 신뢰를 보호하는 신뢰보호조치가 불충분하지 않기 때문이다.[301] 독일 연방헌법재판소는 일관되게 판례에서, "어느 법규범이 현재 아직 완성되지 않은 사실관계 및 법률관계에 장래를 향하여 효력을 미치고 동시에 당해 법적 지위를 추후에 악화시키거나 전부 또는 일부 무가치하게 만드는 경우, 부진정소급입법이 가능할 수 있다." 고 설명한다.[302] 이러한 상황에서 신뢰가 특정한 법적 상황에서 객관적으로 정당화되지 못할 경우, 경우에 따라서는 그 신뢰는 보호되지 않게 된다.[303] 결국 부진정소급입법은 헌법상 원칙적으로 허용된다.[304]

2) 연방헌법재판소 제1재판부의 구분에 대한 비판

독일 연방헌법재판소 제1재판부는 2가지 유형화된 신뢰 상황에 따라 각각 상이한 헌법적 보호수준을 적용하여 진정소급입법과 부진정소급입법으로 구분한다.[305] 독일 연방헌법재판소 제1재판부가 진정소급입법과 부진정소급입법

---

297) Vgl. BVerfGE 57, 361 (391); 68, 287 (306).
298) BVerfGE 13, 261 (271); 30, 367 (385 f.).
299) BVerfGE 11, 139 (145 f.); 57, 361 (391); 63, 152 (175); 68, 287 (306); 95, 64 (86); 97, 67 (78); 101, 239 (263); 122, 374 (394).
300) E. Schmidt-Aßmann, Der Rechtsstaat, in: HStR II, § 26 Rn. 86.
301) BVerfGE 14, 288 (299); 22, 241 (252); 24, 220 (230); 30, 367 (389); 48, 403 (416); 50, 386 (396); 67, 1 (15); 68, 287 (307); 70, 69 (84); 75, 246 (280); 76, 256 (350 f.).
302) BVerfGE 11, 139 (145 f.); 14, 288 (297); 51, 356 (362); 64, 87 (104); 69, 272 (309); 101, 239 (263).
303) BVerfGE 13, 261 (271); 18, 135 (144); 19, 119 (127); 22, 330 (347); 23, 85 (94); 25, 269 (291); 30, 367 (387); 32, 111 (123); 38, 128 (136).
304) BVerfGE 95, 64 (86); 101, 239 (263); 122, 374 (394).
305) T. Rensmann, Reformdruck und Vertrauensschutz, S. 168.

간 구분을 통해 의도한 것은 헌법적 심사기준의 차등화다. 독일 연방헌법재판소는 진정소급입법과 부진정소급입법 간에 상이한 헌법적 기준을 적용하여 판단하기 때문이다. 그러나 이렇게 진정소급입법과 부진정소급입법으로 구분한 것은 상당한 문제를 지니고 있다. 먼저 진정소급입법에 대한 엄격한 규범적 정의에서 문제가 발생한다. 이와 동시에 부진정소급입법의 구분을 필수적으로 정당화할 수 있어야만 한다. 독일 연방헌법재판소가 만들어낸 진정소급입법과 부진정소급입법라는 용어 자체에서부터 문제가 발생한다. 어느 법규범 자체로부터 구성요건이 완성되었는지 아니면, 완성되지 않았는지 여부를 도출해 낼 수 없고, 완성된 구성요건으로서의 사실관계라는 것은 그 자체로서 생각해 내기가 불가능하다.[306] 법적 개념으로서 구성요건이 이미 과거에 완성되었는지 여부나 현재에 계속 유지되고 있는지 여부는 사실 확인의 문제가 아니라 법적 평가의 문제다.[307]

이러한 소급입법의 개념을 양분하여 구분하는 것은 '구성요건'이라는 개념이 아직 명확히 정의되지 않았기 때문에 문제가 발생한다.[308] 형법상 구성요건 또는 세법상 구성요건 등 법에 규정된 구성요건을 일반적으로 구성요건으로 이해한다. 그리고 구성요건이란 법규범상 그 법적 효과에 의해 좌우되는 추상적으로 구성된 전제조건의 총체를 의미한다.[309] 따라서 이렇게 이해되는 구성요건이란 개념은 완성이 되지 않은 것이다. 또한 이러한 구성요건은 법률이 개정되는 순간 바로 과거에 속하게 된다.[310]

독일 연방헌법재판소 제1재판부가 사용하는 용어는 결정적인 판단기준으로 명확하게 인식될 수 없다. 구성요건과 사실관계 및 법률관계를 동일시함으로서[311] 실질적 대상이 구법에 구성요건으로 묘사된 사건인지 아니면 광의 내

306) W. Leisner, in: FS Berber, 1973, S. 271 (284 ff.); St. Muckel, Kriterien des verfassungsrechtlichen Vertrauensschutzes bei Gesetzesänderungen, 1989, S. 68 ff.; B. Pieroth, Rückwirkung und Übergangsrecht, 1981, S. 79 ff.

307) St. Muckel, Kriterien, S. 72; W. Seuffert, Rückwirkung von Steuergesetzen nach Verfassungsrecht, BB 1972, S. 1065 (1066); M. Aschke, Übergangsregelungen als verfassungsrechtliches Problem, 1987, S. 297.

308) K. Vogel, in: FS für Martin Heckel, 1999, S. 875 (876 f.); J. Hey, Steuerplannungssicherheit als Rechtsproblem, S. 204 f.; W. Seuffert, Rückwirkung von Steuergesetzen nach Verfassungsrecht, BB 1972, S. 1065 (1066).

309) M. Albert, Vertrauensschutz und rückwirkende Besteuerung, 2005, S. 41.

310) K. Vogel, in: FS für Martin Heckel, 1999, S. 875 (876).

311) BVerfGE 95, 64 (86).

지 협의로 이해되는 생활의 사실관계인지가 불분명하게 된다. 법률상 구성요건이 완성되었는지가 불분명하다면, 관련된 사건의 한정을 위해 그리고 완성된 사건의 판단을 위해 또 다른 기준이 필요하다.[312)]

독일 연방헌법재판소 판례에 의하면, 진정소급입법은 허용되지 않는 것으로 판시하고 있는 반면,[313)] 부진정소급입법은 헌법적으로 허용되는 것으로 판시한다.[314)] 부진정소급입법에 있어서 원칙적 허용의, 진정소급입법에 있어서 원칙적 불허용의 관계라는 원칙과 예외의 이론은 법치국가원리 내지 기본권 보장이라는 관점에서 고려하지 못하고 각각의 법률에 대한 평가에 있어서 헌법적으로 선(先)판단하는 결과를 가져온다. 결국 독일 연방헌법재판소는 진정소급입법과 부진정소급입법 간에 상이한 법적 효과를 부여하기 위해 양자로 구분한 것이라 할 수 있다.[315)]

독일 연방헌법재판소 제1재판부는 법률이 이미 완성되고 과거에 속한 행위와 관련되는지 또는 이러한 행위로부터 기인하여 현재 아직까지 지속되는 상태와 관련되는지 여부를 단지 법기술의 문제로 빈번하게 인식하고 있다. 입법자는 과거에 발생한 사건을 포섭하려고 할 것이기 때문에, 입법자는 법률의 효력발생을 과거 일자로 소급하여 둠으로써 이러한 효과를 가져오려고 한다.[316)] 입법자는 후에 제정한 규범이 그 법적 효과를 그 법규범의 전제조건에 좌우되는 것으로 하고 동시에 그 법규범은 사전의 사실관계를 포섭하는 것으로 구성할 수 있다. 이러한 방식으로 입법자는 진정소급입법과 부진정소급입법의 헌법적 구분 기준을 좌지우지할 수 있다.[317)] 또한 진정소급입법과 부진정소급입법 간 구분은 신뢰 상황의 보호가치성을 고려하지 못하고 있다. 예컨대 판례에서 조세의무자

---

312) B. Pieroth, Rückwirkung und Übergangsrecht, 1981, S. 79; T. Rensmann, Reformdruck und Vertrauensschutz, S. 170.

313) BVerfGE 11, 139 (145 f.); 57, 361 (391); 63, 152 (175); 68, 287 (306); 95, 64 (86); 97, 67 (78); 101, 239 (263).

314) BVerfGE 95, 64 (86); 101, 239 (263).

315) St. Muckel, JA 1994, S. 13 (14); St. Muckel, Kriterien des verfassungsrechtlichen Vertrauensschutzes bei Gesetzesänderungen, 1989, S. 71; K. H. Friauf, Gesetzesankündigung und rückwirkende Gesetzgebung im Steuer- und Wirtschaftsrecht, BB 1972, S. 669 (674); K. Fischer, Die Verfassungsmäßigkeit rückwirkender Normen, JuS 2001, S. 866.

316) K. H. Friauf, Gesetzesankündigung und rückwirkende Gesetzgebung im Steuer- und Wirtschaftsrecht, BB 1972, S. 669 (674); St. Muckel, Kriterien des verfassungsrechtlichen Vertrauensschutzes bei Gesetzesänderungen, 1989, S. 72; A. Leisner, Kontinuität als Verfassungsprinzip, 2002, S. 480.

317) D. Birk, Steuerrecht und Verfassungsrecht, Die Verwaltung Bd. 35, 2002, S. 91 (111); A. Leisner, Kontinuität als Verfassungsprinzip, S. 480.

의 조세의무를 유발하는 행위를 고려하는 것이 아니라, 대부분의 조세유형에 있어서 과세기간의 만료를 전제로 한 조세권의 발생을 고려하기 때문에 이러한 판례의 입장은 법치국가적 신뢰보호를 형해화시킨다.[318]

(2) 법효과의 소급적용과 구성요건의 소급연결

1) 독일 연방헌법재판소 제2재판부의 구분기준

독일 연방헌법재판소 제2재판부는 1983년 3월 22일 판결[319]에서 처음으로 **법효과의 소급적용** 개념을 주장하였고, 그 이후 일관되게 판례에서[320] 이러한 개념을 주장하고 있다. 독일 연방헌법재판소 제2재판부는 소급입법 문제를 구성요건의 완결성 여부의 문제라기 보다는 오히려 평가종속적인 형식적 기준을 가지고 판단하였다.[321] 이러한 의미에서 '**법효과의 소급적용**'과 '**구성요건의 소급연결**'은 상이한 법치국가적 요청에 부합하는 것이라고 연방헌법재판소 제2재판부는 설명하고 있다.[322] 법규범의 시간적인 적용영역의 시작을 법규범이 법적으로 존재하는 시점 이전으로 규정할 경우, 그러한 법규범은 소급효를 지닌다고 한다. 독일 연방헌법재판소 제2재판부는 법규범의 법적 효과가 법규범의 공포 시점 이전에 영향을 미치는가(**법효과의 소급적용**) 아니면, 법효과가 법규범의 공포 이후에 발생하는가(**구성요건의 소급연결**)를 중요한 구분 기준으로 삼는다.[323]

법효과의 소급적용이라는 개념은 사건이 발생한 추후에 개정된 법률의 법효과로 인해 과거 법상태가 존속할 것이라고 신뢰한 국민의 신뢰보호에 대해 문제를 제기한다. 법효과의 소급적용은 신뢰보호원칙, 법적 안정성 원칙을 우위에 두고 판단한 것이다.[324] 이러한 원칙과 관련하여 독일 연방헌법재판소 제

---

318) D. Birk, Steuerrecht und Verfassungsrecht, S. 91 (111).

319) BVerfGE 63, 343 (353).

320) BVerfGE 72, 200 (241 f.); 72, 302 (321 f.); 76, 256 (345 ff.); 87, 48 (60 f.); 92, 277 (343 f.); 97, 67 (78 f.); 109, 133 (181).

321) K. Vogel, Rückwirkung: eine festgefahrene Diskussion. Ein Versuch, die Blockade zu lösen, in: FS für Martin Heckel, 1999, S. 875 (876 f.); ders., JZ 1988, S. 837 f.; J. Fiedler, NJW 1988, S. 1624 (1626); B. Pieroth, JZ 1990, S. 280 f.

322) BVerfGE 63, 343 (353 f.); 72, 200 (241 f.); 72, 302 (321 f.); 76, 256 (345 ff.); 87, 48 (60 f.); 92, 277 (343 f.); 97, 67 (78 f.).

323) BVerfGE 61, 1 (15); 63, 343 (353); 72, 200 (241 f.); 72, 302 (321 f.); 76, 256 (345 ff.); 105, 17 (37 f.); 109, 133 (181).

2재판부는 부담적 성격으로 추후에 개정된 법적 효과에 적용받는 기본권 보호영역에 해당되는 각각의 기본권을 고려해야 한다고 주장한다.[325]

구성요건의 소급연결은 규범의 '시간적 적용영역'과 관련된 것이 아니라, '물적 적용영역'과 관련된 것이다.[326] 이미 법률의 공포 전에 "개시된" 사실관계를 법규범의 구성요건에 포섭하는 당해 법규범은 법률의 공포 후에 비로소 그 법효과를 발생시킨다.[327] 이같이 법효과의 발생이 법규범의 공포 이전 시간적 상황에 좌우되는 구성요건들은 기본권을 우선적으로 다루고, 법효과의 소급적용보다 덜 엄격한 제한하에 둔다.[328] 중요한 기본권 심사에 있어서 신뢰보호원칙, 법적 안정성원칙, 그리고 비례성 원칙 등 일반적인 법치국가원리는 실질적인 법의 문제와 관련하여 기본권의 해석과 적용시에 부수적으로 심사된다.[329]

독일 연방헌법재판소 제2재판부는 법효과의 소급적용과 구성요건의 소급연결 간 구분을 전제로, 과거의 '사건' 중심의 시각에서 과거에 적용되는 '법규범'으로 그 시각을 전환시켰다.[330] 법효과의 소급적용은 법규범의 **시간적 영역**에 해당하는 반면, 구성요건의 소급연결은 **물적 영역**에 해당한다.[331] 또한 법효과의 소급적용은 원칙적으로 금지되지만, 구성요건의 소급연결은 원칙적으로 허용된다.[332]

2) 독일 연방헌법재판소 제2재판부의 구분기준에 대한 비판

독일 연방헌법재판소 제2재판부의 소급입법 구분은 제1재판부의 소급입법 구분보다 훨씬 명확해 보인다. 왜냐하면, 제2재판부의 구분은 소급입법의 형식적 구조가 나타나고, 따라서 구성요건의 완성성이라는 불분명한 기준을 제거했기 때문이다.[333] 그러나 독일 연방헌법재판소 제2재판부의 소급입법 구분에 따른 이론구성은 여러 가지로 문제점이 많다.[334] 최광의의 소급입법이라

---

324) BVerfGE 45, 142 (167 f.); 72, 200 (242); 97, 67 (78 f.); 109, 133 (181).
325) BVerfGE 72, 200 (242).
326) BVerfGE 97, 67 (79).
327) BVerfGE 31, 275 (292 ff.); 72, 200 (242); 97, 67 (79); 105, 17 (37 f.); 109, 133 (181).
328) BVerfGE 31, 275 (292 ff.); 72, 200 (242); 97, 67 (79); 109, 133 (181).
329) BVerfGE 72, 200 (242 f.); 109, 133 (182).
330) T. Rensmann, Reformdruck und Vertrauensschutz, S. 169.
331) BVerfGE 72, 200 (241 f.); 97, 67 (78 f.).
332) BVerfGE 97, 67 (78 f.).
333) T. Rensmann, Reformdruck und Vertrauensschutz, S. 171.

는 상위개념 하에[335] 구성요건의 소급연결을 이해하는 것은 법효과의 소급적용이라는 질적인 차이를 무의미하게 만든다. 이러한 공통의 상위개념으로부터 결코 어떠한 헌법적 기준도 도출해 낼 수 없다.[336] 마침내 독일 연방헌법재판소 제2재판부는 1997년 12월 3일 판결에서 개념적으로 '법효과의 소급적용'을 '진정소급입법'과 동일하며, '구성요건의 소급연결'을 '부진정소급입법'과 동일하다고 판시하였다.[337] 이러한 새로운 용어를 고안한 독일 연방헌법재판소 제2재판부의 양자의 소급효 표현방식은 항상 일도양면으로 명확하게 양자 간을 구분할 수 없게 되고, 결국 상이한 헌법적 판단기준을 임의대로 적용하고 있다는 인식을 주고 있다.[338]

또한 독일 연방헌법재판소 제2재판부의 소급입법 구분의 문제점은 소급입법 개념이 "작용하는 법효과의 본질로부터" 정해진다는 점에 있다.[339] 따라서 법효과의 소급적용은 엄격한 의미에서 불가능하다. 왜냐하면, 법률의 효력을 시간적으로 선일자로 두는 것은 불가능하기 때문이다.[340] 연방헌법재판소 제2재판부가 법규범의 시간적 적용 및 물적 적용 간의 구분을 중요하게 고려할 경우, 법규범은 개념 논리적으로 장래를 향하여 효력을 발휘하고 법규범의 효력이 시간적으로 선일자로 발휘되도록 할 수 없다.[341] 또한 법률의 효력은 경우에 따라서는 법적 상황을 법률의 공포 이후 추후의 시점에 법적으로 규정함으로써 조작될 수도 있다.[342] 독일 연방헌법재판소는 자신이 고안한 상이한 기준을 가지고 법률 효력이 발생하는 시점을 자의적으로 설정할 가능성이 높다.[343] 현재와 과거를 연결하는 형태는 매우 다양하고 복합적인 법규범 구조가 존재

334) Vgl. W. Leisner, in: FS Berber, 1973, S. 271 (284 ff.); St. Muckel, Kriterien, 1989, S. 68 ff.; B. Pieroth, Rückwirkung und Übergangsrecht, 1981, S. 79 ff.

335) BVerfGE 72, 200 (243).

336) E. Schmidt-Aßmann, Der Rechtsstaat, in: J. Isensee/P. Kirchhof (Hrsg.), HStR II, 3. Aufl., 2004, § 26 Rn. 86; St. Muckel, JA 1994, S. 13 (14).

337) BVerfGE 97, 67 (78 f.).

338) T. Rensmann, Reformdruck und Vertrauensschutz, S. 169.

339) K. Vogel, Rückwirkung: eine festgefahrene Diskussion. Ein Versuch, die Blockade zu lösen, in: FS für Martin Heckel, 1999, S. 875 (877).

340) St. Muckel, Kriterien, S. 73; ders., Die Rückwirkung von Gesetzen, JA 1994, S. 14.

341) St. Muckel, Kriterien, S. 73; ders., Die Rückwirkung von Gesetzen, JA 1994, S. 14.

342) P. Kirchhof, Rückwirkung von Steuergesetzen, StuW 2000, S. 221 (223); A. Leisner, Kontinuität als Verfassungsprinzip, S. 484.

343) St. Muckel, Kriterien, S. 73.

하여, 이러한 모든 영역에 대해 중간단계를 설정함 없이 또는 더 상세한 구분을 함이 없이 '법효과의 소급적용'과 '구성요건의 소급연결'이라는 공식에 모두 포섭하기는 어렵다.[344]

(3) 소결

독일 연방헌법재판소의 소급입법에 관한 판례의 형식적 유형화는 신뢰보호의 구성요건의 측면에서 2가지 중요한 것을 고려하지 못하고 있다. 하나는 신뢰확인이 특정한 법적 효과와 관련하여 계획된 국민의 처분행위를 이미 취소할 수 없게 완성하거나 이미 새로운 법적 상황에 적응할 수 있는지 여부 등 법률적 구성요건에 초점을 맞추지 못하고 있다. 다른 하나는 독일 연방헌법재판소의 소급입법의 유형화는 법적 신뢰보호를 위한 실질적 내용을 고려하지 못하고 있다.

4. 독일 연방헌법재판소 판례상 소급입법금지원칙의 예외사유

(1) 독일 연방헌법재판소가 제시한 진정소급입법의 예외사유

독일 연방헌법재판소 판례에 의하면, 법률의 진정소급입법은 원칙적으로 허용되지 않는다. 다만, 독일 연방헌법재판소는 5가지의 예외적인 경우에만 소급입법을 허용하고 있다. **첫째**, 당사자가 법률규정의 효력이 일정 시점 후에 종료된다는 사실을 미리 예견하고 있었거나,[345] **둘째**, 당사자의 신뢰가 아주 경미한 손해이기 때문에(경미유보)[346] 그 국민의 신뢰가 보호가치가 적은 경우이다. **셋째**, 당해 법적 상태가 불확실하거나 혼란스러워서 특정한 법적 상태에 대한 신뢰근거가 존재하지 않는 경우이거나,[347] **넷째**, 당해 법령 규정이 위헌이 되어 무효인 경우이다.[348] **다섯째**, 새로운 법률에 의해 실현하고자 하는 절박한 공공복리의 사유가 법적 안정성원칙 및 신뢰보호원칙과의 형량시 더 우

344) B. Pieroth, JZ 1990, S. 279 (280 f.).
345) BVerfGE 13, 206 (213); 30, 272 (286); 30, 367 (387); 45, 142 (174); 48, 1 (20); 50, 177 (193); 72, 200 (260 f.).
346) BVerfGE 30, 367 (389); 70, 200 (258 f.).
347) BVerfGE 13, 261 (272); 18, 429 (439); 24, 75 (100 f.); 30, 367 (388); 50, 177 (193 f.); 70, 200 (259).
348) BVerfGE 7, 89 (94); 13, 261 (272); 18, 429 (439); 19, 187 (197); 50, 177 (194).

월한 경우이다.[349)]

진정소급입법의 예외사유로서 첫 번째의 경우는 해당 당사자는 새로운 법규정을 고려해야 했기 때문에, 즉, 구(舊) 법규범의 지속성에 대한 신뢰가 허용되지 않는다는 것이다. 두 번째의 경우는 그 부담이 당사자에게 경미하기 때문에 무시되는 경우이고, 세 번째와 네 번째의 경우는 기존의 규정이 뒷받침할만한 신뢰의 토대가 제공되지 않기 때문에 보호가치있는 신뢰가 결여되는 경우이다. 다섯 번째의 경우는 보호가치있는 신뢰가 존재하지만, 이를 능가하는 공익이 존재하기 때문에 진정소급입법이 허용되는 것이다.[350)]

위의 예외사유를 크게 두 범주로 나눌 수 있다. 첫 번째 범주는 다음과 같이 구분할 수 있다. 이전의 법적 상황이 신뢰의 토대가 없거나 충분한 신뢰의 토대가 없는 경우(불명확하고 혼란스러운 법적 상황, 무효인 법률), 현존하는 법률의 존속에 대한 신뢰가 입법자의 행위에 의해 붕괴된 경우(소급효를 지닌 새로운 법률의 준비행위), 신뢰보호가 다른 특별한 이유로 박탈된 경우(흠결된 처분행위, 불확정적 법규범) 등이다. 두 번째 범주는 두 가지로 세분화할 수 있는데, 하나는 '공공복리유보'와 다른 하나는 '경미유보'(소급효에 대한 부담이 중요하지 않은 경우)이다.[351)]

1) 불명확하고 혼란스러운 법적 상황

독일 연방헌법재판소 판례에 의하면, 법적 상황이 불명확하고 혼란스러운 경우 예외적으로 진정소급입법이 허용된다.[352)] 왜냐하면, 필요한 신뢰의 토대가 흠결되어서 어떠한 법규범이 효력이 있는지 여부가 의심되기 때문이다. 따라서 개인의 신뢰에 대해 보호해주지 않는다. 소급적인 해명이 경우에 따라서는 법적 안정성 및 실질적 정의로 인해 요구되어진다.[353)] 결국 신뢰보호는 후퇴되어야 하는 경우이다.[354)]

---

349) BVerfGE 13, 215 (225); 13, 261 (272); 18, 429 (439); 22, 330 (349); 30, 367 (390 f.); 37, 363 (397); 72, 200 (260).
350) H. Maurer, Staatsrecht I, 6. Aufl., 2010, § 17 Rn. 119.
351) H. Maurer, Kontinuitätsgewähr und Vertrauensschutz, § 79 Rn. 44.
352) BVerfGE 7, 129 (151 ff.); 11, 64 (72 f.); 13, 261 (272); 24, 75 (101); 30, 367 (388); 45, 142 (173 f.); 50, 177 (194); 72, 200 (259); 88, 384 (404); 98, 17 (39); 122, 374 (394).
353) BVerfGE 30, 367 (388); 122, 374 (394).
354) BVerfGE 88, 384 (404).

독일 연방헌법재판소는 진정소급입법 금지원칙의 예외사유로서 불명확한 법적 상황 또는 상당한 정도로 체계위반적인 것으로 판단되어 위헌성이 의심되는 법적 상황이라고 논리를 전개하고 있다.[355] 따라서 독일 연방헌법재판소가 일반화하고 발전시킨 이러한 예외사유로 인하여 독일 연방헌법재판소 스스로 헌법재판의 적법성 판단과 관련한 심사토대를 유연하게 처리할 수 있는 여지를 갖게 되었다. 어느 법규범이 체계위반성을 지닐 때, 개개 국민은 입법자의 법률 개정사항을 항상 고려해야만 한다.[356] 이러한 경우 입법자는 법적 상황을 소급적으로 해명하고 개별적 상황에서 수혜적 법규범으로의 개정을 허용하게 된다.[357]

2) 법개정의 예측가능성

법수범자가 소급효와 관련있는 시점에 소급효를 지닌 새로운 법규범을 고려해야 할 경우에 독일 연방헌법재판소 판결에 의하면 당해 국민의 신뢰보호는 거부된다.[358] 동시에 독일 연방헌법재판소는 시간적 기준을 훨씬 과거로 소급하여 설정해 둔다. 개정되는 새로운 법규범을 고려해야 하는(Rechnenmüssen) 기준시점으로 독일 연방헌법재판소는 정부의 법률예고, 연방의회의 법률 발의 또는 의회의 법안토의 때부터 인식해야 하는 것은 아니라, 연방의회의 의결시부터 인식하면 된다고 판시하고 있다.[359]

그러나 독일 연방헌법재판소는 독일 연방의회가 소급효를 지닌 법률을 의결하는 시점을 더 이상 중요한 기준으로 삼고 있지 않다.[360] 새로운 법률을 연방의회가 의결하는 시점과 이러한 새로운 법률의 효력발생 시점 사이에 장기간 동안 불안전한 상황에 두었다가, 추후에 입법자가 소급효를 지닌 법률로 개정함으로써 해당 국민이 더 이상 과거의 법적 상태에 대한 신뢰를 갖지 못하도록 하는 경우가 자주 발생하기 때문이다.[361]

---

355) BVerfGE 30, 367 (388); 38, 128 (137); H. Maurer, Kontinuitätsgewähr und Vertrauensschutz, § 79 Rn. 46.
356) BVerfGE 97, 378 (389).
357) K.-A. Schwarz, Vertrauensschutz als Verfassungsprinzip, S. 126.
358) BVerfGE 1, 264 (280); 13, 206 (213); 13, 261 (273); 30, 272 (287 f.); 37, 363 (399 f.); 45, 142 (173 f.); 72, 200 (260 ff.); 88, 384 (404); 97, 67 (79).
359) H. Maurer, Kontinuitätsgewähr und Vertrauensschutz, § 79 Rn. 49.
360) BVerfGE 13, 261 (272 f.); 31, 222 (227); 43, 291 (392); 72, 200 (260); 95, 64 (87); 97, 67 (79).
361) A. Leisner, Kontinuität als Verfassungsprinzip, S. 495.

새로운 법규범을 고려해야 한다는 것(Rechnenmüssen)은 국민이 법률 의결을 사실상 인지하거나 법적으로 주시하여 인식해야만 함을 전제로 한다.[362] 국회의 법률의결뿐만 아니라, 그 의결된 새로운 법률의 본질적 내용과 소급효 규정을 사실상 지득하도록 하는 것은 일반 국민에게는 요구할 수 없는 부당한 주장이다. 또한 새로운 법규범을 고려해야 한다는 예외사유는 소급입법금지원칙의 예외적 구성요건에 있어서 상당히 중요한 역할을 하고 있으나, 이를 정당화하기 위해서는 특별한 정당화 근거가 추가적으로 필요하다.[363]

또한 법률의 개정으로 변경된 법률상황에 대한 예측가능성은 구체적인 사건에서 당사자에게 놓여진 신뢰 정도를 확인하는 기준으로서 적절한 역할을 하지 못한다. 일반 국민이 일상시간 전부를 국민경제에 전념하여도 부족한 실정임에도 불구하고, 법률상황의 새로운 개정이나 악화를 매번 주시하고 이를 고려해서 행위해야 한다는 것은 실제상 불가능하다. 따라서 예측가능성이란 기준은 국가행위에 대한 신뢰 사상을 완전히 상대화시킨다.[364]

법개정의 예측가능성은 예측가능성이 개별 법률에 의해 신뢰의 토대를 이루고 있을 때, 개별적 사건에서 현존하는 신뢰정도를 파악하는 데는 의미가 있다. 그러나 여기서 문제되는 것은 당해 국민이 그가 신뢰해 왔고 현재 신뢰하는 법률의 존속을 저버리고 새로운 법적 상황의 개정을 고려해야 하는지 여부이다.[365] 신뢰의 토대가 되는 내용을 고려함에 있어서, 개인에게 주관적으로 강하게 각인된 신뢰가 객관적으로 평가된다면, 법적으로 인정되어야 한다. 신뢰의 객관화는 법적인 보호의 필수적인 조건이다. 신뢰의 토대를 이루는 실질적 법규정이 헌법적으로 보호가치있는 각각의 신뢰내용을 확정함으로써 신뢰의 객관화는 이루어질 수 있다.[366]

3) 공공복리의 절박한 이유

독일 연방헌법재판소는 독일 연방의회가 법률의결을 할 경우에 최종적이고 기속력을 지닌 법률규정에 대한 개인적 이익과 즉시 적용이 필요한 법규범

---

362) BVerfGE 13, 261 (272 f.); 30, 272 (287); 31, 222 (227); 43, 291 (392); 72, 200 (261 f.).

363) H. Maurer, Kontinuitätsgewähr und Vertrauensschutz, § 79 Rn. 49.

364) St. Muckel, Kriterien, S. 94.

365) St. Muckel, Kriterien, S. 94.

366) St. Muckel, Kriterien, S. 94 f.

의 새로운 개정이라는 절박한 국가적 이익 간에 비례성 원칙에 의한 최선의 조정을 해야 한다고 판시하고 있다.[367]

원칙적으로 국민의 신뢰보호를 위해 법률의 소급효가 금지되지만, 공공복리 등의 절박한 이유로 인해 소급효가 필요하고, 형량에 있어서 공공복리의 절박한 이유가 법적 안정성 및 신뢰보호의 원칙에 우선할 경우, 소급입법금지원칙의 예외를 인정하고 있다.[368] 그러나 독일 연방헌법재판소 판례에서 말하고 있는 '공공복리의 절박한 이유'가 무엇을 의미하는지는 불분명하다.

4) 경미유보 (소급입법에 의해 부담이 사소한 경우)

진정소급입법은 원칙적으로 금지되지만, 소급적 법률이 전혀 손해를 유발하지 않거나 사소한 손해를 발생시킨 경우 진정소급입법은 허용된다.[369] 당해 국민에게 있어서 그 손해는 사소한 것이어야 한다. 왜냐하면 경미유보에 관한 법률이 소수의 법수범자에게 해당될 경우에는 법치국가원리에 의거해 판단되기 때문이다. 따라서 사소하지 않은 중대한 법상태의 악화는 위헌이 될 수 있다.[370]

5) 무효이거나 위헌인 법규범

독일 연방헌법재판소 판례[371]에 의하면, 입법자는 무효인 법규범을 다른 법규범으로 소급해서 대체할 수 있다고 판시하고 있다. 왜냐하면, 국민은 무효인 법규범에 의해 형성된 법적 외관에 기초하여 어떠한 신뢰보호도 향유할 수 없으며, 이 경우 입법자는 새롭고 법적 내용상 흠이 없는 법규범을 제정해야 하기 때문이다.[372] 어느 법규범이 합헌인지 여부가 매우 의심스럽고 체계위반적인 법적 상황일 경우에도 소급적으로 당해 법규범을 개정할 수 있다고 판시하고 있다.[373] 이러한 경우 구법의 존속에 대한 보호가치있는 신뢰는 상실된다고 한다. 그러나 과거부터 존속했던 법규범의 효력이 현재 계속적으로 유지되고 있는지 여부를 당해 국민이 인식하지 못한 경우에 현재 지니고 있던 법규범

---

367) BVerfGE 72, 200 (261 f.).
368) BVerfGE 13, 261 (272); 30, 367 (390 f.); 88, 384 (404); 97, 67 (81 f.); 101, 239 (268 f.).
369) BVerfGE 7, 89 (93); 13, 261 (272); 22, 241 (252); 30, 367 (389); 72, 200 (258 f.); 88, 384 (404); 95, 64 (86 f.).
370) BVerfGE 30, 367 (390).
371) Vgl. BVerfGE 7, 89 (94); 13, 261 (272); 18, 429 (439); 19, 187 (197).
372) BVerfGE 13, 261 (272); 19, 187 (198).
373) BVerfGE 13, 215 (224); 19, 187 (197); 30, 367 (388).

의 존속에 대한 국민의 신뢰는 보호되어야 한다.

소급효를 지닌 더 강한 부담적 내용을 지닌 법규범은 제정되어질 수 없으나, 동일한 정도의 내용을 지닌 법규범은 제정될 수 있다는 견해가 있다.[374] 그러나 이러한 견해는 문제가 있다. 왜냐하면, 무효인 법규범이 발생할 경우, 소급효를 지닌 법개정을 정당화할 수 있는 사실관계가 발생할 수 있기 때문이다. 예를 들면, 객관적인 근거없이 어느 법규범이 특정한 인적 집단을 다른 인적 집단보다 많은 수혜를 부여하는 경우가 있을 수 있다. 그 결과 그러한 법규범은 헌법상 평등원칙에 위반되어 헌법재판소에 의해 위헌으로 선언될 수 있다. 평등원칙에 위반되는 무효인 법규범을 이제까지 수혜를 받았던 인적 집단에게 불리하게 소급적으로 개정하는 것은 정당하다고 할 수 있다. 즉, 이러한 법규범의 소급적 개정으로 인해 위헌적인 불평등이 제거될 수 있기 때문이다.[375]

(2) 소급입법금지원칙의 예외사유에 대한 평가

소급입법금지원칙의 예외사유를 확장하려는 독일 연방헌법재판소의 노력은 논리적인 법이론에 근거하기보다는 가정과 추측에 기초하고 있기 때문에 설득력이 떨어질 수 있다. 실제로 독일 연방헌법재판소는 당해 국민이 소급효를 지닌 법규범을 고려했는지 또는 고려해야만 하는지를 중요한 기준으로 삼은 것이 아니라, 사실상의 이유로 소급입법이 필요한지 여부를 그 판단기준으로 삼고 있다.[376] 독일 연방헌법재판소에 의해 발전되고 유형화된 소급입법금지원칙에 대한 예외사유들은 그 근원에 있는 신뢰보호원칙을 법이론적으로 구체화하여 적용하지 못하고, 오히려 신뢰보호원칙을 공허한 원칙으로 만드는 소지가 있다.

독일 연방헌법재판소가 소급입법금지원칙의 예외사유로서 제시하고 있는 "불명확하고 혼란스러운 법적 상황"이라는 사유는 개별 사건마다 연방헌법재판소에 의해 다르게 해석·적용됨으로써 처분행위를 한 국민에게 예측불허의 위험을 부담시키고 있다. 따라서 당해 국민은 자신의 처분행위의 기초가 된 법

374) H. Schaumburg, DB 2000, S. 1884 (1886).
375) M. Albert, Vertrauensschutz, S. 46.
376) H. Maurer, Kontinuitätsgewähr und Vertrauensschutz, § 79 Rn. 45.

적 상황이 소급적으로 해명 내지 소급적으로 제거될지 여부를 도저히 예측할 수 없게 된다.

또한 법률의 무효선언을 통해 발생한 흠결과 모순을 소급적으로 해명하기 위해 예외적으로 소급효를 인정할 필요가 있다고 독일 연방헌법재판소는 판시하고 있다. 그러나 위헌으로서 법률이 무효가 되는 것 자체는 오로지 입법자의 책임있는 사유로 인한 것이다. 따라서 입법자의 잘못으로 인해 결과적으로 발생한 무효·위헌인 법률을 소급입법금지원칙의 예외사유로 인정하여 국민에게 부담적이며 소급적인 법률을 감당하도록 강요하는 것은 부당한 일이다. 일반 국민에게 입법자의 잘못으로 인한 결과인 무효인 법률에 대해 미리 분석하고 예측하도록 요구해서는 안된다.

더욱이 독일 연방헌법재판소는 소급입법금지원칙의 예외사유로서 “새로운 법규범의 예측가능성”을 제시하고 있다. 독일 연방헌법재판소 판례에 의하면, 당사자인 국민은 새로운 법규범의 공포 및 효력발생을 인식하고 그 새로운 법규범을 고려해야만 하고, 처분행위를 할 때 연방의회에서 의결될 법률상황을 예상해야만 한다. 그러나 연방의회가 소급효의 내용을 지닌 법률을 의결함과 동시에 국민은 그 법률을 예상하고 인식해야 한다는 생각은 납득하기 어렵다. 국민은 새로운 법규범이 효력을 발생하기까지는 구 법률을 신뢰하여 행위할 수밖에 없는 것이 당연하다. 왜냐하면 일반국민은 현재의 법적 상황이 변경되리라는 것을 처분행위 당시 예측할 수 없기 때문이다.

마지막으로 독일 연방헌법재판소가 내세운 ‘공공복리의 절박한 이유’라는 예외사유의 정당성도 의문시된다. 구체적인 사건을 살펴보면, 공공복리의 절박한 이유라는 사유는 진정소급입법금지의 예외로서 정당화사유가 될 수 없다. 오히려 실제 개별사건에서 공공복리의 절박한 이유가 없는 경우가 판례에서 자주 발견된다. 예를 들어, 1997년 12월 3일 독일 연방헌법재판소 판례를 살펴보면, 무엇이 공공복리의 절박한 이유인지를 대답하지 않은 채 사건을 해결해 나가고 있다. 법률의 목적으로부터 그 목적을 실현할 절박한 이유를 도출해 내는 것은 사실상 불가능하고, 제시하는 절박한 이유를 가지고 소급효의 논거로 사용하기에도 부적절하다. 독일 연방헌법재판소가 판례에서 그 내용이 공허한 예외사유를 정당화한다거나 추측에 의한 논증으로서 자의적으로 진정소급입법의 예외사유를 정당화한다고 비난받지 않으려면 '공공복리의 절박한 이유'와 관련한 구성요건의 징표들의 윤곽을 상세히 설시하는 것이 필요하다.

5. 독일 연방헌법재판소의 부진정소급입법에 대한 헌법적 판단

(1) 부진정소급입법의 개념과 판단

독일 연방헌법재판소의 판례에 의하면, 어느 법규범이 현재 아직 완성되지 않은 사실관계 및 법률관계에 대해 장래를 향하여 효력을 미침과 동시에, 당해 당사자의 법적 지위를 사후에 무가치하게 만드는 경우, 부진정소급입법이 발생할 수 있다고 판시하고 있다.[377] 즉, **부진정소급입법**이란 소급효를 지닌 법규범이 규율하는 사실관계가 법규범의 공포 전(前)에 발생하였으나, 아직 완전히 완성되지 않은 경우를 말한다. 현재 아직 완성되지 않은 사실관계인지 여부는 개별적 사건에서 각각의 기준에 따라 그리고 법규범의 사실관계에 따라 다르게 판단된다.[378]

장래에 발생하는 사실관계에 적용되도록 개정된 새로운 법률은 신뢰보호원칙과 충돌하지 않는다. 그 이유는 국민이 현재의 법률상황이 장래에도 영원히 불변하리라고는 생각하지 않기 때문이다.[379] 장래 관련적 법규율과 관련하여, 그러한 법률은 과거에 법적 상황에서 발생하였지만 여전히 현재에 지속되고 있는 사실관계 또는 법적 관계에도 효력을 미친다. 또한 이러한 경우 국민의 신뢰 보호는 헌법적으로 중요한 역할을 한다.

독일 연방헌법재판소 판례에서 일관되게 부진정소급입법을 지닌 법규범은 헌법상 원칙적으로 허용된다고 판시하고 있다.[380] 왜냐하면, 특정한 법규범이 계속적으로 존속하리라는 것에 대한 국민의 일반적 권리는 없기 때문이다. 다만, 법적 안정성과 신뢰보호원칙으로 구체화되어지는 법치국가원리는 부진

377) BVerfGE 11, 139 (145 f.); 14, 288 (297); 30, 392 (402); 51, 356 (362); 64, 87 (104); 69, 272 (309); 72, 175 (196); 75, 246 (275); 101, 239 (263).

378) K. Fischer, JuS 2001, S. 863.

379) BVerfGE 14, 76 (104); 27, 375 (386); 28, 66 (88); 38, 61 (83); 50, 386 (395 f.); 68, 193 (222); 105, 17 (40).

380) BVerfGE 30, 392 (402); 95, 64 (86); 101, 239 (263); Schmidt-Bleibtreu/Hofmann/ Hopfauf (Hrsg.), GG, 11. Aufl., 2008, Art. 20 Rn. 78; Sommermann, in: Mangoldt/ Klein/Starck, GG, Bd. II, 5. Aufl. 2005, Art. 20 Rn. 296.

정소급입법을 지닌 부담적 법규범에 한해 그 적용상 한계를 긋고 있다. 부진정소급입법에 있어서 신뢰이익은 개별적 사건에 따라서는 입법자가 소급적 법규범을 제정함으로써 달성하려는 공익보다 헌법적으로 더 높은 가치로 평가될 수도 있다.

개별 사건에서 부진정소급입법이 국민에게 구체적인 부담을 주고 있는 경우, 충분한 정당성 근거가 있는지 여부 및 비례성 원칙을 준수하는지 여부에 따라 일반적인 기본권 제한으로 판단된다.[381] 이러한 평가에 있어서 법치국가적 신뢰보호원칙이 중요하게 작용한다.[382] 과거의 법적 상황이 계속적으로 존속하리라는 신뢰가 보호가치있는 것인지 여부는 특별히 중요한 판단기준이 된다.[383] 어느 시점까지, 어느 정도의 범위로, 어느 정도의 보호가치있는 신뢰가 존재하는지도 판단되어야 한다. 이익형량에 있어서 법개정의 중요성보다 신뢰보호이익의 중요성이 구체적으로 더 크다고 입증될 때에만 부진정소급입법은 허용되지 않는다.[384]

(2) 부진정소급입법의 한계

부진정소급입법은 2가지 조건에서 허용되지 않는다. 첫 번째 조건은 신뢰의 구성요건에 대한 제한이 있어야 한다. 두 번째 조건은 한편으로는 당해 법규범의 존속에 대한 개인의 신뢰와 다른 한편으로는 공공복리를 위한 법률의 중요성 간의 형량시 개인의 신뢰이익이 우월해야 한다.[385]

독일 연방헌법재판소는 1999년 11월 23일 다음과 같이 판시하였다. “신뢰보호원칙과 비례성 원칙으로부터 소급효의 허용성 한계를 도출할 수 있다. 입법목적 달성을 위해 입법자가 제정한 부진정소급입법이 부적합하거나 불필요한 경우, 또는 당사자의 존속이익이 입법자의 개정 필요성을 능가하는 경우, 부진정소급입법의 허용 한계를 넘어선다.”[386]

381) Vgl. BVerfGE 72, 200 (242 ff.).
382) BVerfGE 72, 200 (242 f.); 102, 68 (96).
383) Vgl. BVerfGE 68, 287 (307).
384) BVerfGE 72, 175 (196).
385) BVerfGE 30, 392 (404 ff.); 50, 386 (395); 51, 356 (363); 68, 287 (306 f.); 69, 272 (309 ff.); 72, 141 (154 f.).
386) BVerfGE 101, 239 (263).

독일 연방헌법재판소 판례에 의하면, 당해 국민이 현존하는 법률규정을 신뢰할 수 있는 이익이 우월한 경우는 다음과 같다.[387)]

- 법률상 목적에 의거하여 국민의 법적 지위, 특히 기본권에 부적합적하거나, 불필요한 또는 반비례적인 침입이 있는 경우,[388)]
- 부담적·반비례적 침입이 있는 경우,[389)]
- 소급적 법규범에 의해 지금까지 보장된 법적 지위를 완전히 무가치하게 만드는 경우,[390)]
- 적응기간으로서 너무 짧은 기간의 경과규정을 두는 경우[391)]

(3) 부진정소급입법과 신뢰보호원칙

부진정소급입법을 지니는 법률이 적법한지에 관한 수많은 독일 연방헌법재판소 판례가 있다. 현존하는 법관계에 영향을 미치는 소급효가 허용되지 않을 경우, 입법자는 자신의 입법형성권이 상당히 제한받는다는 생각을 지니게 되며, 결국 부진정소급입법을 정당화하는 이론구성을 하게 된다. 신뢰보호원칙과 관련하여, 과거에 발생하였으나 아직 완성되지 않은 사실관계에 영향을 미치는 특정한 법률은 국민의 법적 지위를 사후에 상실시킨다. 이러한 경우 입법자는 소급효를 지닌 법률을 입법형성함에 있어서 헌법적 한계를 준수해야 한다. 소급효의 정당성을 판단함에 있어서 형량 과정에서 국민의 현존하는 법적 상태의 존속이 공익보다 우위를 지니게 되면 그 법률의 소급효는 허용되지 않는다.[392)]

1) 상이한 심사기준 간의 관계

독일 연방헌법재판소 판례에 의하면 법률의 소급입법금지는 '법치국가원리'와 '신뢰보호원칙'에 근거한다.[393)] 독일 연방헌법재판소 제2재판부는 1986년

387) B. Boemke, Widerruf von Versorgungszusagen wegen wirtschaftlicher Notlage, RdA 2010, S. 16.
388) BVerfGE 95, 64 (86); 96, 330 (340).
389) BVerfGE 72, 200 (242 f.); 76, 256 (346 f.); 77, 370 (377 ff.); 78, 249 (283 ff.); 92, 277 (344).
390) BVerfGE 63, 152 (175); 63, 312 (329); 68, 287 (307).
391) H. Schulze-Fielitz, in: H. Dreier (Hrsg.), GG, Bd. II, 2006, Art. 20 Rn. 169.
392) BVerfGE 30, 250 (268); 48, 403 (416); 50, 386 (395); 63, 312 (329); 72, 200 (242).
393) Vgl. BVerfGE 45, 142 (168).

5월 14일 판결에서 "법효과의 소급적용(진정소급입법)에는 일반적인 법치국가원리, 특히 신뢰보호원칙과 법적 안정성 원칙에 의해 우선적으로 심사되어야 하고, 그에 반해 구성요건의 소급연결(부진정소급입법)에는 법규범의 공포 전에 각각의 구성요건의 징표들을 실현시킴으로써 관련되는 기본권의 침해 여부를 우선적으로 심사하여야 한다"고 판시하고 있다.[394]

독일 연방헌법재판소는 '진정소급효를 지닌 법률'을 심사함에 있어서 법치국가원리에 근거한 신뢰보호원칙과 기본권 간의 관계를 명확히 밝히고 있지 않다. 독일 연방헌법재판소 제2재판부는 법치국가원리의 우선적 적용을 주장하고 있다. 또한 그 밖에 기본권의 보호영역에 대해 사후에 변경된 법적 효과를 부담적 방법으로 미치는 경우, 그 관련된 기본권도 함께 고려해야 한다고 판시하고 있다.[395] 독일 연방헌법재판소 제1재판부도 자유권적 기본권에 있어서 신뢰보호원칙을 우선적으로 적용하면서, 법치국가원리의 전형적인 표현으로서 기본권의 내용을 고려해야 한다는 태도를 취하고 있다.[396] 그러나 이러한 법해석학적 이론구성은 실제적인 결과에 도움을 주지 못하고, 명확한 결과를 도출해 내지 못하고 있다.[397]

그에 반해 '부진정소급효를 지닌 법률'을 심사함에 있어서 양 재판부는 심사기준으로서 기본권의 우위를 인정하고 있다.[398] 기본권심사와 관련하여 신뢰보호원칙과 비례성 원칙은 상호 간에 맞물려 있다.[399] 독일 연방헌법재판소 제1재판부에 의해 정립된 부진정소급입법의 원칙적 허용이라는 심사태도는 입법자에게 상당한 정도의 평가재량을 인정한다는 뜻이 숨겨져 있다.[400] 입법자의 평가재량을 인정함이 없이는 구법으로부터 신법으로 경과할 때, 신법에서 구(舊) 사건을 포섭하여 문제되는 논점들을 적절하게 해결할 수 없게 된다.[401]

독일 연방헌법재판소는 신뢰보호원칙과 소급입법금지원칙을 비례성 원칙

---

394) BVerfGE 72, 200 (242); 109, 133 (181).
395) BVerfGE 72, 200 (242, 258); 97, 67 (79 f., 83).
396) BVerfGE 88, 384 (403 f.); 95, 64 (93 f.).
397) T. Rensmann, Reformdruck und Vertrauensschutz, S. 168 (169).
398) BVerfGE 95, 64 (86); 97, 67 (79).
399) Vgl. BVerfGE 92, 277 (344).
400) Vgl. BVerfGE 44, 1 (20 ff.); 95, 64 (89). U. Steiner, in: Europäisches Forum für Außenwirtschaft, Verbrauchssteuern und Zoll (Hrsg.), Vertrauensschutz in der Europäischen Union, 1998, S. 34.
401) T. Rensmann, Reformdruck und Vertrauensschutz, S. 168 (170).

의 일부로 이해하고 있다.[402] 이는 비례성 원칙을 새롭게 정립해 가면서 소급입법금지원칙과 신뢰보호원칙의 전통적 법해석이 비례성 원칙에서의 이익형량에 의해 심사한다는 의미를 가지고 있다.[403]

소급입법은 법치국가원리에 비추어 문제가 있다. 독일 연방헌법재판소는 소급입법 문제를 기본권침입에 대한 비례성 원칙 심사로 해결하려고 하지, 소급효에 대한 헌법적 심사로 해결하려 하지 않는 경향이 있다. 그 이유로는 첫째, 기본권보호는 그 자체로 법치국가원리의 존속의 일부분이다.[404] 둘째, 비례성 원칙은 법치국가원리에서 근원한다.[405] 물론 법률 그 자체에서 발생한 기본권 제한과 법률상 소급효에 의해 야기된 기본권 제한과는 엄연한 차이가 존재한다. 셋째, 다른 법적 효과가 사후에 기본권으로 보호되는 행위양식과 법적 지위와 관련되거나 내용적 변경을 가하는 경우가 있다.[406] 신뢰 보호의 붕괴는 결국 기대가능성, 즉 국가에 의한 침입의 경우 비례성 원칙을 정립하는 관점에서 설명될 수 있기 때문에, 결과적으로 신뢰보호원칙은 비례성 원칙의 이익형량 기능을 하는 요소로 볼 수 있다.

2) 법익 형량

독일 연방헌법재판소 판례에 의하면, "입법자는 원칙적으로 상당한 정도로 과거에 발생한 구성요건의 사실과 관련된 법규범을 제정하고, 그 법규범의 구성요건을 충족하는 법적 효과를 개정함으로써 개정된 법규범이 현실에 적응하거나 법규범의 개정에 의하여 일정한 의미에서 특정한 사회 여건에 영향을 미치는 것이 가능해야만 한다.[407] 따라서 현재 통용되는 법이 개정되지 않고 계속 존속하리라는 국민의 일반적인 기대는 헌법적으로 보호받지 못한다."[408] 고 판시하고 있다.

신뢰보호원칙은 국가가 자신의 과거 행위를 법으로 규율한다는 생각에서

---

402) Möller/Rührmair, Die Bedeutung der Grundrechte für die Problematik rückwirkender Gesetze, NJW 1999, S. 910 f.

403) B. Pieroth/B. Schlink, Grundrechte – Staatsrecht II, 25. Aufl., § 6 Rn. 305.

404) B. Pieroth, JZ 1990, S. 279 (283); H. Maurer, Kontinuitätsgewähr und Vertrauensschutz, § 79 Rn. 35.

405) BVerfGE 19, 342 (348 f.); 61, 126 (134); 69, 1 (35); 76, 256 (359).

406) Möller/Rührmair, NJW 1999, S. 910.

407) Vgl. BVerfGE 63, 312 (331); 63, 343 (357); 70, 69 (84); 71, 255 (272); 72, 200 (254); 76, 256 (348).

408) BVerfGE 38, 61 (83); 68, 193 (222); 105, 17 (40).

시작된다. 국가의 법적 규율 여부와 정도는 국가가 국가행위의 존속에 대한 신뢰를 주고, 이에 상응하여 국민이 처분행위를 하도록 하며 국민이 어떠한 형태로 신뢰를 했는지 여부에 따라 좌우된다.[409] 이러한 점에 있어서 국가의 법률적 제한에 대해 국민의 예측가능성을 고려해야만 한다. 국민은 자신이 신뢰한 것으로부터 얻은 법적 지위로 인해 법률적 제한을 미리 예측할 수 있어야 하고, 만약 국민이 법률적 제한을 미리 예측할 수 있는 경우에는 국민의 신뢰수준은 약화된다는 것을 받아들여야만 한다.[410] 그러나 국가 입법과정의 개별적 행위들에 대한 자세한 지식까지 개개 국민이 지득하고 인식하도록 요구하는 것은 부당하기 때문에, 국민에게 새롭게 변화된 법적 상황을 미리 고려하여 행동하라고 요구할 수 없게 된다.

독일 연방헌법재판소는 법익형량의 헌법적 기준에 대해 다음과 같이 요약하고 있다. "입법자의 규율권한의 한계는 상충되는 신뢰보호의 중요성 정도와 공공복리를 위한 입법자 의도의 중요성 간에 형량으로부터 도출된다."[411] 독일 연방헌법재판소의 이러한 기준은 다음과 같이 보충적으로 설명되고 있다. "수혜적인 법규범의 존속이 법개정이라는 공익보다 더 일반적인 보호가치가 존재하지 않는다면, 그러한 개정 법률은 합헌이다."[412]

부진정소급입법과 관련하여 구체적인 개별 사건에서 관련된 이익 간의 형량에 있어서 법률의 존속에 대한 당사자의 신뢰가 공공복리를 위한 입법자의 중요성보다 더 클 경우 위헌이 된다고 독일 연방헌법재판소는 판시하고 있다. 따라서 신뢰보호의 정도를 파악하기 위해서 손해의 정도와 정당한 신뢰의 정도가 중요한 판단기준이 된다.

법치국가원리의 배후에 있는 자유보장적 사고는 의미있는 시사점을 준다. "자신의 삶을 계획하고 실현하는 데에 대한 자기결정권인 기본권을 보장받는다는 신뢰의 법질서 기반에서만 가능하다. 그러나 다른 측면에서는 입법자의 불가피한 필연성을 고려할 수 있고, 경제정책, 복지정책, 교육정책 및 사회정책을 추진하기 위해 법규범을 개정할 수 있다. 또한 그럼으로써 국가가 행위능력

409) St. Muckel, Kriterien, S. 108 f.
410) St. Muckel, Kriterien, S. 93.
411) BVerfGE 14, 288 (300); 25, 142 (154); 43, 242 (286); 43, 291 (391); 75, 246 (280); 109, 133 (182).
412) BVerfGE 70, 69 (84 f.); 71, 255 (273); 76, 256 (356).

을 지니고 법질서가 적응력을 지니도록 할 수 있다."[413]

독일 연방헌법재판소의 판례에 의하면, 원칙적으로 수혜적 법규범이 계속적으로 존속하리라는 것에 대한 국민의 신뢰는 보호가치가 없다고 판시하고 있다. "중요한 영역에서 지금까지의 법률상황을 유지시켜 주어야 하는 완전한 보호는 개별적 이익보다 공공복리를 추구하도록 의무지워진 민주적인 입법자의 기능을 마비시키고 공공복리를 심각하게 위협하게 될 것이다."[414] 독일 연방헌법재판소는 지금까지의 법규범의 존속에 대한 국민의 신뢰보다 소급효를 지닌 법규범으로의 개정이라는 공익을 우선시하는 경향을 띠면서 판결하고 있다.[415] 그러나 이러한 형량의 결과는 법수범자에게 불리하게 판단되고, 특히 구법에서 신법으로 경과시에 입법자가 적절한 경과규정을 제정하지 않을 경우 기본권 침해를 유발할 수 있다.[416]

3) 경과규정

개정되는 법률에 적절한 **경과규정**을 두는 것은 신뢰보호원칙의 법적 효과로서 평가된다.[417] 당해 국민이 신뢰보호사상을 통해 장래에 대한 법적 기속을 받기를 원하는 경우, 경과규정이라는 해결책은 신뢰보호원칙에 부합하는 법형태로 나타나게 된다. 국민이 장래관련적 처분행위를 실행하였는데도 지속적인 법률의 존속이 보장되지 않을 경우, 적어도 그 당해 국민의 처분행위를 위해 입법자가 적절한 경과기간을 부여하여야 신뢰보호가 이루어지는 것이다.[418]

입법자는 적절한 경과규정을 둠으로써 자신의 입법행위의 위헌성 판단을 피할 수 있다.[419] 소급법률에 대한 해결책은 오직 위헌 또는 합헌의 양자택일로 국한될 것이 아니라, 다양한 단계조치가 고려될 수 있다. 즉, 입법자가 채택할 수 있는 경과규정을 위한 수단들은 다양하다. 법적 상태의 계속적 존속을 기대했던 국민의 신뢰이익에 대한 손해에 갈음하여 국민이 변화된 법적 상황

413) BVerfGE 63, 343 (357); 76, 256 (347 f.).
414) BVerfGE 63, 312 (331); 76, 256 (348).
415) B. Pieroth, JZ 1990, S. 279 (285).
416) M. Albert, Vertrauensschutz, S. 54.
417) Vgl. B. Weber-Dürler, Vertrauensschutz im öffentlichen Recht, 1983, S. 128 ff., 138 ff.; J. Salzwedel, Verfassungsrechtlich geschützte Besitzstände und ihre "Überleitung" in neues Recht, Die Verwaltung, 1972, S. 11 (12).
418) B. Weber-Dürler, Vertrauensschutz im öffentlichen Recht, S. 138; St. Muckel, Kriterien, S. 119.
419) B. Pieroth, Rückwirkung und Übergangsrecht, S. 153 f.; St. Muckel, Kriterien, S. 120.

에 점진적으로 적응할 수 있도록 하여야 하고 미리 변경되는 법적 변화를 예측할 수 있도록 하기 위해 입법자에게 경과규정을 두도록 헌법은 요구하고 있다.[420] 새로운 법규범은 경과규정으로 인해 비례성 원칙의 요청에 부합하게 되며, 개정된 법률을 통한 기본권 제한은 완화될 수 있다.[421] 따라서 **경과규정**은 비례성 원칙의 시간적 표상(Ausprägung)이 된다.[422]

신뢰의 보호가치가 적으면 적을수록 그리고 신뢰의 손상된 정도가 적으면 적을수록, 입법자는 경과규정을 통해 법적 상황의 변경을 더욱 더 시간적으로 단계화할 수 있다.[423] 입법자는 법정책적 형성여지와 관련하여 국민의 존속 신뢰를 고려할 수 있는 다양한 가능성을 지니고 있다.[424] 합리적인 경과규정의 존재는 법개정 이익과의 관계에서 사적인 존속 신뢰의 중요성에 따라 달라진다. 경과규정의 제정시에 입법자의 형성여지는 더욱 커지게 된다.[425]

6. 우리나라 헌법재판소의 소급입법금지원칙에 대한 해석

(1) 소급입법금지에 대한 내용

우리나라 헌법 제13조 제1항 및 제2항은 소급입법금지원칙에 관해 규정하고 있다. 또한 이론상으로도 명확히 소급입법금지를 인정하고 있다. 물론 형법 영역은 절대적인 소급입법금지가 죄형법정주의상 주장되지만, 형법 이외의 법률영역에서는 절대적 소급입법금지는 존재하지 않는다고 할 수 있다. 소급입법은 무제한적으로 허용되지 않는다. 입법자가 과거에 속한 행위의 법적 효과를 사후에 부담적으로 변경하려면, 특별한 정당성을 필요로 한다. 우선 국민의 법률의 존속성에 대한 신뢰는 보호된다. 국민이 현존하는 법규범에 맞추어 처분행위를 하면, 원칙적으로 자신의 노력이 사후의 법개정에 의해 수포로 돌아

---

420) St. Muckel, Kriterien, S. 120.
421) St. Muckel, Kriterien, S. 120.
422) BVerfGE 43, 242 (288 f.); 53, 336 (351); 58, 300 (351); 71, 137 (144); 76, 256 (359 f.); H. Schulze-Fielitz, in: H. Dreier (Hrsg.), GG, Bd. II, 2006, Art. 20 Rn. 169.
423) BVerfGE 21, 173 (183); 43, 242 (288); 58, 300 (351); 67, 1 (15); 78, 249 (285); 98, 265 (309 f.); St. Muckel, Kriterien, S. 120 f.
424) St. Muckel, Die Rückwirkung von Gesetzen, JA 1994, S. 13 (16).
425) St. Muckel, JA 1994, S. 13 (16).

가서는 안되는 정당한 이익이 존재한다.

우리 헌법 제13조 제2항이 금하고 있는 소급입법은 진정소급효를 가지는 법률만을 의미하는 것이다.[426] 법률의 진정소급입법은 헌법상 원칙적으로 불허된다. 왜냐하면, 법률에 의해 야기된 국민의 신뢰는 법적 안정성과 신뢰보호원칙의 구체적 형태로 표출되는 법치국가원리에 의해 보장되기 때문이다. 이러한 소급입법금지는 입법자의 침입으로부터 국민의 처분행위를 위한 기초로서의 현재 법규범의 존속에 대한 국민의 신뢰를 보호하게 된다.

(2) 헌법재판소 판례에서 소급입법금지원칙

우리나라 헌법재판소는 소급입법금지의 원칙과 예외에 관하여 2003년 10월 30일 판결에서 다음과 같이 판시하였다.

"헌법 제13조 제2항에서 '모든 국민은 소급입법에 의하여 …… 재산권을 박탈당하지 아니한다.'라고 하여 소급입법에 의한 재산권의 박탈을 금지하고 있다. 과거의 사실관계 또는 법률관계를 규율하기 위한 소급입법의 태양에는 이미 과거에 완성된 사실·법률관계를 규율의 대상으로 하는 진정소급효의 입법과 이미 과거에 시작하였으나 아직 완성되지 아니하고 진행과정에 있는 사실·법률관계를 규율의 대상으로 하는 부진정소급효의 입법이 있다. 헌법 제13조 제2항이 금하고 있는 소급입법은 전자, 즉 진정소급효를 가지는 법률만을 의미한다."[427]

또한 우리나라 헌법재판소는 진정소급입법의 예외사유를 다음과 같이 설시하고 있다.

"기존의 법에 의하여 형성되어 이미 굳어진 개인의 법적지위를 사후입법을 통하여 박탈하는 것 등을 내용으로 하는 진정소급입법은 개인의 신뢰보호와 법적 안정성을 내용으로 하는 법치국가원리에 의하여 특단의 사정이 있어 예외적으로 허용되는 경우를 제외하고는 헌법적으로 허용되지 아니하는 것이

---

426) 헌재 2019. 12. 27. 2015헌바45, 판례집 31-2하, 65, 76.

427) 헌재 1989. 3. 17. 88헌마1, 판례집 1, 9, 17-18; 헌재 1995. 10. 26. 94헌바12, 판례집 7-2, 447, 457-459; 헌재 1996. 2. 16. 96헌가2등, 판례집 8-1, 51, 84-89; 헌재 1999. 4. 29. 94헌바37등, 판례집 11-1, 289, 318; 헌재 2001. 4. 26. 99헌바55, 판례집 13-1, 869, 884; 헌재 2002. 7. 18. 99헌마574, 판례집 14-2, 29, 43; 헌재 2003. 4. 24, 2002헌바9, 판례집 15-1, 406, 414-415; 헌재 2003. 10. 30, 2001헌마700, 판례집 15-2, 137, 164-165.

원칙이며, 진정소급입법이 허용되는 예외적인 경우로는 일반적으로, 국민이 소급입법을 예상할 수 있었거나, 법적 상태가 불확실하고 혼란스러워 보호할만한 신뢰이익이 적은 경우와 소급입법에 의한 당사자의 손실이 없거나 아주 경미한 경우, 그리고 신뢰보호의 요청에 우선하는 심히 중대한 공익상의 사유가 소급입법을 정당화하는 경우 등을 들 수 있다."[428]

'부진정소급입법'이란 이미 과거에 시작하였으나 아직 완성되지 아니하고 진행과정에 있는 사실·법률관계를 규율의 대상으로 하는 입법이다. 부진정소급입법은 원칙적으로 허용된다. 다만, 이 경우에 있어서도 소급효를 요구하는 공익상의 사유와 신뢰보호의 요청 사이의 비교형량 과정에서, 신뢰보호의 관점이 입법자의 형성권에 제한을 가하게 되는 경우 불허된다.[429]

(3) 헌법재판소의 소급입법금지원칙에 대한 평가

1) 소급효의 개념과 종류

법률은 그 효력이 발생한 이후에 장래에 대해서만 적용되는 것이 원칙이다. 그러나 새로운 법률이 그 공포시행 이전에 완성된 사실관계 내지 법률관계에 적용하는 경우가 있는데, 이를 소급효라 한다. 소급효란 어느 법규범이 유효하게 시행되기 전에 그 법규범의 시간적 적용영역의 시점을 이전에 두게 됨으로써 발생한다. 소급적 법률은 과거를 향해 효력을 미치고 현존하는 법상태를 새로운 법으로 규율한다. 우리나라 대부분의 학설에서는 소급입법의 종류에 관해 '진정소급입법'과 '부진정소급입법'으로 구분하는 종래의 입장을 고수하고 있다.[430]

2) 우리나라 헌법재판소의 소급효 구분

우리나라 헌법재판소는 독일 연방헌법재판소 제1재판부가 구별한 소급효 유형과 같이, 소급효를 진정소급효와 부진정소급효로 구분하고 있다.[431] 우리

428) 헌재 1989. 3. 17. 88헌마1, 판례집 1, 9; 헌재 1996. 2. 16. 96헌가2등, 판례집 8-1, 87-88; 헌재 1998. 9. 30, 97헌바38, 판례집 10-2, 530, 539.

429) 헌재 2019. 12. 27. 2015헌바45, 판례집 31-2하, 65, 76; 헌재 2020. 3. 26. 2018헌바205 등, 판례집 32-1상, 241, 257.

430) 권영성, 헌법학원론, 법문사, 2010, 564면; 성낙인, 헌법학, 법문사, 2011, 254면; 한수웅, 법률개정과 신뢰보호: 부진정소급효에 관한 헌법재판소 판례 평석을 겸하여, 인권과 정의 250, 대한변호사협회, 1997. 6, 77면.

431) 이에 관련한 독일의 논의를 소개한 논문으로, 김승환, 독일과 한국의 헌법판례에 비추어 보는 법률불소급

나라 헌법재판소는 최초로 소급효 구분을 하는 판례에서 “과거의 사실관계 또는 법률관계를 규율하기 위한 소급입법의 태양에는 이미 과거에 완성된 사실 또는 법률관계를 규율의 대상으로 하는 이른바 진정소급효의 입법과 이미 과거에 시작하였으나 아직 완성되지 아니하고 진행과정에 있는 사실 또는 법률관계를 규율의 대상으로 하는 이른바 부진정소급효의 입법을 상정할 수 있다고 할 것이다. 전자의 경우에는 입법권자의 입법형성권보다도 당사자가 구법질서에 기대했던 신뢰보호의 견지에서 그리고 법적안정성을 도모하기 위해 특단의 사정이 없는 한 구법에 의하여 이미 얻은 자격 또는 권리를 새 입법을 하는 마당에 그대로 존중할 의무가 있다고 할 것이나, 후자의 경우에는 구법질서에 대하여 기대했던 당사자의 신뢰보호보다는 광범위한 입법권자의 입법형성권을 경시해서는 안될 일이므로 특단의 사정이 없는한 새 입법을 하면서 구법관계 내지 구법상의 기대이익을 존중하여야 할 의무가 발생하지는 않는다고 할 것이다.”[432]고 판시했다.

1989년 3월 17일의 ‘사법서사법시행규칙에 관한 헌법소원’사건에서 이처럼 소급효를 진정소급효와 부진정소급효로 구분했다. 우리나라 헌법재판소는 이러한 개념을 그 당시의 교과서와 문헌에서 차용해왔다. 물론 이것은 진정소급효와 부진정소급효간의 법해석학적 근거를 가지고 구분한 것은 아니었다. 우리나라 헌법재판소는 이 사건에서 진정소급효가 허용되는지 여부, 진정소급효가 언제 그리고 어떠한 조건하에서 허용되는지 여부는 미해결인 채로 남겨 두었다.

우리나라 헌법재판소는 5·18민주화운동등에관한특별법 제2조 위헌제청사건에서 “기존의 법에 의하여 형성되어 이미 굳어진 개인의 법적 지위를 사후입법을 통하여 박탈하는 것 등을 내용으로 하는 진정소급입법은 개인의 신뢰보호와 법적 안정성을 내용으로 하는 법치국가원리에 의하여 헌법적으로 허용되지 않는 것이 원칙이지만, 특단의 사정이 있는 경우, 즉 기존의 법을 변경하여야 할 공익적 필요는 심히 중대한 반면에 그 법적 지위에 대한 개인의 신뢰를 보호하여야 할 필요가 상대적으로 정당화될 수 없는 경우에는 예외적으로

의 원칙, 헌법학연구 제13권 제3호, 2007. 9, 317면 이하 참조.

432) 헌재 1989. 3. 17, 88헌마1, 판례집 제1권, 9, 17-18면.

허용될 수 있다. 그러한 진정소급입법이 허용되는 예외적인 경우로는 일반적으로, 국민이 소급입법을 예상할 수 있었거나, 법적 상태가 불확실하고 혼란스러웠거나 하여 보호할 만한 신뢰의 이익이 적은 경우와 소급입법에 의한 당사자의 손실이 없거나 아주 경미한 경우, 그리고 신뢰보호의 요청에 우선하는 심히 중대한 공익상의 사유가 소급입법을 정당화하는 경우를 들 수 있다. 이를 대별하면 진정소급입법이 허용되는 경우는 구법에 의하여 보장된 국민의 법적 지위에 대한 신뢰가 보호할 만한 가치가 없거나 지극히 적은 경우와 소급입법을 통하여 달성하려는 공익이 매우 중대하여 예외적으로 구법에 의한 법적 상태의 존속을 요구하는 국민의 신뢰보호이익에 비하여 현저히 우선하는 경우로 크게 나누어 볼 수 있다."[433]고 하여 진정소급효의 예외를 구체화하였다. 그러나 이는 형식적으로 독일 연방헌법재판소에서 판시하고 있는 진정소급효의 예외를 나열한 것에 불과하고, 이러한 구체적인 예외사유가 어떠한 사건에서 의미가 있는지는 전혀 고려되지 못하고 있다.

우리나라 헌법재판소는 진정소급입법과 부진정소급입법의 구분 실익을 이렇게 설시하고 있다. "우리 헌법은 제13조 제2항에서 '모든 국민은 소급입법에 의하여……재산권을 박탈당하지 아니한다.'라고 규정하여 소급입법에 의한 재산권의 박탈을 금지하고 있는데, 일반적으로 과거의 사실관계 또는 법률관계를 규율하기 위한 소급입법의 태양을 ① 이미 과거에 완성된 사실·법률관계를 규율의 대상으로 하는 '진정소급입법'과, ② 이미 과거에 시작하였으나 아직 완성되지 아니하고 진행과정에 있는 사실·법률관계를 규율의 대상으로 하는 '부진정소급입법'으로 구분하고, 전자는 헌법적으로 허용되지 않는 것이 원칙이며, 특별한 사정이 있는 경우에만 예외적으로 허용될 수 있는 반면, 후자는 원칙적으로 허용되지만 소급효를 요구하는 공익상의 사유와 신뢰보호의 요청 사이의 교량과정에서 신뢰보호의 관점이 입법자의 형성권에 제한을 가하게 된다는 것이 우리 재판소의 판례이다."[434]

433) 헌재 1996. 2. 16, 96헌가2, 판례집 제8권 1집, 51, 87-88.

434) 헌재 1995. 10. 26. 94헌바12, 판례집 7-2, 447, 457-459; 헌재 1998. 11. 26. 97헌바58, 판례집 10-2, 673, 680-681; 헌재 1999. 4. 29. 94헌바37등, 판례집 11-1, 289, 318; 헌재 1999. 7. 22. 97헌바76등, 판례집 11-2, 175, 195; 헌재 2001. 4. 26. 99헌바55, 판례집 13-1, 869, 884; 헌재 2002. 11. 28. 2002헌바45; 헌재 2002. 7. 18. 99헌마574, 633, 638; 헌재 2003. 9. 25, 2001헌마93, 319, 356-357.

우리나라 헌법재판소는 진정소급입법과 부진정소급입법으로 구분하면서 양자를 "소급효"라는 상위개념하에 포섭시킨다. 이러한 개념적 구분에 기초하여 헌법재판소의 소급적 법해석학은 계속적인 판례를 통해 발전되고 있다. 이러한 소급효에 대한 법해석은 용어적인 구분과 관련하여 직접적이고 실제적인 결과를 도출하고 있다. 즉, 진정소급효는 원칙적으로 헌법상 불허되는 반면, 부진정소급효는 원칙적으로 헌법상 허용된다는 것이다.

우리나라 헌법재판소는 1995년 10월 26일 판결에서 다음과 같이 설시하고 있다. "독일판례의 영향을 받은 우리재판소나 대법원의 판례에 따르면 소급입법에 관하여 진정·부진정 소급효의 입법을 구분하고 있으며 우리재판소의 판례상으로는 불명하나 대법원 판례에 따르면 이 사건 규정은 부진정소급입법에 해당하는 것으로 보인다. 이와 같이 소급입법을 진정·부진정으로 나누는 척도는 개념상으로는 쉽게 구분되나 사실상 질적 구분이 아닌 양적 구분으로, 단순히 법기술적 차원으로 이루어질 가능성이 있으므로 이와 같은 구분의 기준에 관하여 이견이 있을 수 있다. 이 사건 규정과 같이 과세년도 도중에 법이 개정된 경우, 세법상 과세요건의 완성이 과세년도 경과 후에 이루어지며, 그 법의 시간적 적용시점이 과세년도 경과 후이기 때문에 진정 소급효는 아니라고 한다면, 이는 과세요건의 완성을 과세연도 종류 후로 하는 것 자체는 세무회계 내지 조세행정상의 편의성 때문이므로, 사실상 법기술적 차원의 구분에 불과하다."[435]

3) 소결

우리나라 헌법재판소는 판례에서 스스로 진정소급입법과 부진정소급입법의 구분의 어려움을 고백하고 있으며, 이러한 양자의 구분이 사건의 해결에 적합하지 않음을 시인하고 있다. 왜냐하면, 법률이 이미 완성되고 과거에 속한 행위와 관련되는지 또는 이러한 행위로부터 기인하여 현재 아직까지 지속되는 상태와 관련되는지 여부는 단지 법기술의 문제이기 때문이다. 입법자가 사건이 발생한 이후에 제·개정한 법규범에 의해 그 법적 효과를 좌우하는 전제조건을 설정하고 동시에 새로운 법규범이 이전의 사실관계를 규율하도록 규정하

---

435) 헌재 1995. 10. 26, 94헌바12, 판례집 제7권 2집, 447, 457.

는 경우가 빈번하다. 입법자의 행위에 의해 자의적으로 소급효의 허용성에 대한 법적 평가기준이 조작될 수 있다는 위험이 항상 존재한다는 것을 보여준다.

헌법재판소가 사용하고 있는 소급입법의 구분 유형은 그 개념이 불명확할 뿐만 아니라, 모호하다. 소급입법 구분에 있어서 구성요건의 완성성을 고려하는 것은 진정소급입법과 부진정소급입법의 구분에 대한 명확한 기준을 제공하지 못한다. 구성요건의 완결성은 매우 불명확하며 법효과의 발생에 초점을 두는 것으로 국민의 신뢰보호에 불완전한 결과를 초래하고, 구성요건의 완결성의 시기 판단에 있어서 법적용상의 자의가 행사될 위험을 내포하고 있다.[436]

헌법재판소가 구체적인 사건에 실질적 해결책을 제시하지 못하고 구성요건의 완결성에 의해 진정소급입법과 부진정소급입법 양자로 구분하는 것은 형식적인 구분이라 할 수 있다. 이러한 소급입법 구분에 있어서 진정소급입법의 경우에는 원칙적인 불허용과 예외적 허용, 부진정소급입법의 경우에는 원칙적인 허용과 예외적인 불허용이라는 원칙 대(對) 예외 관계에 관한 헌법적 기준이 없으므로 자의적인 기준으로 적용될 가능성이 높다.

(4) 보안처분에도 소급입법금지원칙이 적용되는지 여부

1) 헌법재판소의 견해

헌법상 소급입법금지의 원칙이 형벌에만 적용되는지 아니면 보안처분에도 적용되는지 여부가 문제된다. 헌법재판소는 형벌은 본질적으로 행위자가 저지른 과거의 불법에 대한 책임을 전제로 부과되는 제재를 뜻함에 반하여, 보안처분은 행위자의 장래 위험성에 근거하여 범죄자의 개선을 통해 범죄를 예방하고 장래의 위험을 방지하여 사회를 보호하기 위해서 형벌에 대신하여 또는 형벌을 보충하여 부과되는 자유의 박탈과 제한 등의 처분을 뜻하는 것으로서 양자는 그 근거와 목적을 달리하는 형사제재이다.[437]

헌법재판소는 "전자장치를 성폭력범죄자에 부착하도록 하는 것은 성폭력범죄자의 재범 방지와 성행(性行)교정을 통한 재사회화를 위하여 그의 행적을 추적하여 위치를 확인할 수 있는 전자장치를 신체에 부착하게 하는 부가적인

---

436) 박종수, 조세법률의 소급효와 신뢰보호, 세무학연구 제24권 제2호, 2007. 6, 86면.
437) 헌재 2012. 12. 27. 2010헌가82 등, 판례집 24-2하, 281, 295.

조치를 취함으로써 특정범죄로부터 국민을 보호함을 목적으로 하는 형사제재이다."라고 설시하고 있다.[438] 또한 "전자장치부착법상 전자장치 부착명령은 제도의 목적, 요건, 보호관찰 부가 등 관련 규정의 내용에 비추어 형벌과 구별되므로, 형벌과는 목적이나 심사대상 등을 달리하는 보안처분에 해당한다고 보아야 한다."고 판단하고 있다.

"보안처분은 형벌과는 달리 행위자의 장래 재범위험성에 근거하는 것으로서, 행위시가 아닌 재판시의 재범위험성 여부에 대한 판단에 따라 보안처분 선고를 결정하므로 원칙적으로 재판 당시 현행법을 소급적용할 수 있다고 보는 것이 타당하고 합리적이다. 그러나 보안처분의 범주가 넓고 그 모습이 다양한 이상, 보안처분에 속한다는 이유만으로 일률적으로 소급효금지원칙이 적용된다거나 그렇지 않다고 단정해서는 안되고, 보안처분이라는 우회적인 방법으로 형벌불소급의 원칙을 유명무실하게 하는 것을 허용해서도 안된다. 따라서 보안처분이라 하더라도 형벌적 성격이 강하여 신체의 자유를 박탈하거나 박탈에 준하는 정도로 신체의 자유를 제한하는 경우에는 소급효금지원칙을 적용하는 것이 법치주의 및 죄형법정주의에 부합한다."[439]

헌법재판소는 종국적으로 "이 사건 부칙조항에 따른 전자장치 부착명령은 비형벌적 '보안처분'으로서 소급효금지원칙이 적용되지 아니하므로 전자장치부착법 시행 당시 대상자에 포함되지 않았던 사람들까지 부착명령의 대상자로 포함시켰다고 하여 소급효금지원칙에 위배되는 것은 아니다."라고 판시하였다.[440]

2) 헌법재판소 견해에 대한 평가

우리나라 헌법 제13조 제1항에서는 "모든 국민은 행위시의 법률에 의하여 범죄를 구성하지 아니하는 행위로 소추되지 아니한다"고 규정하고 있다. 우리나라 헌법 제13조 제1항은 독일 기본법 제103조 제2항[441]과 같이 '가벌

---

438) 헌재 2012. 12. 27. 2010헌가82 등, 판례집 24-2하, 281, 294. 전자장치부착법에 따른 전자장치 부착명령은 성범죄자의 재범 방지와 성행 교정을 통한 재사회화를 위하여 그의 행적을 추적하여 위치를 확인할 수 있는 전자장치를 신체에 부착하게 하는 부가적인 조치를 취함으로써 성폭력범죄로부터 국민을 보호함을 목적으로 한다(전자장치부착법 제1조). 즉, 전자장치 부착명령의 근본적인 목적은 재범방지와 사회방위이다.

439) 헌재 2012. 12. 27. 2010헌가82등, 판례집 24-2하, 281, 297.

440) 헌재 2012. 12. 27. 2010헌가82등, 판례집 24-2하, 281, 298.

441) 독일 기본법 제103조 제2항 "어떤 행위는 그것이 행해지기 이전에 그 가벌성이 법률로 규정된 경우에만 처벌될 수 있다."(Eine Tat kann nur bestraft werden, wenn die Strafbarkeit gesetzlich bestimmt war, bevor

성'(Strafbarkeit)이라는 법문을 사용하지 않고, '소추'라는 법문을 사용하고 있다. 여기서 규정한 '소추'라 함은 수사, 공소, 재판, 형의 집행뿐만 아니라, 보안처분의 부과를 위한 절차의 개시, 청구 및 집행 등을 모두 포함하는 것으로 해석해야 한다.[442] 우리 헌법 제12조 제1항의 "… 법률과 적법한 절차에 의하지 아니하고는 처벌·보안처분 또는 강제노역을 받지 아니한다."고 규정한 것은 제7차 개헌에서 부터인데, 처벌·보안처분 또는 강제노역은 그 형사제재의 유형을 불문하고 범죄에 대한 처벌로서 헌법에 규정한 점을 고려하면, '소추'는 형사절차뿐만 아니라 보안처분절차를 포함하는 넓은 개념으로 보아야 한다.

소급입법금지의 원칙에서 금지되는 처벌을 형벌로 국한하게 되면 자유권으로서의 신체의 자유를 최대한 국가가 보장해야 한다는 헌법의 기본권보장의 취지를 무색하게 만든다. 헌법에서 소급입법금지를 통해 달성하고자 하는 것은 신체의 자유를 최대한 보장하려는 취지이므로, 소급입법금지원칙에서 요청하는 처벌은 형법상 형벌뿐만 아니라, 실질적 의미에서의 형사제재인 처벌로 넓게 이해해야 한다. 만약 소급입법금지원칙에서 금지하는 처벌을 형법상 형벌로 국한하여 해석한다면, 새로이 도입되거나 창안된 형사제재가 형법에서 형벌로 규정되지 않는 한, 형벌적 성격을 띠더라도 소급입법금지원칙에 위반될 여지가 없는 모순에 빠진다.[443]

Ⅵ. 기본권보호의무와 과소보호금지원칙

1. 기본권보호의무론

(1) 독일에서 기본권보호의무론의 발전

독일 연방헌법재판소 제2재판부는 1978년 8월 8일 칼카(Kalkar) 판결에서 국가의 기본권보호의무는 입법자의 입법형성권에 의해 이행된다고 강조했다.[444] 그러나 국회가 기본권보호의무를 전적으로 부담하는 것은 아니라고 판

---

die Tat begangen wurde.)

442) 박찬걸, "위치추적 전자감시제도의 소급적용에 대한 비판적 고찰", 헌법논총 제24집, 2013. 11, 368면.

443) 박찬걸, "위치추적 전자감시제도의 소급적용에 대한 비판적 고찰", 헌법논총 제24집, 2013. 11, 369면.

시했다.[445] 독일 연방헌법재판소 제1재판부는 1981년 1월 14일 항공기 소음 판결에서 기본권보호의무와 관련하여 법률이 불완전·불충분하게 규율되어 발생한 입법부작위 사건을 다루었다.[446] 이 판결에서 독일 연방헌법재판소는 '가장 중요한 법익이 침해된'[447] 경우에 기본권보호의무가 발생한다고 판시하였다. 그 이후 독일 연방헌법재판소 제2재판부는 1987년 10월 29일 화학무기(C-Waffen) 판결에서 독일 기본법 제2조 제2항 1문에 의거하여 입법자에게 광범위한 입법형성권이 있다고 판시하였다.[448] 1993년 5월 28일 독일 연방헌법재판소는 낙태 2(Abtreibung 2) 판결에서 **'과소보호금지(過少保護禁止)원칙'**[449]을 처음으로 언급하였다.[450]

독일 연방헌법재판소가 판례를 통해 개발한 기본권보호의무론은 2가지 유형으로 분류할 수 있다. 하나는 기본권보호의무가 독자적인 기본권성을 지닌다고 보는 견해이고, 또 다른 하나는 기본권을 원용하지 않고 입법자의 입법형성의 자유에 기반하여 기본권보호의무를 도출하는 견해이다. 독자적인 기본권성을 인정하는 전자(前者)의 견해에는 낙태 1(Abtreibung 1) 판결, 낙태 2(Abtreibung 2) 판결, 슐라이어(Schleyer) 납치 판결[451]이 있다. 후자(後者)의 견해에는 칼카(Kalkar) 판결, 항공기 소음 판결, 화학무기(C-Waffen) 판결 등이 있다.

슐라이어(Schleyer) 납치 판결에서 독일 연방헌법재판소는 '국민 전체'에 대한 기본권보호의무 수행을 위해 입법자의 입법형성권에 의하지 않고 기본권보호의무는 헌법(憲法)에서 직접 도출된다고 판결했다.[452] 슐라이어(Schleyer) 납치 판결에서 독일 연방헌법재판소는 '납치에 관한 국가행위법' 제정이 청구인의 생명과 건강을 보호해야 할 국가의 기본권보호의무를 수행하지 않았다고 볼 수 없다고 판단했다. 슐라이어(Schleyer) 납치 판결에서는 실제 기본권보호의무 수행을 위해 국가의 보호조치(입법화)가 되지 않았지만, 특정한 상황에서

444) BVerfGE 49, 89 ff.
445) BVerfGE 49, 89 (124 ff.).
446) BVerfGE 56, 54 (70 ff.).
447) BVerfGE 56, 54 (81).
448) BVerfGE 77, 170 (229 f.).
449) C.-W. Canaris, AcP 184 (1984), S. 201 (228); J. Isensee, Das Grundrecht auf Sicherheit, 1983, S. 21.
450) BVerfGE 88, 203 (254).
451) BVerfGE 46, 160 (164).
452) BVerfGE 46, 160 (165).

취해져야 할 국가의 보호조치는 미리 법률에 규정할 수 없으므로 법률로부터 기본권을 도출할 수 없다는 것이다.[453] 독일 연방헌법재판소는 슐라이어(Schleyer) 납치 판결에서 다음과 같이 판시하였다. "기본권보호의무의 효율적인 수행은 해당 국가기관이 개별 사건의 상황에서 적절하게 대응할 수 있어야 함을 전제로 한다. 이는 국가기관의 특정한 수단의 선택을 금지한다. 국가기관의 특정한 수단 선택은 헌법에 합치되지 않는다. 왜냐하면, 특정한 수단의 선택이 국가가 국민의 기본권을 효율적으로 보호하는 것을 불가능하게 만들 수 있기 때문이다."[454]

독일 연방헌법재판소는 1978년 8월 1일 '접촉차단법' 판결을 내렸다.[455] 신체적 완전성 보호 내지 제3자의 가해(加害)로부터 기본권 주체의 자유를 보호하기 위한 국가의 보호조치는 원칙적으로 '공익'을 위한 것이라고 판시하였다.[456] '국민의 안전보장과 국가기관의 기능에 대한 신뢰 확보를 위해' 국가는 기본권보호의무를 수행해야 한다는 것이다.[457] "자유민주적 기본질서를 파괴하려는 목적을 가지고 이러한 목적을 실현하는 수단으로서 인간의 생명을 계획적으로 말살하려는 테러범들의 시도를 국가가 법치국가적 수단으로 효과적으로 저지하는 것은 헌법의 취지를 실현하는 것이다. 평화권과 질서권으로서의 국가의 안전과 국가에 의해 보장되는 국민의 안전은 필수불가결한 헌법적 가치이다. 왜냐하면, 국가는 국민으로부터 실제적이고 최종적인 민주적 정당성을 부여받았기 때문이다."[458]

1) 1975년 낙태 판결[459]

독일 연방헌법재판소는 기본권으로부터 도출되는 국가의 기본권보호의무를 1975년 '낙태 판결'[460]에서 처음으로 인정하였다. 이 판결은 낙태에 대한 처

---

453) BVerfGE 46, 160 (165).
454) BVerfGE 46, 160 (165).
455) BVerfGE 49, 24 ff.
456) BVerfGE 49, 24 (53).
457) BVerfGE 49, 24 (54).
458) BVerfGE 49, 24 (56 f.). 헌법재판소의 민주적 정당성에 관하여는 이부하, "헌법의 수호자로서 헌법재판소의 민주적 정당성", 외법논집 제42권 제2호, 2018. 5, 209면 이하; 허완중, "헌법재판소의 지위와 민주적 정당성", 고려법학 제55호, 2009. 12, 1면 이하; 허완중, "헌법재판소의 민주적 정당성", 헌법학연구 제18권 제3호, 2012. 9, 559면 이하.
459) BVerfGE 39, 1 ff.

벌 규정에 관한 개정 형법조항 사건이었다. 독일 연방헌법재판소는 구 독일 형법 제218조의 낙태죄 규정(임신기간이나 낙태사유를 불문하고 낙태를 처벌)의 처벌을 완화하여 수정 후 12주 이내에 의사가 임산부의 동의를 받은 경우 낙태를 가능하도록 하는 개정 형법 제218a조(1974년 제5차 개정형법)에 대한 사건에서 모체 내에서 성장하는 태아의 독자적인 기본권을 인정하면서 위헌 결정을 내렸다. 독일 연방헌법재판소는 태아의 생명을 위한 국가의 기본권보호의무를 인간의 존엄보장(기본법 제1조 제1항)과 관련된 생명권(기본법 제2조 제2항 1문)의 객관법적 내용으로부터 도출해 냈고, 기본법 제1조 제1항(인간의 존엄)과 기본법 제2조 제2항 1문(생명권)을 침해하는 것으로서 위헌이라고 한다.[461]

국가의 기본권보호의무와 관련하여, 독일 기본법 제2조 제2항과 기본법 제1조 제1항은 국가에게 형성중인 생명을 보호하고 유지하며, 특히 제3자인 사인에 의한 생명권 침해로부터 방어할 것을 요구하고 있다. 형성중인 생명도 독일 기본법 제1조 제2항에서 규정하고 있는 인간 존엄의 보호를 받는다. 모든 인간의 생명은 존엄하며, 어느 정도의 범위까지 국가가 헌법상 생명보호의무를 지는가는 기본권의 객관법적 내용으로부터 도출된다. 이러한 국가의 생명보호의무는 어머니에 의한 침해로부터의 보호도 포함한다.[462]

국가의 기본권보호의무는 국가에 의한 침해뿐만 아니라, 다른 사인에 의한 위법적인 가해로부터의 사인의 기본권 보호도 포함한다. 국가는 어머니를 포함한 다른 사인의 위법적인 가해로부터 이미 기본권 주체인 '태아'(Nasciturus)를 보호해야 한다.[463] 임신 중절과 관련하여, 태아의 생명 침해행위인 낙태가 원칙적으로 위법하다는 결과로 이어진다.[464] 그러나 어머니의 관련 기본권과의 형량에 있어서 어머니의 수인 한계를 고려해야 한다. 이러한 수인 한계는 어머니에게 부담시킬 수 없을 정도로 자신의 삶의 가치에 대한 고귀한 희생을 강요할 경우에 다다른다.[465] 이 경우 어머니에게는 태아의 생명을 구해야 할

---

460) BVerfGE 39, 1 ff.
461) BVerfGE 39, 1 (41); 46, 160 (164).
462) BVerfGE 39, 1 (42 f.).
463) BVerfGE 39, 1 (41); 88, 203 (251 ff.).
464) BVerfGE 39, 1 (44); 88, 203 (255).
465) BVerfGE 88, 203 (256 f.).

법적 의무가 부과되지 않는다. 따라서 독일 연방헌법재판소는 입법자에게 낙태에 대한 처벌에 관한 새로운 형법 개정시에 이러한 관점을 충분히 고려하도록 주의를 환기시켰다.

2) 슐라이어(Schleyer) 납치 판결

테러로부터의 생명 보호에 관한 문제이다. 전경련 회장인 슐라이어를 납치한 테러리스트들(납치범들)은 연방정부와 주정부를 상대로 동료들인 기결수와 미결수를 석방하지 않으면 슐라이어를 살해하겠다고 협박하였다. 슐라이어 변호사들은 기결수와 미결수를 석방할 것을 요구하는 가처분을 구하는 헌법재판을 청구하였다.[466]

인질의 생명을 위한 국가의 기본권보호의무를 인정하였음에도 불구하고, 국가기관이 생명의 효과적 보호를 위한 의무를 어떻게 수행할 것인가는 국가기관 고유의 책임으로 다양한 형성의 여지를 열어놓은 것이라고 판시하였다.[467] 즉, 실효적인 생명보호를 위해 어떠한 보호조치가 목적에 적합하고 요구되는가는 국가기관이 결정할 문제라고 하였다. 생명을 위협하는 테러리스트의 협박으로부터 보호를 위해 요구되는 조치가 그러한 특정한 상황에 적합하여야 한다.[468] 이는 일반적으로 미리 규범화되어 있지 않으면 개별규범으로부터 도출하는 것은 불가능하다. 헌법상 관점에서 볼 때, 권한있는 국가기관에 대해 특정한 수단을 선택하라는 요구는 불가능하다고 하여 청구를 기각하였다.

3) 원자력발전소 판결

1978년 8월 8일 칼카 1(Kalkar I) 판결[469]과 뮬하임-케를리히(Mülheim-Kärlich) 판결[470]에서 원자력 이용과 관련한 원자력발전소의 안전성에 관한 국가의 기본권보호의무가 논의되었다. 칼카 1(Kalkar I) 판결에서는 고속증식로형 원자력발전소의 건설인가와 관련한 '핵에너지의 평화적 이용 및 위험방지에 관한 법률'(약칭 '원자력법') 제7조에 정한 인가기준이 보호의무를 충족하는가가 문제되었다.

466) BVerfGE 46, 160 f.-Schleyer
467) BVerfGE 46, 160(164 f.).
468) BVerfGE 46, 160(164 f.).
469) BVerfGE 49, 89 ff.-Kalkar I
470) BVerfGE 53, 30 ff.-Mülheim-Kärlich

또한 뮬하임-케를리히(Mülheim-Kärlich) 판결에서는 원자력발전소 건설인가의 실체적 요건은 물론 절차적 요건도 기본권보호의무의 구체화의 전제조건으로서 건설인가가 원자력법에 정한 절차에 위반한 것으로서 그 위반이 헌법상 기본권보호의무를 침해할 정도로 중대한 것인가 여부였다.

뮬하임-케를리히(Mülheim-Kärlich) 판결에서는 기본권보호의무의 헌법적 근거를 기본법 제2조 제2항 1문(생명권)의 '객관법적 내용'으로 본 판례이다.[471] 기본법 제1조 제2항에 근거하여 국가는 법적 규율을 통해 기본권에 대한 침해를 방지할 의무를 지고 있는데, 헌법상 기본권보호의무가 있는지 여부, 있다면 언제 발생하는지 여부, 어떠한 내용인지 여부는 발생가능한 위험의 종류, 근접성, 범위 및 헌법적으로 보호되는 법익의 태양과 범위에 달려있다고 한다.[472]

4) 항공기소음 판결

1981년 1월 14일 항공기소음 판결[473]에서 헌법해석 과정에서 기본권에 구체화된 근본결단으로부터 추론되는 적극적인 국가의 기본권보호의무와 행위의무가 입법자의 조치에 의하여 어느 정도 구체화되어야 하는가는 어려운 문제이며, 이 경우 헌법재판소는 제한적이지만 심사할 수 있으며, 입법자가 기본권보호의무를 위반했느냐 여부가 중요한 것이 아니라, 입법개선의무를 게을리 했는지 여부가 중요하다고 한다.[474] 또한 기본권보호의무와 관련한 입법자의 구체화에 대한 판단은 입법자의 판단을 최대한 존중하여 '명백성 통제' 심사기준을 적용하여야 한다고 한다.[475]

5) 대리상 판결(Handelsvertreter)

포도주와 샴페인을 판매하는 소송상 원고의 대리상으로 근무하면서 대리상 계약에 의거하여 업무상 비밀준수의무와 경업금지의무를 지고 있었으나, 다른 회사로 전직하려다가 원고 회사에 재직하면서 다른 회사를 위해서 활동하던 사실이 원고에게 발각되어 기간의 통지없이 해고당하였다. 이에 관해 연

---

471) BVerfGE 53, 30(57).
472) BVerfGE 49, 89(142).
473) BVerfGE 56, 54(73).-Flughafen Düsseldorf-Lohausen
474) BVerfGE 56, 54(81).
475) BVerfGE 56, 54(81).

방헌법재판소는 국가는 사적 자치의 범위내에서 이루어지는 계약들을 원칙적으로 존중하여야 한다고 판시하였다.[476] 기본법은 기본권장에서 민법을 포함한 법의 모든 영역에 적용되는 객관적인 근본결단을 내렸다. 어떠한 민법 조항도 기본권에 표현되어 있는 이 원리들을 위반하여서는 안된다. 이는 사적 자치의 한계를 설정하는 사법상(私法上)의 강행규정에도 적용된다.[477] 입법자가 이러한 강행규정을 제정하지 아니한 경우에는 법관이 기본권보호의무를 진다고 하였다.[478]

(2) 기본권의 제3자효와 기본권보호의무의 상관관계

1) 기본권과 기본권보호의무 간의 관계

방어권(防禦權)으로서의 기본권과 기본권보호의무 간의 관계를 고찰할 필요가 있다. 이슨제(Isensee) 교수는 기본권보호의무를 '국가이론'에서 도출하고 있다.[479] 자유와 안전은 대립되는 개념이 아니고, 자연상태에서 권력과 자의가 없는 상태에서 국가적·시민적 자유가 존재한다는 생각이 토마스 홉스(Thomas Hobbes)에 의해 처음으로 주장되었다.[480] 로크(Locke)는 '잠재적이고 억압적인 국가에 대한 방어권적 자유'를 강조했고, 그 후 이러한 생각은 헤겔(Hegel)에 의해 '국가 내에서, 국가에 의한 자유'로 변형되었다.[481] 이슨제(Isensee) 교수는 '국가 내에서, 국가에 의한 자유'라는 현실지향적인 사고를 효과적으로 이론구성하였다.[482] 이를 위해, '안전권'이라는 기본권을 기본권의 보장내용으로 직접적으로 인정하고 있다.[483] 이슨제(Isensee) 교수는 '안전권'은 사회적 기본권과 구조적으로 유사하다고 주장한다. 굶고 있는 사람이나 추위에 몸이 얼은 사람은 자유권적 방어권이 그다지 도움이 되지 않는다. 그러나 거리에서 강도에게

---

476) BVerfGE 81, 242(254).
477) BVerfGE 81, 242(254).
478) BVerfGE 81, 242(256).
479) W. Schwetzel, Freiheit, Sicherheit, Terror, 2007, S. 11 ff., 14 ff.
480) Th. Hobbes, Leviathan (1651), in: The English Works of Thomas Hobbes, Vol. III, Nachdruck der Ausgabe von 1839 (1962).
481) G. W. F. Hegel, Grundlinie der Philosophie des Rechts, § 194; S. Avineri, Hegels Theorie des modernen Staates (1976), S. 211 ff.
482) J. Isensee, Das Grundrecht auf Sicherheit (1983), S. 23 f., 27 ff.
483) J. Isensee, Das Grundrecht auf Sicherheit (1983), S. 34 ff.

충격을 당한 사람에게는 국가의 긴급한 조치가 필요하다.[484] 그러나 '안전권'은 사회적 기본권과 비교할 때, 한정적이고 제한적이다. 왜냐하면, 안전권은 자유권 보장의 토대이기 때문이다.[485]

국가의 기본권보호의무라는 헌법의 명령은 법률유보원칙에 의하게 된다. 즉, 국가의 기본권보호의무는 법률을 매개로 하여 수행된다. 왜냐하면, 기본권보호의무는 국가에게 의무를 부과하지만, 국민에게 직접적으로 그 효력이 미치지 않기 때문이다. 기본권보호의무는 국가기관의 행위를 요구하기 때문에, 원칙적으로 법률에 근거하여 발동된다.

안전(安全)과 자유(自由)는 대립하는 개념이기 보다는 상호 보충적인 개념이다. 안전 없는 자유는 불가능하고, 자유 없는 안전은 무가치한 것이기 때문이다. 따라서 국가의 기본권보호의무에 의해 보장되는 안전권과 자유권은 상호 의존적이다.

2) 기본권보호의무와 기본권의 제3자효 간의 관계

'기본권의 제3자적 효력'은 국가에 의한 사인의 기본권 침해라는 일반적 헌법 상황에서 나온 이론이 아니며, 사인과 사인 간의 법관계에 기본권 침해 판단이 필요한 상황에서 문제된다.[486] 이를 '수평적 효력'(Horizontalwirkung)이라 부르기도 한다.[487] 일부 견해에서는 기본권보호의무를 기본권의 제3자효의 일부로 보기도 한다.[488] 다른 견해에서는 기본권의 제3자효가 기본권보호의무에 포함된다고 보기도 한다.[489] 반면, 기본권의 제3자효와 기본권보호의무는 구별된다는 입장도 있다.[490] 최근에 사회공동체의 집단적·제도적 차원의 기본

---

484) J. Isensee, Das Grundrecht auf Sicherheit (1983), S. 19.

485) J. Isensee, Das Grundrecht auf Sicherheit (1983), S. 44.

486) Claus-Wilhelm Canaris, Drittwirkung der gemeinschaftsrechtlichen Grundfreiheiten, in: Bauer/Czybulka/Kahl/Vosskuhle (Hrsg.), Umwelt, Wirtschaft und Recht, 2002, S. 29 (32).

487) de Wall/Wagner, Die sogenannte Drittwirkung der Grundrechte, JA 2011, S. 734.

488) Enders, Die Menschenwürde in der Verfassungsordnung, 1997, S. 335; Howald, Das Kommunikationsgrund recht der Meinungsfreiheit und seine Kollision mit arbeitsvertraglichen Pflichten, 2003, S. 34.

489) Augsberg/Viellechner, JuS 2008, 406, 412; Canaris, (Fn. 48), S. 29, 32; Gersdorf, AöR 199 (1994), S. 400 (421); Klein, (Fn. 3), S. 1640; Groß, JZ 1999, S. 326 (331); Gurlit, NZG 2012, S. 249 (251); Hermes, NJW 1990, S. 1764 (1767 f.); Jarass, AöR 120 (1995), S. 345 (352 f.); Pieroth/Schlink, Grundrechte, Staatsrecht Ⅱ, 29. Aufl. 2013, Rn. 198; Szczekalla, Die sogenannten grundrechtlichen Schutzpflichten im deutschen und europäischen Recht, 2002, S. 254 ff.; Unruh, Zur Dogmatik der grundrechtlichen Schutzpflichten, 1996, S. 72 f.

490) R. Poscher, Grundrechte als Abwehrrechte, 2003, S. 267 f.

권을 강화해야 한다는 견해도 있다.[491]

가) 기본권의 직접적인 제3자효설

모든 사인 간 법관계에 기본권이 직접적으로 효력을 미치지는 않는다. 왜냐하면, 독일 기본법 제1조 제3항[492]에 의하면, 기본권은 원칙적으로 국민과 국가 간의 관계에서만 직접적으로 효력을 미치기 때문이다.[493] 기본권은 원칙적으로 독일 민법 제134조의 의미에서 '금지법'에도, 독일 민법 제823조 제2항에 의거한 '보호법'에도, 독일 민법 제823조 제1항에 규정된 '그 밖에 권리'에도 효력을 미치지 않는다.

헌법상 기본권이 사인 간에도 효력을 미친다고 명백히 규정된 경우에만, 기본권이 사인 간에 직접적인 효력을 미친다. 독일 기본법 제9조 제3항 2문[494]에서는 사인 간에 직접적인 효력이 미친다는 명시적인 규정이 있다. 일반적으로 기본권은 사인 간에 직접 적용되지 않는다.[495] 인간 존엄의 불가침성은 사인 간에 직접 적용되지 않는다.[496] 독일에서 인간 존엄이 비(非)국가세력에 의해 위협받았던 경험이 있음에도 불구하고, 독일 기본법 제1조 제1항 2문[497]은 '국가'에게 인간의 존엄을 존중하도록 요구하는 규정임이 명백하다.[498] 또한 입법자는 기본권의 직접적인 제3자효를 부정하면서 독일 민법상의 일반조항[499] 또는 불확정적 법개념을 통해 기본권의 효력이 미친다는 견해를 표명했다. 가치 부여와 의미 부여가 필요한 민법상 '일반조항'[500]은 상당히 유용한 수단이

491) Hensel/Teubner, Matrix Reloaded. Kritik der staatszentrierten Drittwirkung der Grundrechte am Beispiel des Publication Bias, KJ 2014, S. 150 ff.

492) 독일 기본법 제1조 제3항 "이하의 기본권은 직접 효력을 가지는 법으로서, 입법과 집행 및 사법을 구속한다."

493) Canaris, Grundrechtswirkungen und Verhältnismäßigkeitsprinzip in der richterlichen Anwendung und Fortbildung des Privatrechts, JuS 1989, S. 161.

494) 독일 기본법 제9조 제3항 "근로조건과 경제조건의 유지와 개선을 위하여 단체를 결성할 권리는 누구에게나 그리고 모든 직업과 관련하여 보장된다. 이 권리를 제한하거나 방해하고자 하는 협약은 무효이며, 이를 목적으로 하는 조치는 위법하다."

495) Claus-Wilhelm Canaris, S. 35.

496) Canaris, Grundrechte und Privatrecht, AcP 184 (1984), S. 201, 203 f.; Ruffert, Vorrang der Verfassung und Eigenständigkeit des Privatrechts, 2001, S. 477 f.

497) 독일 기본법 제1조 제1항 "인간의 존엄성은 훼손될 수 없다. 이를 존중하고 보호하는 것은 모든 국가권력의 의무이다."

498) Dreier, GG, 3. Aufl. 2013, Art. 1 Ⅰ, Rn. 24 m. w. N.

499) §§ 138, 242, 275 (3), 307 (1), 626 (1), 826, 1004 (2), 1666 BGB, § 315 (1) BGB

500) BVerfGE 81, 242 (256).

된다. 오히려 '일반조항'은 사법(私法) 질서에 필수적인 구성요소이며 사법(私法) 관계에 기본권의 적용을 위한 기능을 수행한다.

사회적 권력이 기본권에 기속될 때,[501] 국가의 기본권 기속이 사인 간에도 적용된다는 기본권의 직접적인 제3자효설[502]은 모순이 발생한다.[503] 사회적 권력을 보유한 사적 주체는 기본권 주체이며, 오히려 국가는 이러한 사적 주체의 기본권을 보장해야 한다. 국가와 국민의 관계와 국민 상호간 관계를 구별하는 중요한 차이는 양자 관계가 동등한 지위에 있지 않다는 것이다.[504] 기본권의 수범자는 국가일 뿐이다. 독일 기본법 제3조 제1항에서 규정된 '법 앞에' 평등과 기본권의 법률유보원칙은 입법자에게만 요구한다.[505]

독일 기본법 제1조 제3항에 의하면, 기본권이 사인 간에도 직접적으로 적용된다는 기본권의 직접적인 제3자효설은 타당성이 없다. 민사법원은 민사소송에서 해석·적용시 기본권을 유념해야 한다.[506] 민사법원은 사적인 법적 분쟁에 원칙적으로 민법에 의거하여 판결한다. 민법을 적용할 때, 민사법원의 판사는 양 당사자 간 이익을 형량하지만, 공권력에 의한 기본권 침해 여부를 판단하지는 않는다.[507]

기본권의 직접적인 제3자효를 인정하게 되면, 사인에 의한 기본권 가해에 대한 국가의 강력한 보호는 가해자의 기본권을 더욱 심각하게 제한하게 된다.[508] 기본권의 직접적인 제3자효설에서는 사인 간의 관계에서 기본권의 효력은 국민과 국가 간의 관계에서의 기본권의 효력과 차이가 있다고 주장한다.[509] 사법(私法) 주체 간에 기본권 적용시에, 각 주체는 기본권 주체이며, 동일하거나 상이한 기본권들 간에 상충하고 있다는 것을 염두에 두어야 한다. 특

---

501) Gamillscheg, Die Grundrechte im Arbeitsrecht, AcP 164 (1964), S. 385 (406 f.).

502) Nipperdey, RdA 1950, S. 121 (125).

503) Canaris, S. 201 (206).

504) Alexy, Theorie der Grundrechte, 1985, S. 480; Richardi, in: Richardi/Wlotzke/ Wißmann/Oetker (Hrsg.), M ünchener Handbuch zum Arbeitsrecht, 3. Aufl. 2009, § 12, Rn. 9.

505) Canaris, S. 201 (203 ff.).

506) Petz, JA 1987, S. 634 m. w. N.

507) Durner, Fernmeldegeheimnis und informationelle Selbstbestimmung als Schranken urheberrechtli cher Sperrverfügungen im Internet?, ZUM 2010, S. 833 (835).

508) Canaris, S. 36; Maunz/Durig/Herdegen, GG, 2014, Art. 1 Abs. 3, Rn. 59; Pieroth/ Schlink, Rn. 191.

509) Nipperdey, Grundrechte und Privatrecht, 1961, S. 18; Preedy, Die Bindung Privater an die europaischen Grundfreiheiten, 2005, S. 65 f.

히 헌법에 규정된 사법(私法)상 형성의 자유와 계약의 자유는 과도하게 제한되어서는 안된다.[510] 기본권의 직접적인 제3자효에 의하면, 기본권이 사인 간에 직접적으로 효력을 발휘함으로써 사적 자치의 근간을 뒤흔들거나 적어도 사적 자치에 대한 심각한 훼손을 초래하게 된다.[511]

나) 기본권의 간접적인 제3자효설

기본권의 간접적인 제3자효에서는 기본권이 간접적으로 사인 간의 법관계에 적용된다고 한다. 기본권의 간접적인 제3자효에 의하면, 법적 또는 사실적 행위와 관련하여 특별법상 또는 민법상 일반조항을 매개로 하여 사인 상호간 기본권을 존중해야 한다. 입법자도 법원도 민법을 해석·적용하는 경우, 독일 기본법 제1조 제3항에 의거하여 직접적으로 기본권에 기속되지 않는다. 이는 공법의 적용시 뿐만 아니라 민법의 적용시에도 판례상 직접적으로 기본권에 기속되지 않는다. 민법상 일반조항을 통해 기본권이 간접적으로 실현되는 경우, 개별사건에서 사법(私法)에 반영된 기본권들 간에 이익형량을 해야 한다.[512] 법원이 소송 상대방의 법적 지위를 우선시함으로써[513] 소송 당사자의 기본권을 간과하거나 당사자에게 부담이 되도록 자신의 형량여지를 행사하지 않는다면, 기본권 의무자로서의 법원은 당사자의 기본권을 직접적으로 침해하게 된다. 이 경우 국민은 직접 독일 기본법 제93조 제1항 4a호에 의한 법원의 재판에 대해 재판소원을 청구할 수 있다.

기본권의 간접적인 제3자효는 사인 간의 사법(私法) 관계(예를 들면, 계약, 형성권의 행사, 손해행위)에서 기본권 관련 문제가 발생할 때 기본권이 민법상 일반조항을 매개로 하여 방사효를 미친다. 사법(私法) 관계에 일반조항을 매개로 하여 기본권의 방사효가 미친다는 기본권의 간접적인 제3자효는 사적 자치를 훼손하지 않으면서 사인 간에 기본권의 효력이 미친다는 것이다.

다) 기본권보호의무론

사인이 다른 사인의 기본권에 가해를 가하는 경우, 국가는 기본권보호의

---

510) BAGE 1, 185, 196.
511) Preedy, S. 65 f.; Kempff, Grundrechte im Arbeitsverhältnis, 1988, S. 21 f.
512) Manssen, Staatsrecht Ⅱ, 10. Aufl. 2013, Rn. 103.
513) BVerfGE 96, 56 (65 f.).

무를 진다는 법해석학적 견해가 이른바 '기본권보호의무론'[514]이다. 이 견해에 의하면, 국가는 제3자인 사인에 의한 위법한 가해로부터 사인인 국민의 기본권을 보호할 의무가 있다.[515] 국가가 국민을 보호해야 한다는 사고(思考)는 근본적으로 '국가의 존재이유 그 자체'이다.[516] 국가의 통치영역에서 안전과 법적 평화를 보장하는 것이 국가의 과제이다.[517]

전통적으로 기본권은 국가 공권력의 침해로부터 국민의 자유 영역을 보장하는 국가에 대한 '방어권'(국가로부터의 자유)으로 이해되있다.[518] 반면, 가해자인 사인이 피해자인 사인의 기본권 가해에 대해 국가에게 기본권보호의무가 있다는 '기본권보호의무론'에서 국가는 침해자가 아닌, 보호자로서 기능한다. 국가의 기본권보호의무는 부분적으로 개별 기본권 규정으로부터 직접적으로 도출할 수 있다.[519] 그러나 기본권보호의무는 기본권의 방어권적 측면을 최적화하는 기본권의 객관법적 내용에서 근거한다.[520] 기본권보호의무는 입법자에게만 부여하는 것이 아니라, 사법부에도 부여한다.[521] 국가가 기본권보호의무를 이행하기 위해서는 헌법을 포함한 법률을 충실하게 해석하고 적용하며 계속적인 조치를 취해야 한다. 또한 기본권보호의무는 우선적으로 입법자에게[522] 기본권을 포함하여 관련된 사람의 모든 이익을 고려하여 책임있는 입법

---

514) 기본권보호의무에 관해서 정태호, "기본권보호의무", 「인권과 정의」 제252호, 1997, 108면 이하; 표명환, "기본권보호의무의 이론적 기초", 「헌법학연구」 제8권 제1호, 2002, 138면 이하; 표명환, "입법자의 기본권보호의무와 헌법적 통제", 「헌법학연구」 제11권 제2호, 한국헌법학회, 2005, 211면 이하; 이부하, "헌법영역에서 기본권보호의무", 「공법학연구」 제8권 제3호, 2007, 121면 이하; 이부하, "비례성원칙과 과소보호금지원칙", 「헌법학연구」 제13권 제2호, 2007, 275면 이하; 이부하, "위험사회에서 국민의 안전보호의무를 지는 보장국가의 역할", 「서울대학교 법학」제56권 제1호, 2015, 139면 이하; 허완중, "기본적 인권을 확인하고 보장할 국가의 의무", 「저스티스」 통권 제115호, 2010, 79면 이하; 허완중, "기본권보호의무에서 과소보호금지원칙과 과잉금지원칙의 관계", 「공법연구」 제37집 제1-2호, 2008, 211면 이하.

515) Belling, Staatsverantwortung, ZfA 1999, S. 547 (572 ff.).

516) Oldiges, Neue Aspekte der Grundrechtsgeltung im Privatrecht, in: Wendt (Hrsg.), FS für Friauf, 1996, S. 281 (299); Starck, Wie kommen die Grundrechte ins Privatrecht und wie wirken sie dort?, in: Festschrift fur Rolf Sturner, 1. Teilbd., 2013, S. 61 (64).

517) Hager, Grundrechte im Privatrecht, JZ 1994, S. 373 (378); Isensee, § 191, Rn. 181 ff.

518) BVerfGE 7, 198, 204; 50, 290, 337; 68, 193, 205; Fabisch, Die unmittelbare Drittwirkung der Grundrechte im Arbeitsrecht, 2010, S. 57; Guckelberger, JuS 2003, 1151, 1152.

519) Bleckmann, Neue Aspekte der Drittwirkung der Grundrechte, DVBl. 1988, S. 938 (941 f.).

520) Dreier, GG, 3. Aufl. 2013, Vorb., Rn. 104; Isensee/Kirchhof, Handbuch des Staatsrechts, Band Ⅸ, 2011, § 197, Rn. 93; Klein, DVBl. 1994, S. 489 (491); Tian, Objektive Grundrechtsfunktionen im Vergleich, 2012, S. 87; Unruh, 1996, S. 75, 78; Szczekalla, S. 149 f., 335.

521) BVerfGE 103, 89 (100); BAG NZA 2010, 824, 827 f.

522) BVerfGE 39, 1 (51); 96, 56 (64); 114, 1 (34 f.); 121, 317 (356); Canaris, S. 163; Hermes, S. 1765, 1767;

형성을 하도록 요구한다.[523] 입법자는 기본권보호의무를 실행함에 있어서 광범위한 형성의 자유를 지니고 있다.[524]

방어권으로서의 기본권은 국가 공권력의 침해로부터의 자유 보장을 의미한다. 이러한 의미에서 기본권은 국가 형벌권 행사에 있어서 한계 설정 기능을 한다. 그러나 국가의 기본권보호의무는 국민에게 가해지는 법적 침해를 국민 스스로 임의로 방위하거나 처벌하는 것을 금지하는 '국가권력의 독점'에 기반하고 있다.[525] 따라서 국가는 제3자인 사인이 다른 사인의 기본권을 가해하는 경우, 비록 가해자의 기본권에 상당한 침해가 수반되더라도 국가는 피해자의 기본권을 보호할 의무가 있다. 이러한 취지에서 국가의 형법상 제재는 중요한 의미를 가진다. 형법상 제재는 일반예방과 위하(威嚇) 기능을 수행하며, "특정한 행위가 금지된 것 이상으로 사회에 해악이 되고, 인간의 공동생활에 수인 불가능하며, 그 행위의 저지가 특별히 긴급한 상황일 경우"[526]에 사용된다. 국가가 기본권보호의무를 수행하기 위해 자유권 제한적인 형법을 제정함으로써 기본권을 제약해서는 안된다. 형법의 제정은 입법자와 헌법재판소의 통제에 의해 자제되어야 한다. 형벌은 최후 수단으로 사용되어야 한다.[527] 헌법재판소는 입법자의 객관적인 가치판단이 최선으로 실현되지 않는다고 판단될 경우에, 입법자의 기존 입법을 헌법재판소의 판단으로 대체해서는 안된다. 입법자의 입법을 헌법재판소의 판단으로 대체할 수 있는 경우는 입법자의 입법에서 전혀 고려되지 않았거나 명백히 결함이 있는 경우에만 허용된다.[528] 기본권보호의무는 우선적으로 입법자에게 그 과제를 부여하며, 기본권보호의무를 수행하기 위한 입법자의 입법행위는 헌법재판소에 의해 사후적으로 통제된다.[529]

국가가 기본권보호의무를 수행함으로써 강자의 자유 발현이 제한되고 약자의 자유 보호가 가능해진다. 사인의 기본권이 다른 사인에 의해 제한되는 정

Ipsen, S. 157 (161).

523) BVerfG NJW 2005, 2376, 2378; Ruffert, S. 203 ff.

524) Hager, S. 378.

525) Belling, Staatsverantwortung, ZfA 1999, S. 547 (572 ff.); Oldiges, S. 281 (299).

526) BVerfGE 96, 245 (249).

527) BVerfGE 96, 245 (249).

528) BVerfGE 39, 1 (68 ff.).

529) Ipsen, S. 160 ff.

도는 다른 사인의 기본권과의 충돌을 피할 수 있는 방법으로 기본권이 실현될 수 있는지 여부로 판단해야 한다. 예를 들어, 근로자는 단결권·단체교섭권 및 단체행동권 행사에 있어서 다른 수단을 사용할 수 있을 때, 사용자의 재산을 파괴하는 쟁의행위를 해서는 안된다.[530]

이슨제(Isensee) 교수가 지적한 바와 같이, "기본권보호의무에 의거하여 국가는 기본권 주체가 다른 사람의 법익에 대한 침해를 가하지 않도록 보호해야 한다."[531] 그러나 국가는 비례적으로 가해자의 기본권을 심각하게 제약해서는 안되며, 가능한 한 가해자의 기본권도 고려해야 한다. 기본권보호의무의 이행과 관련하여, 개별 사건에서 국가는 과소보호금지원칙을 준수해야 한다.[532] 즉, 국가는 헌법적으로 요청되는 최소수준 이상을 보호해야 한다.[533] 헌법에서 요구하는 최소수준 이상의 보호는 사법(私法)의 자기결정과 용인된 기본권 제한으로 이해된다. 이러한 기반하에서 법적 주체는 자신의 기본권을 발현할 수 있고, 다른 사람의 기본권의 발현을 용인해야 한다. 기본권 주체의 기본권을 보호하기 위한 국가의 개입은 국가의 보호가 필요한 중요한 기본권 침해시 즉, 기본권 보호 필요성이 있는 경우에만 예외적으로 가능하다.

라) 사회공동체적 집단적·제도적 차원의 기본권설

헨젤(Hensel)과 토이브너(Teubner)는 개별사건에서 기본권의 제3자효와 관련하여 사법(私法) 주체 간에 상충하는 기본권 간 비교형량을 반대한다. 기본권은 주관적 권리의 보호뿐만 아니라, 사회공동체의 제도 보호에도 기여하고 있음을 오랜 동안 인정하고 있음에도 불구하고, 사법(私法) 관계에서 기본권의 제3자효는 지금까지 개인의 권리 보호에만 중점을 두었지, 제도 보호에는 소홀해 왔다고 한다.[534] 사회공동체내 '구조적 상충' 때문에 개인적 기본권의 형량을 넘어 집단적·제도적 차원의 기본권을 강화해 나가야 한다는 것이다. 집단적·제도적 차원의 기본권은 사회공동체적 과정을 통해 다른 사회공동체적 과정

530) BAG JZ 2014, 902, 904.
531) Isensee, S. 252.
532) Isensee, § 191, Rn. 149; Mayer, Untermas, Übermas und Wesensgehaltsgarantie, 2005, S. 43 ff.
533) BVerfGE 88, 203 (254); 103, 89 (101); Voßkuhle/Kaiser, JuS 2011, S. 411 (412); Klein, JuS 2006, 960 ff.
534) Hensel/Teubner, Matrix Reloaded. Kritik der staatszentrierten Drittwirkung der Grundrechte am Beispiel des Publication Bias, KJ 2014, S. 154.

에 통합되는 경향을 극복함에 의해 자율 보장이 되는 양면 관계를 의미한다.[535] **집단적·제도적 차원의 기본권**은 대립하는 사회공동체의 부분적 합리성 간 상충에 있어서 효력을 발휘하는 '상충규범'으로 기능한다.[536] 기본권의 상황적응성은 사법(私法)의 특수성에 한정되어서는 안되며, 사적 자치 영역에 적용되는 특유한 규범에도 적용되어야 한다. 기본권보호의무를 국가에게만 부과하는 것으로 충분하지 않다. 기본권의 제3자효는 사회공동체에 의한 기본권 침해에 미쳐야 하고, 그에 맞서는 사회공동체적 세력을 촉진시켜야 한다.[537]

사회공동체내 '구조적 상충'의 예로서, 제약(製藥)회사가 드물지 않게 임상실험을 조작하는 경우를 들 수 있다.[538] 이러한 임상실험의 조작은 부정적인 연구결과 공표의 제지(制止), 제약업체와 연구자 간 연구계약에서 검열 규정, 재정적으로 의존적인 연구기관에서 연구윤리가 강한 연구자의 해고 등에 의해 발생한다. 제약회사는 연구비 지급과 관련하여 의약품의 허가 및 판매를 위한 영향력 행사를 하려 하는데, 이는 연구기관의 이익(학문의 자유)과 국민건강제도 간에 상충을 일으킨다. 헨젤(Hensel)과 토이브너(Teubner)는 사회공동체의 집단적·제도적 상충에 있어서 상충을 유발하는 기본권의 수평적 효력 문제를 지적한다.[539] 제약회사의 임상실험 조작은 연구자와 환자의 개인적 권리를 침해할 뿐만 아니라, 학문과 국민건강제도의 사회공동체의 자율 영역의 완결성과 기능을 침해한다. 이러한 기본권 침해는 궁극적으로 사회적 과정의 일원으로서 '비인격적인 사회적 과정'을 통해 발생한다고 한다. 학문, 국민건강제도, 경제 간 상충시에 효과적인 기본권 보호를 위해서 '등록의무'(Registrierpflicht)를 부과해야 한다고 한다. 또한 전문학술지는 자발적으로 이 모든 실행된 연구기록을 공표의 전제조건으로서 등록해야 한다는 것이다.[540]

헨젤(Hensel)과 토이브너(Teubner)의 견해는 설득력이 있어 보이지만, 몇 가지 문제점이 있다. 우선, 집단적·제도적 차원의 기본권 개념뿐만 아니라, 집

---

535) Hensel/Teubner, S. 156.
536) Hensel/Teubner, S. 156.
537) Hensel/Teubner, S. 155 ff.
538) Hensel/Teubner, S. 152 ff.
539) Hensel/Teubner, S. 157 f.
540) Hensel/Teubner, S. 157 f.

단적·제도적 차원의 기본권과 주관적 기본권/기본권의 객관법적 내용 간의 관계와 체계화 정립이 불분명하다. 또한 '비인격적인 사회적 과정'이 구체적으로 무엇을 의미하는지 알 수 없다. '디지털(digital) 과정'[541]조차도 인간의 행위에 기인한다. 위 사례에서 자연인 또는 법인이 상호간 연구계약을 체결하고, 부정적인 연구결과도 인간에 의해 제지되게 된다.[542]

헨젤(Hensel)과 토이브너(Teubner)가 지적한 바와 같이[543] 독일 연방헌법재판소 판례에서는 개인적·주관적 권리만을 형량하고 있다. 그러나 이는 입법자의 역할과 달리, 사법(私法) 소송에서 민사법원이 민법을 적용한데 기인한 것이다. '보증계약' 판결에서 은행의 공동체적·집단적 제도가 가족 구성원의 사적 자치를 훼손하였다고 주장할 수 있다. 그러나 사법(私法) 관계상 기본권의 제3자효에 있어서도 '제도적 보호'는 결코 경시되지 않고 있다.[544]

국가가 등록의무를 법규범화하는 경우, '등록의무'는 국가의 기본권보호의무의 한 형태가 될 수 있다. 연구과정 및 연구결과를 조작하는 특수한 상황은 학문의 자유의 일부로서 연구과정 및 연구결과의 공표권을 제대로 보장하기 위해 특별한 보호조치가 필요하다. 인터넷 시대에 집단적 지위를 지니지 않는 '과정'(제도, 기능시스템, 네트워크)으로부터 유발되는 위험은 사회공동체에서 발견되지 않는다. 어떤 사회공동체 단체의 구성원들이 다른 사회공동체 단체의 구성원들에게 이익 추구를 위해 집단적·이기적으로 행동할 때, 위험은 증대된다. 그러나 이러한 위험은 결국 '개인'에 의해 유발된 것이다. 소수의 제약회사가 연구과정 및 연구결과를 조작하기 위해 재력을 사용하는 경우라면, 학문의 자유 침해 위험성은 낮아지게 된다. 왜냐하면, 연구자는 이미 존재하는 평판 좋은 다른 제약회사와 계약을 맺을 수 있기 때문이다. 그러나 다른 제약회사들이 이러한 연구에 관심을 갖지 않는다면 이러한 이론은 타당성이 없게 된다.[545]

기본권 보호를 위한 조치를 미리 사전에 강구해 둔다면, 개인에 의해서도 집단·제도에 의해서도 기본권 침해 가능성은 낮아진다. 제약 허가의 시스템과

---

541) Hensel/Teubner, S. 156.
542) W. Belling/Herold/Kneis, Die Wirkung der Grundrechte und Grundfreiheiten zwischen Privaten, 2014, S. 95.
543) Hensel/Teubner, S. 156.
544) W. Belling/Herold/Kneis, S. 95.
545) W. Belling/Herold/Kneis, S. 96.

절차가 자체적으로 조작의 기회를 제공하기 때문에, 적절한 보호조치를 위해 조직과 절차 규정에 둘 수 있다. 예측할 수 없는 수많은 환자와 의약품 임상실험자에게 임상실험의 부작용으로 건강 침해와 심지어 생명에 대한 침해까지 예견되기 때문에, 이러한 보호조치를 취할 국가 의무가 부과된다. 개별 연구자들은 제약회사에 대해서 거의 무력한 상태에 있다. 연구자의 연구비의 필요와 자금의 부족, 재정적으로 취약한 연구자의 외부 재정지원 종속성은 제약회사에게 우월한 지위를 부여하게 된다.[546)]

마) 기본권의 제3자효와 기본권보호의무와의 관계

기본권의 제3자효와 기본권보호의무와의 관계에 대해 긍정하는 입장과 부정하는 입장이 있다.[547)] 기본권보호의무는 기본권의 제3자효와 구별된다고 볼 수 있다. 기본권의 제3자효는 사인 간의 사법(私法) 관계에 기본권의 효력이 미치는지의 문제인 대사인적 효력의 문제인 반면, 기본권보호의무는 기본권 가해자와 기본권 피해자 간 법적 문제에서 대국가적 효력의 문제이다.[548)] 기본권의 제3자효 문제는 법원이 사인 간의 법률관계에 관한 재판에 있어서 기본권을 고려해야 한다는 것이다. 그러나 기본권보호의무는 사인 간의 법률관계와 관련되지만, 민사법 관계에 국한되지 않는다. 즉, 기본권의 제3자효는 법관이 사인 간의 법률관계 해석·적용시 기본권을 고려해야 하는 문제임에 반해, 기본권보호의무는 우선적으로 사인과 사인 간의 기본권 가해시 입법자의 기본권 보호 문제이다.

기본권의 제3자효는 기본권의 '방사효'와 관련하여 기본권의 효력이 국민 대 국가의 관계뿐만 아니라, 국민(사인) 대 국민(사인)의 관계에도 미치게 하려는 것이다. 그러나 기본권의 제3자효의 인정은 사법(私法)의 대원칙인 '사적 자치'와 종종 충돌한다. 이러한 충돌 문제를 해결하기 위해 통설은 기본권의 간접적인 제3자효가 주장되는 것이다. 이에 반해 기본권보호의무는 사적 자치와 무관하며 기본권의 효력을 사인에게 미치려는 것에 중점이 있는 것이 아니라,

---

546) W. Belling/Herold/Kneis, S. 96.

547) 이에 관해서는 장영철, "기본권의 제3자적 효력과 기본권보호의무", 「공법연구」 제29집 제2호, 한국비교공법학회, 2001, 164면 이하; 허완중, "기본권의 대사인적 효력과 기본권보호의무 그리고 기본권충돌의 관계", 「헌법논총」 제25집, 2014, 5면 이하.

548) Isensee, § 191.

기본권 가해를 받는 국민의 '기본권 보호'에 중점이 있다. 따라서 기본권보호의무에서는 적절하고 효율적인 기본권 보호 입법이 중요하다. 또한 기본권의 제3자효의 적용영역은 재산권 분야가 많음에 반해, 기본권보호의무의 적용영역은 생명이나 신체 등의 중요한 기본권적 법익이 많다.

기본권의 제3자효는 사인 간 힘의 불평등 관계에서 법원이 기본권의 효력을 사인 간에도 미치게 할 것인지의 문제인 반면, 기본권보호의무는 사인인 기본권 가해자에 의한 기본권 피해자의 기본권에 대한 위법한 가해나 가해의 위험을 국가가 보호해야 하는 의무를 지는 것이다.[549] 즉, 기본권보호의무에서 도출되는 보호청구권은 국가가 보호자의 지위에서 국가와 국민 간의 관계에서 기본권이다.[550] 기본권의 제3자효는 우선적으로 '법원'에게 사법(私法)상 일반조항의 해석과 적용시 기본권을 고려하라는 명령임에 반해, 기본권보호의무는 우선적으로 '입법자'[551]에게 기본권 가해자에 의한 기본권 피해자의 기본권 가해시 최소수준 이상의 과소보호에 합당한 '적절하고 효율적'인 보호조치를 취하라고 의무지우는 것이다.[552]

3) 기본권보호의무와 기본권의 제3자효 관계 학설

기본권보호의무와 기본권의 제3자효 간의 밀접한 관계로 인해 양자의 관계를 긍정하는 견해와 양자의 관계를 부정하는 견해가 존재한다.[553]

가) 상관관계 부정설

사법(司法)절차를 통하여 사인간의 법률관계가 사인과 법관간의 법률관계로 전환되므로, 기본권보호의무는 기본권의 제3자효와 구별된다고 한다.[554] 기본권의 제3자효와 관련하여 법관이 사인들 간의 법률관계에 대한 재판을 할 때, 기본권을 고려해야 하는지 또한 고려해야 하는 경우 어느 범위까지 고려해

549) 이부하, "국가의 기본권보호의무와 과소보호금지원칙", 「법학연구」 제17집 제2호, 2014, 47면.
550) 이승우, "국가의 기본권보호의무", 「현대공법과 개인의 권익보호」, 균재 양승두교수 화갑기념논문집 [I], 홍문사, 1994, 1164~1166면.
551) R. Poscher, S. 267 f.
552) 이부하, "생명에 대한 기본권보호의무와 과소보호금지원칙", 「동아법학」 제62호, 2014, 12면.
553) 이에 관한 선행연구로는 장영철, "기본권의 제3자적 효력과 기본권보호의무", 「공법연구」 제29집 제2호, 한국비교공법학회, 2001. 2, 164쪽 이하 참조.
554) A. Bleckmann, Neue Aspekte der Drittwirkung der Grundrechte, DVBl. 1988, S. 939f.

야 하는지가 실질적으로 문제된다. 국가의 기본권보호의무의 내용은 사인 간의 관계에 기본권을 적용함으로써 확정되고, 이러한 범위에서 사인 간의 법률관계와 법관과 사인 간의 법률관계는 엄격하게 구별된다.

기본권의 제3자효는 사법관계 내부에서 기본권의 효력 문제이지만, 기본권보호의무는 기본권 가해자와 기본권 피해자 사인들 각각의 대국가적 효력 문제이므로 구별할 수 있다고 한다.[555] 기본권보호의무와 관련된 기본권 보호관계나 기본권 가해관계는 기본권의 제3자효 이론과 전혀 다르다. 기본권의 제3자효 문제는 직접적이건 간접적이건 간에 사인 간의 기본권효력에 관한 문제라는 점이다. 즉, 기본권의 제3자효 문제는 사인 상호간의 관계에서도 기본권의 효력이 미칠 수 있는지 그리고 있다면 어떻게 효력을 미치는지에 관한 문제이다. 이에 반해 기본권보호의무나 그에 상응하는 권리로서 나타나는 기본권보호청구권은 국가를 수신인으로 하는 국가와 국민 간의 관계에서의 권리를 말한다.[556]

기본권의 제3자효와 관련된 판례에서 기본권보호의무는 중요한 역할을 담당하지 못하고 있다. 실제 사건에서 기본권보호의무와 간접적인 기본권의 제3자효 양자가 서로 경합하는 경우는 발생하지 않는다. 기본권보호의무는 간접적인 기본권의 제3자효의 메카니즘, 즉 사법(私法)상 일반조항의 구체화 및 적용시 사법(私法)의 기본권 기속성과 관련이 있다. 그러나 기본권보호의무는 간접적인 기본권 기속을 대체하거나 간접적인 기본권 기속의 지위를 설명하는 근거로서 활용될 수 없다. 오히려 기본권보호의무는 간접적인 기본권 기속을 통해 그 지위가 박탈될 수도 있다.[557] 기본권보호의무는 국가에게 의무를 부과하는 것이다.[558] 기본권보호의무는 기본권주체가 기본권규범에 기속된다는 의미에서 기본권의 제3자효와 동일하지 않다. 기본권보호의무는 사인에게 다른 사인의 기본권을 보호하라고 요구하지 않는다. 오히려 국가는 민사법원을 통

555) J. Isensee, Das Grundrecht als Abwehrrecht und als staatliche Schutzpflicht, in: ders./P. Kirchhof (Hrsg.), HdbStR V, 2000, § 135.

556) 이승우, "국가의 기본권보호의무", 「현대공법과 개인의 권익보호」, 균재 양승두교수 화갑기념논문집 [I], 홍문사, 1994, 1164~1166쪽.

557) R. Poscher, Grundrechte als Abwehrrechte, S. 267.

558) H. H. Klein, Die grundrechtliche Schutzpflicht, DVBl. 1994, S. 490 f.

해 사회적 권력에게 다른 사인을 보호하도록 한다. 기본권보호의무는 기본권의 제3자효의 특징을 지니고 있지 않으며, 기본권과 사법(私法)의 관계라는 특징을 지니고 있지도 않다. 기본권의 제3자효와는 달리, 기본권보호의무는 집행권자뿐만 아니라 특히 입법자와 밀접한 관련이 있다. 기본권의 제3자효를 적용하는 경우, 기본권의 제3자효는 기본권보호의무를 전제로 하는 것이 아니라, 양자는 조화로운 공존상태에 있다고 할 수 있다.[559)]

나) 상관관계 긍정설

기본권보호의무는 기본권의 제3자효의 법해석적 논거에 있어서 흠결을 보충해주고 '법해석적 근거'[560)] 내지 '안전장치'[561)]를 제공한다. 기본권의 제3자효에 의하면, 국가의 침해에 대한 방어권으로는 사인의 기본권 가해 문제를 해결할 수 없게 된다. 따라서 기본권의 '방사효'로서 이 문제를 해결하려는 것이다. 그런데 이러한 경우 기본권보호의무에 의하면 사인에 의한 기본권적 법익의 침해에 대해서 기본권의 방어권으로서 주장할 필요없이 기본권보호의무로서 당연히 기본권의 보호를 받을 수 있게 된다. 즉, 기본권피해자인 사인은 국가에 대하여 자신의 기본권적 법익에 대한 가해에 대해 보호청구권을 행사할 수 있다. 특히 입법자는 기본권보호 입법을 효과적으로 제정함으로써 사적 자치에서 발생하는 기본권적 법익에 대한 위험에 대처해야 할 의무가 있다.[562)] 카나리스(Canaris)는 기본권보호의무를 "사법(私法) 주체의 활동에 대한 기본권의 간접적 영향을 해명하고 방사효(放射效)라는 불확실한 개념보다는 확고한 이론적 토대를 제공하는 잃어버렸던 연결고리"라고 하였다.[563)]

또한 사인 간의 사법(私法)관계에서 기본권의 가해가 발생하면, 기본권보호의무는 기본권의 제3자효로 나타난다고 한다. 기본권보호의무는 기본권주체의 지위를 제3자인 사인이 가해시에도 국가가 보호해야 하는 의무로 이해하고, 기본권보호의무는 모든 법영역에서 실현되므로 당연히 사적 주체 상호 간에도

559) R. Poscher, Grundrechte als Abwehrrechte, S. 267 f.
560) C.-W. Canaris, Grundrechte und Privatrecht, AcP 184, S. 201 (225).
561) M. Ruffert, Vorrang der Verfassung und Eigenständigkeit des Privatrechts, Tübingen 2001, S. 252.
562) C.-W. Canaris, Grundrechte und Privatrecht, AcP 184, S. 201 (227).
563) C.-W. Canaris, Grundrechtswirkungen und Verhältnismäßigkeitsprinzip in der richterlichen Anwendung und Fortbildung des Privatrechts, JuS 1989, S. 161 (163).

적용되어야 한다고 한다. 즉, 기본권보호의무를 지는 법관이 사법의 일반조항 내지 불확정개념을 통해 기본권을 적용하므로, 기본권이 사인 상호 간에도 간접적으로 효력이 미친다고 한다.[564)]

사법관계에서 일차적으로 기본권보호의무를 이행하여야 하는 주체는 입법자이고, 법원은 사법(私法)을 해석하고 적용할 때에 사법관계에 미치는 기본권의 영향을 반영함으로써 기본권 보호의무를 이행하여야 한다. 기본권의 제3자효 문제는 사법(私法)을 해석·적용하는 법관의 보호의무 준수 문제이다. 입법자가 사법(私法)상 일반조항이나 불확정개념을 사용한 경우에는 법원은 구체적인 사법(司法)적 분쟁의 해결과정에서 이 사법(私法) 조항의 해석과 적용을 통해, 또한 보호입법이 불완전하게 제정된 경우에는 그 법률을 헌법재판소에 헌법소원심판을 통해 그 성질상 법률유보원칙을 적용할 수 없거나 보호규정이 전혀 없는 경우에는 직접 기본권에 의거하여 기본권의 의미를 반영함으로써 관련 기본권적 법익의 보호를 해야 한다.[565)] 이 경우 기본권은 원칙적으로 입법자가 제정한 사법(私法)을 매개로 하여 기본권보호의무의 형태로 사인 상호 간의 관계에 영향을 미치므로, 기본권이 사인들의 사법관계에 제3자적 효력을 미치는 것으로 볼 수 있다.[566)]

구체적 헌법규범과 구체적 생활상황에 따라 개별적으로 특정되는 개인간의 기본권의 효력방식과 별개로 기본권의 제3자효는 기본권 내용의 일부와 관련되므로, 기본권의 제3자효는 국가에게 기본권이 규정된 절차법과 조직법을 포함한 의무상황을 불완전하게 지시할 수 있다고 한다. 제한적이지만 기본권의 제3자적 효력은 기본권적 법익의 불가침을 존중하여야 하는 의무와 관련이 있고, 기본권의 제3자효는 다른 기본권주체의 기본권적 법익과 비례하여 존재하므로 기본권적 법익의 형량과 귀속이 필요하다. 이러한 귀속은 국가에 대한 관계뿐만 아니라 사인간의 관계에서도 발생하며, 입법자의 형성 여부와 관계없이 법적으로 체계화되므로 이미 기본권은 사인간에도 효력을 미친다. 법관을 비롯한 국가기관이 사인의 법관계를 적용하면 이는 기본권보호의무와 관련

564) K. Stern, Das Staatsrecht, Bd. Ⅲ/1, 1988, S. 1572.
565) 정태호, "기본권보호의무", 「인권과 정의」 제252호, 대한변호사협회, 1997. 8, 108쪽.
566) 정태호, 위의 논문, 108쪽.

이 있게 된다. 사인이 국가에 대해 기본권 보호를 청구하는 보호청구권이 있다는 것은 기본권의 제3자적 효력을 부정할 수 없는 간접적 증거이다.[567]

다) 소 결

기본권보호의무는 사인의 다른 사인에 대한 위법한 가해를 요건으로 하며, 피해자인 사인의 기본권을 보호할 의무는 국가의 몫이 된다. 그리고 기본권보호의무는 생명이나 신체 등의 중요한 기본권적 법익을 그 보호법익으로 하고, 사법(私法)관계뿐만 아니라 공법(公法)관계(생명 침해의 범죄행위)나 전문법영역(환경침해)에서도 실현되어야 한다. 반면, 기본권의 제3자효에 의하면, 특히 사법관계에서 힘의 균형이 파괴되는 경우 국가의 개입이 요구되고, 국가는 진정한 사적 자치가 실현될 수 있도록 노력해야 할 의무를 진다. 사법(私法) 영역에서는 사법(私法)의 일반조항을 통해 국가가 기본권보호의무를 이행하므로, 기본권의 제3자효는 국가의 기본권보호의무와 협력하여 기본권의 효력이 실현될 수 있는 경우가 있으나, 그 밖의 법 영역에서는 양자는 각자의 역할을 담당하고 있다고 볼 수 있다.

(3) 국가의 기본권보호의무와 관련된 구체적 사건

공동피고 B는 2001. 10.경 헬스클럽에서 망 C를 만난 이후 2002. 7.경부터 C와 사귀어 왔는데, C는 2002. 8.경 B로부터 결혼하자는 제의를 받았으나, B가 이혼한 경력이 있고, 부양할 자녀 2명이 있음을 이유로 그 제의를 거절하고 B를 피하는 등 B와 갈등을 빚게 되었다.

그 후, B는 2002. 10.경부터 2003. 4.경까지 수회에 걸쳐 C를 폭행·감금·협박하였고, 이에 C는 자신의 할머니 집에 머무는 등으로 B를 피하였는데, B는 이와 같이 C와 연락이 되지 아니할 경우에는 C의 집에 전화를 하거나 집을 찾아가기도 하였으며, C의 핸드폰에 입력된 C의 친구들 전화번호를 알아내 여러 차례에 걸쳐 그 친구들에게 전화연락을 하여 C의 소재를 물어보기도 하였고, 심지어는 C의 친구가 운영하는 인터넷 카페 게시판에 자신이 C와 성관계를 가질 정도로 매우 가까운 사이인데 C를 찾아달라는 내용의 글을 여러 차례

---

567) G. Robbers, Sicherheit als Menschenrecht, 1987, S. 201 ff.

에 걸쳐 올리기도 하였다.

B는 2004. 4. 말경에는 C에게 중고승용차를 할부로 구입하는데 자신은 신용상태가 좋지 않아 할부구입이 어려우니 명의를 빌려 달라고 거짓말하여 평소 B의 위협적인 태도에 겁을 먹은 C로부터 그녀의 인감증명서, 인감도장, 주민등록등본을 건네받아 이를 이용하여 같은 해 5. 7. 용인시 기흥읍장에게 마치 C와 혼인한 것처럼 혼인신고를 마쳤고, 그러던 중 B는 2004. 9. 18. 12:30경 C의 집 앞에서 자신이 타고 온 소나타 승용차의 뒷 유리창을 깬 다음, 구멍을 뚫은 시너 2통과 라이터, 공기총을 들고 그 승용차 위에 올라가 "C를 데려오라"라고 소리치며, 라이터로 시너 통에 불을 붙일 것 같은 행동을 취하고, 제지하려는 사람들을 향해 공기총을 들이대며 위협하는 등 난동을 부리기도 했다.

그 후 C는 2004. 9. 21. 원고들과 함께 D경찰서를 방문하여, B가 2002. 11. 경부터 2003. 4. 29.경까지 수회에 걸쳐 자신을 폭행·협박·감금하고, 2004. 5. 7. 경에는 허위로 혼인신고를 하는 등 2년간 갖은 방법으로 자신을 괴롭히고 있으므로 B를 처벌하여 달라는 취지의 고소장을 접수하였는데, 당시 제출된 고소장에는 "피해자는 핸드폰을 바꿔가면서 어떻게든 악마같은 B(피고소인)의 손아귀에서 벗어나고자 전전긍긍하며 살고 있는 바, B가 고소사실을 알면 어떤 험악한 짓을 저지를지 가족 모두가 벌벌 떨고 있는 실정이므로 신속히 수사하여 B가 더 이상 행패 부리지 못하도록 구속하여 달라"는 내용이 기재되어 있다.

C는 이와 같이 고소장을 접수한 다음 날인 2004. 9. 22. 전날 제출한 고소장과 관련하여 D 경찰서 담당 경찰관으로부터 고소인 조사를 받으면서 고소내용 중 2003. 4. 29. 폭행과 관련하여 이틀간 입원하였다고 하며 그 소명자료로 입원확인서를 제출하였는데, 당시 작성된 진술조서에서는 C가 "2003. 4. 29. 폭행을 당하고 나서 피고소인을 고소하려고 고소장까지 작성하고 제출하려고 하였으나, 피고소인이 지인(누구인지는 모름)을 통해서 피고소인과 이제 더 이상 만나지 않는 조건으로 원만하게 합의하자고 하여 그 당시 고소장을 제출하지 않았던 것인데, 올해에 와서 피고소인이 혼인신고를 한 사실을 알고 전에 폭행당한 부분까지 포함해서 고소를 하게 된 것이고 그리고 올해 9월 18일에는 제가 집에 없는 사이에 찾아와 자신이 끌고 온 승용차 위에 올라가서 공기총과 칼을 들고 신나를 갖고 와서는 결혼을 허락해 달라며 난동을 부려 더 이상 참

고 있을 수가 없어서 고소를 하게 된 것입니다"라는 진술을 한 것으로 기재되어 있다.

당시 그 고소사건을 조사한 경찰관은 고소인 조사시 C가 2004. 2.경 먼저 연락을 취하여 B와 다시 만났고 B와 사귀는 동안 계속적인 성관계를 가졌으며 그로 인하여 임신을 한 사실이 있다고 하자, C와 B 사이의 문제를 남녀간의 애정문제로 인한 갈등 정도로만 판단하고 C에 대한 신변보호조치나 B의 소재파악 등 별도의 조치 등은 취하지 아니한 채 추석 연휴(2004. 9. 26.부터 같은 해 9. 29.) 뒤에 수사를 계속 진행하기로 하고, 그대로 C를 돌려보냈다.

B는 2004. 10. 1. 23:00경 C의 휴대전화에 "목소리 듣고 싶으니 전화해 달라"는 음성메시지를 남겼으나 C로부터 연락이 없자, 같은 해 10. 2. 09:20경 C의 직장으로 찾아가, C에게 자신과 사이에 임신한 태아의 상태 등을 물었으나 C로부터 "엄마와 함께 병원에서 아이를 지웠다"라는 말을 들었다. 그 즉시 C는 휴대폰으로 경찰에 연락하여 구호 요청을 취하였다. 이 말을 듣고 격분한 B는 운전하고 간 승용차에 보관하고 있던 생선회칼을 가져와 C의 얼굴과 목·가슴과 배 등 온몸을 약 50회 가량 마구 찔러 C로 하여금 그 자리에서 안면부, 경부자상 등으로 인한 과다출혈로 사망하게 함으로써 C를 살해하였다.[568]

위 사건에서 B는 기본권 가해자, C는 생명의 침해를 받은 기본권 피해자, 경찰(국가기관)은 기본권 보호자로서 기능하게 된다.

(4) 기본권보호의무의 헌법적 근거

1) 주관적 공권으로서의 방어권설

국민은 국가권력이 기본권을 침해하는 경우 국가에 대하여 방어권을 가진다. 동일하게 헌법상 보장된 기본권적 법익이 제3자인 사인에 의해 가해가 발생하여 보호되지 않고 있을 경우, 기본권에 의거하여 국가에 대하여 효과적으로 보호해 줄 것을 요청할 수 있다.[569] 독일 연방헌법재판소는 사인에 의해 운영되는 위험원(危險源)에 의해 다른 국민에게 위해가 발생하는 경우 국가에 대한 공동책임을 인정하고, 위험원의 허가처분에 대한 법적 전제조건을 기본권

568) 대판 2008.10.9. 선고 2007다40031 판결의 사실관계.

569) J. Schwabe, Probleme der Grundrechtsdogmatik, 2. Aufl. Hamburg, 1997, S. 213.

의 방어권이라는 기준으로 심사하였다.[570]

2) 객관적 가치질서설

국민에 대한 국가의 기본권보호의무를 기본권의 객관적 가치질서로부터 도출한다. 독일 연방헌법재판소는 제1차 낙태판결[571]에서 태아의 생명보호를 위한 기본권보호의무를 헌법상 생명권(기본법 제2조 제2항 제1문)에서 도출하고 나아가 "인간의 존엄을 존중하고 보호하는 것은 모든 국가권력의 의무이다"라고 규정한 기본법 제1조 제1항 제2문을 원용하였다. 또한 1993년 5월 28일의 제2차 낙태판결[572]에서도 태아의 생명보호의무를 기본법 제1조 제1항에서 직접 도출하고 있다. 이는 기본권보호의무의 헌법적 근거가 실정 기본권규범이고, 또한 기본권보호의무는 기본권의 객관적 가치질서의 결과라고 본 것이다.[573]

3) 국가과제로서의 安全(Sicherheit)설

국가과제는 한편으로는 기본권주체의 주관적인 보호요구를 충족시켜주고, 다른 한편으로는 기본권의 객관적인 보호요구를 충족시켜주며 국가공동체의 존속으로서의 안전(安全)을 수호하는데 있다.[574] 국가과제로서의 '**안전**'이란 공포라는 객관적인 원인으로부터 자유(탈피)를 말한다.[575] 안전이란 기본권 보호법익을 다른 시민과의 관계에서 침해받지 않는 상태이며, 이를 방어권으로 유추해서 해석하면, 기본권주체가 다른 사람의 침해로부터 자유인 상태이다.[576] 그런데 안전은 헌법에 실정화(實定化)될 필요성은 없으며, 실질적 헌법의 본질적인 구성요소라고 한다.[577]

570) BVerfGE 53, 30 (58).
571) BVerfGE 39, 1 ff.
572) BVerfGE 88, 203 ff.
573) J. Isensee, Das Grundrecht als Abwehrrecht und als staatliche Schutzpflicht, in: ders./ P. Kirchhof (Hrsg.), HdbStR V, 2000, § 111 Rn. 77 ff.; Johannes Dietlein, Die Lehre von den grundrechtlichen Schutzpflichten, 1992, S. 51 ff.; C.-W. Canaris, Grundrechte und Privatrecht, 1999; K. Stern, Idee und Elemente eines Systems der Grundrecht, in: J. Isensee/P. Kirchhof (Hrsg.), HdbStR V, 2000, § 109, Rn. 59.
574) J. Isensee, Das Grundrecht als Abwehrrecht und als staatliche Schutzpflicht, in: ders./ P. Kirchhof (Hrsg.), HdbStR V, 2000, § 111 Rn. 137.
575) J. Isensee, HdbStR V, 2000, § 111 Rn. 147.
576) J. Isensee, HdbStR V, 2000, § 111 Rn. 84.
577) J. Isensee, HdbStR V, 2000, § 111 Rn. 83.

4) 평가

객관법적 내용설에 대하여 비판하는 로버스(Robbers) 교수는 객관법의 과제는 개인의 자유영역과 권리를 부여하는 데 그 중점이 있는 것이 아니라, 오히려 개인의 자유영역을 타인의 자유영역에 귀속시키는데 의미가 있다.[578] 결국 객관법이 주관적 권리를 형성하는 것이 아니라, 반대로 주관적 권리가 객관법을 형성한다고 한다.[579] 로버스(Robbers) 교수에 의하면, 주관적 권리에 대한 객관법의 우위(優位)이론은 외형적인 약점을 지니고 있다고 한다. 왜냐하면, 통설에 의하면 현존하는 객관법이 개인의 자유영역과 관련되는 기능을 주관적 권리에 부여하는 한, 결국에는 주관적 권리가 개인의 자유영역을 비로소 형성하는 것을 의미한다. 따라서 개인의 자유영역이 객관법에 의해 우선적으로 인정되어야 한다는 법규정은 없고, 객관법의 "비지위"(Nicht－Status)는 입법자의 입법영역을 벗어나는 것이다.

그에 반해 객관법설에서 주관적 권리설을 비판하는 입장은, 주관적 권리설에 의하면 제3자인 사인에 의한 기본권적 보호이익의 가해는 금지되지 않은 것이므로, 국가가 금지되지 않은 사인의 가해행위를 법적으로 허용하는 결과가 된다. 즉, 국가는 제3자인 사인의 기본권적 보호이익의 가해를 인정하는 결과가 되고, 기본권적 보호이익의 가해당사자에게는 가해행위에 대한 수인의무를 부과하는 결과가 된다.[580] 또한 기본권의 내용으로서 '방어권'은 국가의 침해로부터 기본권규정을 통해 보호되는 주관적인 법적 지위로서 국가에게 금지되는 부작위를 요구하는 '기본권의 불가침(不可侵)의무'인 반면, 기본권보호의무는 국가의 적극적인 작위를 요구하는 '국가의 보호의무'로서 구별됨을 간과하고 있다.[581]

(5) 기본권보호의무의 구성요건

국가의 기본권보호의무란 헌법에 의하여 보호되는 기본권적 법익에 대해

---

578) Robbers, Sicherheit als Menschenrecht, S. 148.
579) Robbers, Sicherheit als Menschenrecht, S. 153.
580) J. Schwabe, Probleme der Grundrechtsdogmatik, S. 214.
581) G. Hermes, Das Grundrecht auf Schutz von Leben und Gesundheit, S. 208 ff.

사인인 제3자에 의한 위법한 가해나 가해의 위험으로부터 보호해야 하는 국가의 의무를 말한다. 따라서 기본권보호의무가 발생하기 위해서는 ① 헌법에 의해 보호되는 기본권적 법익에 대해 ② 사인인 제3자가 ③ 위법한 가해나 가해의 위험[582)]을 주는 경우여야 한다.

1) 헌법상 기본권적 법익

독일 헌법학계의 통설에 의하면, 국가의 기본권보호의무는 모든 기본권 영역에서 발생하는 것이 아니다. 특히 '외교적 보호'(diplomatic protection)의 경우는 제외된다.[583)] 자연재난의 경우에는 국가의 기본권보호의무가 발생하는지 여부에 대해 찬반이 나뉘어 있다. 자연재난의 경우에는 국가는 기본권보호의무를 진다는 견해가 있다.[584)] 그 이유는 경찰법에서와 같이 제3자인 사인이 유발하지 않은 위험에 대해서도 기본권보호의무의 범위를 확대해야 한다는 것이다.[585)] 이에 반해 자연재난에 대해서는 국가의 기본권보호의무가 발생하지 않는다는 견해가 있다.[586)] 그 이유는 기본권보호의무에서의 사인의 가해는 국가의 기본권 제한(침입)에 상응하는 것이어야 한다는 것이다.[587)] 자연재난의 경우에는 위험 원인이 기본권 주체에 기인한 것이 아니기에 국가의 기본권보호의무와는 관련이 없다는 것이다.[588)]

독일 연방헌법재판소 판결에 의하면, 기본권보호의무의 보호법익은 생명,[589)] 건강,[590)] 인간의 존엄,[591)] 신체의 자유,[592)] 재산권,[593)] 직업의 자유,[594)]

---

582) 위험(Gefahr)는 사태의 진행을 저지하지 아니하면 법익에 대한 손상이 발생한 충분한 개연성이 있는, 법적으로 허용되지 않는 상태를 말하고, 위해(Risiko)는 개연성의 고저나 불법성을 막론하고 법익손상의 대한 모든 가능성을 뜻한다.

583) J. Isensee, Das Grundrecht als Abwehrrecht und als staatliche Schutzpflicht, in: ders./ P. Kirchhof (Hrsg.), HStR V, 2000, § 111, Rn. 79, 89, 120 ff.; H. H. Klein, Die grundrechtliche Schutzpflicht, DVBl. 1994, S. 489 (490); G. Hermes, Das Grundrecht auf Schutz von Leben und Gesundheit, 1987, S. 74, 231.

584) J. Dietlein, Die Lehre von den grundrechtlichen Schutzpflichten, 2005, S. 103; P. Unruh, Zur Dogmatik der grundrechtlichen Schutzpflichten, 1996, S. 76; 정혜영, "방어권과 기본권보호의무", 아주법학 제7권 제4호, 2014. 2, 142면.

585) H.-J. Koch, Die Verwaltung 30 (1997), S. 1 (13); B. Holznagel, DVBl. 1997, S. 393 (396); J. Dietlein, Die Lehre von den grundrechtlichen Schutzpflichten, S. 103.

586) J. Isensee, Das Grundrecht als Abwehrrecht und als staatliche Schutzpflicht, in: ders./ P. Kirchhof (Hrsg.), HStR V, 2000, § 111, Rn. 112; G. Hermes, Das Grundrecht auf Schutz von Leben und Gesundheit, 1987, S. 231; Th. Langner, Die Problematik der Geltung der Grundrechte zwischen Privaten, 1998, S. 111.

587) G. Hermes, Das Grundrecht auf Schutz von Leben und Gesundheit, S. 232.

588) J. Isensee, Das Grundrecht als Abwehrrecht und als staatliche Schutzpflicht, Rn. 112.

589) BVerfGE 39, 1 (42 ff.); 88, 203 ff.

단체행동권[595] 등 자유권적 기본권의 법익들이다. 기본권보호의무는 사인의 가해 또는 가해의 위험으로부터 기존의 법익을 보호하려는 것이기 때문에, 사회적 기본권의 법익은 그 대상에서 제외된다. 사회적 기본권은 생존에 필요한 재화의 정의로운 분배를 통한 자유의 보장을 목표로 하기 때문이다.[596] 또한 사회적 기본권의 구조와 목적을 고려할 때, 사회적 기본권에는 기본권보호의무가 발생하기에 부적합하다. 기본권보호의무는 가해자(사인)−국가−피해자(사인)이라는 3각 관계를 전제로 함에 반하여, 사회적 기본권은 사인과 국가라는 양면관계의 구조를 지니고 있다.[597] 우리나라 헌법재판소는 기본권보호의무 관련 사건에서 '생명',[598] '생명·신체'[599]를 기본권보호의무의 보호법익으로 한정하고 있다. 헌법재판소는 '재산권'은 기본권보호의무와 관련이 없는 것으로 판단하고 있다.[600]

사견(私見)으로 기본권보호의무의 보호법익은 생명권 및 신체의 자유 등에 한정해야 한다고 생각한다. 그 근거로는 첫째, 기본권보호의무에서 말하는 사인의 위법한 가해는 현재의 가해 내지 급박한 가해를 의미한다. 자유권적 기본권 중 급박하고 현재의 가해를 유발하는 생명이나 신체의 자유로 한정함이 타당해 보인다. 둘째, 국가의 개입 보다 사회적 자기규율이 원칙적으로 우선해야

590) BVerfGE 56, 54 (73); 79, 174 (201 f.); 85, 191 (212).
591) BVerfGE 64, 261 (275).
592) BVerfGE 49, 304 (319 f.).
593) BVerfGE 49, 89 (143); BVerfG, 1 BvR 80/95 vom 26. 7. 2005.
594) BVerfGE 81, 242 (243).
595) BVerfGE 84, 212 (226 f.).
596) 허완중, "기본적 인권을 확인하고 보장할 국가의 의무", 저스티스 통권 제115호, 2010. 2, 88면.
597) 정태호, "기본권보호의무", 인권과 정의 제252호, 1997. 8, 87면; 이부하, "생명에 대한 기본권보호의무와 과소보호금지원칙", 동아법학 제62호, 2014. 2, 4면.
598) 헌재 2008. 7. 31. 2004헌바81, 판례집 20−2상, 91, 104 ("국가가 생명을 보호하는 입법적 조치를 취함에 있어")
599) 헌재 2016. 10. 27. 2012헌마121, 판례집 28−2상, 654, 666("국민의 생명·신체의 안전을 보호할 의무를 진다"); 헌재 2016. 10. 27. 2015헌바358, 판례집 28−2상, 609, 622("국민의 생명·신체의 안전을 보호하기 위하여 필요한 최소한의 보호조치를 취하지 아니한 것이라고 보기는 어렵다."); 헌재 2015. 10. 21. 2012헌마89 등, 판례집 27−2하, 84, 95("일반 국민의 생명·신체의 안전을 보호하기 위한 위험방지 조치로서 이에 대하여는 국가가 기본권보호의무를 위반한 것인지가 문제"); 헌재 2011. 2. 24. 2008헌바40, 판례집 23−1상, 1, 6("개인의 생명이나 신체의 훼손에서 문제"); 헌재 2008. 7. 31. 2006헌마711, 판례집 20−2상, 345, 359("청구인의 생명·신체의 기본권적 법익 침해").
600) "청구인은 국가의 기본권 보호의무에 관한 과소보호금지원칙 위반도 주장하고 있으나, 이는 재산권의 주체가 사회적 약자인 경우 과잉금지원칙 중 피해의 최소성 문제에 포섭된다고 할 것이다."(헌재 2011. 11. 24. 2009헌바320, 판례집 23−2하, 246, 252).

하므로,[601] 극히 제한된 기본권 보호법익에 대해, 국가가 기본권보호의무를 부담하게 해야 한다. 다른 기본권들은 기존의 권리구제절차를 밟을 기대가능성이 존재하지만, 사인에 의한 국민의 생명권이나 신체의 자유에 대한 위법한 가해에 있어서는 기본권보호의무를 발동할 필요가 있다. 셋째, 국가의 적절하고 효율적인 보호조치를 요구하는 기본권보호의무는 광범위하게 인정하기 보다는 제한된 법익으로 인정함이 타당해 보인다. 따라서 기본권보호의무의 보호법익은 생명권 및 신체의 자유 등에 국한함이 적절하다.[602]

2) 사인인 제3자의 가해

가해자(사인인 제3자)가 피해자인 다른 사인의 기본권적 법익에 가해를 주거나 가해할 위험이 있는 경우 국가의 기본권보호의무는 발동하게 된다.[603] 사인인 가해자(加害者), 사인인 피해자(被害者), 기본권보호의무를 부담하는 국가(國家)라는 기본권보호의무의 3각 관계가 형성된다.[604] 이 상황에서 국가는 한편으로는 가해자의 가해로부터 피해자의 자유 영역을 보호해 주어야 하고, 다른 한편으로는 국가의 보호행위로 인해 가해자의 자유 영역을 과도하지 않게 제한해야 한다.[605]

사인에 의한 가해가 아닌 자연재난, 외교적 보호, 국가나 외국의 공권력에 의한 침해 등은 기본권보호의무에서 의미하는 가해자의 가해(加害)에 해당하지 않는다.[606] 이는 기본권 주체, 즉 가해자인 사인(私人)의 법적 책임과는 상관없는 피해가 발생했기 때문이다. 또한 국가가 자연재난에 대하여 방제책을 마련하여야 하는 의무는 우리 헌법 제34조 제6항의 '재해예방의무'에 해당하지, 국가의 기본권보호의무는 직접적인 관련이 없다. 외국(外國)의 공권력의 의한 침해는 기본권보호의무와 관련이 없으며 우리 헌법이 보장하는 기본권보호 영역

601) C.-W. Canaris, Grundrechte und Privatrecht, de Gruyter, Berlin und New York, 1999, S. 47.

602) 이부하, "국가의 기본권보호의무와 과소보호금지원칙", 법학연구 제17집 제2호, 2014. 6, 51면.

603) P. Unruh, Zur Dogmatik der grundrechtlichen Schutzpflichten, Berlin 1996, S. 25 f.; J. Isensee, HdbStR V, 2000, § 111 Rn. 62.

604) J. Isensee, HdbStR V, 2000, § 111 Rn. 112.

605) 이부하, "생명에 대한 기본권보호의무와 과소보호금지원칙", 동아법학 제62호, 2014. 2, 4면.

606) J. Isensee, HdbStR V, 2000, § 111 Rn. 79, 89, 120 ff. (가해의 대상(객체)은 자유권적 기본권의 모든 보호법익이다. 예를 들면, 생명, 재산, 개인의 자유 등이다. 또한 천재지변과 기본권주체의 법적 책임영역밖에 있는 불가피한 사건들은 기본권보호의무와 관계없다); H. H. Klein, DVBl. 1994, S. 489, 490; Hermes, Das Grundrecht auf Schutz von Leben und Gesundheit, S. 74, 231; Merten, in: GS Burmeister, nach Fn. 15 und 65.

에 해당할 수 없다.

기본권보호의무와 관련하여 논의가 필요한 것으로는, 자살(自殺)이나 고도의 위험이 내재된 스포츠(sports)로 인한 위험 등 사인 스스로 자초(自招)한 가해는 국가－피해자라는 2각 관계를 구성하기에 기본권보호의무의 구성요건에서 제외된다는 견해가 있다.[607] 그러나 개인이 자기 스스로 독자적인 결정을 할 수 없는 상황에서 불가피하게 자살을 택한 경우, 이러한 기본권 보호의 밖에 두어 국민의 기본권을 보호하지 않게 되면, 국가는 기본권보호의무를 위반하게 되는 것이다. 따라서 이러한 경우에도 기본권보호의무가 발동되어야 한다.[608] 경우에 따라서는 자기 스스로 유발한 가해에 대해서도 기본권보호의무가 발동되어야 할 것이다.[609]

3) 위법한 가해나 가해의 위험

기본권보호의무가 발생하려면 기본권 법익이 위법한 '가해'[610]를 받았거나 가해될 위험이 존재해야 한다.

가) 위법한 가해

기본권보호의무에서 가해자의 '가해'는 기본권 법익에 대한 위법(違法)한 제약을 말하고, 이 경우 '제약'은 기본권 보호법익에 대한 불리한 작용을 의미한다.[611] 사인(私人)이 다른 사인에 대해 위법한 가해를 가한 경우 국가는 기본권보호의무를 진다.[612] 이 경우의 '가해'는 현재(現在)의 가해 또는 급박(急迫)한 가해를 말한다. 기본권 법익에 대한 가해가 있다고 하여 바로 기본권보호의무가 발생하는 것은 아니고 이러한 가해는 위법(違法)한 가해여야 한다. 가해행위의 위법성에 대한 판단은 법률이 아니라, '헌법의 우위'에 따라 '헌법'(憲法)을 기준으로 판단해야 한다.[613] 즉, 기본권보호의무가 발생하려면 사인에 의한 타

---

607) J. Isensee, HdbStR V, 2000, § 111 Rn. 89.

608) 서경석, "국가의 기본권보호의무 비판", 헌법학연구 제9권 제3호, 2003. 9, 408면.

609) Di Fabio, in: Maunz/Dürig, GG, Art. 2 II, Rn. 48; G. Robbers, Sicherheit als Menschenrecht, 1987, S. 220 ff.; 이부하, "생명에 대한 기본권보호의무와 과소보호금지원칙", 동아법학 제62호, 2014. 2, 5면.

610) 기본권의 '침해'(Eingriff)는 국가가 국민의 기본권을 정당하지 아니한 제약을 가하는 것으로 사용된다. 기본권보호의무에서 논의하는 사인이 타인의 기본권을 위법하게 가해하는 것이므로, 기본권의 '침해' 개념과 구별하여 '가해'(Beeinträchtigung)로 사용하기로 한다.

611) 정태호, "기본권보호의무", 인권과 정의 제252호, 1997. 8, 85면.

612) BVerfGE 39, 1 (42); 46, 160 (164); 49, 24 (53); 53, 30 (57); 56, 54 (73).

인의 기본권 법익에 대한 위법한 가해가 있어야 한다. 따라서 정당행위(正當行爲)인 경우에는 기본권보호의무가 발생하지 않는다. 또한 원인제공자만이 가해의 직접적인 당사자가 되지 않는 경우도 있다. 예를 들면 복수의 원인제공자의 공동행위로 인하여 시간적, 공간적으로 거리가 있는 가해의 경우에도 국가에게는 기본권보호의무가 발생한다.

여기서 말하는 '가해'는 기본권 주체(피해자)의 의사에 반하여 기본권 보호법익에 대한 상당(相當)한 가해이다. 가해자의 책임과 그 밖의 주관적인 요소는 불문(不問)한다. 따라서 단순히 경미(輕微)한 가해는 이에 포함되지 않는다.[614)]

기본권보호의무의 발동은 가해자 행위의 목적성을 필요로 하지 않는다. 목적을 가진 가해뿐만 아니라, 비고의적이거나 가해자에 의해 예견되지 않은(잠재적인) 피해에 대해서도 기본권보호의무는 발동된다.[615)] 왜냐하면, 기본권보호의무는 국가에 의한 가해자의 처벌에 중점이 있는 것이 아니라, 피해자의 기본권을 보호하는데 중점이 있기 때문이다. 사인의 고의나 과실이 없는 경우에도 사인의 피해가 존재하거나 피해의 위험이 있다면 기본권보호의무는 발동되어야 한다. 즉, 가해자인 사인이 목적하지 않는 가해가 발생한 경우에도 그 가해로 인해 피해자의 피해가 존재한다면 국가의 기본권보호의무는 발생한다.[616)]

나) 가해의 위험

국가의 기본권보호의무는 예외적으로 현재의 가해뿐만 아니라, 장래의 가해 위험에 대한 방지 의무도 포함한다. 보호의무의 수범자(국가)와 원인제공자(제3자)가 동일하지 않기에 효과적인 보호를 위해서는 사전적 조치가 필요하다. 따라서 국가의 기본권보호의무를 발생시키는 가해는 현재의 가해뿐만 아니라 장래의 가해 위험을 포함하는 예방적(豫防的) 개념이다.[617)] 기본권보호의무는 가해가 실제로 발생하는 경우뿐만 아니라 가해가 합리적으로 예상되는 경우(즉, 가

613) J. Isensee, HdbStR V, 2000, § 111 Rn. 99 ff.
614) J. Isensee, HdbStR V, 2000, § 111 Rn. 89.
615) D. Murswiek, Zur Bedeutung der grundrechtlichen Schutzpflichten für den Umweltschutz, WiVerw 1986, S. 179 (186).
616) 허완중, "기본적 인권을 확인하고 보장할 국가의 의무", 저스티스 통권 제115호, 2010. 2, 88면; 이부하, "생명에 대한 기본권보호의무와 과소보호금지원칙", 동아법학 제62호, 6면.
617) G. Hermes, Das Grundrecht auf Schutz von Leben und Gesundheit, 1987, S. 226 f.; 이부하, "헌법영역에서 기본권보호의무", 공법학연구 제8권 제3호, 2007. 8, 134면.

해의 객관적 위험이 존재할 경우)에도 발생할 수 있다. 따라서 국가는 기본권을 효과적으로 보호하기 위하여 위험에 대한 예방적 조치를 취할 필요가 있다.

가해나 가해의 위험이 존재하는 경우에, 위험원(危險原)인 사인이 가해를 의도하였는지 또는 주관적으로 인식하였는지는 중요하지 않다. 그러나 기본권 법익에 대한 가해나 가해의 위험이 위험원인 사인에게 귀속(歸屬)될 수 있어야 한다.[618] 즉, 위험의 원인이 사인의 행위에 기인한 것이어야 한다. 위험의 정도 문제를 구성요건의 단계에서 검토한다면, 구성요건 단계에서 충돌하는 법익들 상호간 이익형량의 과정을 거치게 된다. 이는 기본권보호의무의 범위와 한계에 관한 문제를 구성요건의 단계에서 판단함으로써 기본권보호의무의 적용범위를 축소시킬 가능성이 있다.[619]

(6) 주관적 보호청구권 인정 여부

국가의 기본권보호의무는 헌법상 국가의 의무이다. 국가의 의무로부터 기본권인 주관적 보호청구권이 도출될 수 있는지 여부에 대한 논의가 있다. 즉, 기본권보호의무로부터 국민의 주관적 보호청구권이 인정될 수 있는지 여부이다. 일부 견해에 의하면, 기본권보호의무의 수행은 1차적으로 입법자(立法者)의 정치적 책임에 있기 때문에 헌법상의 주관적 보호청구권은 인정될 수 없다고 한다.[620] 이에 반해, 국가기관은 기본권보호의무를 수행함에 있어서 국가의 기본권 보호조치에 대한 광범위한 재량을 가지고 있지만, 입법권·행정권·사법권은 기본권에 기속(羈束)되기 때문에 주관적 보호청구권이 헌법상 인정된다는 것이 통설이다.[621] 주관화를 통해 기본권보호의무가 실현될 수 있다고 판단하여, 주관적 청구권을 입증하기 위해 헌법상 개인의 자율성과 자기책임의 원칙을 논하기도 한다.[622] 그런데 국가적 침해뿐만 아니라 비(非)국가적(私人의) 가

618) 허완중, 앞의 논문, 88면.

619) 정태호, 앞의 논문, 86면; 이부하, "생명에 대한 기본권보호의무와 과소보호금지원칙", 동아법학 제62호, 2014. 2, 7면.

620) H. H. Klein, Die grundrechtliche Schutzpflicht, DVBl. 1994, S. 489 (494 f.); K. Stern, Die Schutzpflichtenfunktion der Grundrechte: Eine juristische Entdeckung, DÖV 2010, S. 241 (247).

621) J. Isensee, Das Grundrecht als Abwehrrecht und als staatliche Schutzpflicht, in: ders./P. Kirchhof (Hrsg.), HStR V, 2000, § 111, Rn. 184 f.

622) A. Pietrzak, Die Schutzpflicht im verfassungsrechtlichen Kontext – Überblick und neue Aspekte, JuS 1994, S. 748 (752); Brüning/Helios, Die verfassungsprozessuale Durchsetzung grundrechtlicher Schutzpflichten am

해에 대해서도 효율적으로 기본권을 보호해야 하는 기본권보호의무의 취지를 감안할 때, 기본권 보호기능이 아니라 기본권의 방어권적 성격에서 기본권보호의무를 도출하려는 주장은 설득력이 떨어진다.[623]

이슨제(J. Isensee) 교수의 견해에 의하면, 기본권보호의무는 객관적인 국가과제에 해당된다. 이러한 국가과제의 대상은 개인의 법익이므로, 객관적인 국가과제로부터 구체적인 위험에 처한 기본권 주체의 주관적인 보호청구권을 인정할 수 있다는 것이다.[624]

생각건대, 헌법상 국가의 기본권보호의무가 인정되면 그로부터 주관적 보호청구권은 인정될 수 있다. 기본권보호의무의 이행은 '법률'에 의해 구체화되지만, 주관적 보호청구권은 '헌법'(憲法)에 의해 직접 인정되게 된다.[625] 국가의 기본권보호의무의 헌법상 인정은 그에 상응하는 국민의 주관적 보호청구권[626]을 도출시킨다.[627] 주관적 보호청구권의 인정 여부는, 구체적인 위험상황에서 국가의 부작위가 개인의 기본권적 지위를 침해하여 특별한 보호필요성이 있는가의 문제로 귀결된다. 기본권보호의무를 지닌 국가기관은 그 상황의 판단에서 결정재량의 범위와 정도를 넘어서서 기본권 가해가 심각하여 피해자의 수인가능성을 넘어서는 경우, 국민의 주관적 보호청구권은 인정된다.

2. 과소보호금지원칙의 특성

헌법상 기본권은 국가가 헌법상 보호되는 법익을 효과적으로 보호할 의무를 부과한다. 즉, 국가의 기본권보호의무는 국민의 기본권보호를 위해 적합하고 효과적이며 수인할 수 있는 것이어야 한다. 특히 입법자는 보호의무의 이행과 관련하여 헌법이 요구하는 최소한 보장 수준의 하한선(Maginot Line)을 준수

Beispiel des Internets, Jura 2001, S. 155 (160).

623) Chr. Calliess, Die grundrechtliche Schutzpflicht im mehrpoligen Verfassungsrechtsverhältnis, JZ 2006, S. 321 (328).

624) J. Isensee, Das Grundrecht als Abwehrrecht und als staatliche Schutzpflicht, § 111, Rn. 84.

625) 표명환, "기본권보호청구권의 구조와 체계에 관한 고찰", 법학연구 제45집, 2012. 2, 35면.

626) 주관적 '보호청구권'에 관하여는 김명재, "독일헌법상의 보호청구권", 법률행정논총 제19집, 1999, 87면 이하.

627) 송석윤, "기본권으로서의 안전권에 관한 시론적 연구", 이화여대 법학논집 제8권 제1호, 2004, 24면; 이부하, "보장국가에서 국민의 안전보호와 관련한 헌법이론", 헌법학연구 제22권 제1호, 2016. 3, 228면.

해야 한다. 이를 '**과소보호금지원칙**'이라 한다.[628]

과소보호금지원칙은 입법자의 기본권보호의무의 기준으로서 중요하게 활용된다. 헌법은 개개의 기본권에 기초한 기본권 규범으로 구성되어 있지, 모든 개별적 상황에서 기본권의 보호 수준을 규정하고 있지는 않다. 이러한 맥락에서 헌법의 규정을 3가지로 나누어 볼 수 있다. 첫째, 사인(私人)인 제3자의 가해에 대한 사인의 기본권보호의 요청이다. 둘째, 기본권 영역별로 상이하며 변화가능한 각각의 기본권 보호법익을 지닌다. 셋째, 기본권의 법익보호를 위한 헌법상 최소한 이상의 보호 수준을 요청하고 있다.[629] 이러한 법률상의 최소보호인 과소보호금지원칙은 4가지 특성(독자적인 원칙, 상대적 기준, 기본권의 최소보호원칙, 입법자의 행위에 대한 일반적인 통제기준)으로 정리할 수 있다.

(1) 독자적인 원칙으로서 과소보호금지원칙

과소보호금지원칙이 과잉금지원칙과 관련하여 독자적인 원칙으로 인정될 수 있는가에 대하여 동일설과 독자성설(비동일설)로 학설이 대립된다.

1) 동일설

과잉금지와 과소보호금지는 동전의 앞뒷면과 같다는 **동일설**(Kongruenzthese)에서는 과소보호금지원칙과 과잉침해금지원칙 양자는 비례성 원칙의 하나의 결과이고, 양자는 필요성있는 수단, 즉 법익의 보호를 위한 행위로서 필요한 그리고 법익침해의 의무불이행을 위해 필요한 수단을 선택하도록 입법자에게 요구하는 것이다.[630] 과소보호금지원칙은 과잉침해금지원칙으로부터 도출되지 않는 어떠한 추가적인 기준을 입법자에게 요구하고 있지 않다[631]고 한다. 즉, 과잉침해금지원칙에서 필요성있는 수단은 입법자의 형성의 자유의 상한이든 하한이든 기본권보호의무를 충족시켜준다는 것이다. 또한 기본권보호의무에서

---

628) '과소보호금지'원칙은 과잉금지원칙과 비교되는 원칙으로 카나리스(Canaris) 교수에 의하여 처음으로 주장되었고(C.-W. Canaris, AcP 184 (1984), 202 ff.), 이슨제(J. Isensee, HdbStR V, 1992, § 111)교수에 의하여 이 원칙이 정립되었다.

629) 이와 유사한 취지로 C.-W. Canaris, Grundrechte und Privatrecht, Walter de Gruyter, 1999, S. 86.

630) K.-E. Hain, DVBl. 1993, S. 982 (983); K.-E. Hain, ZG 1996, S. 75 (79); K. Hesse, FS-Mahrenholz, S 556 f.

631) K.-E. Hain, DVBl. 1993, S. 982 (983); Chr. Starck, JZ 1993, S. 816 (817); Chr. Starck, Praxis der Verfassungsauslegung, 1994, S. 46 (81 f.); Hans-Uwe Erichsen, Jura 1997, S. 85 (88); P. Unruh, Zur Dogmatik der grundrechtlichen Schutzpflichten, S. 86 f.

전제하는 국가-가해자-피해자의 3각 관계에서 입법자가 상충하는 이익을 균형적이고 비례적으로 서열화하는 경우, 과잉침해금지원칙에 위반되지 않으면서 추가적으로 과소보호금지원칙의 적용이 필요한 경우는 없다는 것이다.[632]

2) 독자성설

과소보호금지원칙은 과잉침해금지원칙과 다른 기능을 수행하기 때문에, 과소보호금지원칙은 과잉침해금지원칙의 외형으로서 이해할 수 없고 독자적인 헌법원칙이라는 것이다.[633] 과소보호금지원칙과 과잉침해금지원칙은 상이한 기준으로서 그 초점을 다르게 겨냥하고 있다.[634] 즉, 과잉침해금지원칙은 입법적 및 헌법적으로 정당한 목적과 입법자에 의해 보장되고 헌법상 허용되는 수단간의 관계라는 "필요성"(침해의 최소성) 심사단계에 초점을 둔 원칙이다. 그러나 과소보호금지원칙은 각각의 기본권보호의무에서 정하는 최소한의 보호수준, 즉 "보호의무의 목적"에 초점이 있다. 따라서 법률의 침해의 최소성과 기본권 보호의무의 목적은 일치되기가 어렵다.

또한 기본권보호의무가 전제하는 국가-가해자-피해자의 삼각관계가 상정되지 않는 경우에도 예를 들면, 혼인과 가족생활에 대한 국가의 보호(헌법 제36조 제1항), 자연재해에 대한 국가의 보호(헌법 제34조 제6항)에 독자적으로 과소보호금지원칙은 심사기준으로 작용할 수 있다.[635]

3) 소결

과잉(침해)금지원칙과 과소보호금지원칙은 헌법상 상이한 기능을 수행하는 심사기준이고 양 원칙이 이른바 서로 딜레마 상황에 처할 수도 있으며, 양 원칙이 하나의 고정된 기준에서 일치하지도 않는다. 따라서 과소보호금지원칙은 과잉금지원칙과는 다른 독자성을 지닌 원칙이다.

---

632) K.-E. Hain, DVBl. 1993, S. 982 (983); P. Unruh, Zur Dogmatik der grundrechtlichen Schutzpflichten, S. 87.
633) Vgl. E. Denninger, FS-Mahrenholz, S 561 (566); Merten, Schutzpflichten, S. 27.
634) J. Dietlein, ZG 1995, S. 131 (136 ff.); M. Möstl, DÖV 1998, S. 1029 (1038); E. Denninger, FS-Mahrenholz, S 561 (569).
635) 장영철, "헌법상 계약자유의 의미와 보호", 고시연구 2004/11, 24-25면.

(2) 상대적 기준으로서 과소보호금지원칙

과소보호금지원칙은 과잉금지원칙과는 별개로 독자성을 지닌 헌법원칙으로서 과잉금지원칙과 상이한 심사기준이다. 입법자를 통한 기본권보호의무의 이행의 최소한 보호조치는 국가－가해자－피해자라는 삼각관계에서 한 사람의 방어권과 다른 사람의 보호권의 충돌(상충)에서 명확하게 나타난다. 기본권의 측면에서 이러한 3각관계는 전형적인 사법(私法)의 충돌상황, 즉 한편으로는 방어권으로서 보호되는 기본권과 다른 한편으로는 국가의 기본권보호의무에 의해 보호되는 기본권의 법익 간의 효력범위에서 명백해진다.[636] 과소보호금지원칙이 법익의 균형성 및 협의의 비례성 원칙에 근접하고 있다. 즉, 기본권보호의무의 이행에 있어서 최소한의 추상적 규정은 국가－가해자－피해자의 삼각관계에서 하나의 심사기준을 필요로 한다.

과소보호금지원칙을 적용하여 실제상 구체적인 결정을 할 때 적용상 어려움이 존재한다. 그러나 과소보호금지원칙의 초점은 입법자가 기본권보호의무를 얼마나 충실히 이행하였는가를 도출하기 위함에 있는 것이 아니라, 헌법상 부과된 입법자의 기본권보호의무의 한 요소라는데 두어야 한다. 과소보호금지원칙은 과잉금지원칙과는 다른 독립된 헌법원칙이며, 그 독립성을 위한 구체적 심사기준을 제공해야 한다. 따라서 과소보호금지원칙의 상대성(相對性)이란 제한적이지만, 기본권보호의무에 의거하여 기본권보호의 최소한의 수준을 마련하기 위해 충돌하는 법익들을 고려할 것을 요청한다. 헌법적 의무에 근거하는 법률의 기본권보호의 최소수준은 불가피하게 상대적이다. 그리고 다른 사람의 기본권행사와 관련하여 최소수준의 절대성을 충족할 수는 없다. 즉, 기본권보호의무를 실현해야 되는 입법자에게 충돌하는 다른 기본권에 대한 고려를 포기하도록 하는 것이 과소보호금지이기 때문이다.[637] 다른 말로 표현하면, 다른 기본권의 침해를 통해 당해 기본권 보호가 달성될 수 있다는 것이다.[638]

636) Vgl. U. Preis, RdA 1995, S. 333 (341); W. Rüfner, GS－Martens, S. 215 (222).
637) BVerfGE 88, 203 (254).
638) Vgl. BVerfGE 96, 56 (65).

(3) 기본권의 최소보호원칙으로서 과소보호금지원칙

과소보호금지원칙에서 '가해자와 피해자'의 기본권 보호라는 생각에 집중해 통제기준에만 중점을 두기 보다는, 관련된 기본권의 '최소 보호'에 중점을 두어야 한다.[639] 여기서 말하는 '최소 보호'는 헌법이 요구하는 최소한 보장 수준의 하한선 이상의 보호를 의미한다. 기본권 보호의 방법은 '보호해야 한다는 것'을 전체(全體)로 생각하여 환영(幻影)으로 만들어서는 안된다.[640] 헌법은 기본권보호의무를 어떻게 수행할지 여부에 대해 입법자에게 입법형성의 자유를 부여하고 있다. 입법자의 기본권보호조치는 적합하고 효율적이고 충분해야 하지만, 최대한 보호에 대한 요청을 헌법상 명령이 아니다. 왜냐하면 최대한의 보호 요청은 계속적으로 더 많은 보호를 요구하게 되며,[641] 결국 최대한의 보호 요청은 입법자를 헌법재판소의 견해에 종속시킬 것이기 때문이다.[642] 법률은 행정부에게 구체적인 위험에 대해 조치를 취할지 또는 기다릴지 여부에 대한 결정 재량을 허용할 수 있다. 그러나 국가의 기본권보호의무는 재량권의 행사를 명하고 적합하고 효율적인 기본권 보호가 안 될 경우 기본권 보호의 정당성 여부를 심사하게 한다. 이 경우 '과소보호금지원칙'이 기본권보호의무에 대한 심사기준으로 기능하게 된다.[643]

그러나 입법자의 **입법형성의 자유**는 당연히 무제한이 아니고, 과소보호금지원칙의 다른 면에 위치하는 비례성 원칙(과잉금지원칙)에 의해 윤곽이 그어진다. 또한 과소보호금지원칙은 입법자의 입법형성의 자유에 대한 하한을 설정해준다. 통제규범의 영역에서 과소보호금지원칙을 통해 최적화의 모델이 구축될 수 있다고 판단하여, 입법자는 과잉금지원칙과 과소보호금지원칙 사이의 양 간격에 어딘가에서 임의로 결정해서는 안된다. 오히려 과소보호금지원칙은 입법자의 기본권 상충의 해결을 보조하는 수단으로서 의미가 있다. 즉, 입법자

---

639) W. Brohm, NJW 2001, S. 1 (9); C.–W. Canaris, Grundrechtswirkungen und Verhätnismäßigkeit in der richterlichen Anwendung und Fortbildung des Privatrechts, JuS 1989, S. 161 (163); F. Kirchhof, Private Rechtsetzung, S. 525.

640) Otto Depenheuer, Der Mieter als Eigentümer?, NJW 1993, S. 2561, 2564.

641) Chr. Starck, Praxis der Verfassungsauslegung, 1994, S. 86 ff.

642) Ernst–Wolfgang Böckenförde, Grundrechte als Grundsatznormen, Der Staat 29, 1990, S. 13, 29.

643) J. Isensee, Das Grundrecht als Abwehrrecht und als staatliche Schutzpflicht, in: ders./P. Kirchhof (Hrsg.), HdbStR V, 2000, § 111 Rn. 90.

의 상충 해결의 한계로서 과잉금지원칙이 인정된다면, 과소보호금지원칙은 기본권보호의무의 발견을 위한 수단으로 인식되어야 한다.[644)]

기본권의 최소 보호 수준은 일의적으로 획정할 수 없다. 최소 보호의 수준은 개별적 사건, 보호법익의 종류, 보호법익의 중요도, 위험의 정도 등을 고려하여 판단할 수 있다.[645)] 그러나 일반적으로 국가가 지금까지 전혀 어떠한 조치를 취하지 않거나 유효한 법적 상황에 의거한 어떠한 조치도 취하지 않는 경우 및 제3자의 권리나 공익을 심히 침해함이 없이 이미 존재하는 보호수단보다도 더 개선된 보호수단이 존재하는 경우, 또는 유효한 법률에 의거하여 존재하는 보호법익의 장애 또는 위험에 대하여 사익과 공익을 비교형량할 때 수인할 수 없다면, 과소보호금지원칙을 위반하는 것이다.[646)]

최소 보호에 초점을 맞춘 견해에 대해 헌법재판의 통제기준으로서 '최소 보호'는 가치평가가 필요하다는 이의를 제기할 수 있다. 상대적 기준으로서 과소보호금지원칙은 상충하는 법익 간의 비교형량의 한계로서 기능하고 있다. 따라서 가치평가가 이루어지지 않고서는 헌법상의 기본권 규정이 내용적으로 채워질 수 없다.[647)] 사고 전환이 필요한 것은 헌법해석의 기본적 전제조건에 대한 것이 아니라, 최적화라는 목표로부터의 해방이고 과소보호금지원칙을 목표로 해야 한다는 기본적 사고이다.

또한 가해자－국가－피해자라는 삼각관계에서 자연히 잠재적인 가해자의 기본권 행사를 보호하는 데 반해, 기본권 수범자(국가)의 역할이 약화된다는 이의제기가 있을 수 있다.[648)] 방어권에 비하여 기본권보호의무의 구조적 취약점은 존재한다. 이는 기본권보호의무가 헌법상 그 자체적으로 효력을 발휘하는 것이 아니라, 국가 행위 특히, 입법행위를 필요로 하기 때문이다.[649)] 따라서 한편으로는 입법자의 입법형성의 자유가 작용하고,[650)] 다른 한편으로는 국가의

644) O. Seewald, VerwArch 88 (1997), S. 199 (205 ff.).

645) C.－W. Canaris, JuS 1989, S. 161 (163).

646) Vgl. Brüning, JuS 2000, S. 955 (957); M. Möstl, DÖV 1998, S. 1029 (1038 f.).

647) Vgl. E.－W. Böckenförde, in: ders., Staat, Verfassung, Demokratie. Studien zur Verfassungstheorie und zum Verfassungsrecht, Frankfurt 1991, S. 115; H. H. Klein, Verfassungsgerichtsbarkeit und Verfassungsstruktur, in: FS für Franz Klein, 1994, S. 511 (514 f.).

648) J. Hager, JZ 1994, S. 373 (376, 381); J. Neuner, Privatrecht und Sozialstaat, S. 165.

649) C.－W. Canaris, Grundrechte und Privatrecht, S. 43; H. D. Jarass, AöR 110 (1985), S. 363 (384).

650) B. Weber－Dürler, VVDStRL 57 (1998), S. 57 (82).

개입보다 사회적 자기규율(自己規律)이 우선하게 된다.[651]

(4) 입법자 행위에 대한 사법적(司法的) 통제기준으로서 과소보호금지원칙

기본권보호의무의 법적 구조는 가해자－국가－피해자라는 삼각관계의 구조가 형성되며, 이로써 국가는 새로운 지위, 즉 기본권의 잠재적인 침해자라는 성격과 이외에 기본권의 보호자(保護者)라는 새로운 지위가 부여되었다. 즉, 국가의 기본권보호의무는 삼각관계의 법적 구조에서 국가와 피해자 사이의 공법적 보호 관계를 주된 규율대상으로 한다.[652] 그런데 헌법상 국가의 기본권보호의무에서 국가가 바로 사인인 가해자의 기본권 침해로부터 피해자인 사인에 대하여 일정한 보호조치를 취할 국가적 권한이나 의무를 부과할 수 있는 것은 아니다. 구체적인 국가의 기본권 보호조치에 관한 권한이나 의무는 형식적 의미의 법률을 통해 정해지게 된다. 그리고 이러한 국가의 기본권보호의무를 위한 입법에 대하여 사법적(司法的) 통제가 중요한 헌법적 의미를 가진다.[653]

1) 기본권 보호조치에 대한 통제

국가에게 국민의 기본권 보장을 위한 제반조치를 취할 의무가 부여되어 있더라도 국가가 어떤 행위를 하지 않은 것이 언제나 헌법상 의무 위반이라고 판단할 수 없다. 국가는 기본권보호의무를 이행하기 위한 보호대책을 강구함에 있어서 원칙적으로 사인에 의한 국민의 생명·신체에 대한 침해위험의 정도나 종류, 심각성, 발생의 빈도, 각종 대책의 효과뿐만 아니라 상충하는 보호법익과의 형량, 문화적·사회적·경제적·재정적 여건 등을 종합적으로 감안할 필요가 있기 때문에, 기본권보호의무를 어떤 수단을 통하여 어떻게 이행할 것인가는 입법자의 입법을 통해 비로소 구체화되고, 이 경우 입법자에게 광범위한

---

651) C.－W. Canaris, Grundrechte und Privatrecht, S. 47. 그러나 극단적인 경우, 즉 헌법에 의거하여 정해진 보호를 할 수 있는 다른 방법이 없다면, 입법자는 형법이란 수단을 강구해야 할 의무를 질 수 있다(BVerfGE 39, 1 (46 f.)).

652) 이승우, "국가의 기본권보호의무", 현대공법과 개인의 권익보호: 균제 양승두교수 화갑기념논문집 (I), 홍문사, 1994, 1165면; 정태호, "기본권보호의무", 인권과 정의 제252호, 1997.8, 83면 이하; 장영철, "기본권의 제3자적 효력과 기본권보호의무", 공법연구 제29집 제2호, 2001, 155면; 표명환, "입법자의 기본권보호의무와 헌법적 통제", 헌법학연구 제11권 제2호, 2005. 6, 214면.

653) J. Isensee, Das Grundrecht als Abwehrrecht und als staatliche Schutzpflicht, in: ders./ P. Kirchhof (Hrsg.), HdbStR V, 2000, § 111 Rn. 151 ff.; 표명환, "입법자의 기본권보호의무와 헌법적 통제", 헌법학연구 제11권 제2호, 2005. 6, 212면 이하.

입법형성의 자유가 부여되어 있다. 즉, 입법자가 국가의 기본권보호의무를 어떻게 어느 정도로 구체화할 것인가의 입법자의 형성여지이다. 따라서 국가의 기본권보호의무에 관한 입법에 대하여 사법적 통제가 중요한 헌법적 의미를 지니는데, 입법자의 책임에 속하는 보호의무의 내용결정에 대하여 헌법재판소는 보충적(補充的)이고 제한적(制限的)으로 기본권 보호의무 위반 여부를 심사할 수 있다.

헌법재판소는 권력분립원리에서 기본권보호의무를 이행함에 있어서 국민의 생명·신체에 대한 보호의 정도가 헌법이 요구하는 최소한도의 보호 수준에 미달해서는 아니된다는 의미에서 이른바 국가의 국민에 대한 과소보호금지원칙을 준수하였는지를 기준으로 심사하게 된다.[654] 그에 따라 헌법재판소로서는 원칙적으로 국가가 기본권보호의무를 위반한 것이 명백한 경우에만 국가의 해당 작위나 부작위의 위헌성을 확인할 수 있다고 할 것이나, 헌법재판소의 통제 강도는 일률적인 것이 아니고 관련된 기본권적 법익의 중대성, 그 침해의 심각성, 그 침해의 빈도 등에 따라서 달라지게 된다. 그에 따라 기본권적 법익에 관한 보호 입법에 대한 심사에 있어서 헌법재판소가 가하는 통제 강도 역시 기본권 보호의무 위반이 일견 명백한지의 여부에 대한 통제, 입법자가 문제의 법률을 통하여 제시한 보호 구상 자체가 설득력이 있는지의 여부에 대한 통제, 그리고 입법내용에 대한 엄밀한 통제 등으로 분화될 수 있다.[655]

2) 행위규범과 통제규범의 구분 실익

행위(行爲)규범과 **통제(統制)규범** 간 구분[656]은 한편으로는 입법자에게 상

654) 헌재 1997. 1. 16. 90헌마110등, 판례집 9-1, 130면.

655) 헌재 1997. 1. 16. 90헌마110등, 판례집 9-1, 130-132. 한수웅, "헌법재판의 한계 및 심사기준", 217면 이하와 233면; 방승주, "독일 연방헌법재판소의 입법자에 대한 통제의 범위와 강도", 308면 이하; 계희열, "헌법재판과 국가기능", 221면 참조.

656) K. Schlaich/S. Korioth, Das Bundesverfassungsgericht, 5. Aufl., 2001, Rn. 503: 행위규범(Handlungsnorm)은 능동적으로 활동하는 국가기관(예를 들면, 의회)에게 적용되는 행위지침이자 행위한계적 규범을 말한다. 반면, 통제규범(Kontrollnorm)은 능동적으로 활동하는 국가기관들의 작위 또는 부작위를 판단하는 기준이 되는 규범을 말한다. 우리나라 헌법재판소 판례에서도 행위규범과 통제규범의 구분을 수용하고 있다. "국가는 생활능력 없는 국민을 보호할 의무가 있다는 헌법의 규정은 모든 국가기관을 기속하지만 그 기속의 의미는 동일하지 아니한데, 입법부나 행정부에 대하여는 국민소득, 국가의 재정능력과 정책 등을 고려하여 가능한 범위 안에서 최대한으로 모든 국민이 물질적인 최저생활을 넘어서 인간의 존엄성에 맞는 건강하고 문화적인 생활을 누릴 수 있도록 하여야 한다는 행위의 지침, 즉 행위규범으로서 작용하지만, 헌법재판에 있어서는 다른 국가기관, 즉 입법부나 행정부가 국민으로 하여금 인간다운 생활을 영위하도록 하기 위하

충하는 기본권 간 최적이며 적합한 조정을 요구하는 한편, 다른 한편으로는 헌법재판에 의한 통제와의 관계에서 독자적으로 상충의 조정을 위한 입법자의 형성여지를 존중하도록 기여하기 위함이며, 이는 실체법적 규정과 헌법재판의 통제 강도 양자를 분리하려는 의도로 보여진다.[657] 그러나 국가가 기본권보호의무를 이행하려면 입법자의 입법형성의 여지가 존재한다는 것에 대해 의견의 일치가 있으며, 기본권보호의무의 이행에 대한 헌법재판의 통제 강도는 입법자의 실체법적 의무의 한도를 넘어설 수 없다는 생각이 확고한 지지기반을 얻고 있다. 이는 행위규범과 통제규범의 구분이 붕괴되고 있다는 것을 시사한다.[658]

행위규범과 통제규범 간의 구분에 대한 견해의 차이는 실체적 헌법규정의 미완성성에 그 이유가 있다. 기본권보호의무는 내용적으로 불확정적이고 모호하다. 입법자에 의한 기본권보호의무의 실현 및 내용적 보충은 보장내용의 요소이고 기본권 보장의 필수요소이다. 역으로 생각하면, 헌법재판소는 헌법이 무엇을 규정하고 있고, 입법자의 행위를 규정하고 있는 헌법 이외의 실존하는 실체법 규정들이 무엇을 금지하고 있는지만 통제할 수 있다.[659]

3) 소결

기본권 보장은 원칙적으로 국가의 기본권침해를 방지하고 기본권의 최대한 보장을 지향하는 것임에 반하여, 기본권보호의무는 국가에 의해 국민의 기본권이 과소보호되는 것을 금지하는 데 그 초점이 있다. 따라서 기본권의 최대한 보장을 위해서 해당 입법에 의한 기본권 제한이 비례성 원칙(과잉금지원칙)

여 객관적으로 필요한 최소한의 조치를 취할 의무를 다하였는지를 기준으로 국가기관의 행위의 합헌성을 심사하여야 한다는 통제규범으로 작용하는 것이다."(헌재 1997. 5. 29. 94헌마33, 553-554면(생활보호사업지침상의 1994년 생계보호기준); 1999. 12. 23. 98헌바33, 758-759면(공무원채용시험 등에 제대군인에 대한 5% 가산점제도); 2001. 4. 26. 2000헌마390, 494면(국민연금법 제6조 사건); 헌재 2004. 10. 28. 2002헌마328 (2002년도 국민기초생활보장최저생계비 고시)).

657) K. Hesse, Funktionelle Grenzen der Verfassungsgerichtsbarkeit, in: FS für Hans Huber, Bern, 1981, S. 261 (270); G. Robbers, Für ein neues Verhältnis zwischen Bundesverfassungsgericht und Fachgerichtsbarkeit, NJW 1998, S. 935 (939); Brun-Otto Bryde, Verfassungsentwicklung, Baden-Baden 1982, S. 306 ff.; Hans Hugo Klein, Verfassungsgerichtsbarkeit und Verfassungsstruktur, in: FS für Franz Klein, 1994, S. 511 (517 ff.).

658) E.-W. Böckenförde, Grundrechte als Grundsatznormen, Der Staat 29 (1990), S. 1 (27); Werner Heun, Funktionell-rechtliche Schranken der Verfassungsgerichtsbarkeit, 1992, S. 46 ff.; Werner Heun, in: Dreier (Hrsg.), GG, Art. 3 Rn. 40; Hans Hugo Klein, Der demokratische Grundrechtsstaat, in: Bitburger Gespräche, Jahrbuch 1995/I, S. 81 (89 f.); K. Schlaich/S. Korioth, Das Bundesverfassungsgericht, 5. Aufl., 2001, Rn. 506.

659) Chr. Gusy, Parlamentarischer Gesetzgeber und Bundesverfassungsgericht, Berlin, 1985, S. 139.

에 위반되는지 여부를 심사하는 한편, 기본권보호의무에 근거하여 기본권을 침해당한 피해자를 국가가 어느 정도 기본권 보호를 해주어야 하는가의 과소보호금지원칙 위반 여부를 심사하게 된다.

또한 비례성 원칙의 심사대상이 되는 법률은 헌법상 보장되는 기본권의 침해가 과잉인지 여부에 초점이 있지만, 과소보호금지원칙에 의해 심사대상이 되는 법률의 위헌성 여부는 기본권보호의무를 어떻게 수행할지의 내용이 입법자의 입법형성의 자유에 달려있다. 따라서 입법자의 기본권보호조치는 적합하고 효율적이고 충분해야 하지만, 최대한의 보장을 요구하지는 않는다.

3. 과소보호금지원칙의 내용과 보호수준

(1) 과소보호금지원칙의 내용

기본권보호의무를 이행함에 있어서 피해자인 국민의 기본권을 보호하기 위해 국가는 적절하고 효율적인 조치를 취해야 한다. 특히 입법자는 기본권보호의무의 이행과 관련하여 헌법이 요구하는 최소한 보장 수준 이상을 준수해야 한다. 국가가 국민의 기본권보호를 위해 적절하고 효율적인 최소한 이상의 보호조치를 취했는가 여부를 헌법재판소가 심사하는데, 이러한 심사기준을 '**과소보호금지원칙**'[660]이라 한다.[661] 헌법은 개개의 기본권에 기초한 기본권규범으로 구성되어 있지만, 모든 개별적 상황에서 기본권 보호 수준을 구체적으로 규정하고 있지 않다. 과소보호금지원칙의 심사 초점은 입법자가 기본권보호의무를 얼마나 충실히 수행하였는가를 판단하는데 두어야 할 뿐만 아니라, 헌법이 입법자에게 기본권보호의무를 충실히 수행하도록 촉구하는데도 두어야 한다.

헌법상 기본권보호의무로부터 국가가 바로 가해자의 기본권 가해로부터 피해자인 사인에 대해 일정한 보호조치를 취할 국가의 의무가 발생하는 것은 아니다.[662] 즉, 국가가 국민의 기본권을 보장하기 위한 제반조치를 취할 의무가 부여

660) '과소보호금지'원칙은 과잉금지원칙과 비교되는 원칙으로 카나리스(Canaris) 교수에 의하여 처음으로 주장되었다(C.-W. Canaris, AcP 184 (1984), 202 ff.),

661) 헌법재판소 1997. 1. 16. 90헌마110 결정, 판례집 9-1, 90, 120~123; 헌법재판소 2008. 7. 31. 2004헌바81 결정, 판례집 20-2상, 91, 103~104; 헌법재판소 2011. 2. 24. 2009헌마94 결정, 판례집 23-1상, 143, 152.

662) J. Isensee, Das Grundrecht als Abwehrrecht und als staatliche Schutzpflicht, in: ders./ P. Kirchhof (Hrsg.),

되어 있다고 하더라도 언제나 헌법상 의무 위반이라고 할 수는 없다. 국가는 기본권보호의무를 이행하기 위한 보호대책을 강구함에 있어서 원칙적으로 사인에 의한 국민의 기본권에 대한 침해위험의 정도나 종류, 심각성, 발생의 빈도, 각종 대책의 효과뿐만 아니라 상충하는 보호법익과의 형량, 문화적·사회적·경제적·재정적 여건 등을 종합적으로 감안하여 기본권보호의무를 어떠한 수단을 통해 어떻게 이행할 것인가를 입법자의 입법을 통해 비로소 구체화된다. 헌법은 기본권보호의무를 어떻게 수행할지 여부에 대해 입법자에게 광범위한 입법형성의 자유를 부여하고 있다.

(2) 과소보호금지원칙에서 보호 수준

기본권보호의무의 구조, 즉 가해자－국가－피해자라는 3각관계에서 잠재적인 가해자의 기본권행사를 보장해야 하기 때문에, 국가의 역할이 약화될 가능성이 있다.[663] 기본권보호의무는 헌법에서 바로 효력을 발휘하는 것이 아니라, 입법행위(법률 제·개정)를 필요로 한다.[664] 이는 한편에서는 입법자의 입법형성의 자유가 작용하고,[665] 다른 한편에서는 국가적 개입보다 사회적 자기규율이 우선하게 된다.[666] 헌법에서 직접 기본권보호조치를 규정하고 있지 않다면, 입법자는 법률상 수단을 강구해야 할 의무를 진다.[667]

과소보호금지원칙은 과잉금지원칙과는 구별되는 '독립된 원칙'[668]이며, 그 독립성을 위한 구체적 기준을 제공하여야 한다. 과소보호금지원칙은 상대성을 지니고 있는데, 여기서 말하는 상대성이란 기본권보호의무에 의거하여 기본권보호의 최소수준 이상을 실현하기 위해서 충돌하는 기본권적 법익들을

HdbStR V, 2000, § 111 Rn. 151 ff.; 표명환, "입법자의 기본권보호의무와 헌법적 통제", 「헌법학연구」 제11권 제2호, 한국헌법학회, 2005. 6, 212면 이하.

663) J. Hager, Der Schutz der Persönlichkeit und des Privatlebens im Verfassungsrecht und im Zivilrecht, JZ 1994, S. 373 (376, 381); J. Neuner, Privatrecht und Sozialstaat, S. 165.

664) C.－W. Canaris, Grundrechte und Privatrecht, S. 43; H. D. Jarass, AöR 110 (1985), S. 363 (384).

665) B. Weber－Dürler, VVDStRL 57 (1998), S. 57 (82).

666) C.－W. Canaris, Grundrechte und Privatrecht, S. 47.

667) BVerfGE 39, 1 (46 f.); 이부하, "생명에 대한 기본권보호의무와 과소보호금지원칙", 동아법학제62호, 2014. 2, 9면.

668) 과소보호금지원칙의 독자성을 뒷받침하는 논문으로는 이부하, "비례성원칙과 과소보호금지원칙", 「헌법학연구」 제13권 제2호, 2007. 6, 289~291면; 정혜영, "과소보호금지원칙에 관한 소고", 「강원법학」 제38권, 강원대학교 비교법학연구소, 2013. 2, 637면 이하.

고려해야 한다는 의미이다. 헌법상 기본권보호의무에 근거하여 법률상 구체화되는 기본권보호의 최소한 이상의 수준은 불가피하게 상대적일 수밖에 없다.[669] 특정 사인(私人)의 기본권 피해시에 국가의 기본권보호의무와 관련하여, 국가가 '절대적'인 보호를 수행할 수 없다는 의미이다. 즉, 기본권보호의무를 실현해야 하는 입법자는 과소보호금지원칙에 입각하여 충돌하는 사인 상호간의 기본권에 있어서 국가는 가해자의 기본권을 침해함에 의해 피해자의 기본권을 보호할 수밖에 없다.[670] 가해자의 기본권을 침해함에 의해 당해 기본권 피해자의 기본권을 보호하게 된다.[671]

과소보호금지원칙 심사에서 '가해자와 피해자' 관계에서 기본권보호에 집중하여 사법(司法)적 통제기준에만 중점을 두어서는 안되고, 관련 기본권의 '최소 수준 이상'의 보호에 중점을 두어야 한다.[672] 기본권보호의무에서 요구하는 기본권보호조치의 수준은 단순히 최소한의 보호만 취하면 된다는 의미가 아니라, 최소한 과소보호의 기준을 넘는 '효율적'이고 '충분한'[673] 조치를 취하라는 의미이다.[674]

입법자의 기본권보호조치는 적절하고 효율적이고 충분해야 하지만, 헌법은 최대한의 보호를 하라고 명령하지는 않는다. 왜냐하면 기본권보호의 최대한의 요청은 계속적으로 더 많은 보호를 요구하게 되며,[675] 입법자가 최대한의 보호를 추구하게 되면, 입법자의 입법행위가 헌법재판소의 견해에 종속되는 결과에 이르기 때문이다.[676]

입법자의 형성의 자유는 당연히 무제한이 아니고, 과잉금지의 원칙에 의해 그 윤곽이 그어진다. 반면, 과소보호금지원칙은 입법자의 형성의 자유에 대한 하한을 설정해 준다.[677] 입법자의 기본권 상충 해결의 한계로서 과잉금지원

---

669) 이부하, "비례성원칙과 과소보호금지원칙", 「헌법학연구」 제13권 제2호, 2007. 6, 291면.
670) BVerfGE 88, 203 (254).
671) Vgl. BVerfGE 96, 56 (65).
672) W. Brohm, NJW 2001, S. 1 (9); 이부하, "비례성원칙과 과소보호금지원칙", 「헌법학연구」 제13권 제2호, 2007. 6, 292면.
673) BVerfGE 88, 203 (254).
674) 이부하, "생명에 대한 기본권보호의무와 과소보호금지원칙", 동아법학제62호, 2014. 2, 10면.
675) Chr. Starck, Praxis der Verfassungsauslegung, 1994, S. 86 ff.
676) Ernst-Wolfgang Böckenförde, Grundrechte als Grundsatznormen, Der Staat 29, 1990, S. 13, 29.
677) 이와 관련하여 비례성 원칙과 과소보호금지원칙의 차이점은 이부하, "비례성원칙과 과소보호금지원칙", 「

칙이 활용된다면, 과소보호금지원칙은 기본권보호의무의 발견을 위한 수단으로 인식되어야 한다.[678] 과소보호금지원칙은 입법자에게 기본권 상충을 해결하는 보조 수단으로서 의미를 가진다.

기본권보호의무의 최소보호의 수준은 일의적으로 획정할 수 없다. 최소보호의 수준은 개별적 사건, 보호법익의 종류, 보호법익의 중요도, 위험의 정도 등을 고려하여 판단할 수 있다.[679] 그러나 첫째, 일반적으로 국가가 여태까지 전혀 어떠한 조치를 취하지 않거나 유효한 법적 상황에 의거한 어떤 조치를 취하지 않는 경우, 둘째, 제3자의 권리나 공익을 심히 침해함 없이 이미 존재하는 보호수단보다도 더 개선된 보호수단이 존재하는 경우, 셋째, 유효한 법률에 의거하여 존재하는 보호법익의 장애 또는 위험에 대하여 사익과 공익을 비교형량할 때 수인할 수 없는 경우라면, 과소보호금지원칙을 위반하는 것이 된다.[680]

4. 과소보호금지원칙의 심사기준

(1) 기능법설에서의 심사기준

과소보호금지원칙의 수단의 적합성 심사에서 독일 연방헌법재판소는 입법자의 예측판단을 심사한다. 여기서 수단의 적합성 심사의 경우 독일 연방헌법재판소는 입법자가 미래 상황의 발전에 대한 예측판단에 있어서 규율영역의 특성, 확실한 판단을 내릴 수 있는 현실적 가능성의 정도 및 침해 법익을 고려하여 통제 강도를 달리한다. **기능법(機能法)설**에 의하면, 입법자의 예측판단에 대한 헌법재판소의 통제강도를 3가지로 구분한다. **명백성통제**(Evidenzkontrolle), **설득력통제**(주장가능성통제; Vertretbarkeitskontrolle), **내용통제**(Inhaltskontrolle)이다.[681]

헌법학연구」 제13권 제2호, 2007. 6, 289면 이하 참조.

678) O. Seewald, VerwArch 88 (1997), S. 199 (205 ff.).

679) C.–W. Canaris, JuS 1989, S. 161 (163).

680) Vgl. Brüning, JuS 2000, S. 955 (957); M. Möstl, DÖV 1998, S. 1029 (1038 f.); 이부하, "비례성원칙과 과소보호금지원칙", 「헌법학연구」 제13권 제2호, 2007. 6, 293면.

681) Ossenbühl, Die Kontrolle von Tatsachenfeststellung und Prognoseentscheidungen durch das BVerfG, in: BVerfG und GG I, S. 484 ff.; 한수웅, "헌법재판의 한계 및 심사기준 – 헌법재판소와 입법자의 관계를 중심으로 –", 헌법논총 제8집, 1997, 217면 이하; 방승주, "독일 연방헌법재판소의 입법자에 대한 통제의 범위와 강도", 헌법논총 제7집, 1996, 308면 이하; 이부하, "산업재해보상보험법상 출·퇴근 중 재해 사건에서 헌법재판소 견해 평가", 법과 정책 제23집 제1호, 2017. 3, 133면 이하.

'명백성 통제'와 관련하여, 입법자가 재량의 한계를 명백하게 위반한 경우에만 헌법재판소는 그 위반을 확인하게 된다. 명백성 통제를 적용하게 되면, 입법자는 광범위한 예측판단권을 부여받고, 헌법재판소는 입법수단이 명백하게 부적합한 경우에만 그 위반을 확인하게 된다.[682] 이에 반해, **'설득력 통제'**(주장가능성 통제)는 입법자의 예측판단을 심사함에 있어서 입법자가 가용한 모든 판단자료를 활용하여, 장래에 발생할 법률효과를 설득할 수 있도록 노력하였는가 여부를 헌법재판소가 심사한다.[683] **'내용통제'**의 경우, 헌법재판소는 입법자의 예측판단이 내용적으로 타당한가 여부를 심사한다.[684] 내용통제[685] 기준은 침해되는 법익이 생명권이나 신체의 자유 등 가장 기본적이고 개인적인 자유권과 관련된 영역에 적용한다.[686] 내용통제 기준을 사용하게 되면, 헌법재판소가 입법자의 예측판단을 대체할 수 있다.[687] 입법자의 예측판단에 대한 헌법재판소의 3단계 통제강도는 입법자와 국민 간 입증책임의 분배를 위한 것이다.[688]

독일 연방헌법재판소는 초기에는 입법자가 기본권보호의무를 수행했는지 여부와 관련하여 '명백성 통제' 심사기준을 사용했다.[689] 그 이후 낙태 2(Abtreibung 2) 판결에서 입법자는 '과소보호금지원칙'을 준수해야 한다고 하면서, 입법자의 입법은 '적절하고 효율적인 보호'[690]를 위해 충분해야 하며 세밀한 사실관계의 조사와 설득력있는 평가에 기초해야 한다고 판시하였다.[691] 즉, 설득력 통제(주장가능성 통제)를 사용하였다.

---

682) BVerfGE 36, 1 (17); 37, 1 (20); 196, 223. 방승주, "헌법재판소의 입법자에 대한 통제의 범위와 강도", 공법연구 제37집 제2호, 2008. 12, 151면.

683) BVerfGE 25, 1 (12 f., 17); 30, 250 (263); 39, 210 (225 f.). 방승주, "헌법재판소의 입법자에 대한 통제의 범위와 강도", 공법연구 제37집 제2호, 2008. 12, 152면.

684) BVerfGE 7, 377 (415); 11, 30 (45); 17, 269 (276 ff.); 39, 1 (46, 51 ff.); 45, 187 (238).

685) 엄격한 '내용통제'를 적용해야 한다는 견해로는, 헌재 2008. 7. 31. 2006헌마711, 판례집 20-2상, 345, 365 (재판관 김희옥, 재판관 김종대, 재판관 민형기, 재판관 목영준의 헌법불합치 의견).

686) BVerfGE 50, 290 (333); H.-P. Schneider, NJW 1980, S. 2105.

687) 이부하, "입법자의 입법형성권의 내용과 한계", 법과 정책연구 제13집 제1호, 2013. 3, 108면.

688) M. Kriele, Grundrechte und demokratischer Gestaltungsspielraum, Rn. 44 ff.

689) BVerfGE 56, 54 (80); 79, 174 (202).

690) 이부하, "생명에 대한 기본권보호의무와 과소보호금지원칙", 동아법학 제62호, 2014. 2, 13면.

691) BVerfGE 88, 203 (254).

(2) 실체법설에서의 심사기준

실체법설의 입장에서 칼리스(Chr. Calliess) 교수는 적절성 기준, 효율성 기준, 협의의 비례성 심사기준을 제시한다.[692] **1단계**에서는 "보호조치가 존재한다면, 그 보호조치가 개별 사안에서 기본권에 의해 보호되는 법익을 효과적으로 보호하기에 적절한가?" **2단계**에서는 "제3자의 권리나 공익을 심각하게 제한하지 않으면서 이미 취해진 보호조치 보다 더 효율적인 보호조치가 존재하는가?" **3단계**에서는 "상충하는 법익들을 고려하면서 이러한 보호조치는 적절한가?" 즉, 사익과 공익 간의 형량에 있어서 보호조치에 의해 유발되는 위험과 리스크(risk)[693]를 수인할 수 있는지를 심사한다.

실체법설의 입장에서 과소보호금지원칙의 세부적 심사기준은 **수단의 적절성, 수단의 효율성, 협의의 비례성**으로 구분할 수 있다.[694] 과소보호금지원칙에서 요구하는 기본권보호의무 이행을 위한 수단의 '적절성'은 국가의 보호조치가 침해되는 기본권을 보호하는데 적절한가 여부를 심사한다. 수단의 적절성을 판단함에 있어서는 국가의 개별적 행위만을 고려할 것이 아니라, 취해진 국가의 보호조치 전체를 고려하여 판단해야 한다. 수단의 적절성은 상충하는 법익을 고려하여 적절하고 효과적인 보호를 달성할 수 있는 규범적 및 사실적 유형의 충분한 조치가 취해져야 함을 말한다.[695]

과소보호금지원칙에서 요구하는 수단의 효율성 심사에서는 특정한 조치가 필수불가결하고 필요한 조치이었느냐를 판단한다. 이러한 보호조치가 제3자의 기본권이나 기타 공익에 심각한 제한을 가하지 않으면서 침해되는 기본권을 더욱 효율적으로 보호할 수 있는 다른 대안이 있는가를 심사한다. 효율성 있는 수단은 기본권 피해자의 보호를 위해 '효과적'이고 '충분한'[696] 보호를 제

---

692) Chr. Calliess, Die Leistungsfähigkeit des Untermaßverbots als Kontrollmaßstab grundrechtlicher Schutzpflichten, in: Grote u.a. (Hrsg.), Die Ordnung der Freiheit, FS für Christian Starck, 2007, S. 201 (216); Chr. Calliess, Die grundrechtliche Schutzpflicht im mehrpoligen Verfassungsrechtsverhältnis, JZ 2006, S. 321 (329).

693) 위험과 리스크의 구별에 관하여는 이부하, "위험사회에서 국민의 안전보호의무를 지는 보장국가의 역할", 서울대학교 법학 제56권 제1호, 2015. 3, 141면 이하.

694) 장영철, "과소보호금지원칙에 관한 연구", 헌법학연구 제14권 제1호, 2008. 3, 120면 이하; 이부하, "생명에 대한 기본권보호의무와 과소보호금지원칙", 동아법학 제62호, 2014. 2, 13면 이하; 이부하, "국가의 기본권보호의무와 과소보호금지원칙", 법학연구 제17집 제2호, 2014. 6, 58면 이하.

695) BVerfGE 88, 203 (203 f.).

696) BVerfGE 88, 203 (254, 261).

공하여야 한다. 수단의 효율성과 관련하여, 제3자의 권리나 공익을 심히 침해함이 없이 이미 존재하는 보호수단보다도 더 개선된 보호수단이 존재하는 경우라면, 과소보호금지원칙에 위반되는 것이다.[697]

과소보호금지원칙에서 요구하는 협의의 비례성에서는 피해자의 기본권보호와 가해자의 기본권침해 간 형량을 한다. 유효한 법률에 의거하여 존재하는 보호법익의 장애 또는 위험에 대하여 사익과 공익을 비교형량할 때 수인할 수 없는 경우라면, 과소보호금지원칙을 위반하는 것이다.[698] 국가가 피해자에 대한 기본권보호의무를 이행하기 위한 한계로서 가해자의 기본권을 비례성원칙에 반하도록 침해해서는 안 된다는 한계가 설정된다. 이는 국가가 효율적인 보호조치를 취하지 않으면서 오히려 과도하게 가해자의 기본권을 비례성 원칙에 위반하면서까지 침해해서는 안 되기 때문이다.[699]

(3) 소 결

기본권보호의무의 보호법익을 생명권 및 신체의 자유 등에 한정하는 입장에서는 과소보호금지원칙 심사에 있어서 기능법설에 의거하면 '내용통제'만 가능하게 된다. 즉, 기능법설의 3단계 통제기준이 불필요하게 된다. 따라서 사견(私見)으로는 실체법설의 입장에 따라 수단의 적절성, 수단의 효율성, 협의의 비례성에 따른 심사기준을 적용하는 것이 타당해 보인다.[700]

5. 과소보호금지원칙의 구체적 심사기준

미국산 쇠고기 및 쇠고기 제품 수입위생조건 위헌확인의 헌법소원(2008헌마419·423·436) 사건[701]에 과소보호금지원칙의 구체적 심사기준을 적용해 본다.

---

697) Vgl. Brüning, JuS 2000, S. 955 (957); M. Möstl, DÖV 1998, S. 1029 (1038 f.).

698) Vgl. Chr. Brüning, Voraussetzungen und Inhalt eines grundrechtlichen Schutzanspruchs, JuS 2000, S. 955 (957); M. Möstl, Probleme der verfassungsprozessualen Geltendmachung gesetzgeberischer Schutzpflichten, DÖV 1998, S. 1029 (1038 f.).

699) 이부하, "생명에 대한 기본권보호의무와 과소보호금지원칙", 동아법학 제62호, 2014. 2, 15면.

700) 이부하, "국가의 기본권보호의무와 과소보호금지원칙", 법학연구 제17집 제2호, 2014. 6, 58면 이하.

701) 헌법재판소 2008. 12. 26. 2008헌마419·423·436 결정(병합).

[사건의 개요]

2006. 3. 6. 당시 농림부장관은 가축전염병예방법 제34조 제2항에 근거하여 미국산 쇠고기 수입의 위생조건에 관한 고시('미국산 쇠고기 수입위생조건', 농림부고시 제2006-15호, 이하 '개정 전 고시'라 한다)를 제정·공포하였다. 개정 전 고시는 수입이 가능한 미국산 쇠고기의 범위를 30개월령 미만 소에서 생산된 지육(carcass)으로부터 뼈를 제외한 골격근육(deboned skeletal muscle meat)으로 제한하고(제1조), 모든 연령의 소의 뇌 (brain), 눈(eye), 척수(spinal cord), 머리뼈(skull), 척주(vertebral column), 편도(tonsil), 회장원위부(distal ileum) 및 이들로부터 생산된 단백질 제품을 특정위험물질(Specified Risk Materials, SRM)로 규정한 다음, 미국산 쇠고기의 한국 수출에 있어서는 특정위험물질을 제거하여 수출하도록 하고, 미국의 수출 작업장이 특정위험물질을 한국에 선적하였을 경우 한국이 수입중단 조치를 취할 수 있도록 한 것이다.

2003년 12월 미국에서 소해면상뇌증(Bovine Spongiform Encephalopathy, BSE, 속칭 광우병)이 발생하여 쇠고기 수입이 중단된 이후 2006년 10월 개정 전 고시에 따라 수입이 재개되었으나, 그 후 여러 차례에 걸쳐 개정 전 고시에 위반된 사례가 발견되자 정부는 2007년 10월경 검역 및 수입을 전면 중단하는 조치를 단행하였다.

한편 미국은 2007년 5월 국제수역사무국 (Office International des Epizooties, OIE)으로부터 '소해면상뇌증 위험통제(Controlled BSE Risk) 국가'의 지위를 획득하였고, 이에 따라 우리 정부와 미국 정부는 위 개정 전 고시를 개정하기 위한 협상을 2008. 4. 11.부터 같은 달 18.까지 진행하였으며, 2008. 4. 18. 타결된 위 협상의 골자는 1단계로 30개월령 미만 소의 뼈를 포함하여 쇠고기 수입을 허용하고, 2단계로 미국의 사료 금지조치가 강화될 때(연방관보 공포 시) 30개월령 이상의 쇠고기도 수입을 허용하면서, 30개월령 미만 소의 부위 중 수입이 금지되는 특정위험물질의 범위를 축소하는 것이다.

정부는 2008. 4. 22. 위 협상 결과에 따라 농림수산식품부 공고 제2008-45호로 미국산 쇠고기 수입위생조건 고시 개정안을 예고하였는데, 이에 2008헌마419 및 2008헌마423 사건의 청구인들은 2008. 5. 30.자로, 2008헌마436 사건의 청구인들은 2008. 6. 5.자로 위와 같이 예고된 고시 개정안이 청구인들의 기본권을 침해하여 헌법에 위반된다는 취지로 각 이 사건 헌법소원심판을 청구하였다.

그러자 정부는 미국산 쇠고기 수입에 대한 여론이 악화되자 미국과의 추가협상을 통하여 2008. 6. 2. 위 고시 개정안에 부칙 제7항 내지 제9항을 신설하고 2008. 6. 26. 농림수산식품부 고시 제2008-15호 '미국산 쇠고기 수입위생조건'(이하 '이 사건 고시'라 한다)을 관보에 게재하여 공포하였다.

이에 2008헌마419 사건의 청구인들은 2008. 6. 27. 청구취지 변경서를, 2008헌마423 사건의 청구인들은 2008. 7. 7. 헌법소원심판 청구취지 변경신청서를, 2008헌마436 사건의 청구인들은 2008. 6. 26. 청구취지 변경신청서를 각 제출하여, 청구취지를 이 사건 고시의 위헌확인을 구하는 것으로 변경하였다.[702)]

---

702) 헌재 2008. 12. 26. 2008헌마419 등, 판례집 20-2하, 960, 971.

국가의 존립 목적인 국민의 기본권 보호는 헌법 스스로 전제하고 헌법적으로 정당화되기 때문에, 입법목적의 정당성은 명문으로 규정하거나 심사의 기준으로 삼지 않아도 인정된다. 따라서 과소보호금지원칙에서 목적의 정당성은 별도로 심사할 필요는 없다.[703] 수단의 적절성, 수단의 효율성, 협의의 비례성으로 구분하여 심사하기로 한다. 다만, 강학상 목적의 정당성에 대해서도 설명해 본다.

(1) 목적의 정당성

국민의 생명과 안전을 보호하는 것은 국가의 존립 목적이다. 기본권보호의무의 이행주체로서 국가가 자신의 국민의 기본권보호를 실행해야 하는 것은 이미 헌법에서 전제하고 있는 것이다. 즉, 국가의 기본권보호라는 목적은 헌법상 당연히 정당성을 인정받고 있다.[704] 국가에 의한 국민의 생명과 안전 보호라는 목적은 헌법상 그 전제로 삼고 있으며 헌법상 목적의 정당성이 인정된다. 과소보호금지원칙상 '목적의 정당성'은 굳이 심사기준으로 삼지 않아도 되며, 당연히 그 목적을 전제로 하는 것이다. 따라서 과소보호금지원칙에서 목적의 정당성은 별도의 심사기준으로 논하지 않는다.[705]

(2) 수단의 적절성

기본권보호의무의 이행을 위해 투입되는 수단은 적절해야 한다. 여기서 수단의 '적절성'은 국가의 기본권 보호조치로 인해 가해되는 가해자의 기본권을 보호하는데 적절한가 여부다. 즉, 피해자의 기본권 보호를 위해 개선시킬 수 있는 적절한 수단인가 여부이다.[706] 수단의 적절성을 판단함에 있어서 국가의 개별적 행위를 고려할 것이 아니라, 취해진 국가적 조치를 전체적으로 고려하여 판단해야 한다. 수단의 적절성은 상충하는 법익을 고려하여 적절한 보호

---

703) 장영철, "과소보호금지원칙에 관한 연구", 「헌법학연구」 제14권 제1호, 한국헌법학회, 2008. 3, 120면; 허완중, "기본권보호의무에서 과소보호금지원칙과 과잉금지원칙의 관계", 「공법연구」 제37집 제1-2호, 2008. 10, 217면.

704) J. Dietlein, Das Untermaßverbot, ZG 10 (1995), 136 f.

705) 장영철, "과소보호금지원칙에 관한 연구", 「헌법학연구」 제14권 제1호, 2008. 3, 120면; 허완중, "기본권보호의무에서 과소보호금지원칙과 과잉금지원칙의 관계", 「공법연구」 제37집 제1-2호, 2008. 10, 217면.

706) M. Möstl, DÖV 1998, S. 1029 (1038).

를 달성할 수 있는 사실적 및 규범적 유형의 충분한 조치가 취해져야 함을 말한다. 이에는 사전적 보호 및 사후적 보호가 상호 결합된 보호관념이다.[707)]

수단의 적절성 심사에 있어서, 유효한 법률에 의거하여 투입된 수단이 보호법익의 장애 또는 위험과 관련하여 수인할 수 없는 경우라면, 과소보호금지원칙을 위반하는 것이 된다.[708)]

미국산 쇠고기 및 쇠고기 제품 수입위생조건 위헌확인의 헌법소원에서 미국산 쇠고기 수입위생조건(고시)이 국민의 생명·신체의 안전에 대한 위험을 유발함으로써 수인할 수 없는 상황이 되므로 과소보호금지원칙에 있어서 수단의 적절성을 충족하지 못한다고 보아야 한다.

(3) 수단의 효율성

과소보호금지원칙에서 수단의 효율성 심사에서는 특정한 보호조치가 필수불가결하고 필요한 조치이었느냐를 심사한다. 즉, 기본권 보호조치가 적절하다면, 제3자의 기본권이나 기타 공익에 큰 부담을 주지 않으면서 더욱 효율적으로 침해되는 기본권을 보호할 수 있는 다른 대안이 있는가를 심사한다. 효율성있는 수단은 피해자의 기본권보호를 위해 '효율적'이고 '충분한'[709)] 보호를 제공하여야 한다. 따라서 국가가 선택한 수단이 비례의 원칙에 있어서 수단의 필요성을 충족한다 하더라도 과소보호금지원칙의 수단의 효율성을 충족하는 수단이라 단언할 수 없다.[710)]

수단의 효율성과 관련하여, 제3자의 권리나 공익을 심히 침해함이 없이 이미 존재하는 보호수단 보다 더 개선된 보호수단이 존재하는 경우라면, 과소보호금지원칙을 위반하는 것이 된다.[711)]

미국산 쇠고기 및 쇠고기 제품 수입위생조건 위헌확인의 헌법소원에서 국민의 생명·신체의 안전을 위해 제3자의 권리나 공익을 심히 침해함이 없이 이미 존재하는 미국산 쇠고기 수입위생조건(고시) 보다 강화된 조건의 고시를 신

---

707) BVerfGE 88, 203 (203 f.); 이부하, 앞의 논문, 13면.
708) Vgl. Brüning, JuS 2000, S. 955 (957); M. Möstl, DÖV 1998, S. 1029 (1038 f.).
709) BVerfGE 88, 203 (254, 261).
710) 이부하, 앞의 논문, 14면.
711) Vgl. Brüning, JuS 2000, S. 955 (957); M. Möstl, DÖV 1998, S. 1029 (1038 f.).

설할 수 있으므로, 수단의 효율성을 위반하는 것이다.

(4) 협의의 비례성

과소보호금지원칙에서 협의의 비례성은 국가의 보호조치 수단으로 가해자의 기본권 침해와 피해자의 기본권 보호 간의 형량을 의미한다. 양자 간의 형량을 함에 있어 형량시 판단기준이 필요하다. 국가가 피해자에 대한 기본권 보호의무를 이행하기 위한 한계로서 가해자의 기본권을 비례의 원칙에 반하도록 침해해서는 안된다는 한계가 설정된다. 국가가 효율적인 보호조치를 취하지 않으면서 오히려 과도하게 가해자의 기본권을 비례성 원칙에 위배하면서까지 침해해서는 안된다.[712)]

미국산 쇠고기 및 쇠고기 제품 수입위생조건 위헌확인의 헌법소원에서 국민의 생명·신체의 안전과 국가의 수입권한간의 비교형량이 필요하다. 국민의 생명·신체의 안전이 국가의 수입권한의 재량 보다 중요하기 때문에 협의의 비례성을 충족하지 못한다.

6. 결 어

국가의 기본권보호의무를 극도로 강조하여 모든 기본권에 적용하게 되면 사법국가(내지 헌법재판국가)화의 우려가 발생한다. 이러한 면을 고려하면, 모든 기본권 영역에 기본권보호의무를 인정할 것이 아니라, 인간의 존엄과 밀접한 관련이 있는 기본권에 국한되어야 할 것이다. 예를 들면, 생명권과 신체의 자유 등이다.

헌법재판소는 입법자의 기본권보호의무 이행에 있어서 국민의 기본권적 법익에 대한 보호 정도가 헌법이 요구하는 최소한의 보호 수준에 미달해서는 아니된다는 의미의 '과소보호금지원칙'을 준수하였는지를 기준으로 심사한다. 국가는 그 보호의무를 이행하기 위한 보호대책을 강구함에 있어서 원칙적으로 사인에 의한 국민의 기본권에 대한 가해 위험의 정도나 종류, 심각성, 발생의 빈도, 각종 대책의 효과뿐만 아니라 상충하는 보호법익과의 형량, 문화적·사회

712) 이부하, 앞의 논문, 15면.

적·경제적·재정적 여건 등을 종합적으로 감안할 필요가 있다.

기본권의 최소보호의 수준은 일의적으로 획정할 수 없다. 최소보호의 수준은 개별적 사건, 관련 법익의 종류, 위험의 정도 등을 고려하여 판단할 수 있다. 일반적으로 국가가 여태까지 전혀 어떠한 조치를 취하지 않거나 유효한 법적 상황에 의거한 어떤 조치를 취하지 않는 경우 및 제3자의 권리나 공익을 심히 침해함이 없이 이미 존재하는 보호수단보다도 더 개선된 보호수단이 존재하는 경우, 또는 유효한 법률에 의거하여 존재하는 보호법익의 장애 또는 위험에 대하여 사익과 공익을 비교형량할 때 수인할 수 없다면 과소보호금지를 위반하는 것이 된다.

과소보호금지원칙의 세부적 심사기준으로서 수단의 적절성, 수단의 효율성, 협의의 비례성이 활용될 수 있다. 또한 법률에 의해 침해되는 법익의 성격, 사건의 반복으로 인한 법익침해의 반복성, 기본권적 법익에 대한 위험의 불가역성 등을 고려하여, 입법자의 보호의무 이행에 대한 헌법재판소의 통제 강도를 달리하여 심사할 수 있다.

제 4 장

평등원칙 심사

제 1 절 평등원칙의 심사구조와 법해석

Ⅰ. 서 론

독일 속담 중에 "평등을 찾으려는 사람은 묘지로 가라"는 말이 있다. 사람은 생존하는 동안 차별 속에서 살아가지만, 죽은 후에는 평등해진다는 의미로 이해된다. 평등권과 관련하여 가장 많이 회자(膾炙)되는 격언인 "같은 것은 같게, 다른 것은 다르게"라는 말의 의미를 음미해 볼 필요가 있다. 평등권은 "본질적으로 같은 것은 같게, 다른 것은 다르게 취급할 것"을 요구하고 있다.[1)]

평등원칙이란 법적용의 대상이 되는 모든 인간을 원칙적으로 공평하게 다루어야 한다는 법원칙으로서 그 중심내용은 기회의 균등과 자의(恣意)적인 차별취급의 금지라 할 수 있다. 여기서 차별은 입법자의 의도(목적)를 가진 국가행위에 의한 것을 말한다. 단순히 사실상의 차이는 헌법적 문제가 되지 않는다.

평등의 본질과 관련하여서, 일체의 차별을 금지해야 한다는 '절대적·산술

1) Pieroth/Schlink, Grundrechte – Staatsrecht II, 24. Aufl., Rn. 431.

적 평등설'과 정당한 이유나 합리적 근거가 있으면 차별 또는 불평등한 대우도 가능하다는 '상대적·실질적 평등설'이 있다. 우리나라 헌법재판소는 "헌법 제11조 제1항의 평등의 원칙은 일체(一切)의 차별적인 취급을 부정하는 절대적 평등을 의미하는 것이 아니라 법의 적용이나 입법에 있어서 불합리한 조건에 의한 차별을 하여서는 안된다는 **상대적·실질적 평등**을 뜻하는 것이므로 합리적 근거 없이 차별하는 경우에 한하여 평등의 원칙에 반한다."고 판시하고 있다.[2] 결국 헌법상 평등원칙은 원칙적으로 상대적 평등을 의미하지만, 그 적용영역에 따라서는 평등을 요구하는 정도가 달라질 수 있다. 예를 들면, 사회적·경제적 영역에서는 상대적 평등이 중시되지만, 정치적 영역에서는 절대적 평등이 중시된다.

우리나라 헌법 제11조 제1항에서는 "모든 국민은 법 앞에 평등하다."고 규정되어 있다.[3] 이러한 헌법 조문은 실제 현실 상황과는 상당한 괴리가 있는 피상적인 법문이라 생각할 수 있다. 그러나 일반적 평등원칙을 헌법에 규정한 것은 "평등 위반적 국가행위를 금지한다."는 취지에는 논란의 여지가 없다. 일반적 평등원칙에서 '금지'하는 내용은 자유권과 그 밖의 기본권 보호영역(Schutzbereich)에 상응하는 보장내용을 지니고 있지 않다. 자유권 등 다른 기본권과 달리, 평등권(평등원칙)에서는 주관적인 '기본권 보호영역'이 존재하지 않는다. 따라서 기본권 제한도 발생하지 않는다. 다만, 국가가 차별적으로 취급해서는 안된다는 금지만이 존재할 뿐이다.[4]

2) "헌법 제11조 제1항이 천명하고 있는 평등의 원칙은 국민에 대한 절대적·산술적 평등을 보장함을 의미하는 것이 아니라, 입법과 법의 적용에 있어서 합리적인 근거가 없는 차별을 하여서는 아니된다는 상대적 평등을 뜻하는 것이므로" (헌재 1997. 10. 30. 96헌마94, 판례집 9-2, 531; 헌재 1998. 2. 27. 97헌바79, 판례집 10-1, 153, 158; 헌재 2002. 10. 31. 2001헌바59, 판례집 14-2, 486, 497-498; 헌재 2008. 3. 27. 2004헌마654, 판례집 20-1상, 375, 383-384).

3) 헌법 제11조 제1항 제1문을 '일반적 평등원칙'이라 한다. '일반적 평등원칙'과 '개별적 평등원칙' 간의 구별에 관하여는 김주환, "일반적 평등원칙의 심사기준과 방법의 합리화 방안", 공법학연구 제9권 제3호, 2008. 8, 202면.

4) Sachs/Jasper, Der allgemeine Gleichheitssatz, JuS 2016, S. 769.

Ⅱ. 평등원칙의 1단계 심사

1. 평등권의 보호영역 존재 여부

자유권 심사는 3단계 심사구조를 지닌다. 먼저 당해 자유권의 보호영역이 확정되어야 하고, 그 다음으로 기본권 보호영역에 대한 국가의 제한이 확인되어야 한다. 마지막으로 이러한 국가의 제한이 헌법적으로 정당화될 수 있는지를 심사한다.[5] 여기서 말하는 기본권 보호영역(Schutzbereich)[6]이란 국가 공권력이 해당 기본권에의 제한시 형식적·실질적 요건을 충족해야 하는 영역을 의미한다.[7] 이러한 기본권 보호영역은 원칙적으로 법률상 법익형량에 의해서 개별적으로 확정되는 것이 아니라, 헌법해석에 의하여 일반적으로 그 영역이 확정된다.[8]

【자유권의 제한 구조】 【평등의 차별 구조】

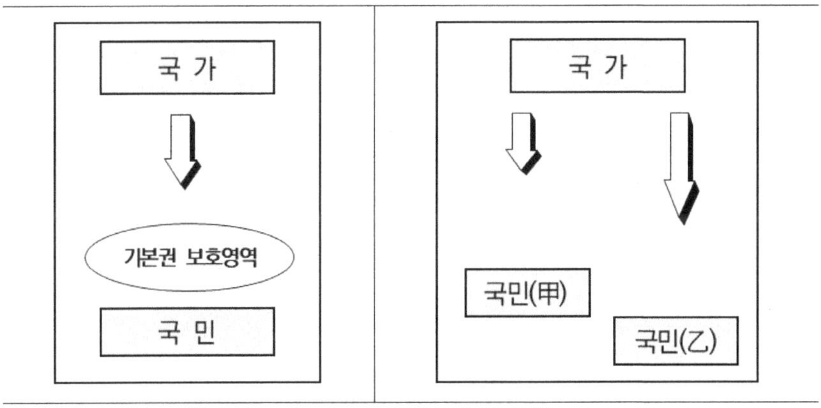

5) 김주환, "일반적 평등원칙의 심사기준과 방법의 합리화 방안", 공법학연구 제9권 제3호, 2008. 8, 206면.

6) 기본권 보호영역을 "기본권에 의해서 보호되는 생활영역"이라고 정의한다(Pieroth/Schlink, Grundrecht – Staatsrecht Ⅱ, Rn. 195).

7) 이에 관하여는 G. Lübbe-Wolff, Die Grundrechte als Eingriffsabwehrrechte, 1988, 25면 이하; 정태호, "자유권적 기본권의 '제한'에 관한 고찰" – 이른바 사실상의 기본권제약을 중심으로 –, 헌법논총 제13집, 565면 이하; 한수웅, "자유권의 보호범위", 헌법학연구 제12권 제5호, 2006. 12, 47면.

8) J. Isensee, Das Grundrecht als Abwehrrecht und das staatliche Schutzpflicht, § 111 Rn. 42 ('보호영역'은 침입의 효력범위 및 국가의 정당성근거 등 그 범위가 경직되고 확정적이다. 반면, '보호법익'은 법적 또는 현실적 가능성 기준에 따라 고려되어야 한다. 따라서 보호법익은 효과적인 조치나 기본권주체에 따라 다양하게 조절되기에 유동적이다); K. Stern, Das Staatsrecht der Bundesrepublik Deutschland, Bd. Ⅲ/2, S. 40; Pieroth/ Schlink, Grundrecht – Staatsrecht Ⅱ, Rn. 253.

반면, 평등권 심사는 2단계 심사구조를 지닌다. 평등권에서 기본권 보호영역이라는 용어는 사용하지 않는다.[9] 평등권은 자유권과 같이 헌법상 기본권 보호영역이 형성되는 형태가 아니라, 평등권은 헌법에서 국가의 행위지침으로 '금지'만을 명령하고 있다. 이 때문에 평등권은 기본권 보호영역이 존재하지 않는다. 즉, 평등권에서는 자유권에서와 같이 기본권 보호영역에 대한 국가의 제한이 문제되는 것이 아니라,[10] 국가행위에 의한 개인(또는 집단)에게 차별 취급의 '금지'를 '확인'하는데 그 초점이 있다. 차별취급의 금지를 확인하기 위해, 헌법재판소는 예외적으로 그러한 차별취급이 헌법적으로 정당화될 수 있는지 여부를 판단하게 된다.

2. 비교대상의 설정 및 본질적 동일성 여부

특정 사건에서 평등원칙 심사가 필요한 경우인지[11] 또는 비교대상이 존재하는 평등권 문제에 해당하는지[12] 등이 의문시될 때가 종종 있다. 평등원칙과 관련하여, 헌법적 정당성이 필요한 경우는 본질적으로 동등한 것을 차별 취급하는 경우이다.[13] 이는 입법자가 법에 차별 취급 내지 평등 취급의 형태로 규정하고 있기 때문이다.

(1) 비교대상의 설정

평등원칙 심사에 있어서 먼저 2 대상(2 사람, 2 인적 집단, 2 상황)이 있고, 2 대상이 비교가능하고 '동등'하지만 차별취급을 받고 있다는 사실의 확인이 필요하다. 즉, 평등원칙 심사를 위한 전제조건으로서 상이한 2개의 비교대상이 존재해야 한다. 올바른 비교대상을 설정하는 작업은 차별취급의 판단에 중요한 전제조건이다.[14] 우리나라 헌법 제11조에서 '모든 국민'은 법 앞에 평등하다고 규정되어 있다. 여기서 '모든 국민'은 자연인뿐만 아니라, 법인도 포함된다.

---

9) Gröpl, in: Gröpl/Windthorst/v. Coelln, GG, 2. Aufl. 2015, Art. 3 Rn. 26.
10) 이부하, "헌법상 평등원칙에 대한 심사기준", 법학연구 제19권 제2호, 2011. 8, 265면.
11) Holoubek, Die Sachlichkeitsprüfung des allgemeinen Gleichheitsgrundsatzes, ÖZW 1991, S. 76.
12) Hirschberg, Der Grundsatz der Verhältnismäßigkeit, 1981, S. 130.
13) BVerfGE 49, 148 (165).
14) A. Podlech, Gehalt und Funktionen des allgemeinen verfassungsrechtlichen Gleichheitssatzes, 1971, S. 53 ff.

다만, 공법상 법인은 제외된다.[15)]

> *"평등원칙 위반의 특수성은 대상 법률이 정하는 '법률효과' 자체가 위헌이 아니라, 그 법률효과가 수범자의 한 집단에만 귀속하여 '다른 집단과 사이에 차별'이 발생한다는 점에 있기 때문에, 평등원칙의 위반을 인정하기 위해서는 우선 법적용에 관련하여 상호 배타적인 '두 개의 비교집단'을 일정한 기준에 따라서 구분할 수 있어야 한다."[16)]*

2개의 상이한 비교대상 간의 '비교가능성'은 평등원칙 심사에 있어서 중요한 과정이다.[17)] 이러한 '비교가능성'은 한편으로 평등원칙에서, 다른 한편으로 통일된 법규범의 맥락에 의해 특징지어지는 상황에서 도출할 수 있다. 비교가 가능하기 위해서는 일정한 '비교점'(tertium comparationis)이 필요하다.[18)] 법적으로 상이하게 취급되는 상이한 사람, 인적 집단 또는 상황 등의 비교대상들은 공통된 '비교점'을 지니고 있다.[19)] '비교점'은 지향하는 입법목적과 법규범적 전체 맥락을 고려하여 객관적으로 정해져야 한다.[20)] '비교점'은 입법자가 입법함에 있어서 차별을 의도한 경우뿐만 아니라, 평등 위반의 관점에서 의도하지 않았던 법적 효과가 나타나는 경우도 있다.[21)] '비교점'의 선택은 논리에 의해서만 결정되는 것은 아니고, 사실적인 기준에 의해서 결정될 수 있다.

공통의 상위개념 하에서 '차별표지'(differentia specifica)에 의거한 상이한 사람들, 상이한 인적 집단들, 상이한 상황들이 완전하고 종국적으로 명확해져야 한다.[22)] 차별표지를 어떻게 설정하느냐에 따라 비교대상의 범위가 달라질 수 있다. 차별표지를 완화하여 설정하면 동일한 범주의 범위가 넓어지고, 차별표

---

15) M. Sachs, Verfassungsrecht Ⅱ – Grundrechte, 3. Aufl., Kap. 15.
16) 헌재 2003. 12. 18. 2002헌마593; 헌재 2017. 6. 29. 2016헌바394, 1, 10.
17) R. Wendt, Der Gleichheitssatz, NVwZ 1988, S. 778 (782); Chr. Koenig, Prüfungsaufbau zur Rechtssetzungsgleichheit, JuS 1995, S. 313 (316 f.).
18) A. Podlech, Gehalt und Funktionen des allgemeinen verfassungsrechtlichen Gleichheitssatzes, 1971, S. 64 ff.
19) P. Kirchhof, Der allgemeine Gleichheitssatz, in: Josef Isensee/Paul Kirchhof (Hrsg.), HdbStR Ⅴ, § 124 Rn. 20.
20) BVerfGE 118, 79 (104). 비교점은 차별목적으로부터 도출할 수밖에 없다는 입장도 이와 같은 취지이다(손상식, "평등심사를 위한 비교대상(집단) 설정에 관한 연구", 홍익법학 제16권 제1호, 2015, 166면).
21) Brüning, JZ 2001, S. 669 (671); Jörn Ipsen, StaatsR II, 10. Aufl. (2007), Rn. 771.
22) Pieroth/Schlink, Grundrechte – Staatsrecht II, Rn. 433.

지를 엄격하게 설정하면 동일한 범주의 범위가 좁아지게 된다.[23] 예를 들면, '부동산중개업자'와 '변호사, 세무사, 공인회계사, 관세사, 변리사, 건축사, 행정사, 노무사'는 '자격증 소지자로서 인적 용역서비스를 제공하는 전문업종'이라는 공통의 '상위개념'에 포함될 수 있다.[24] 그런데 차별표지를 '직역 및 처리업무의 성격'으로 정하게 되면, 이러한 비교대상은 다른 범주에 속하게 된다. 즉, '비교기준'(차별표지)의 선택에 따라 비교대상의 범위가 달라진다.[25] 그런데 '비교기준'(차별표지)의 선택에 있어서 입법자에게 광범위한 '입법형성의 자유'가 부여되어 있다.[26]

(2) 규율집단과 배제집단 간의 구별

입법자는 특정 집단을 법에 규율하기 위해 그 법에서 차별기준을 설정하게 된다. 이 차별기준에 따라 규율집단과 배제집단 간을 구분하게 된다. 현실에서 이렇게 법에 규정된 규율집단과 배제집단을 구분하는 차별기준이 헌법적으로 정당화되는지가 문제된다. 이 경우 자의적인 차별기준을 사용하거나 부적합한 차별기준을 사용하는 경우 헌법적으로 문제된다.

차별목적에 비추어 차별기준이 양 집단을 구분하는데 적절한지의 문제도 발생할 수 있다. 이 경우에는 차별취급의 헌법적 정당성이 문제된다. 예컨대, 차별목적에 따르면 어떤 집단이 배제집단에 속할 것이 아니라 규율집단에 속해야 하는데, 적절치 않은 차별기준에 의해 규율집단에서 배제된 경우가 문제된다. 이때 차별목적을 가진 법률은 수혜적 법률인 경우로서 차별취급을 당하고 있다고 주장하는 청구인은 배제집단에 속하는 자가 되고 청구인 자신도 규율집단과 본질적으로 동일한 집단에 속한다고 주장하게 된다. 이 경우에는 본질적으로 같은 것을 다르게 취급한 경우이므로 헌법소원을 청구하는 것이다. 반면, 침해적 법률인 경우에는 차별취급을 당하고 있다고 주장하는 청구인이 규율집단에 속하는 자가 되고 청구인 자신은 규율집단과 본질적으로 다른 집단에 속한다고, 즉 배제집단과 본질적으로 동일한 집단에 속한다고 주장하게

---

23) 이부하, "헌법상 평등원칙에 대한 심사기준", 법학연구 제19권 제2호, 2011. 8, 267면.
24) 헌재 2002. 6. 27. 2000헌마642 등, 판례집 14-1, 644, 654.
25) 한수웅, 헌법학, 법문사, 2016, 575면.
26) 김해원, "일반적 평등원칙의 심사구조와 심사강도", 공법학연구 제14권 제2호, 2013. 5, 209면.

된다. 이 경우는 본질적으로 다른 것을 같게 취급하는 경우이므로 헌법소원을 청구하는 것이다. 이처럼 규율집단과 배제집단은 입법자가 설정한 차별기준에 의해 서로 다른 집단으로 다루어지게 된다.[27]

(3) 본질적인 동일성 여부

> *"두개의 사실관계가 본질적으로 동일한가의 판단은 일반적으로 관련 헌법규정과 당해 법률조항의 의미와 목적에 달려 있다."*[28]

본질적인 동일성을 가지는지 여부를 판단하기 위해서는 사람(人)들이나 인적 집단들 또는 상황들 간에 비교가 가능해야 한다. 비교대상 간에 본질적인 동일성이 있는지 여부는 당해 법규정의 '의미'와 '목적'에 의거하여 판단되어진다. 입법자가 입법형성권을 가지고 일정한 목적을 설정하고 이러한 목적을 달성하기 위한 규율대상을 차별적으로 규율할 필요성이 있다면, 그에 합당한 차별기준을 설정하게 된다.[29] 평등권 심사에서 상이하게 취급된 비교대상 간에 본질적인 동일성을 지니기 위해서는 '비교점'에 의해 상호간 공통점이 존재해야 한다.[30]

우리나라 헌법재판소는 비교대상 간에 본질적인 동일성을 가지는지 여부와 관련하여, '실체법적 차이'와 '절차법적 차이'를 고찰하면서 두 개의 비교대상이 "그 방식 및 법률효과 등 여러 가지 측면에서" 본질적으로 상이하다고 판시하였다.[31] 또한 다른 결정에서 두 개의 비교대상이 "업무의 성격, 위험성 및 직무의 곤란성 정도가 유사하여" 양자는 본질적으로 동일·유사한 집단이라고 보았다.[32] 또 다른 결정에서 "현실적으로 구속되었는지 여부 등 그 전제가 되

---

27) 손상식, "평등심사를 위한 비교대상(집단) 설정에 관한 연구", 홍익법학 제16권 제1호, 2015, 162면 이하.
28) 헌재 1996. 12. 26. 96헌가18, 판례집 8-2, 680, 701; 헌재 2001. 11. 29. 99헌마494, 판례집 13-2, 714, 727-728; 헌재 2002. 5. 30. 2000헌마81, 판례집 14-1, 528, 548; 헌재 2008. 12. 26. 2007헌마1422 등, 판례집 20-2하, 910, 928; 헌재 2009. 6. 25. 2007헌바25, 판례집 21-1하, 784, 814; 헌재 2011. 11. 24. 2010헌마510, 판례집 23-2하, 513, 519; 헌재 2012. 10. 25. 2011헌마789, 판례집 24-2하, 84, 92; 헌재 2015. 5. 28. 2012헌가6 등, 판례집 27-1하, 164, 173.
29) Pieroth/Schlink, Grundrechte – Staatsrecht II, 24. Aufl., Rn. 431.
30) Gröpl, in: Gröpl/Windthorst/v. Coelln, GG, 2. Aufl. 2015, Art. 3 Rn. 27 f.
31) 헌재 2003. 12. 18. 2002헌바91 등, 판례집 15-2하, 530, 542-545.
32) 헌재 2008. 12. 26. 2007헌마444, 판례집 20-2하, 820, 833.

는 기본적 사실관계가 서로 다르고, 특히 법률적 근거규정 뿐만 아니라 헌법적 근거규정까지도 상이한 별개의 절차를 거친 ①과 ②의 피의자들 사이에 본질적인 동일성이 인정된다고 보기는 어렵다."고 판시하였다.[33)]

(4) 상위개념에 포섭

비교대상 상호간 본질적인 동일성이 존재하고, 공통의 '상위개념'에 포섭될 수 있어야 한다.[34)] 공통의 '상위개념'(genus proximum)에 의거하여 '동등'하다고 평가되거나 '차별'이라고 평가되어진다.[35)] 상당히 폭넓은 추상성을 가지고 특정한 '상위개념'이 발견할 수 있다. 따라서 법률상 관련된 사실관계들은 법적 평가를 위해 본질적으로 동일성을 가지며, 상위개념에 포섭되어야 한다.[36)]

예를 들어, 사립대학 교원이 국회의원으로 당선된 경우 임기개시일 전까지 그 직을 사직하도록 규정한 국회법 제29조 제2항 단서 제3호 중 사립대학 교원에 관한 부분에 대해 헌법소원이 청구된 사건이었다.[37)] 이 사건에서 사립대학 교원과 국·공립대학 교원 모두에게 국회의원으로 당선된 경우 사직할 의무를 부과하고 있는 국회법 조항이 본질적으로 구별되는 집단을 동일하게 취급하여 평등권을 침해하는지 여부가 문제되었다. 이 사건에서 '교원'이라는 공통의 '상위개념'에 사립대학 교원과 국·공립대학 교원 모두 포함된다고 볼 수 있다. 헌법재판소는 이 결정에서 "교원들의 국회 진출로 인하여 학생들의 수업권이 부당하게 침해되는 것을 방지하고자 함에 그 목적이 있고, 이러한 입법취지를 달성함에 있어 국·공립대학 교원과 사립대학 교원을 다르게 취급할 이유가 없다"고 판시하였다.[38)]

3. 차별취급의 존재 확인

법에서 차별취급에 관한 문제가 제기될 때, 차별취급이 존재한다는 것을 확인

33) 헌재 2003. 12. 18. 2002헌마593, 판례집 15-2하, 637, 651.
34) W. Heun, Freiheit und Gleichheit, in: Merten/Papier, HGR, Bd. II, 2006, § 34, Rn. 40.
35) Heun, in: in: Dreier, GG I, 2. Aufl. (2004), Art. 3 Rn. 18.
36) R. Wendt, Der Gleichheitssatz, NVwZ 1988, S. 778 (782).
37) 헌재 2015. 4. 30. 2014헌마621, 판례집 27-1하, 152.
38) 헌재 2015. 4. 30. 2014헌마621, 판례집 27-1하, 152, 153.

할 수 있어야 한다. 두 개의 사실관계가 법적 기준인 '비교점'(tertium comparationis)에 따라 서로 비교가능하고, 본질적인 동일성이 있다고 평가되는 경우, 다음 단계에서는 '차별표지'(differentia specifica)에 근거하여 차별취급의 존재를 확인하는 일이다. 차별표지는 입법자에 의해 법률에 규정할 수 있으며, 경우에 따라서는 입법규율의 맥락에서 확인되는 경우도 있다.[39] 평등원칙의 심사에 있어서, 사실관계나 인적 집단을 특정한 기준에 따라 차별적으로 취급하는 것을 확인하는 작업이다.

헌법적으로 정당화되는 차별취급으로는 ① 어떤 사람, 어떤 인적 집단, 어떤 상황이 제한 또는 급부에 의하여, 참여나 절차를 통해 특정한 방식으로 법적인 취급을 받고 있는 경우, ② 다른 사람, 다른 인적 집단, 다른 상황이 특정한 다른 방식으로 법적인 취급을 받고 있는 경우, ③ 위 두 사람, 두 인적 집단, 두 상황이 그 밖의 사람, 그 밖의 인적 집단, 그 밖의 상황을 제외하는 하나의 공통된 상위개념에 포섭될 수 있는 경우이다.[40]

평등원칙 위반 여부를 판단하기 위한 전제조건으로 비교대상 간에 차별취급이 존재해야 한다. 법에서 평등권 주체가 다른 사람과 다르게 취급받고 있어야 한다. 법률 규정에서 법적 효과가 구성요건에 해당되는 경우에만 차별취급 문제가 발생한다. 다양한 사건에 적용되는 하나의 법규범이 각각 상이한 법적 효과를 나타낼 수도 있다. 예외적으로, 법적 효과가 하나의 기준에 의해 특별히 관련성을 지닐 경우, 차별취급이라는 통일된 법적 효과를 발휘할 수 있다. 반면, 통일된 법적 효과(예: 건물 철거 의무)가 상이한 부담을 초래하는 경우에는 차별취급으로 볼 수 없다. 왜냐하면, 실제에 있어서 해당 사건들 간에 사실상 차이가 존재하는 경우이기 때문이다.[41] 법에서의 차별취급은 기본권 주체의 객관적인 이익에 어떠한 영향을 미치는 경우이다. 이러한 차별취급은 일반적으로 법치국가에서 법률, 행정행위, 법원의 판결 등 부담적 국가행위 내지 수혜적 국가행위에 의해 나타나지만, 사실상 영향을 미치는 경우도 있다.

---

39) M. Sachs, Die Maßstäbe des allgemeinen Gleichheitssatzes – Willkürverbot und sogenannte neue Formel, JuS 1997, S. 124 (129).

40) Pieroth/Schlink, Grundrechte – Staatsrecht II, Rn. 435

41) Sachs/Jasper, Der allgemeine Gleichheitssatz, JuS 2016, S. 771.

Ⅲ. 평등원칙의 2단계 심사

1. 차별취급의 정당화 사유

본질적으로 동등한 것을 법적으로 차별취급하고 있음을 확인한 다음, 차별취급의 경우 이를 다르게 취급하는데 정당한 이유가 있는지 여부를 심사하게 된다. 즉, 법률에서 차별취급을 하는데 대한 헌법상 정당화 사유가 있어야 한다.

(1) 우리나라 헌법재판소의 평등원칙 심사기준

평등원칙 위반 여부를 심사함에 있어서 **엄격한 심사기준**(비례성 원칙)에 의할 것인지, **완화된 심사기준**(자의금지원칙)에 의할 것인지는 입법자에게 인정되는 입법형성권[42]의 범위에 따라 다르게 된다.[43] 입법자가 평등원칙과 관련하여 법의 내용과 범위를 정하는 경우, 입법자에게 폭넓은 입법형성의 자유가 인정되는데, 이 경우 '자의금지원칙'을 사용한다.[44] 특정 법률조항이 평등원칙에 위반되는지 여부는 원칙적으로 그 차별수단이 입법자의 자의성이 있는지 여부를 판단하는 이른바 '자의금지원칙'에 의해 심사한다.[45]

자의금지원칙 내지 완화된 심사기준에 대해, 우리나라 헌법재판소는 "헌법 제11조 제1항이 규정하는 평등원칙은 일체의 차별적 대우를 부정하는 절대적 평등을 의미하는 것이 아니라 입법과 법의 적용에 있어서 불합리한 조건에 의한 차별을 하여서는 안 된다는 상대적·실질적 평등을 뜻하는 것이므로, 합

42) 입법자의 입법형성의 자유에 관해서는 이부하, "입법자의 입법형성권의 내용과 한계", 법과 정책연구 제13집 제1호, 2013. 3, 91면 이하.

43) 헌재 1999. 12. 23. 98헌마363, 판례집 11-2, 770, 787; 헌재 2009. 2. 26. 2006헌마626, 판례집 21-1상, 211, 227; 헌재 2010. 11. 25. 2006헌마328, 판례집 22-2하, 446, 453; 헌재 2011. 6. 30. 2010헌마542, 판례집 23-1하, 545, 563; 헌재 2013. 9. 26. 2011헌바272, 판례집 25-2상, 683, 690.

44) 헌재 2003. 7. 24. 2002헌바51, 판례집 15-2상, 103, 114-115; 헌재 2005. 7. 21. 2004헌바2, 판례집 17-2, 44, 56; 헌재 2016. 9. 29. 2014헌바254, 판례집 28-2상, 316, 323.

45) 헌재 2001. 9. 27. 2000헌마342, 판례집 13-2, 422, 434-437; 헌재 2004. 6. 24. 2003헌바111, 판례집 16-1, 752, 756; 헌재 2005. 10. 27. 2004헌바37; 헌재 2010. 6. 24. 2009헌바111; 헌재 2015. 9. 24. 2015헌바48; 헌재 2015. 9. 24. 2015헌바48, 판례집 27-2상, 613, 618; 헌재 2016. 12. 29. 2015헌바229, 판례집 28-2하, 498, 510; 헌재 2016. 12. 29. 2016헌바263, 판례집 28-2하, 629, 642; 헌재 2017. 7. 27. 2016헌바374, 공보 제250호, 788, 790-791. "법률조항이 평등원칙에 위반되는지 여부는 그 차별에 현저한 불합리성이 있는지 여부, 즉 입법자의 자의성이 있는지 여부로 결정된다."

리적 근거 없이 차별하는 경우에 한하여 평등원칙에 반할 뿐이다."[46]라고 판시하고 있다.

> *"자의금지원칙에 관한 심사요건은 첫째, 본질적으로 동일한 것을 다르게 취급하고 있는지에 관한 차별취급의 존재 여부, 둘째, 이러한 차별취급이 존재한다면 이를 자의적인 것으로 볼 수 있는지 여부라고 할 수 있다. 첫째 요건과 관련하여 두 개의 비교집단이 본질적으로 동일한가의 판단은 일반적으로 관련 헌법규정과 당해 법 규정의 의미와 목적에 달려 있고, 둘째 요건과 관련하여 차별취급의 자의성은 합리적인 이유가 결여된 것을 의미하므로, 차별대우를 정당화하는 객관적이고 합리적인 이유가 존재한다면 차별대우는 자의적인 것이 아니게 된다."[47]*

우리나라 헌법재판소는 평등원칙 위반의 심사기준과 관련하여, 헌법에서 특별히 평등을 요구하고 있는 경우(즉, 헌법이 스스로 차별의 근거로 삼아서는 안 되는 기준을 제시하거나 차별을 특별히 금지하고 있는 영역을 제시하고 있는 경우)와 차별적 취급으로 인하여 관련 기본권에 중대한 제한을 초래하게 되는 경우에는 '엄격한 심사기준'(비례성 원칙)을 적용하고, 그렇지 않은 경우에는 '완화된 심사기준'(자의금지원칙)을 적용한다고 판시하고 있다.[48]

첫째, 헌법에서 특별히 평등을 요구하고 있는 경우이다. 헌법이 스스로 차별의 근거로 삼아서는 안 되는 기준을 제시하거나 차별을 특히 금지하고 있는 영역을 제시하고 있다면, 그러한 기준을 근거로 한 차별이나 그러한 영역에서의 차별에 대하여 엄격하게 심사하는 것이 정당화된다고 한다.[49]

---

46) 헌재 2002. 12. 18. 2001헌바55; 헌재 2005. 12. 22. 2003헌가8; 헌재 2011. 10. 25. 2010헌마661; 헌재 2016. 4. 28. 2015헌바216, 판례집 28-1하, 30, 34.

47) 헌재 2003. 1. 30. 2001헌마64, 판례집 15-1, 48-49; 헌재 2010. 6. 24. 2009헌바111, 판례집 22-1하, 529, 544.

48) 헌재 1999. 12. 23. 98헌바33, 판례집 11-2, 770, 787; 헌재 2007. 3. 29. 2005헌마1144, 판례집 19-1, 335, 346; 헌재 2008. 12. 26, 2005헌바34, 판례집 제20권 2집 하, 594, 607; 헌재 2009. 7. 30, 2007헌마870, 판례집 제21권 2집 상, 348, 361-362; 헌재 2013. 9. 26. 2011헌바272, 판례집 25-2상, 683, 691; 헌재 2015. 12. 23. 2011헌바139, 판례집 27-2하, 456, 462-463.

49) 헌재 2008. 12. 26. 2006헌마1192, 판례집 20-2하, 787, 805; 헌재 2010. 4. 29. 2007헌바144; 헌재 2011. 11. 24. 2010헌바2; 헌재 2013. 11. 28. 2011헌마437, 공보 제206호, 1725, 1730; 헌재 2015. 11. 26. 2014헌바299, 판례집 27-2하, 218, 229.

둘째, 차별적 취급으로 인하여 관련 기본권에 대한 중대한 제한을 초래하게 되는 경우이다. 차별적 취급으로 인하여 관련 기본권에 대한 중대한 제한을 초래하는 경우에는 입법형성권이 축소되어 엄격한 심사기준이 적용되어야 한다고 한다.[50)]

헌법재판소가 제시하는 '엄격한 심사기준'(비례성 원칙)이 적용되는 "헌법에서 특별히 평등을 요구하고 있는 경우"의 해석이 문제된다. 헌법 제11조에서 규정하고 있는 성별·종교 또는 사회적 신분에 국한되는지 아니면 그 밖에 다른 헌법조항(헌법 제31조 제1항, 헌법 제32조 제4항, 헌법 제36조 제1항, 헌법 제39조 제2항 등)도 포함되는지 여부가 불분명하다. 또한 정치적·경제적·사회적·문화적 생활영역은 구체적으로 어떠한 사안까지 차별해서는 안되는지 여부가 다양하게 논의될 수 있다.

또한 "차별적 취급으로 인하여 관련 기본권에 중대한 제한을 초래하게 되는 경우"[51)]에서 기본권에 '중대한 제한'을 초래하게 되는 경우가 어떠한 경우인지 불분명하다. 기본권에 대한 '중대한 제한'에서 '중대한'이라는 제한의 정도 판단은 더욱 어려운 문제이다. '중대한 제한'이라는 불명확한 기준을 가지고 평등원칙 심사에 있어서 엄격한 심사기준을 적용한다는 것은 자의적이고 주관적인 판단을 할 가능성을 높인다.[52)] 기본권의 제한 정도와 관련된 '기본권에 중대한 제한을 초래하게 되는 경우'라는 기준에 입각하여 엄격한 심사기준을 적용한다는 것은 예측가능성을 저해할 뿐만 아니라, 개별 기본권별로 기본권의 중대한 제한을 유형화·구체화하기도 불가능하기 때문에 부적절한 기준이라 생각된다.[53)]

---

50) 헌재 1999. 12. 23. 98헌바33, 판례집 11-2, 732, 749; 헌재 2010. 4. 29. 2007헌바144; 헌재 2011. 11. 24. 2010헌바2; 헌재 2015. 11. 26. 2014헌바299, 판례집 27-2하, 218, 229.

51) 한수웅 교수는 '차별대우가 관련 기본권에 대한 중대한 제한을 초래하는 경우'란 '차별대우가 자유권에 대한 중대한 제한을 초래하는 경우'로 이해해야 한다고 주장한다(한수웅, "평등권에 관한 최근 헌법재판소결정의 문제점", 헌법논총 제26집, 2015, 268면).

52) 정문식, "평등위반 심사기준으로서 비례원칙", 법학연구 제51권 제1호, 2010. 2, 39면.

53) 이부하, "헌법상 평등원칙에 대한 심사기준", 법학연구 제19권 제2호, 2011. 8, 275면.

(2) 실제 헌법재판소 결정에서 평등원칙 심사기준에 대한 평가

1) 헌재 2016. 12. 29. 2016헌바263

가) 판시사항: '공상군경'을 '군인이나 경찰·소방 공무원으로서 국가의 수호·안전보장 또는 국민의 생명·재산 보호와 직접적인 관련이 있는 교육훈련 또는 직무수행 중 상이를 입은 자'로 정하고 있는 '국가유공자 등 예우 및 지원에 관한 법률'(2011. 9. 15. 법률 제11041호로 개정된 것) 제4조 제1항 제6호 및 제4조 제2항 중 제1항 제6호에 관한 부분이 평등원칙에 위반되는지 여부

나) 결정요지: 군인이나 경찰·소방 공무원이 직무수행이나 교육훈련 중 상이를 입었다 하더라도, '국가의 수호·안전보장 또는 국민의 생명·재산 보호와 직접적인 관련이 있는 직무수행이나 교육훈련 중 상이를 입은 자'와 '그렇지 아니한 자'는 국민으로부터 존경과 예우를 받아야 할 희생·공헌의 정도나 그에 대한 국민감정 등에 있어 큰 차이가 있으므로, '국가의 수호·안전보장 또는 국민의 생명·재산 보호와 직접적인 관련이 없는 직무수행이나 교육훈련 중 상이를 입은 자'를 국가유공자에서 배제하는 것이 현저히 불합리하다고 볼 수 없다.

다) 평가: 2016헌바263 결정에서 '군인이나 경찰·소방 공무원'은 헌법 제11조의 사회적 신분에 해당될 수 있다. 통설에 의하면, 헌법 제11조 제1항 2문의 '성별·종교 또는 사회적 신분'에서 '사회적 신분'을 '선천적 신분'뿐만 아니라, '후천적 신분'까지 포함하는 것으로 해석하므로 사실상 사회적 신분에 해당되지 않는 것이 없게 된다.[54] 이 사건에서 '군인이나 경찰·소방 공무원'은 사회적 신분에 해당되므로 헌법에서 특별히 평등을 요구하고 있는 경우이며, '엄격한 심사기준'(비례성 원칙)을 적용해야 함에도 불구하고 '완화된 심사기준'(자의금지원칙)을 적용했다.

2) 헌재 2016. 10. 27. 2014헌마1037

가) 판시사항: 대학·산업대학·전문대학에서 의무기록사 관련 학문을 전공한 사람에 대해서는 의무기록사 국가시험 응시자격을 부여하고, 사이버대학

54) 임지봉, 헌법 제11조, 헌법주석서 Ⅰ, 법제처, 2010, 422면.

에서 같은 학문을 전공한 사람에 대해서는 의무기록사 국가시험에 응시할 수 없도록 한 의료기사 등에 관한 법률(2011. 11. 22. 법률 제11102호로 개정된 것) 제4조 제1항 제1호 중 '의무기록사'에 관한 부분이 청구인의 평등권을 침해하는지 여부

나) 결정요지: 심판대상조항이 의무기록사 국가시험 응시자격으로 대학, 산업대학 또는 전문대학의 의무기록사 관련 학문을 전공하여 졸업할 것을 요구하고, 사이버대학에서 같은 학문을 전공하여 졸업한 자에 대하여 국가시험 응시자격을 부여하지 않고 있는 것이 자의적인 차별이라고 볼 수 없으므로, 심판대상조항은 청구인 양○모의 평등권을 침해하지 않는다.

다) 평가: 2014헌마1037 결정에서「의료기사 등에 관한 법률」제4조 제1항 제1호가 의무기록사 국가시험 응시자격으로 대학, 산업대학 또는 전문대학의 의무기록사 관련 학문을 전공하여 졸업할 것을 요구하고, 사이버대학에서 같은 학문을 전공하여 졸업한 자에 대하여 국가시험 응시자격을 부여하지 않고 있는 것은 청구인의 '직업선택의 자유'에 대한 중대한 제한을 초래하게 되는 경우에 해당된다. 이 경우 헌법재판소의 심사기준에 의하면, '엄격한 심사기준'(비례성 원칙)이 적용되어야 함에도 불구하고, 이 사건에서 '완화된 심사기준'(자의금지원칙)을 적용하였으며, 이러한 심사기준을 적용한 이유를 밝히고 있지 않다.

3) 헌재 2015. 12. 23. 2014헌바3

가) 판시사항: 월급근로자로서 6개월이 되지 못한 자를 해고예고제도의 적용예외 사유로 규정하고 있는 근로기준법(2007. 4. 11. 법률 제8372호로 전부개정된 것) 제35조 제3호(이하 '이 사건 법률조항'이라 한다)가 근무기간이 6개월 미만인 월급근로자의 근로의 권리를 침해하고, 평등원칙에 위배되는지 여부

나) 결정요지: "월급근로자로서 6월이 되지 못한 자"는 대체로 기간의 정함이 없는 근로계약을 한 자들로서 근로관계의 계속성에 대한 기대가 크다고 할 것이므로, 이들에 대한 해고 역시 예기치 못한 돌발적 해고에 해당한다. 따라서 6개월 미만 근무한 월급근로자 또한 전직을 위한 시간적 여유를 갖거나 실직으로 인한 경제적 곤란으로부터 보호받아야 할 필요성이 있다. 그럼에도

불구하고 합리적 이유 없이 "월급근로자로서 6개월이 되지 못한 자"를 해고예고제도의 적용대상에서 제외한 이 사건 법률조항은 근무기간이 6개월 미만인 월급근로자의 근로의 권리를 침해하고, 평등원칙에도 위배된다.

다) 평가: 2014헌바3 결정에서 '사회적 신분'인 월급근로자로서 헌법이 스스로 차별의 근거로 삼아서는 안 되는 기준을 제시하는 즉, 헌법에서 특별히 평등을 요구하고 있는 경우에 해당되므로, '엄격한 심사기준'(비례성 원칙)을 적용했어야 했다. 또한 청구인의 '근로의 권리'에 대한 중대한 제한을 초래하게 되는 경우에 해당되므로, '엄격한 심사기준'(비례성 원칙)을 적용했어야 했다. 그럼에도 불구하고 헌법재판소는 '완화된 심사기준'을 채택한 이유를 설명하지 않고 단지 합리적 이유를 대충 제시하기만 한다.

Ⅳ. 주요국의 평등원칙 심사기준

1. 독일 연방헌법재판소의 평등원칙 심사기준

(1) 자의금지원칙

평등원칙의 심사기준인 '**자의금지원칙**'은 원칙상 법에 의한 차별취급 여부를 판단하는 심사기준이다. 자의금지원칙 심사에서는 '구체적인 사실관계의 특성'을 파악하는 것이 중요하다.[55] 입법자의 입법형성의 자유에 의해 법에 규율된 사실관계에 대한 차별취급이 '정의(正義) 사상'[56]에 더 이상 부합하지 못하게 될 때, 즉 입법자의 '자의'(恣意)의 불공평성이 명백할 때, 그 한계에 다다른다.[57] '자의금지원칙'은 본질적으로 평등한 것을 자의적으로 불평등하게 취급하는 것뿐만 아니라, 본질적으로 불평등한 것을 자의적으로 평등하게 취급하는 것까지 금지하는 원칙이다.[58] 따라서 자의금지원칙에 의하면, 평등취급의 문제는 불평등취급의 문제로 이해될 수 있다.[59] 자의금지원칙에 의하면, 국가

55) BVerfGE 6, 84 (91); 17, 122 (130).
56) BVerfGE 3, 58 (135); 120, 1 (31).
57) G. Britz, Der allgemeine Gleichheitssatz in der Rechtsprechung des BVerfG, NJW 2014, S. 347.
58) BVerfGE 1, 14 (52); 18, 38 (46); 49, 148 (165); 93, 319 (348); 98, 365 (385).

의 불평등취급에 있어서 합리적이고 설득력있는 근거가 없을 때, 차별취급이 된다.[60]

독일 연방헌법재판소는 "법률에 예정된 차별이 합리적인 근거, 즉 사물의 본성에서 도출되는 근거 또는 객관적으로 명백한 근거를 발견할 수 없어서 자의적이라고 판단되어질 때, 평등원칙에 위반된다."[61]고 판시하고 있다.[62] 법에서 같은 것을 같게, 다른 것을 다르게 취급하지 않았다고 바로 평등원칙 위반이 되는 것은 아니고, 법에서의 차별취급이 헌법상 합리적인 근거가 없는 경우, 평등원칙 위반이 된다.[63]

자의금지원칙에 의한 심사는 비교집단 간에 차별취급의 상태를 판단하기보다는 오히려 법률 적용상 오류를 판단하는데 집중하게 된다.[64] 이러한 판단양식은 헌법해석의 일반적 방법을 벗어나는 것이다.[65] 자의금지원칙의 적용은 입법자에게 평등원칙을 형성함에 있어서 광범위한 입법형성권을 부여하게 되고, 헌법재판소가 해당 법규범에 있어서 합리적 근거만 있으면 위헌 결정을 내릴 수 없는 결과에 이른다. 헌법재판소가 자의금지원칙을 사용하게 되면, 평등원칙에 관한 입법자의 판단이나 입법결과에 대한 약한 통제강도를 사용하는 것이다.[66] 이러한 결과, 주로 자의금지원칙을 사용하는 헌법재판소는 '사법적 자제' 내지 '사법소극주의' 경향을 띠게 된다.[67]

(2) 새로운 공식(die neue Formel)

독일 연방헌법재판소는 일반적 평등원칙 심사와 관련하여 완화된 '자의금

59) A. Podlech, Gehalt und Funktionen des allgemeinen verfassungsrechtlichen Gleichheitssatzes, 1971, S. 53 ff.

60) BVerfGE 51, 295 (300); 90, 226 (239); 109, 96 (123); 115, 381 (389). 이욱한, "자유권과 평등권의 사법적 심사구조", 사법행정 제44집 제3호, 2003. 3, 12면.

61) BVerfGE 1, 14 (52); 11, 245 (253); 14, 142 (150); 18, 38 (46); 18, 121 (124); 21, 6 (9); 23, 50 (60); 25, 101 (105); 46, 224 (233); 54, 11 (25 f.); 64, 158 (168 f.); 64, 389 (396); 70, 93 (98); 89, 1 (14); 91, 346 (366).

62) 이부하, "헌법상 평등원칙에 대한 심사기준", 법학연구 제19권 제2호, 2011. 8, 270면.

63) BVerfGE 37, 121 (129).

64) K. Hesse, Diskussionsbeitrag, S. 77.

65) St. Huster, Rechte und Ziele, 1993, S. 51.

66) St. Huster, Rechte und Ziele, S. 59.

67) 한수웅, "평등권의 구조와 심사시준", 헌법논총 제9집 (1998), 57-58면; 이부하, "헌법상 평등원칙에 대한 심사기준", 법학연구 제19권 제2호, 2011. 8, 271면.

지원칙'에서부터 엄격한 '비례성 원칙'까지 입법자를 기속한다고 판시하고 있다.[68] 독일 연방헌법재판소 제1재판부는 **"새로운 공식"**(die neue Formel)을 제시하였다. "새로운 공식"은 '인(人)관련적 차별'과 '사물관련적 차별'의 구성요건의 이분화를 시도한다.[69] 그리고 이 양자간에 있어서 상이한 기준을 적용함으로써 법적 효력을 미치게 한다.

'새로운 공식'에 의하면, '자의금지원칙'을 적용하는 영역 이외에는 자유권에 대한 심사과정과 유사하게, 일반적 평등원칙에 '비례성 원칙'에 의한 심사를 한다.[70] 이러한 '새로운 공식'의 적용은 '인(人)관련적 차별'과 '사물관련적 차별' 간 구성요건의 이분화를 전제로 한다.[71] 사물관련적 차별에 있어서는 완화된 '자의금지원칙'에 의한 심사를 하는 반면, '인(人)관련적 차별'에 있어서는 엄격한 '비례성 원칙'을 적용하게 된다.[72] '인(人)관련적 차별'의 경우에는 인적 집단들 간의 차별취급을 정당화할만한 정도로 '성질'과 '비중'에 있어서 차이가 없음에도 불구하고 법규범의 수범자들 중 특정 인적 집단을 다른 인적 집단과 다르게 취급한다면, 엄격한 '비례성 원칙'이 적용된다.[73] 반면, '사물관련적 차별'의 경우에는 완화된 '자의금지원칙'이 적용된다.[74]

법적 차별을 정당화하는 사유로서 '존재하는 사실상의 차이'뿐만 아니라, 입법자가 차별취급을 통해 실현하려는 '입법목적'이 존재해야 한다. 이를 확인하기 위해 '새로운 공식'에 의하면, '성질과 비중에 따른 차별'이 존재하는가 여부를 판단한다.[75] '새로운 공식'에 의하면, "두 인적 집단 간에 차별취급을 정당화할 수 있는 '성질'과 '비중'에 따른 차이가 없음에도 불구하고, 법규범 수범자 중 하나의 집단이 다른 법규범 수범자와 비교하여 달리 취급될 경우" 평등원칙의 위반이 된다.[76]

---

68) BVerfGE 118, 79 (100 f.); 129, 49 (68); 130, 52 (66).
69) BVerfGE 52, 277 (280); 55, 72 (88); 60, 123 (133 f.); 74, 9 (24).
70) BVerfGE 74, 28 (30); 118, 79 (100 f.).
71) BVerfGE 55, 72 (88); 60, 123 (133 f.); 74, 9 (24).
72) BVerfGE 55, 72 (88 f.).
73) BVerfGE 118, 79 (100 f.).
74) BVerfGE 55, 72 (88); M. Sachs, Die Maßstäbe des allgemeinen Gleichheitssatzes – Willkürverbot und sogenannte neue Formel, JuS 1997, S. 125 f.
75) BVerfGE 55, 72 (88); 126, 400 (418). 이부하, "헌법상 평등원칙에 대한 심사기준", 법학연구 제19권 제2호, 2011. 8, 271–272면.

'새로운 공식'에 의하면, '사물관련적 차별'이면서 간접적으로 '인(人)관련적 차별' 효과를 가져오지 않는 경우와 명백히 오판한 법원의 판결 등 자의적인 법적용의 경우 등에 한정하여 '자의금지원칙'을 사용하는 반면, '인(人)관련적 차별'이거나 '사물관련적 차별'이면서 간접적으로 '인(人)관련적 차별' 효과를 가져오는 경우에는 '비례성 원칙'을 사용한다.[77] 즉, '새로운 공식'에 의한 평등원칙의 심사기준은 완화된 '자의금지원칙'과 엄격한 '비례성 원칙'으로 구분하고 있다.[78]

'새로운 공식'을 평가해 보면, 첫째, '인(人)관련적 차별'과 '사물관련적 차별'의 명확한 구분을 전제로 적용가능한 심사기준이다. 그런데 '인(人)관련적 차별'과 '사물관련적 차별' 간에 명확한 구별은 불가능하다.[79] 또한 법규범에서 구성요건이 사물관련적으로 규정되어 있다고 하더라도 결국에는 그 법적 효과가 인적 주체에게 미치는 경우가 많다.[80] 둘째, '새로운 공식'의 제안처럼 평등원칙 심사에 '비례성 원칙'을 그대로 적용할 수는 없다. 평등원칙에는 '보호영역'이나 '제한'이 존재하지 않기 때문에, 비례성 원칙 심사기준이 적용될 여지가 없게 된다.[81] 셋째, 자유권과 평등권의 구조적인 차이가 존재한다는 점이다. 자유권은 국민과 국가간 2자 관계가 존재하며, 비례성 원칙에 의해 사익의 제한과 공익의 실현 간의 법익 균형성 여부를 판단함에 비해, 평등권에는 국민들 간 수평적 관계에 국가가 관여되는 3자 관계가 존재한다.[82] 따라서 차별취급의 정당성 여부를 자유권 심사에서처럼 목적 대(對) 수단의 관계 구조에서의

---

76) BVerfGE 55, 72 (88). 이부하, "헌법상 평등원칙에 대한 심사기준", 법학연구 제19권 제2호, 2011. 8, 272면.

77) M. Sachs, Die Maßstäbe des allgemeinen Gleichheitssatzes – Willkürverbot und sogenannte neue Formel, JuS 1997, S. 124 f.; H. D. Jarass, Folgerungen aus der neueren Rechtsprechung des BVerfG für die Prüfung von Verstößen gegen Art. 3 Abs. 1 GG, NJW 1997, S. 2545 (2547 f.). 이부하, "헌법상 평등원칙에 대한 심사기준", 법학연구 제19권 제2호, 2011. 8, 272면.

78) BVerfGE 103, 310 (318 f.); 107, 27 (46); 107, 257 (270); 112, 164 (174); 한수웅, "평등권의 구조와 심사시준", 헌법논총 제9집 (1998), 65면.

79) Herzog, in: Maunz/Dürig, GG, Bd. 1, Art. 3, Rn. 9; M. Albers, Gleichheit und Verhältnismäßigkeit, JuS 2008, S. 946; 김주환, "입법자의 평등에의 구속과 그에 대한 통제", 헌법논총 제11집 (2000), 460면; 홍강훈, "평등권의 심사원칙 및 강도에 관한 연구", 공법연구 제41집 제1호, 2012. 10, 260면.

80) M. Sachs, Die Maßstäbe des allgemeinen Gleichheitssatzes – Willkürverbot und sognannte neue Formel, JuS 1997, S. 124 (128); Bryde/Kleindiek, Der allgemeine Gleichheitssatz, Jura 1999, S. 36 (40).

81) Dreier, in: ders., GG, Bd. 1, 2. Aufl. 2004, Vorb. Rn. 153.

82) Georg Müller, Der Gleichheitssatz, VVDStRL 47 (1989), S. 37 (41); Kirchhof, in: Isensee/Kirchhof, HdbStR Ⅴ, 2000, § 124 Rn. 161 ff. Jörn Ipsen, Staatsrecht Ⅱ, Rn. 754.

비례성 원칙을 '그대로' 적용할 수는 없다.[83)]

(3) 가장 새로운 공식 (die neueste Formel)

1993년 독일 연방헌법재판소 제1재판부는 제2차 성전환자 판결[84)](Transsexuelle Ⅱ)에서 "**가장 새로운 공식**"을 제시하였다.[85)] 이 공식에 의하면, 인적 집단의 차별의 경우 엄격심사기준이 적용되는데, 인적 집단을 차별하면서 차별기준으로서 인적 관련 특징이 독일 기본법 제3조 제3항의 "성별, 가문, 인종, 언어, 출생지와 혈통, 신앙, 종교적 내지 정치적 견해"라는 차별기준에 근접할수록 또한 이로 인해 인적 관련 특징과 관련된 차별이 소수의 차별을 가져올 위험이 크면 클수록 심사기준은 더욱 엄격해진다. 반면에 인적 집단의 차별이라도 인적 관련 특징이 차별기준으로 사용되지 않는다면, 자의금지원칙과 엄격심사기준 사이의 중간단계의 심사가 이루어진다. 행위 관련적 차별에 있어서는 어느 정도로 당사자가 자신의 행위를 통하여 차별의 기준이 된 특징을 실현하는데 영향을 미칠 수 있는가에 따라 입법자의 기속 정도가 달라진다. 가장 새로운 공식을 정리하면, 인적 집단의 차별을 가져오는 경우와 차별이 다른 기본권의 행사에 불리한 영향을 미치는 경우에는 엄격심사를 하고, 그 이외의 경우에는 자의금지심사를 한다는 것이다.[86)]

2. 미국 연방대법원의 평등보호 심사기준

(1) 합리성 심사기준

수정헌법 제14조의 평등보호조항은 주가 법률을 시행하는 데 있어서 대상의 분류에 대하여 광범위한 재량을 가지는 것으로 해석되어 왔다. 합리적 기준이 있고 필요한 정부이익과 합리적으로 연관되어 있는 한, 법률상의 차별이 불

83) W. Heun, in: Dreier, GG Ⅰ, 2004, Art. 3 Rn. 27; M. Sachs, JuS 1997, S. 124 (129); K. Odendahl, Der allgemeine Gleichheitssatz: Willkürverbot und „neue Formel“ als Prüfungsmaßstäbe, JA 2000, S. 170 (172).
84) BVerfGE 88, 87 ff.
85) '새로운 공식'과 '가장 새로운 공식'을 구별하는 견해(김주환, 공법학연구 제9권 제3호, 2008. 8, 216면 이하)와 동일시하는 견해(정문식, 법학연구 제51권 제1호, 2010. 2, 8면)가 있다.
86) 김주환, "입법자의 평등에의 구속과 그에 대한 통제", 헌법논총 제11집 (2000), 463면.

평등한 결과를 가져온다고 해도 반드시 헌법상 평등보호조항에 위배되는 것은 아니다.[87)]

합리성 심사기준은 1897년의 Gulf 사건[88)]에서 연방대법원이 "차별한다는 것은 어느 정도 합리적인 근거, 즉 의도하는 차별의 목적과 정당하고 적절한 관련이 있는 어느 정도의 차별이 있어야 하며, 단순한 자의적인 차별이어서는 안된다."고 판시한 것을 비롯하여, 1911년의 Lindsley 사건[89)]에서도 차별한다는 것에 대하여 "아주 자의적인 것이 아니라 상당한 합리적인 근거에 입각하여야 한다."는 것을 재확인하였으나, 합리적 차별기준은 1920년의 Royster Guano Co v. Virginia 사건[90)]의 판결에서 구체적으로 확립되었다.

이 사건에서 연방대법원은 "차별은 자의적인 것이 아니라 합리적이어야 하며, 그 차별은 동일한 여건 아래 있는 모든 사람들이 똑같이 처우될 수 있게끔, 입법목적에 대하여 정당하고 실질적인 관련이 있는 차이에 어느 정도 근거가 있어야 한다."고 판시하였다. 여기서 연방대법원은 첫째로 차별이 자의적인 것이 아니라 합리적인 근거가 있어야 한다는 것을 전술한 두 사건의 판결에서와 같이 인정하고, 둘째로 그 차별은 '입법목적'에 정당하고 '실질적인' 관련이 있는 차별에 근거를 두고 있어야 한다고 하면서, 처음으로 입법목적과의 '실질적인 관련'을 강조하였으며, 셋째로 입법목적과 구체적 차별 사이에는 엄격한 관계, 즉 완전한 일치를 요구하지 않고, 다만 '상당한 정도의 합리적 근거'만을 요구하고 있다는 점에서 입법 자체에 상당한 유연성을 인정하고 있다. 그리고 평등보호위반을 이유로 한 소송에서는 원고가 '차별과 정부의 입법목적 간에 합리적인 관련성이 없고 그 차별이 자의적'임을 입증할 책임이 있다고 판시하였다.

요컨대, 합리성 심사기준이라 함은 연방의회가 제정한 법률이 추구하는 목적과 수단에 합리적인 연관성만 존재하면, 당해 법률의 합헌성이 인정된다는 원칙을 말한다. 연방대법원은 법률이 자의적이거나 일관성이 결여되지 아니한 경우에는 이러한 합리성 기준을 대부분 충족시키고 있는 것으로 보고 있다.[91)]

---

87) Barron & Dienes, op. cit., p. 190.

88) Gulf, C&s. F. Ry v. Ellis, 165 U. S. 150 (1897).

89) Lindsley v. Natural Carbonic Gas Co., 220 U.S. 61 (1911).

90) Royster Guano Co. v. Virginia, 253 U.S. 412 (1920).

그리고 합리적 차별 여부에 대한 판단은 ① 차별의 근거, ② 그 차별에 의하여 침해받는 권리의 본질, ③ 그 차별에 관하여 정부가 갖고 있는 이익에 의하여 좌우된다.[92]

최근에 와서는 몇몇 사건에서 연방대법원은 이러한 합리성 심사기준에 대해 조금 더 엄격한 접근방법을 시도하는 것으로 보인다.[93] 기본적 권익과 관련되지 않는 복지연금[94], 재산권의 사용[95], 영업행위에 있어서는 현재도 연방대법원은 여전히 계속하여 전통적인 합리성 심사기준을 사용하고 있다.[96][97]

(2) 이중심사기준

이중심사기준이란 사회적·경제적 영역에 있어서의 차별문제에 대해서는 전통적인 '합리성 심사기준'에 따라 심사하여야 하나, 그 법률이 '위헌의 의심이 가는 기준'에 따라 의도적으로 차별을 하거나, 기본적 권리에 대하여 과도하게 제한을 가하는 경우에는 '엄격심사기준'을 사용해야 한다는 것을 말한다.[98]

이중심사기준의 근거로는 사회적, 경제적 기본권이 갖는 기본권의 중요성, 일정한 기본권의 헌법직접적 침해금지의 명시, 사법부의 전문성이 거론되고 있다.[99]

1) 엄격심사 (Strict Scrutiny)

엄격심사는 어떠한 차별이 **기본적 권익**(fundamental right)**에 영향**을 주거나 **위헌에 의심이 가는 차별**(suspect classification) 기준에 기초를 둔 경우에 입법목

---

91) 이상윤, 영미법, 박영사, 1997, 191면.

92) Jerome A. Barron & C. Thomas Dienes, Constitutional Law, 4th ed, (West Publishing Co. St. Paul, Minn, 1995), p. 190.

93) Barron & Dienes, op. cit., p. 192.

94) Lyng v. Castillo, 477 U.S. 635, 106 S.Ct. 2727, 91 L.Ed. 2d 527 (1986); Bowen v. Gilliard, 483 U.S. 587, 107 S.Ct. 3008, 97 L.Ed. 485 (1987).

95) Hodel v. Indiana, 452 U.S. 314, 101 S.Ct. 2376, 69 L.Ed. 2d 40 (1981).

96) John E Nowak & Ronald D. Rotunda, Constitutional Law, 5th ed.(West Group, 1999), p. 607.

97) Allegheny Coal Company v. Webster County, W. Va., 488 U.S. 336 (1989) (부동산과세기준에 차별을 둔 것은 평등보호조항에 위반된다) 과세평가시, 최근 구입한 부동산에 대해서는 최근 구입한 가격을 기준으로 평가하면서, 최근에 팔린 적 없는 부동산에 대해서는 최소한의 조정만을 한 경우, 이것은 수정헌법 제14조를 위반한 것이다. 정부가 시장가격을 기준으로 실질적인 과세를 하려는 목적을 가지고 있다고 하더라도 유사한 상황에 있는 다른 납세자를 평등하게 대우할 수 있는 합리적인 수단을 강구하여야만 한다.

98) Jerome A. Barron & C. Thomas Dienes, op. cit., p. 190.

99) Henry J. Abraham, Feedom and the Court, 5th ed., Oxford Univ., 1988, pp. 28~34.

적과 차별하는 수단 간에 합리적인 관련성이 있으면 되는 것이 아니라, 그 차별수단이 절박한 정부이익을 달성하기 위한 목적에 반드시 필요한 경우이어야 합헌으로 되는 것이다.

엄격심사는 "위헌에 의심이 가는 차별"(suspect classification)에 해당하는 사항과 기본적 권익(fundamental right)에 해당하는 사항에 대하여 실시된다. 엄격심사를 할 때에 차별이 정부의 절박한 이익(compelling interest)을 위한 것이라는 입증책임은 정부에게 있고 보통의 합헌성 추정은 여기에 적용되지 않는다.[100)]

가) 위헌에 의심이 가는 차별 (suspect classification)

위헌에 의심이 가는 차별이라는 것은 이떤 특성(이를테면 인종·혈통·국적·재산 등)을 이유로 차별한 입법은 입법 그 자체에 대하여 일단 위헌의 의심이 가는 차별이라는 것이다. 이러한 차별은 입증의 필요도 없이 그 자체가 위헌에 의심이 가는 차별이라는 것이다. 이 위헌에 의심이 가는 차별의 기준은 1944년의 Korematsu 사건[101)]의 판결에서 연방대법원의 블랙(Black) 대법관이 "한 인종의 시민적 권리를 박탈하는 모든 입법적 제한은 그 자체가 위헌에 의심이 가는 것이며, 그러한 차별이 인종적인 적대감에서가 아니라, 불가피한 공공필요에 따른 것인가에 대한 결정을 가장 엄격한(most rigid) 심사에서 다루어져야 한다."고 주장[102)]한데서 비롯된 것이다. 코레마츠(Korematsu) 판결에서는 인종차별에 따른 조치, 즉 격리수용을 전시에서의 중대한 목적 달성을 위한 불가피한 차별이라 하여 그 차별을 인용하였으나, 한 인종의 시민적 권리를 박탈하는 인종차별 자체는 외견상 바로 위헌이라고 의심할 만한 차별로 보았다. 인종차별을 용인되는 차별로 받아들이기 위해서는 가장 엄격한 심사를 거쳐서 결정되어야 한다는 점이 강조되었다는데, 이는 인종차별은 외견상 일단 위헌이라고 의심할 만한 차별로 볼 수 있다는 위헌에 의심이 가는 차별기준의 새로운 제시로 볼 수 있다.

100) Jerome A. Barron & C. Thomas Dienes, op. cit., p. 194.
101) Korematsu v. U. S., 323 U. S. 214 (1944).
102) Emerson·Haber·Dorsen, Political and Civil Rights in the United States, Vol. Ⅱ, 4th ed.(Boston·Little, Brown, 1979), p. 64.

나) 기본적 권익(fundamental right)

기본적 권익에는 '헌법상 명시적으로 보장되어 있는 기본권'과 '헌법상의 특별한 보호를 규정하고 있는 권익'을 말한다. 특정 법률이 개인의 평등권을 제한 또는 침해하고 있는지의 여부에 대한 판단기준으로서 연방대법원은 ① 법률에 의하여 차별대우를 받고 있는 개인이 어느 집단(group)에 속하는 지 여부, ② 법률에 의하여 차별적으로 적용되는 기본권이 기본적 권익(fundamental right)에 해당되는지의 여부에 따라 상이한 기준을 적용하고 있다. 즉, 정부의 법률 또는 정책이 개인의 기본권 중 기본적 권익(fundamental right)에 대하여 차별대우를 하는 경우에는 엄격심사가 적용되나, 비기본적 기본권(non-fundamental right)에 대해서는 합리성 심사가 적용된다.

이러한 기본적 권익에 대한 차별의 방법으로는 기본권 향유능력에 차별을 두는 입법과, 사람에 따라 권리행사와 향유정도에 차이를 두는 입법을 들 수 있는데, 전자의 차별입법의 대상이 되는 기본적 권익으로는 자유, 재산 또는 복지혜택권, 주간통행권과 같은 권익이 포함되며, 후자의 차별입법의 대상으로는 투표권, 형사사건의 항소권, 내밀적인 개인의 선택권 등이 있다. 특히 생활권적 기본권이 헌법에서 명문으로 규정되어 있지 않은 미국의 경우, 여기의 기본적 권익에는 사회복지·교육 등에 관한 권익 등이 포함될 수 있을 것이다.

이러한 기본권 권익에는 선거권, 형사재판상의 권리, 거주이전의 자유, Privacy권, 복지수당을 받을 권리, 의료보호를 받을 권리, 혼인할 권리[103], 정치적 결사의 자유 등이 있다.

다) 인종 및 고유국적(race and national origin)에 대한 차별

인종이나 고유국적에 대한 차별입법은 합헌이 될 가능성이 거의 없다. 이러한 입법은 일단 악의적인 것으로 추정되고 무거운 입증책임이 주어진다. 그리고 엄격심사의 적용을 받는다.

① 인종분리(racial segregation)

특정의 소수인종을 고의로 분리·차별하는 법률 또는 정책은 평등보호 위

---

103) Loving v. Virginia., 388 U. S. 1 (1967) 인종간의 결혼을 금지한 주법(州法)은 위헌이라고 판시하였다.

반으로 위헌이 된다. 연방대법원 판례로는, 국공립학교에서 특정 인종에게만 입학을 허가하거나, 허가하지 아니하는 것은 평등보호 위반이다.104) 또한 이혼한 백인 생모에게 어린아이의 양육권을 부여할지의 여부를 결정하는 경우에 당해 생모의 재혼 여부와 재혼 상대방의 인종을 고려하는 것은 평등보호 위반이다.105) 표면상으로도 차별적인 주(州)의 인종상호간 결혼금지법률은 평등보호를 위반하는 것이다. 그러한 차별을 정당화시킬만한 목적이 없다면, 그 차별은 위헌이다.106)

② 소수인종 우대(Benign Discrimination)

특정 소수인종이 과거에 차별대우를 받아온 것을 시정하기 위하여 이들을 우대하는 법률을 제정한 경우, 이러한 법률은 엄격심사기준을 충족시켜야 한다.

연방대법원 판례로는, 대학에서 학생들의 다양성을 확보하기 위해 입학허가시 인종이나 민족을 고려하는 것은 백인에게 지나치게 편중된 학생비율을 바로잡고자 하는 것이므로 평등권의 침해가 아니다.107) 그러나 정부가 건설 공사를 발주하는 경우 특정 소수인종이 경영하는 건설회사에 전체 공사의 일정부분을 발주하도록 하는 정책은 특정 소수인종에 대한 과거의 차별대우를 치유하고자 하는 정부의 목적 달성에 절실히 필요한 것은 아니므로 위헌이다.108)

③ 고유국적

현재는 미국 국적을 갖고 있으나 자신 또는 선대조상이 외국인이었다는 것을 이유로 연방의회의 법률이 다른 미국인과 차별대우를 하는 경우 엄격심사를 받는다.

미국 연방대법원 판례로는, 조상이 멕시코인이기 때문에 배심원 자격을 부여하지 않은 것은 위헌이다.109) 그러나 제2차 세계대전 중 태평양 연안에 거주하고 있는 일본계 미국인에게 다른 지역으로의 강제이주를 명령한 것은 국가안전 유지에 절실히 필요한 조치로서 엄격한 심사기준을 충족하므로 합헌이다.110)

104) Brown v. Board of Education, 347 U. S. 483(1954).
105) Palmore v. Sidoti, 466 U. S. 429 (1984).
106) Barron & Dienes, op. cit., p. 196.
107) Regents of University of California v. Bakke, 438 U.S. 265(1978).
108) City of Richmond v. J.A. Croson Co., 109 S. Ct. 706 (1989).
109) Hernandez v. Texas, 347 U.S. 475 (1954).

라) 엄격심사의 문제점

엄격심사의 가장 큰 문제점은 '경직성'이다. 이러한 경직성으로 인하여 법원은 "위헌에 의심이 가는 차별"에 해당하는 사항과 "기본적 권익"에 해당하는 사항을 제외하고는 다른 영역에 있어서 엄격심사가 불가능하다. 또한 '위헌에 의심이 가는' 또는 '절박한'(compelling)이라는 불확정개념을 통한 헌법상 형량 심사과정은 법원에게 과도한 부담을 주고 있다. 특히, "기본적 권익"이라는 것에 대한 특정은 계속적인 헌법상 문제를 불러일으키고 있다. 즉, 기본권 권익에 대한 축소 내지 확장은 헌법상 명시적 또는 묵시적으로 보장하는 것에 국한되어야 하는가? 라는 문제를 불러일으키고 있다.

2) 최소한의 합리성 심사(Minimum rationality test)

최소한의 합리성 심사는 정부가 달성하려는 목적과 그 입법적인 차별수단이 어느 정도의 합리성만을 가지면 된다는 심사기준이다. 이 경우 입법에 대한 재량을 넓게 인정하게 된다. 이 심사기준은 그 차별의 목적은 입법부나 행정부에서 이를 정당화하면 수용하고, 그 수단이 입법목적과 합리적인 관련(rational relationship)이 있는가를 검토하게 된다.[111] 이 심사기준에 있어서 합리성의 판단은 입법부나 행정부가 의도하는 목적과 차별이 어느 정도의 합리성을 가지고 있느냐의 여부로 판단된다.[112] 그러나 그 차별하는 수단이 목적에 합치할 것까지 요구하지는 않는다.

이러한 최소한의 합리성 심사는 이중심사기준(two-tier standards)을 적용하여 기본적 권익(fundamental right)에 영향을 주거나 위헌에 의심이 가는 차별(suspect classification)에 해당하는 사안에서는 '엄격심사'기준을 적용하고, 경제분야 등에 있어서는 '최소한의 합리성심사'기준을 적용한다.

최소한의 합리성 심사기준에 의한 최초의 판례로는 Warren 대법원 시대에 Plessy v. Ferguson 사건[113]을 들 수 있다. 그 밖에 Railway Express Agency Inc. v.

110) Korematsu v. U. S., 323 U. S. 214 (1944).

111) John E Nowak & Ronald D. Rotunda, op. cit., p. 362, p. 601.

112) H. T. Laurence, The American Constitutional Law, N. Y., 1978, p. 995.

113) Plessy v. Ferguson, 163 U.S. 537, 16 S.Ct. 1138, 41 L.Ed. 256 (1896). 대법원은 이 사건에서 흑인과 백인으로 분리된 철도차량에 탑승하도록 규정한 Louisiana 주법에 관하여 공공선(general good)의 촉진을 의도하고 공공의 안녕과 공공질서를 유지하기 위한 법률로 보아 수정헌법 제14조에 위배되지 않는다고 했다.

People of State of New York 사건[114], New York State Club Ass'n, Inc. v. City of New York 사건[115], Wayte v. United States 사건[116], Bowen v. Gilliard 사건[117] 등에서 최소한의 합리성 심사기준을 적용했다. 이 최소한의 합리성 심사기준에 의하면, 차별입법을 용이하게 정당화함으로써 심사가 공허화될 위험이 있다고 지적받고 있다.[118]

3) 중간심사(Intermediate test)

중간심사는 워렌(Warren) 대법원의 이중기준이론[119]의 결함을 보완하기 위해 성립된 것으로 엄격심사를 하면 위헌이 되고, 합리성 심사를 하면 합헌이 되는 결과를 인식하면서부터 형성되기 시작했다. 이중심사기준의 이론적 결함으로는 그 경직성과 엄격심시에 있어 '위헌의 의심이 가는 차별'과 '기본적 권익'의 결정이 주관적이라는 것이다. 버거(Burger) 대법원은 평등보호사건에 있어서 이러한 경직성의 문제를 어떻게 해결할 것인가의 궁리 끝에 "중간심사"(Intermediate test)를 채택하게 되었다. 이 심사기준을 '엄격한 합리성 심사'(Strict rationality test) 또는 중간적 엄격심사(Intermediate scrutiny test)라고도 한다.[120]

최근 연방대법원은 평등보호 위반의 문제를 몇몇 분야에서 중간심사기준을 가지고 그 차별이 중요한 정부목적을 달성하는 데 실질적으로 연관되는지에 대하여 심사했다. 평등보호에 있어서 이러한 중간심사는 성차별과 혼인외의 자에 대한 차별에 적용되어 왔다.[121]

중간심사 또는 엄격한 합리성심사는 1976년의 Craig v. Boren 사건[122]에서

114) Railway Express Agency v. New York, 336 U.S. 106, 69 S.Ct. 463, 93 L.Ed. 533 (1949).
115) New York State Club Ass'n, Inc. v. City of New York, 487 U.S. 1, 108 S.Ct. 2225, 101 L.Ed.2d 1 (1988).
116) Wayte v. United States, 470 U.S. 598, 105 S.Ct. 1524, 84 L.Ed.2d 547 (1985).
117) Bowen v. Gilliard, 483 U.S. 587, 107 S.Ct. 3008, 97 L.Ed.2d 485 (1987).
118) G. Gunter, Constitutional Law, (11th ed., 1985), p. 588; Gunter 교수에 의하면, 이 심사기준은 "이론상으로는 최소한의 심사가 있지만, 사실상으로는 아무런 심사가 되지 않는 기준"이라고 하였다(Gunter, In Search of Evolving Doctrine on a Changing Court : A Model for a Never Equal Protection, 86 Harvard L. Rev. 1 (1972)).
119) 이중심사기준이란 정신적 자유의 우월적 지위를 인정하여 경제적 자유의 합리성 심사보다는 정신적 자유를 규제하는 법률에 대하여는 엄격한 심사를 요구하는 이론이다.
120) G. Gunter, op. cit., p. 596.
121) Barron & Dienes, op. cit., p. 205.
122) Craig v. Boren, 429 U. S. 190 (1976). 음주운전과 교통사고 방지의 목적에도 불구하고, 이 법령은 위헌으로 판결되었다. 이는 정형화(Stereotyping)를 촉진하는 목적으로 성(성)을 이유로 하는 차별은 정당화될 수 없고, 남녀의 경제적 지위, 남녀의 특성에 관한 지나치게 광범위한 일반화에 기초한 차별은 평등보호조항위반이라고 판시하였다.

정립된 것인데, 워렌(Warren) 대법원 시대의 심사기준보다는 좀 더 완화된 기준이 되고 있다. 이 사건은 Oklahoma 주의 소년보호법규에서 음주운전과 교통사고를 방지한다는 목적으로 맥주를 남자는 21세, 여자는 18세 이하에게 판매할 수 없다고 규정한 것이 성차별로서 문제된 것이었다. 이 사건의 판결에서 브레넌(Brennan) 대법관은 첫째, 성차별이 합리성을 가지기 위해서는 '중요한' 정부목적의 실현에 기여하여야 하고, 또한 그러한 목적을 실현하는데 실질적으로 관련되어 있어야 하고, 둘째로 그러한 성차별과 주의 중요한 목적실현과의 사이에 실질적인 관련이 있다는 것을 입증할 수 없으면, 그 주법은 위헌이라고 판결하였다.[123] 즉, 중간심사기준은 입법목적의 중요성과 그 목적과 차별수단과의 실질적 적합성을 그 특징으로 한다.[124]

가) 적용영역

① 성차별

오늘날 미국 연방대법원은 성차별의 심사에 있어서 중간심사기준을 적용한다. 중간심사기준에 따르면, 여성 또는 남성에 적대적인 중대한 차별은 "중요한 정부목적에 봉사해야 하며 이런 목표 달성에 실질적으로 관련되어야 한다."[125] 대부분의 중간심사기준을 적용한 판례에서도 연방대법원은 중요한 정부목적을 사용했고, 그 차별이 그 목적에 실질적으로 연관될 것을 요구했다. 일반적으로 차별 수단들이 정부목적에 실질적으로 관련되지 않았기 때문에 위헌으로 판시되었다.[126]

미국 연방대법원은 Orr 사건에서, 이혼 후 부양료지급의무를 남성에게만 부여하고, 여성에게는 부여하지 않는 알라마바 주법은 평등보호조항에 위반된다고 판결했다. 재정적 필요에 관한 개별심리가 이미 있었기 때문에 성에 따라서 판단할 수 있는 것은 아니다. 이 법률은 어떤 보상 목적의 달성을 위해 엄격하게 규정된 것이 아니라고 판시하였다.[127]

---

123) Lockhart·Kamisar·Choper·Shiffscin, Constitutional Law, 6th ed.(St. Paul. West Publishing Co., 1986), pp. 1290~1292.

124) H. T. Laurence, The American Constitutional Law, New York, 1978, p. 1085.

125) Craig v. Boren(1976).

126) Barron & Dienes, op. cit., p. 205.

127) Orr v. Orr, 440 U.S. 268 (1979).

또한 Hogan 사건에서, 주립 간호학교에 여성만 입학을 허가하는 것은 평등보호위반이다. 이러한 차별은, 주(州)는 보상적이라고 주장했지만, 사실은 간호의 전형을 여성의 전문직으로 굳히는 일이다. 여성들이 간호직에 있어서는 차별을 당한 적이 없기 때문에, 따로 보상이란 말은 성립하지 않는다. 보상은 정부의 실제 목적이 아니다. 교육의 다양성 촉진이 중요한 정부 이익이긴 하지만, 선택의 기회가 남성에게는 전혀 없고, 오직 여성에게만 주어진 관계로 그 법률은 그 목적에 실질적으로 부합하지 않는다고 판시하였다.[128)]

그리고 Rostker 사건에서, 남성만을 징병하는 연방법은 이러한 차별이 병력양성의 필요성에 관하여는 성별이라는 것이 같게 다루어질 수 없다는 점을 반영하기 때문에, 수정헌법 제5조상의 평등보호조항을 위반한 것이 아니다. 국가방위와 군비라는 문제에서는, 많은 재량이 의회에 주어져야 한다. 여성이 전투요원에 투입될 수 없는 까닭에, 징병대상에서 여성을 제외시키는 것은 전투력 향상이라는 의회의 "중요한 정부이익"(important governmental interest)에 "밀접하게 관련"(closely related)되어 있다고 판시하였다.[129)]

② 혼인외의 자에 대한 차별(illegitimacy classification)

혼인외의 자에 대한 차별은 많은 위헌의 의심이 가는 특성을 지니고 있다. 그러한 특성의 예로는 이러한 차별이 자녀의 보호와 양육의 범위를 넘는 권한에 근거한다는 점과 만연되어 있는 차별이라는 점, 혼인외의 자는 정치적으로 고립된 소수라는 점 등이 있다. 연방대법원은 자녀의 적출성에 근거한 차별을 다룸에 있어서 병존적인 입장에 있다. 즉, 오늘날 연방대법원은 중간심사기준을 사용한다.

미국 연방대법원은 Weber 사건에서, 부친의 사망에 의해 자식들이 근로자 사망보상금을 받는 경우 혼인외의 자와 혼인중의 자를 차별하는 법률은 위헌이라고 판시하였다.[130)] 이는 주정부가 남녀간의 혼외의 부정한 관계를 방지하려는 목적을 설정하고, 이를 혼인외의 자와 혼인중의 자 사이의 차별을 통하여 달성하고자 하는 것은 위헌이라는 것이다. 또한 Trimble 사건에서, 혼인에 의

128) Mississippi University for Women v. Hogan, 458 U.S. 718 (1982).
129) Rostker v. Goldberg, 453 U.S. 57 (1981).
130) Weber v. Aetna Casualty & Surety Co., 406 U.S. 164 (1972).

한 자에게는 유산 상속을 허용하나, 혼인외의 자에게는 유산 상속을 금지하는 주(州) 상속법은 위헌이라고 판시하였다.131)

그리고 Lalli 사건에서 혼인외의 자는 부가 생존하는 동안, 관할권을 가진 법원이 부성을 확인하기만 한다면, 유언없이도 상속할 수 있다고 규정하고 있는 주법은 합헌이다. 혼인외의 자에 기초한 부담은 부의 사망시 재산의 정당하고 적절한 배분을 산정함에 있어 중요한 정부이익을 증대시킨다. 즉, 이 법은 부성을 확립하는 어려운 책무를 돕고 있다고 판시하였다.132)

Mills 사건에서 부양을 받을 목적으로 친부를 확인하기 위한 친부확인소송은, 자녀가 생후 1년 이내에 또는 소송이 금지되기 전에 제기되어야 한다고 규정하고 있는 텍사스 법은 평등보호조항을 위반하고 있다고 판시했다. 주는 부정하거나 기만적인 청구의 기소를 방지할 정당한 이익을 가지지만, 1년이라는 비현실적으로 짧은 기간은 이러한 이익과 실질적인 관련은 없다고 판시하였다.

Clark 사건에서 6년이라는 제한규정은 혼인외의 자를 위해 청구하기 위한 합리적인 기회를 제공하지는 않는다. 연방대법원은 이 법규가 본질적으로 부정하거나 기만적인 청구를 방지하기 위한 주이익에 실질적으로 관련되지 않았기에, 평등보호조항을 위반하였다고 판시하였다.133)

나) 중간심사의 문제점

이러한 중간심사기준에 의하게 되면, 성에 근거한 적극적 평등실현조치의 법률은 중간심사를 받게 되는데, 그에 반해 인종에 근거한 적극적 평등실현조치의 법률에는 엄격심사를 받게 된다. 이러한 결과는 소수인종에게 유리한 법률보다 여성에게 유리한 법률을 제정하기가 더 쉽게 되기에, 기존의 심사체계에 부합하지 않게 되는 문제가 있다.

---

131) Trimble v. Gordon, 430 U.S. 762 (1977).

132) Lalli v. Lalli, 439 U.S. 259 (1978).

133) Clark v. Jeter, 486 U.S. 456, 461, 108 S.Ct. 1910 1914, 100 L.Ed. 2d 465 (1988).

Ⅴ. 평등원칙에서 '비례성 원칙' 심사기준(엄격한 심사기준)

1. 목적의 정당성

입법자에 의해 계획되었거나 의도된 입법목적[134]은 일단 정당성이 있다고 추정된다. 입법자가 법률에 정한 입법목적은 평등원칙과 무관한 헌법상 다른 사유로서 부정되어서는 안된다.[135] 그러나 입법자는 특정한 차별목적을 추구한다고 여겨지지 않으므로,[136] 목적의 정당성은 평등원칙의 심사기준으로 사용하기에 부적절하다.

2. 차별취급의 적합성

입법자가 입법을 통해 사용하는 차별취급의 수단이 수긍되고 객관적인 근거를 지닌다면, 실제로 법에 규정된 차별취급 수단이 현존하는 사실관계의 상이성을 고려하여 그 성질과 상황에서 적합한지 여부를 판단하는 단계이다. 현존하는 사실관계의 상이성과 특별히 관련 없이 법적 효과를 나타낸다면, 또는 차별취급이 입법목적 실현에 전혀 기여하지 못한다면, 그러한 차별취급은 적합성이 없다고 할 수 있다.[137] 관련 법규정에서의 차별취급이 입법자가 의도하지 않은 결과를 나타낸 경우에만 차별취급이 적합하지 않다고 판단할 수 있다.

3. 차별취급의 필요성

차별취급의 적합성이 인정되면, 다음으로 차별취급의 필요성 여부에 대한

---

134) 후스터(Stefan Huster) 교수는 차별취급의 '내부적 목적'과 '외부적 목적'으로 구분한다(St. Huster, Rechte und Ziele, 1993, S. 233).

135) R. Wendt, Der Gleichheitssatz, NVwZ 1988, S. 778 (784); Kloepfer, Gleichheit als Verfassungsfrage, 1980, S. 61 (62); Chr. Gusy, Der Gleichheitssatz, NJW 1988, S. 2505 (2507).

136) Kischel, in: Epping/Hillgruber, BeckOK GG, Art. 3 Rn. 31; Michael/Morlok, Grundrechte, 1. Aufl. 2008, Rn. 800.

137) BVerfGE 100, 59 (93 ff.); Kloepfer, Gleichheit als Verfassungsfrage, 1980, S. 61 (62); Chr. Gusy, Der Gleichheitsschutz des Grundgesetzes, JuS 1982, S. 34. 이러한 전통적인 평등권의 적합성 심사방법과 관련하여, 법규정의 목적과 차별취급 간의 실질적인 관련성이 있는지를 판단할 수 있는지 의문이 든다(M. Albers, Gleichheit und Verhältnismäßigkeit, JuS 2008, S. 947).

판단이 필요하다. 차별취급의 필요성 심사에서는 사실적으로 확인된 차이가 법률상 차별취급을 수인할 수 있는 정도인지 여부를 판단하는 것이다. 사실적으로 확인된 차이가 그 정도의 상이한 법적 효과를 정당화할 수 있는지 여부를 판단하는 단계이다.[138)]

법에 규정된 차별취급의 수단 이외에 그 대안적인 수단이 존재하는지 여부를 판단하는 필요성 심사는 자유권의 방어권적 측면에서 유효한 심사방법이다. 차별취급의 법적 효과가 자유권적 기본권과 관련된 경우에만 필요성 심사는 유의미하다.[139)] 따라서 차별취급의 필요성 심사도 제한된 범위에서 기능하는 심사기준이다.[140)] 평등원칙에서 차별취급의 필요성 심사는 입법자의 입법형성권을 고려하여, 일정한 차별취급의 부담이 기본권자에게 미치는 경우, 이러한 부담적 조치가 필요한지 여부를 심사하는 것이다.[141)]

4. 법익의 균형성

법익의 균형성에서는 확인된 특별한 차이가 그러한 차별취급을 수인할 수 있을 정도로 비중이 있는지 여부를 심사하는 작업이다. 또한 상이한 법적 효과가 그 정도와 범위에서 정당화될 수 있는지 여부를 판단한다. 이 심사 단계에서는 평가되는 차별취급의 비중을 결정해야 하고, 비교점에 의해 선택된 차이의 비중을 비교형량해야 한다.[142)]

비례성 원칙에서 법익의 균형성(상당성)의 핵심은 '비교형량'이다. 평등원칙에서 법익 간의 형량과정에서는 공익을 위한 국가행위의 긍정적 효과와 헌법상 보호되는 기본권적 사익이 제한받은 정도 간에 형량을 한다. 평등원칙에 있어서 법익의 균형성 심사는 복잡한 문제를 야기한다.[143)] 차별취급에 대한 법규정의 목적과 그 정당화 근거를 구별할 필요가 있기 때문에,[144)] 법익의 균형

138) R. Wendt, Der Gleichheitssatz, NVwZ 1988, S. 778 (785).

139) 이와 관련하여 평등권에서의 필요성 심사는 자유권에서의 필요성 심사보다 미약한 역할을 수행한다는 견해가 있다(정태호, "헌법재판소 평등권 심사기준의 재정립 필요성", 헌법학연구 제19권 제3호, 2013. 9, 100면).

140) Gubelt, in: v. Münch/Kunig, GG, 5. Aufl. (2000), Art. 3 Rn. 29.

141) BVerfGE 91, 389 (403 f.); Brüning, JZ 2001, S. 669 (672).

142) R. Wendt, Der Gleichheitssatz, NVwZ 1988, S. 778 (785).

143) Paehlke-Gärtner, in: Umbach/Clemens, GG I, 2002, Art. 3 I Rn. 130.

성에서는 한편으로는 입법목적, 차별기준 및 입법상황을 고려한 차별 근거의 정당성과 다른 한편으로는 해당 기본권자에 대한 차별취급으로 인해 불리한 결과 간에 비교형량을 한다.[145)]

5. 소 결

평등원칙의 심사기준으로서 비례성 원칙은 목적 대(對) 수단 간의 관계에 초점을 맞추어 심사하는 것이 아니라, 상이하게 취급되는 비교대상간의 사실상 차이나 입법목적에 의해 그 성질과 비중에 있어서 차별취급의 정당성이 있는지 여부에 그 초점을 맞추어 심사하는 것이다.

제2절 평등원칙과 관련된 그 밖의 헌법적 쟁점

Ⅰ. 우리나라 헌법 제11조와 관련한 평등원칙 심사기준

우리 헌법 제11조 제1항 제1문[1)]과 제2문[2)] 간의 관계와 관련하여, 이를 **예시규정**(例示規定)으로 볼 것인가 아니면 **열거규정**(列擧規定)으로 볼 것인가에 대한 논의가 계속적으로 전개되고 있다. 이 문제는 크게 헌법 제11조 제1항 제2문의 성별·종교·사회적 신분이라는 차별적 금지사유를 평등권 심사기준인 완화된 심사기준 또는 엄격심사기준과 연결시켜 판단할 것인가 그와 달리 양자의 심사기준과는 무관하게 법적용의 대상을 넓혀 판단할 것인가로 요약될 수 있다.

먼저 헌법 제11조 제1항 제2문의 성별·종교·사회적 신분을 '예시규정'으

144) Brüning, JZ 2001, S. 669 (670 f.).

145) M. Albers, Gleichheit und Verhältnismäßigkeit, JuS 2008, S. 947.

1) 헌법 제11조 제1항 1문 "모든 국민은 법 앞에 평등하다."

2) 헌법 제11조 제1항 2문 "누구든지 성별·종교 또는 사회적 신분에 의하여 정치적·경제적·사회적·문화적 생활의 모든 영역에 있어서 차별을 받지 아니한다."

로 보는 입장[3]에서는 ① 학력·인종·출신지역 등 그 어떠한 사유로도 불합리한 차별은 인정할 수 없다는 것이 평등권 보장의 취지이고, ② 법의 사유를 개별적으로 명시한 것은 기존에 차별이 빈번히 발생하였고 논란의 여지가 있던 차별사유들을 조문화한 것이므로, 최초 헌법 제정시에 차별이 발생하리라고 예측할 수 없었던 사유에 대해서도 이를 포함할 수 있어야 한다고 한다. ③ 차별적 금지사유를 열거규정으로 본다면 국민의 평등권 보장 범위가 좁아질 수 있다.

반면, 헌법 제11조 제1항 제2문의 성별·종교·사회적 신분을 '열거규정'으로 보는 입장[4]에서는 ① 헌법제정자는 과거의 역사적 경험에 비추어 성별·종교·사회적 신분에 의한 차별을 헌법규정을 통하여 금지하는 것이 필요하고, 일반적인 평등원칙(자의금지의 원칙 적용)만으로는 효율적으로 성별·종교·사회적 신분에 의한 차별을 배제할 수 없다고 판단한 것이다. 이처럼 헌법 제11조 제1항 제1문은 비합리적 차별을 일반적으로 금지하고, 헌법 제11조 제1항 제2문에서는 특별히 차별금지기준을 한정적으로 열거한 헌법제정권자의 의사에 특별한 의미를 부여해야 한다는 것이다. ② 열거규정으로 보는 입장에서는 헌법 제11조 제1항 제1문의 사항은 합리성 심사기준에 의한 자의금지원칙을 적용하고, 헌법 제11조 제1항 제2문에 규정된 차별금지사유에 대해서는 비례성 원칙에 의한 엄격심사기준을 적용한다는 것이다. 헌법상 직접 차별금지기준을 규정하고 있는 경우에는 입법형성권이 좁아지게 되는데, 제2문에 규정된 차별금지사유를 예시규정으로 본다면 평등권과 관련한 거의 모든 사유가 엄격심사기준이 적용되어 입법형성권이 매우 축소될 것이라고 한다. ③ 평등권의 보장범위가 지나치게 축소된다는 비판에 대하여는 제2문의 차별금지사유를 열거규정으로 해석하더라도 그 밖의 기준에 따른 차별이 허용되는 것이 아니고, 성별·종교·사회적 신분 이외의 다른 사유에 대한 차별은 일반적 평등심사기준인 완화된 심사기준이 적용된다고 한다.

사견(私見)으로는 성별·종교에 의거한 차별은 평등심사와 관련하여 엄격

3) 권영성, 헌법학원론, 법문사, 2010, 394면; 성낙인, 헌법학, 법문사, 2011, 432면; 홍성방, 헌법학 (中), 박영사, 2010, 62면; 김학성, 헌법학원론, 박영사, 2011, 356면.

4) 계희열, 헌법학 (中), 박영사, 2000, 215면; 한수웅, "평등권의 구조와 심사기준", 헌법논총 제9집 (1998), 44면; 김주환, "입법자의 평등에의 구속과 그에 대한 통제", 헌법논총 제11집, 2000, 471면.

심사기준이 적용되지만, 사회적 신분에 의거한 차별은 그 판단기준을 획일화할 수 없고 개별적으로 판단해야 할 것이다. 그 이유는 성별·종교는 그 개념이 명확한 반면, 사회적 신분이라는 개념은 사회에서 장기간 점하는 지위로서 일정한 사회적 평가를 수반하는 지위이므로 여러 평가가 수반될 수 있는 개념이기 때문이다. 또한 기존의 일부 학설처럼 성별·종교·사회적 신분에는 엄격심사기준을 적용하고, 성별·종교·사회적 신분 이외의 다른 사유에 대한 차별은 완화된 심사기준이 적용된다고 하면 헌법상 평등권 심사기준의 심각한 오류가 발생한다. 왜냐하면, 성별·종교·사회적 신분 이외의 다른 사유 중에 엄격심사기준을 적용해야 하는 차별영역들이 다수 존재하기 때문이다. 인종, 피부색, 언어, 출신지역 등을 이유로 차별대우를 하는 국가작용의 경우에는 헌법 제11조 제1항 제2문의 성별·종교·사회적 신분에 해당되지 않더라도 인(人)관련적 차별대우로서 엄격심사가 적용되어야 한다.

Ⅱ. 평등권에서 비례성 원칙과 자유권에서 비례성 원칙

평등권 심사는 비교대상들 간 사실관계를 차별취급하는 국가행위에 대한 헌법적 정당성 유무 판단임에 반해, 자유권에서 비례성 원칙에 의한 심사는 입법목적에 의거하여 투입된 수단이 비례성 원칙에 위반할 정도로 과잉적인지 여부를 판단하는 것이다. 즉, 자유권에서 비례성 원칙 심사는 '목적'과 '수단'의 관계에서 그 비례성을 갖추었는지 여부가 중심적 판단이다. 반면, 평등권에서는 두 사람, 두 인적 집단, 두 상황 간에 차별취급이 존재한다는 것을 확인하고, 이러한 차별취급을 헌법상 정당화할 수 있는 사유가 있는지를 심사한다.[5] 즉, 자유권에서 비례성 원칙 심사는 국가와 국민의 관계라는 2각 관계이지만, 평등권 심사에서는 두 사인 간에 국가의 차별취급이라는 3각 관계를 전제로 한다.[6]

독일 헌법학계에서 평등원칙 심사에 비례성 원칙이 적용되는지 여부에 관

5) 한수웅, "헌법 제37조 제2항의 과잉금지원칙의 의미와 적용범위", 저스티스 제95호, 2006, 26면 이하.
6) 한수웅, 헌법학, 법문사, 2016, 597면.

해 크게 4가지 견해로 분류할 수 있다. 첫째, 독일 기본법 제3조 제1항(일반적 평등원칙)은 기본권 제한 구조도 아니고, 비례성 원칙의 적용을 받지 않는다는 입장이다.[7] 둘째, 일반적 평등원칙은 기본권 제한 구조이고, 비례성 원칙의 적용을 받는다는 입장이다.[8] 셋째, 일반적 평등원칙은 기본권 제한 구조는 아니지만, 비례성 원칙의 적용을 받는다는 입장이다.[9] 넷째, 일반적 평등원칙이 기본권 제한 구조를 지니는지에 대한 언급을 하지 않고, 비례성 원칙의 적용을 받는다는 입장이다.[10]

우리나라 학설에서는 평등권 심사에 비례성 원칙이 적용되지 않는다는 입장이 있다.[11] 자유권 제한의 정당성을 판단하는 비례성 원칙은 평등권에 적용할 수 없다는 것이다.[12] 평등권이 헌법 제37조 제2항의 '모든 자유와 권리'에 포함되지 않는다고 해석하면,[13] 평등권은 헌법 제37조 제2항에 의해 법률로써 제한되는 것이 아니라, 자유와 권리에 대한 국가의 차별취급에 대해 일정한 한계를 설정하는 기능을 한다.[14]

이에 반해, 평등권 심사에 비례성 원칙이 적용된다는 입장이 있다. 헌법 제37조 제2항의 '모든 자유와 권리'에 평등권이 포함되기 때문에, 평등권도 헌법 제37조 제2항의 '필요한 경우에 한하여' 법률로써 제한할 수 있다는 것이다.[15] 또한 다른 견해에서는 평등권 심사에 비례성 원칙을 적용한다는 것은 비

---

7) Chr. Starck, Bonner GG, 4. Aufl. 1999, Art. 3 Rn. 11; G. Lübbe-Wolff, Grundrechte als Eingriffsabwehrrechte, 1988, S. 18, 258; P. Kirchhof, Gleichheit und Übermaß, in: FS für Lerche, 1993, S. 133 ff., 144.

8) M. Kloepfer, Gleichheit als Verfassungsfrage, 1980, S. 54 ff.; M. Sachs, Zur dogmatischen Struktur der Gleichheitsrechte als Abwehrrechte, DÖV 1984, S. 411 ff.; St. Huster, Rechte und Ziele, S. 225 ff.; St. Huster, Gleichheit und Verhältnismäßigkeit, JZ 1994, S. 541 ff.; R. Alexy, Theorie der Grundrechte, 2. Aufl. 1994, S. 390 (Fn. 91).

9) G. Müller, Der Gleichheitssatz, VVDStRL 47 (1989), S. 37 ff., 40 f., 49 f.; A. Katz, Staatsrecht, 12. Aufl. 1994, S. 329; C. Koenig, Die gesetzgeberische Bindung an den allgemeinen Gleichheitssatz, JuS 1995, S. 313 ff.

10) R. Wendt, Der Gleichheitssatz, NVwZ 1988, S. 778 ff.; C. Brüning, Gleichheitsrechtliche Verhältnismäßigkeit, JZ 2001, S. 669 ff.

11) 한수웅, "헌법 제37조 제2항의 과잉금지원칙의 의미와 적용범위", 저스티스 제95호, 2006, 26면 이하; 이준일, "헌법재판소의 평등심사기준과 국가인권위원회의 차별판단기준", 세계헌법연구 제18권 제2호, 2012, 348면 이하.

12) 이준일, "헌법재판소의 평등심사기준과 국가인권위원회의 차별판단기준", 세계헌법연구 제18권 제2호, 2012, 348면.

13) 한수웅, "평등권의 구조와 심사기준", 헌법논총 제9집, 1998, 100면 이하.

14) 김주환, "일반적 평등원칙의 심사기준과 방법의 합리화 방안", 공법학연구 제9권 제3호, 2008. 8, 213면.

15) 정문식, "평등위반 심사기준으로서 비례원칙", 법학연구 제51권 제1호, 2010. 2, 25면.

례성 원칙의 각 심사기준들을 평등권 심사에 적합하게 수정한다는 의미로 해석한다.[16]

생각건대, 평등권은 자유권처럼 기본권 보호영역(Schutzbereich)을 지니거나 제한 구조를 띠지 않기 때문에, 제한(침입) 구조의 자유권에 적용되는 헌법 제37조 제2항의 '모든 자유와 권리' 안에 평등권이 포함된다고 보기 어렵다. 그러나 평등권의 심사기준은 다양화될 수 있으며, 자의금지원칙부터 비례성 원칙까지 단계화될 수 있다. 따라서 평등권 심사에서 사용하는 비례성 원칙은 제한(침입) 구조를 가진 자유권 심사의 비례성 원칙과 동일한 내용은 아니고, 비교대상 간의 비교를 통한 형량 위주의 '수정된' 비례성 원칙이라 할 수 있다.

Ⅲ. 평등원칙과 관련한 '제도의 단계적인 개선'

"헌법상 평등의 원칙은 국가가 언제 어디에서 어떤 계층을 대상으로 하여 기본권에 관한 사항이나 제도의 개선을 시작할 것인지를 선택하는 것을 방해하지 않는다. 국가는 합리적인 기준에 따라 능력이 허용하는 범위 내에서 법적 가치의 상향적 구현을 위한 제도의 단계적인 개선을 추진할 수 있는 길을 선택할 수 있어야 한다. 그것이 허용되지 않는다면 모든 사항과 계층을 대상으로 하여 동시에 제도의 개선을 추진하는 예외적인 경우를 제외하고는 어떠한 제도의 개선도 허용되지 않을 것이기 때문이다."[17]

평등원칙과 관련하여, 입법자에게 '제도의 단계적인 개선'을 추진할 재량을 부여해야 하기 때문에, 헌법재판소는 해당 심판대상조항이 청구인들의 평등권을 침해하지 않는다며 '합헌'결정을 내리는 경우가 많다. '제도의 단계적인 개선'과 관련된 평등원칙 심사는 사회정책이나 급부 제공과 관련된 경우가 대부분이다. 이 경우 입법자는 사회정책적 측면과 국가의 재정 및 예산의 상황 등 여러 가지 사정을 참작하여 폭넓은 입법재량을 가지고 결정할 수 있다. 따

16) 정태호, "헌법재판소 평등권 심사기준의 재정립 필요성", 헌법학연구 제19권 제3호, 2013. 9, 97면.

17) 헌재 1991. 2. 11. 90헌바17등; 헌재 1998. 12. 24. 98헌가1; 헌재 2006. 6. 29. 2006헌마87 판례집 18-1하, 510, 524; 헌재 2010. 6. 24. 2009헌바111, 판례집 22-1하, 529, 543-544; 헌재 2016. 2. 25. 2015헌바189, 1, 10.

라서 '제도의 단계적 개선'과 관련하여 헌법재판소는 '합헌 결정' 보다는 '헌법불합치 결정'을 내리는 것이 타당해 보인다. 헌법재판소의 '헌법불합치결정'으로 인해 입법자는 입법형성권을 가지고 제도 개선에 관한 적절한 대안을 모색해야 한다.[18]

Ⅳ. 불법 상황에서 평등 요구

헌법상 "불법에서는 평등을 보장하지 않는다."[19]는 논제에 대해 논란이 있다. 평등원칙에 의거하여 평등 취급을 근거로 하여 불법 상황에서 동등한 수혜를 보장해 줄 것을 주장하지 못한다. 평등권 보장은 법률에 위반되는 '불법' 상황에서 국가에게 평등을 요구할 수 있는 것이 아니라, 합법적 상황에서 불법을 저지르지 않는 사람들 간에 평등권 보장을 요구하는 것이다. 이에 달리, 법률상 강제되는 불법적인 부담은 평등원칙 위반에 해당된다. 모든 법수범자에게 법률상 예정된 부담의 부과는 궁극적으로 합법 상황에서 평등 실현이 될 수 있다.[20]

주관적인 평등권에 기인하여 기본권 주체는 자신에게 부과된 불평등한 행정행위의 취소를 청구할 수 있다. 그러나 행정청은 평등원칙을 준수하는 한도에서만 법률을 그 청구인에게 적용할 수 있다. 그에 반해 위법적인 수혜자는 불평등한 취급에 대해 스스로 청구할 수 없다. 그러나 평등권 침해를 제거하기 위해, 동일한 상황에 처해 있는 자의 위법적인 수혜를 받지 못하도록 하거나 그 수혜금을 반납하도록 청구할 수는 있다.[21]

18) 남복현, "헌법불합치결정의 원인별 유형화에 따른 결정주문의 사례검토", 한양법학 제21권 제1집, 2010. 2, 331면.
19) Sachs, in: Stern, StaatsR IV/2, 2011, S. 1591 ff.
20) Sachs/Jasper, Der allgemeine Gleichheitssatz, JuS 2016, S. 774.
21) Sachs, in: Stern, StaatsR IV/2, 2011, S. 1591 ff.

Ⅴ. 평등원칙 심사기준의 합리적 적용

입법자가 제정한 법규범에 대해 헌법재판소는 규율대상과 차별표지에 따라 자의금지 심사기준으로부터 엄격한 비례성 심사기준까지 다양한 심사기준을 가지고 그 법규범상의 불평등대우를 통제할 수 있다.[22] 일반적 평등원칙은 평등한 대우를 요구하는 인격권적·정신적 권리를 위한 방어권이다. 일반적 평등원칙은 평등한 대우를 하라는 원칙으로서 법적으로 주어진 상황에서 차별없이 대우되어야 함을 요구한다. 평등한 대우를 하라는 원칙 위반은 2가지 비교가능한 사실관계 간의 차별적 대우를 전제로 한다. 차별대우가 평등한 대우를 하라는 원칙을 위반했는지는 심사기준에 따라 달리 판단되어진다.

우리 헌법 제11조 제1항 제2문의 성별·종교·사회적 신분에 해당하느냐 아니면 해당하지 않느냐를 형식적으로 판단하게 되면 그에 따른 적용결과상 또 다른 차별을 유발하게 된다. 성별·종교·사회적 신분에 해당하느냐에 국한된 해석론이나 논쟁은 이제 종식되어야 한다. 평등원칙의 심사에 있어서 어떠한 심사기준을 적용할 것인가는 그 차별영역의 실질적 내용으로 판단해야 한다. 결국 인(人)관련적 차별대우에 해당하느냐 아니면 오직 사물관련적 차별대우에 해당하느냐를 실질적으로 판단하여 상이한 심사기준을 적용해야 한다. 만약 지금처럼 전통적인 해석론에 입각하여 헌법 규정에서 특별히 평등을 요구하고 있는 경우이거나 관련 기본권에 대한 중대한 제한을 초래하는 경우에 엄격심사기준을 적용한다면, 형식적인 결과나 자의적인 결과가 도출될 가능성이 높다. 무엇이 기본권에 대한 중대한 제한을 초래하게 되는 경우인가에 대한 해답을 주지 못하기 때문이다.

평등원칙 심사기준으로서 '비례성 원칙'은 자유권의 심사기준으로서 '비례성 원칙'과는 그 내용이 다른 심사기준이다. 평등원칙 심사기준으로서 수정된 '비례성 원칙'은 차별취급의 적합성, 차별취급의 필요성, 법익의 균형성 심사로 구성될 수 있다. 차별취급의 필요성 심사는 입법자의 입법형성권을 고려한 일정한 차별취급의 부담이 기본권자에게 미치는 경우, 이러한 부담적 조치가 필

---

22) M. Sachs, Die Maßstäbe des allgemeinen Gleichheitssatzes – Willkürverbot und sogenannte neue Formel, JuS 1997, S. 124 ff.

요한지 여부를 심사하는 것이다. 또한 법익의 균형성 심사에서는 법익 간의 형량과정에서는 공익을 위한 국가행위의 긍정적인 효과와 헌법상 보호되는 기본권적 사익이 제한받은 정도 간에 형량을 한다.

참고문헌

[헌법과 국가]

강승식, "헌법국가에서의 최종적 헌법해석권", 공법연구 제33집 제3호, 2005. 5

강승식, "위헌심사기준으로서의 권력분립원리 – 미국 연방대법원 판례를 중심으로 –", 미국헌법연구 제28권 제3호, 2017. 12

권경휘, "켈젠의 규범 일반이론 –효력이론을 중심으로–", 법철학연구 제14권 제3호, 2011. 12

김대환, "비례성원칙의 심사강도 – 비교법적 검토를 포함하여 –", 헌법학연구 제18권 제2호, 2012. 6

김상겸, "성문헌법국가에 있어서 관습헌법의 의미에 관한 연구", 헌법학연구 제11권 제1호, 2005. 3

김용태, "헌법해석의 특징", 고려법학 제49권, 2007. 10

김해원, "수권법률에 대한 수권방식통제로서 포괄위임금지원칙 – 기본권심사를 중심으로 –", 헌법학연구 제21권 제2호, 2015

남복현, "헌법재판의 기능과 법정책", 법과 정책연구, 제8집 제2호, 2008. 12

남복현, "헌법재판소의 이른바 '관습헌법' 논리에 대한 비판적 분석", 한양법학, 제19집, 2006. 8

라이너 발(김효전 역), "헌법의 우위", 동아법학 제77호, 2017. 11

방승주, "수도가 서울이라는 사실이 과연 관습헌법인가?", 공법학연구 제6권 제1호, 2005. 2

볼프강 슐르흐터(김효전 역), "루돌프 스멘트의 통합이론에서의 생명으로서의 국가", 유럽헌법연구 제18호, 2015. 8

서경석, "국가와 사회 : 이원론과 일원론", 헌법학연구 제8집 제3호, 2002. 9

양천수, "법해석학의 철학적 기초 – 가다머의 철학적 – 존재론적 해석학을 중심으로 하여 –", 강원법학 제49권, 2016. 10

윤재만, "헌법해석의 기초", 공법연구 제27집 제2호, 1999

윤재왕, "한스 켈젠의 법해석이론", 고려법학 제74호, 2014. 9

이계일, "헤벌레(P. Häberle)의 '공적 과정으로서의 헌법이론'에 대한 법철학적 고찰", 공법학연구 제12권 제4호, 2011. 11
이계일, "사법의 민주적 정당화", 법철학연구 제16권 제3호, 2013. 12
이부하, "헌법의 우위와 헌법의 이해", 헌법학연구 제10집 제1호, 2004. 3
이부하, "헌법의 수호자로서 헌법재판소의 민주적 정당성", 외법논집 제42권 제2호, 2018. 5
이부하, "헌법유보와 법률유보", 공법연구 제36집 제3호, 2008. 2
이부하, "비례성원칙과 과소보호금지원칙", 헌법학연구 제13권 제2호, 2007. 6
이부하, "헌법의 개념과 관습헌법", 한양법학 제20권 제2집, 2009. 5
이부하, "법적 안정성의 의미에서 명확성의 원칙", 세계헌법연구 제20권 제1호, 2014. 4
이부하, "헌법영역에서 기본권보호의무", 공법학연구 제8권 제3호, 한국비교공법학회, 2007. 8
이부하, "국가의 기본권보호의무와 과소보호금지원칙", 법학연구 제17집 제2호, 2014. 6
이부하, "생명에 대한 기본권보호의무와 과소보호금지원칙", 동아법학 제62호, 2014. 2
이부하, "국가의 기본권보호의무와 과소보호금지원칙", 법학연구 제17집 제2호, 2014. 6
이부하, "보장국가에서 국민의 안전보호와 관련한 헌법이론", 헌법학연구 제22권 제1호, 2016. 3
이부하, "헌법상 신뢰보호원칙에 대한 고찰", 한양법학 제21권 제4집, 2010. 11
이부하, "헌법재판소의 신뢰보호원칙 심사기준에 대한 평가", 법학논고 제48집, 2014. 11
이부하, "헌법상 신뢰보호원칙의 재정립", 법학연구 제20집 제2호, 2018. 6
이부하, "헌법 제107조 제2항에 대한 헌법 통일적 해석", 동아법학 제67호, 2015. 5
이부하, "헌법상 국가의 개념과 내용", 한양법학 제23집, 2008. 6
이부하, "국가와 문화적 기본권 – 독일의 국가·사회 이론과 관련하여 –", 세계헌법연구 제14권 제1호, 2008. 3
이부하, "사회통합과 헌법 – 스멘트의 통합론을 분석하며 –", 세계헌법연구 제16권 제3호, 2010. 8
이부하, "권력분립원리의 재고찰", 법학논고 제55집, 2016. 8
이영록, "수도(首都) 및 국기(國旗)에 관한 관습헌법론 검토", 세계헌법연구, 제11권 제1호, 2005
이종수, "관습헌법이 제기하는 헌법이론적 문제점", 헌법판례연구 [6], 2004. 11
이준일, "헌법상 비례성원칙", 공법연구 제37집 제4호, 2009. 6
장영수, "헌법총강에 대한 헌법개정", 공법연구 제34집 제4호 제2권, 2006. 6

전광석, "수도이전특별법 위헌결정에 대한 헌법이론적 검토", 공법연구 제33집 제2호, 2005. 2
전학선, "프랑스에서의 헌법의 수호", 헌법학연구 제14권 제3호, 2008. 9
정태호, "기본권보호의무", 인권과 정의 제252호, 대한변호사협회, 1997. 8
정태호, "헌법재판소에 의하여 왜곡된 '관습헌법'의 법리", 시민과 변호사, 2005. 1
정혜영, "기본권보호의무와 재산권", 헌법학연구 제19권 제4호, 2013. 12
표명환, "기본권보호의무의 이론적 기초", 헌법학연구 제8권 제1호, 2002. 4
표명환, "기본권보호청구권의 구조와 체계에 관한 고찰", 법학연구 제45집, 2012. 2
허완중, "헌법재판소의 지위와 민주적 정당성", 고려법학 제55호, 2009. 12
허완중, "민주적 정당성", 저스티스 통권 제128호, 2012. 2
허완중, "헌법재판소의 민주적 정당성", 헌법학연구 제18권 제3호, 2012. 9
허완중, "관습법과 규범통제", 공법학연구 제10권 제1호, 2009. 2
허완중, "헌법재판소 결정의 기속력과 결정이유 – 헌재 2008. 10. 30. 2006헌마1098등 결정에 대한 평석을 중심으로 –", 인권과 정의 제399호, 2009. 11

A. Arndt, Umwelt und Recht, NJW 1963, S. 24 ff.
H. H. von Arnim, Ist Staatslehre möglich?, JZ 1989, S. 157 ff.
H. H. von Arnim, Begrenzung öffentlicher Ausgaben durch Verfassungsrecht, DVBl. 1985, S. 1286 ff.
O. Bachof, Verfassungswidrige Verfassungsnormen, Tübingen, 1951 (Recht und Staat, Bd. 163/164)
O. Bachof, Verfassungsnormen, 1951
P. Badura, Das Verwaltungsmonopol, Berlin 1963
P. Badura, Artikel: Verfassung, in: Evangelsiches Staatslexikon Bd. II, 3. Aufl., 1987
P. Badura, Arten der Verfassungsrechtssätzen, J. Isensee/P. Kirchhof, HdbStR VII, 1992, § 159
P. Badura, Verfassung und Verfassungsgesetz, in: H. Ehmke u.a. (Hrsg.), FS für Ulrich Scheuner, 1973, S. 19 ff.
M. Baldus, Die Einheit der Rechtsordnung, Berlin 1995
A. Blankenagel, Tradition und Verfassung, 1987
E.–W. Böckenförde, Die Bedeutung der Unterschiedung von Staat und Gesellschaft im demokratischen Sozialstaat der Gegenwart, in: ders., Recht, Staat, Freiheit, 1991, S. 209 ff.
E.–W. Böckenförde, Die Eigenart des Staatsrechts und der Staatsrechtswissenschaft, in: Festschrift für Hans–Ulrich Scupin, 1983, S. 317 ff.

M. Brenner, Die neuartige Technizität des Verfassungsrechts und die Aufgabe der Verfassungsrechtsprechung, AöR 120 (1995), S. 248 ff.

M. Brenner, Möglichkeiten und Grenzen grundrechtsbezogener Verfassungsänderungen, dargestellt anhand der Neuregelung des Asyrechts, Der Staat 32 (1993), S. 493 ff.

B.-O. Bryde, Verfassungsentwicklung, 1982

G. Dahm, Deutsches Recht, 1951

O. Depenheuer, Solidarität im Verfassungsstaat, 1992

K. Dietrich Bracher, Staatsbegriff und Demokratie in Deutschland, PVS 1968, S. 2 ff.

H. Dreier, Grenzen demokratischer Freiheit im Verfassungsstaat, JZ 1994, S. 741 ff.

H. Ehmke, Staat und Gesellschaft als verfassungsrechtliches Problem, in: Staatsverfassung und Kirchenordnung, Festgabe für Rudolf Smend, 1962, S. 23 ff.

F. Engels, Der Ursprung der Familie, des Privateigentums und des Staates (1884), in: ders., Studienausgabe Bd. 3, 1973, S. 15 ff.

J. Esser, Vorverständnis und Methodenwahl in der Rechtsfindung, 1970

U. Di Fabio, Gewaltenteilung, in: HStR Ⅱ, 2004, § 27

U. Di Fabio, Der Verfassungsstaat in der Weltgesellschaft, Mohr Siebeck, 2001

U. Di Fabio, Die Staatsrechtslehre und der Staat, 2003

D. Felix, Einheit der Rechtsordnung, Tübingen 1998

E. Forstoff, Einiges über Geltung und Wirkung der Verfassung, in: FS für Ernst Rudolf Huber, 1973, S. 3 ff.

F. Giese, Deutsches Staatsrecht, 1930

A. Schmitt Glaeser, Vorverständnis als Methode, 2004

D. C. Göldner, Verfassungsprinzip, 1969

Chr. Gusy, Brauchen wir eine juristische Staatslehre?, in: JöR 55 (2007), S. 41 ff.

Chr. Gusy, Parlamentarischer Gesetzgeber und Bundesverfassungsgericht, 1998

St. Haack, L'état-qu'est-ce que c'est?, Der Staat 49(2010), S. 129 ff.

P. Häberle, Staatsbürgerschaft als Thema einer europäischen Verfassungslehre, in: Festschrift für Martin Heckel, 1999, S. 725 ff.

Y. Hangartner, Grundzüge des schweizerischen Staatsrechts, 1982

J. Hatschek, Deutsches und Preußisches Staatsrecht, Bd. 1, 1930

G. Haverkate, Normtext-Begriff-Telos, 1996

H. Heller, Staatslehre, 6. Aufl., 1983

H. Heller, Die Souveränität – Ein Beitrag zur Theorie des Staats– und Völkerrechts, in: ders., Gesammelte Schrift, Bd. 2, Leiden 1971

K. Hesse, Verfassung und Verfassungsrecht, in: E. Benda/W. Maihofer/H.–J. Vogel (Hrsg.), HdbVerfR, 2. Aufl., 1994

R. Herzog, in: Maunz/Drig/ders./Scholz, GG, 2013, Art. 20

R. Herzog, Bundes– und Landesstaatsgewalt im demokratischen Bundesstaat, DÖV 1962, S. 81 ff.

Chr. Hillgruber, Die Herrschaft der Mehrheit Grundlagen und Grenzen des demokratischen Majoritätsprinzips, AöR Bd. 127 (2002), S. 460 ff.

H. Hofmann, Zur Idee des Staatsgrundgesetzes, in: ders., Recht–Politik–Verfassung, 1986, S. 261 ff.

A. Hollerbach, Ideologie und Verfassung, in: Werner Maihofer (Hrsg.), Ideologie und Recht, 1968, S. 37 ff.

Dau–Lin Hsü, Formalistischer und anti–formalistischer Verfassungsbegriff, AöR 61 (1932), S. 27 ff.

J. Isensee, Gemeinwohl und Staatsaufgaben im Verfassungsstaat, in: ders./P. Kirchhof, HdbStR III, 1988, § 57

J. Isensee, Verfassungsrecht als "politisches Recht", in: ders./P. Kirchhof (Hrsg.), HdbStR, Bd. VII, 1992, § 162

J. Isensee, Der Staatlichkeit der Verfassung, in: Otto Depenheuer/Christoph Grabenwarter (Hrsg.), Verfassungstheorie, 2010

J. Isensee, Der Vorbehalt der Verfassung, in: Festschrift für Walter Leisner, 1999, S. 359 ff.

J. Isensee, Subsidiaritätsprinzip und Verfassungsrecht, 2. Aufl. 2001

J. Isensee, Staat und Verfassung, in: ders./P. Kirchhof, HdbStR Bd. Ⅱ, 3. Aufl. 2004, § 15

J. Isensee, Grundrechte und Demokratie, in: ders., Recht als Grenze, 2009, S. 13 ff.

G. Jellinek, System der subjektiven öffentlichen Rechte, 1919

G. Jellinek, Gesetz und Verordnung, 1964 (Neudruck der Ausgabe von 1887)

G. Jellinek, Allgemeine Staatslehre, 3. Aufl., 1914 (Siebenter Neudruck 1960)

D. Jesch, Gesetz und Verwaltung, Tübingen 1968

M. Jestaedt, Verfassungsgerichtspositivismus, in: Otto Depenheuer et al. (Hrsg.), Nomos und Ethos, 2002, S. 183 ff.

M. Jestaedt, Grundrechtsentfaltung im Gesetz, Tübingen, 1999

W. Kägi, Die Verfassung als rechtliche Grundordnung des Staates, 1971 (Nachdruck der Ausgabe von 1945).

A. Kaufmann, Problemgeschichte der Rechtsphilosophie, in: ders./W. Hassemer (Hrsg.), Einführung in Rechtsphilosophie und Rechtstheorie der Gegenwart, Heidelberg, 6. Aufl., 1994, S. 30 ff.

A. Kaufmann, Das Verfahren der Rechtsgewinnung – Eine rationale Analyse, München, 1999

H. Kelsen, Der soziologische und der juristische Staatsbegriff, 1962

H. Kelsen, Allgemeine Staatslehre, 1925

H. Kelsen, Reine Rechtslehre, 2. Aufl., Wien 1960 (Nachdruck 1992)

J. Kersten, Georg Jellinek und die klassische Staatslehre, 2000

H. H. Klein, Verfassungsgerichtsbarkeit und Verfassungsstruktur, in: FS für Franz Klein, 1994, S. 511 ff.

F. Koja, Die Verfassung, in: FS für Robert Walter, Wien 1991, S. 349 ff.

M. Kriele, Grundrechte und demokratischer Gestaltungsspielraum, in: HStR Bd. Ⅴ, 2. Aufl. 2001, § 110

M. Kriele, Einführung in die Staatslehre, 6. Aufl. 2003

Chr. Graf Krockow, Staat, Gesellschaft, Freiheitswahrung(1972), in: E.-W. Böckenförde (Hrsg.), Staat und Gesellschaft, 1976, S. 432 ff.

H. Krüger, Allgemeine Staatslehre, 1964

H. Krüger, Subkonstitutionelle Verfassungen, DÖV 1976, S. 613 ff.

H. Krüger, Artikel: Verfassung, in: Handwörterbuch der Sozialwissenschaften, Bd. 11, 1961, S. 72 ff.

P. Laband, Das Staatsrecht des Deutschen Reiches, Bd. 2, 1911

K. Larenz, Methodenlehre der Rechtswissenschaft, 6. Aufl., 1991

W. Leisner, Werbefernsehen und öffentliches Recht, Berlin 1967

W. Leisner, Von der Verfassungsmäßigkeit der Gesetze zur Gesetzmäßigkeit der Verfassung, 1964

W. Leisner, Antithesen-Theorie für eine Staatslehre der Demokratie, JZ 1998, S. 861 ff.

O. Lepsius, Braucht das Verfassungsrecht eine Theorie des Staates?, EuGRZ 2004, S. 370 ff.

P. Lerche, Grundrechtswirkungen im Privatrecht, Einheit der Rechtsordnung und materielle Verfassung, in: Reinhard Böttcher/Götz Hueck/Burkhard Jähnke (Hrsg.), FS für Walter Odersky, Berlin u.a. 1996, S. 215 ff.

K. Loewenstein, Verfassungslehre, 3. Aufl., 1975

K. Loewenstein, Erscheinungsformen der Verfassungsänderung, 1931

W. Löwer, Zuständigkeiten und Verfahren des Bundesverfassungsgerichts, in: J. Isensee/P. Kirchhof, HdbStR II, 1987, § 56

Th. Maunz/R. Zippelius, Deutsches Staatsrecht, 30 Aufl., 1998, § 5

A. Julius Merkl, Das doppelte Rechtsantlitz, Jur. Bltter, 1918, S. 425 ff.

A. Julius Merkl, Prolegomena einer Theorie des rechtlichen Stufenbau, in: A. Verdross (Hrsg.), Gesellschaft, Staat und Recht, FS für Hans Kelsen, Frankfurt am Main 1967 (Nachdruck der Ausgabe Wien 1931), S. 252 ff.

Chr. Möllers, Staat als Argument, 2000

M. Morlok, Was heißt und zu welchem Ende studiert man Verfassungstheorie?, 1988

F. Müller, Enzyklopädie der geisteswissenschaftlichen Arbeitsmethoden, 1972

F. Müller, Schweigen, in: ders., Essais, 1990, S. 172 ff.

I. v. Münch, Staatsrecht, Bd. 1, 5. Aufl., 1993

Th. Öhlinger, Der Stufenbau der Rechtsordnung Rechtstheoretische und ideologische Aspekte, 1975

F. Ossenbühl, Gesetz und Recht – Die Rechtsquellen im demokratischen Rechtsstaat, in: J. Isensee/P. Kirchhof, HdbStR III, 1988, § 61

F.-J. Peine, Systemgerechtigkeit, 1985

H. Peters, Geschichtliche Entwicklung und Grundfragen der Verfassung, 1969

B. Pieroth, Rückwirkung und Übergangsrecht, 1981

G. Ress, Staatszwecke im Verfassungsstaat nach 40 Jahren Grundgesetz, VVDStRL 48 (1989), S. 56 ff.

A. Rinken, Einführung in das juristische Studium, 3. Aufl., 1996

G. Roellecke, Verfassungsauslegung als Darstellung von Normativität, in: St. Smid/N. Fehl (Hrsg.), Recht und Pluralismus, FS für Hans-Martin Pawlowski, 1997, S. 137 ff.

G. Roellecke, Bewaffnete Auslandseinstze Krieg, Außenpolitik oder Innenpolitik?, Der Staat 34 (1995), S. 415 ff.

M. Roggentin, Über den Begriff der Verfassung in Deutschland im 18. und 19. Jahrhundert, Diss. 1978

K. F. Röhl, Allgemeine Rechtslehre, 2. Auflage, 2001, § 35

W. Roth, Die Überprüfung fachgerichtlicher Urteile durch das BVerfG und die Entscheidung über die Annahme einer Verfassungsbeschwerde, AöR Bd. 121 (1996), S. 544 ff.

U. Scheuner, Die Überlieferung der deutschen Staatsgerichtsbarkeit im 19. und 20. Jahrhundert, in: Festgabe BVerfG und GG I, 1976, S. 1 ff.

U. Scheuner, Die rechtliche Tragweite der Grundrechte in der deutschen Verfassungsentwicklung des 19. Jahrhunderts, in: ders., Staatstheorie und Staatsrecht, 1978, S. 633 ff.

E. Joseph Siéyès, Einleitung zur Verfassung. Anerkennung und erklärende Darstellung der Menschen– und Bürgerrechte(1789), in: ders., Politische Schriften 1788–1790, 1975, S. 239 ff.

H. Schambeck, Der Verfassungsbegriff und seine Entwicklung, in: FS für Hans Kelsen, Wien 1971, S. 211 ff.

W. Schätzel, Diskusssionsbeitrag, VVDStRL 10 (1952), S. 50 ff.

C. Schmitt, Verfassungslehre, 6. Aufl. (Unveränderter Nachdruck der 1928 erschienenen ersten Auflage), 1983

C. Schmitt/Ludwig Feuchtwanger, Briefwechsel 1918–1935, Rolf Rieß (Hrsg.), 2007

H. Schulze–Fielitz, Staatsaufgabenentwicklung und Verfassung, in: Dieter Grimm (Hrsg.), Wachsende Staatsaufgaben – sinkende Steuerungsfähigkeit des Rechts, 1990, S. 9 ff.

Schunck/De Clerck, Allgemeines Staatsrecht und Staatsrecht des Bundes und der Länder, 11. Aufl., 1983

G. Folke Schuppert, Staatswissenschaft, 2003

G. Folke Schuppert, Staat als Prozeß, 2010

R. Smend, Verfassung und Verfassungsrecht, in: ders., Staatsrechtliche Abhandlungen, 2. Aufl. 1968

Chr. Starck, Die Verfassungsauslegung, in: J. Isensee/P. Kirchhof, HdbStR Bd. VII, 1992, § 164

Chr. Starck, Grundrechtliche und demokratische Freiheitsidee, in: HStR Bd. Ⅲ, 3. Aufl. 2005, § 33

Chr. Starck, Vorrang der Verfassung und Verfassungsgerichtsbarkeit, in: ders./Albrecht Weber (Hrsg.), Verfassungsgerichtsbarkeit in Westeuropa, Teilband I, 1986, S. 11 ff.

Chr. Starck, Verfassungsgerichtsbarkeit und Fachgerichtsbarkeit, JZ 1996, S. 1033 ff.

E. Stein, Staatsrecht, 16. Aufl., 1998

U. Steiner, Verfassunggebung und verfassunggebende Gewalt des Volkes, 1966

K. Stern, Die Verbindung von Verfassungsidee und Grundrechtsidee zur modernen Verfassung, in: FS für K. Eichenberger, 1982, S. 197 ff.

K. Stern, Das Staatsrecht der Bundesrepublik Deutschland, Bd. Ⅰ, 2. Aufl 1984

K. Stern, Das Staatsrecht der Bundesrepublik Deutschland, Bd. Ⅱ, 1980

M. Stolleis, Staatsrechtslehre und Politik, 1996

G. Teubner, Globale Zivilverfassungen: Alternativen zur staatszentrierten Verfassungstheorie, ZaöRV 63(2003), S. 1 ff.

Chr. Tomuschat, Verfassungsgewohnheitsrecht? 1972

Th. Vesting, Die Staatsrechtslehre und die Veränderung ihres Gegenstandes, VVDStRL 63(2004), S. 41 ff.

D. Vezanis, Verfassung und Verfassungsrecht, in: FS für Gerhard Leibholz, Bd. 2, 1966, S. 139 ff.

A. Voßkuhles, Die Renaissance der Allgemeinen Staatslehre im Zeitalter der Europäisierung und Internationalisierung, JuS 2004, S. 2 ff.

R. Wahl, Der Vorrang der Verfassung, Der Staat 20 (1981), S. 485 ff.

R. Wahl, Der Vorrang der Verfassung und die Selbständigkeit des Gesetzesrechts, NVwZ 1984, S. 401 ff.

R. Walter, Der Aufbau der Rechtsordnung, 1974

R. Walter, Hans Kelsens Rechtslehre, in: H. Dreier/D. Willoweit (Hrsg.), Würzburger Vorträge zur Rechtsphilosopie und Rechtssoziologie, Heft 24, Baden-Baden 1999, S. 23 ff.

H. Willke, Ironie des Staates, 1996

H. A. Wolff, Ungeschriebenes Verfassungsrecht unter dem Grundgesetz, 2000

[방어권(防禦權)과 관련한 기본권 심사]

강일신, "과잉금지원칙의 논증방식 - 침해최소성·법익균형성 심사를 중심으로 -", 충남대 법학연구 제30권 제1호, 2019. 2

강태수, "기본권의 보호영역, 제한 및 제한의 한계", 허영박사회갑기념논문집, 1997

김남욱, "사인에 대한 수용권 부여의 법적 문제", 토지공법연구 제43집 제1호, 2009. 2

김대환, "우리나라 헌법상 과잉금지원칙", 공법학연구 제6권 제3호, 2005. 12

김명재, "독일 헌법상의 보호청구권", 법률행정논총 제19집, 1999

김성수, "행정상 손실보상의 요건으로서 공공의 필요와 특별한 희생의 재조명", 「행정상 손실보상의 주요문제」, 박영사, 1997

김연태, “공공수용의 요건으로서 ‘공공필요’”, 고려법학 제48권, 2007
김충묵, “법률유보의 원칙”, 현대행정법학이론 – 우제이명구박사화갑기념논문집 〔Ⅱ〕 –, 1996
김해원, “수권법률에 대한 수권방식통제로서 포괄위임금지원칙 – 기본권심사를 중심으로 –”, 헌법학연구 제21권 제2호, 2015. 6
김해원, “기본권심사에서 형식적 헌법적합성심사에 관한 연구 – 법률에 의한(durch Gesetz) 규율을 중심으로 –”, 헌법학연구 제21권 제1호, 2015. 3
김해원, “급부권적 기본권의 심사구조 - 국회입법부작위를 중심으로 –”, 공법학연구 제13권 제2호, 2012. 5
류하백, “토지수용에 있어 공익사업 강제의제규정의 위헌성”, 토지공법연구 제44집, 2009. 5
박경철, “헌법원칙으로서 신뢰보호원칙”, 헌법학연구 제16권 제2호, 2010. 6
박찬걸, “위치추적 전자감시제도의 소급적용에 대한 비판적 고찰”, 헌법논총 제24집, 2013. 11
방승주, “독일 연방헌법재판소의 입법자에 대한 통제의 범위와 강도”, 헌법논총 제7집, 1996
방승주, “헌법재판소의 입법자에 대한 통제의 범위와 강도”, 공법연구 제37집 제2호, 2008. 12
변무웅, “헤르베르트 베트게의 기본권 제한”, 한양법학 제13집, 2002. 12
서경석, “국가의 기본권보호의무 비판”, 헌법학연구 제9권 제3호, 2003. 9
손희권, “교육법에서의 명확성 원칙의 법리에 관한 헌법재판소 결정 비판”, 헌법학연구 제13권 제1호, 2007. 3
송동수, “중요사항유보설과 의회유보와의 관계”, 토지공법연구 제34집, 2006. 12
송동수, “공법상의 신뢰보호의 원칙”, 「현대공법이론의 전개」, 석정 허영민박사화갑기념논문집, 1993
송석윤, “기본권으로서의 안전권에 관한 시론적 연구”, 이화여대 법학논집 제8권 제1호, 2004
유은정, “소위 수익적 법률에서 위임입법의 헌법적 한계 – 특수임무수행자보상에 관한 법률 제2조 및 동법 시행령 제2조를 중심으로 –”, 공법학연구 제14권 제3호, 2013. 9
유진오, 『헌법해의』, 명세당, 단기4282
윤재만, “기본권구성요건개념”, 헌법학연구 제9권 제1호, 2003. 5
이기철, “헌법재판소는 비례의 원칙에 목적의 정당성을 포함시켜도 좋은가?”, 공법연구 제35집 제1호, 2006. 10
이부하, “권력분립에서 기능법설에 대한 평가”, 헌법학연구 제12권 제1호, 2006. 3
이부하, “권력분립원리의 재고찰”, 법학논고 제55집, 2016. 8

이부하, "헌법유보와 법률유보", 공법연구 제36집 제3호, 2008. 2
이부하, "포괄위임입법금지원칙에 대한 헌법재판소 견해에 대한 평가", 법학논총 제29권 제2호, 2016. 10
이부하, "법적 안정성의 의미에서 명확성의 원칙", 세계헌법연구 제20권 제1호, 2014. 4
이부하, "재산권의 존속보장과 재산권에 관한 법이론", 공법학연구 제9권 제3호, 2008. 8
이부하, "헌법상 신뢰보호원칙에 대한 고찰", 한양법학 제21권 제4집, 2010. 11
이부하, "헌법재판소의 신뢰보호원칙 심사기준에 대한 평가", 법학논고 제48집, 2014. 11
이부하, "국가의 기본권보호의무와 과소보호금지원칙", 법학연구 제17집 제2호, 2014. 6
이부하, "생명에 대한 기본권보호의무와 과소보호금지원칙", 동아법학 제62호, 2014. 2
이부하, "비례성원칙과 과소보호금지원칙", 헌법학연구 제13권 제2호, 2007. 6
이부하, "헌법영역에서의 기본권보호의무", 공법학연구 제8권 제3호, 2007. 8
이부하, "입법자의 입법형성권의 내용과 한계", 법과 정책연구 제13집 제1호, 2013. 3
이부하, "보장국가에서 국민의 안전보호와 관련한 헌법이론", 헌법학연구 제22권 제1호, 2016. 3
이부하, "위험사회에서 국민의 안전보호의무를 지는 보장국가의 역할", 서울대학교 법학 제56권 제1호, 2015. 3
이부하, "전자장치부착법의 소급적용에 대한 헌법적 판단", 법과 정책연구 제14집 제1호, 2014. 3
이상경, "명확성의 원칙과 포괄위임입법금지원칙", 서울법학 제22권 제3호, 2015. 2
이상철, "독일 행정절차법상의 신뢰보호원칙", 안암법학 2, 안암법학회, 1994. 8
이승우, "국가의 기본권보호의무", 현대공법과 개인의 권익보호: 균제 양승두교수 화갑기념논문집 (I), 홍문사, 1994
이재삼, "공익사업에 있어서 사인의 수용권에 관한 연구", 토지공법연구 제43집 제1호, 2009
이재홍, "과잉금지원칙의 논증구조 - 침해의 최소성 원칙을 중심으로 -", 저스티스 제163호, 2017. 12
이준일, "헌법재판소가 이해하는 명확성원칙의 비판적 재구성", 헌법학연구 제7권 제1호, 2001
이준일, "비례성원칙의 개념과 구조 및 구체화", 고시연구 2005. 3
장영철, "과소보호금지원칙에 관한 연구", 헌법학연구 제14권 제1호, 2008. 3
장영철, "기본권의 제3자적 효력과 기본권보호의무", 공법연구 제29집 제2호, 2001
전극수, "민간기업의 골프장건설을 위한 수용의 허용성", 강원법학 제43권, 2014. 10

전종익, “포괄위임금지원칙의 심사기준”, 아주법학 제7권 제3호, 2013. 12
정극원, “헌법재판에서의 포괄적 위임입법금지 원칙의 적용”, 헌법학연구 제15권 제3호, 2009. 9
정극원, “헌법재판에서의 사회적 기본권의 심사기준과 그 적용”, 세계헌법연구 제17권 제2호, 2011
정남철, “사인을 위한 공용수용의 위헌성 판단”, 헌법논총 제17집, 2006. 12
정영훈, “남아프리카공화국 헌법상 사회적 기본권 침해 여부의 심사기준에 관한 연구”, 법과 정책연구 제16집 제1호, 2016. 3
정찬우, “사인의 토지수용권에 관한 고찰”, 입법학연구 제11집 2호, 2014
정태호, “원리모델에 의한 사회적 기본권 침해여부의 판단기준 및 심사구조”, 헌법학연구 제13권 제3호, 2007. 9
정태호, “기본권보호의무”, 인권과 정의 제252호, 1997. 8
정태호, “자유권적 기본권의 ‘제한’에 관한 고찰 – 이른바 사실상의 기본권제약을 중심으로 –”, 헌법논총 제13집, 2002
정혜영, “방어권과 기본권보호의무”, 아주법학 제7권 제4호, 2014. 2
정혜영, “과소보호금지원칙에 관한 소고”, 강원법학 제38권, 2013. 2
조한상, “헌법 제37조 제2항 ‘공공복리’ 개념에 관한 고찰”, 헌법학연구 제12권 제5호, 2006. 12
지성수, “위임입법에 있어서의 명확성 원칙”, 헌법논총 제15집, 2004
최갑선, “자유권적 기본권의 침해여부 판단구조 및 판단기준”, 헌법논총 제10집, 1999
표명환, “국가의 기본권보호의무와 행정법상의 개인적 공권이론”, 헌법학연구 제10권 제1호, 2004
표명환, “입법자의 기본권보호의무와 헌법적 통제”, 헌법학연구 제11권 제2호, 2005. 6
표명환, “기본권보호청구권의 구조와 체계에 관한 고찰”, 법학연구 제45집, 2012. 2
한수웅, “자유권의 보호범위”, 헌법학연구 제12권 제5호, 2006. 12
한수웅, “헌법재판의 한계 및 심사기준 – 헌법재판소와 입법자의 관계를 중심으로 –”, 헌법논총 제8집, 1997
한수웅, “법률개정과 신뢰보호”, 인권과 정의 제250호, 1997. 6
황치연, “과잉금지원칙의 내용”, 공법연구 제24집 제3호, 1996. 7
황치연, “우리 헌법재판소 판례에 있어서의 과잉금지원칙의 문제점”, 고시연구 1997. 3
허완중, “기본권보호의무에서 과소보호금지원칙과 과잉금지원칙의 관계”, 공법연구 제37집 제1–2호, 한국공법학회, 2008. 10
허완중, “기본적 인권을 확인하고 보장할 국가의 의무”, 저스티스 통권 제115호, 2010. 2

홍석한, “위임입법의 헌법적 한계에 관한 고찰”, 공법학연구 제11권 제1호, 2010. 2

M. Albert, Vertrauensschutz und rückwirkende Besteuerung, 2005

R. Alexy, Theorie der Grundrechte, 3. Aufl., 1996

E. Baden, Gesetzgebung und Gesetzesanwendung im Kommunikationsprozeß, 1977

W. J. Behr, System der angewandten allgemeinen Staatslehre oder Staatskunst, 2018, § 374

H. Bethge, Der Grundrechtseingriff, in: VVDStRL 57 (1998), S. 7 ff.

D. Birk, Steuerrecht und Verfassungsrecht, Die Verwaltung Bd. 35, 2002, S. 91 ff.

E.-W. Böckenförde, Grundrechte als Grundsatznormen, Der Staat 29 (1990), S. 1 ff.

E.-W. Böckenförde, in: ders., Staat, Verfassung, Demokratie. Studien zur Verfassungstheorie und zum Verfassungsrecht, Frankfurt 1991, S. 115 ff.

B. Boemke, Widerruf von Versorgungszusagen wegen wirtschaftlicher Notlage, RdA 2010, S. 1 ff.

M. Borowski, Grundrechte als Prinzipien, 3. Auflage. 2018

Chr. Brüning, Voraussetzungen und Inhalt eines grundrechtlichen Schutzanspruchs, JuS 2000, S. 955 ff.

Chr. Brüning, Die Rückwirkung von Legislativakten, NJW 1998, S. 1525 ff.

Brüning/Helios, Die verfassungsprozessuale Durchsetzung grundrechtlicher Schutzpflichten am Beispiel des Internets, Jura 2001, S. 155 ff.

B.-O. Bryde, Verfassungsentwicklung, Baden-Baden 1982

Chr. Bumke, Der Grundrechtsvorbehalt, 1998

Chr. Calliess, Die Leistungsfähigkeit des Untermaßverbots als Kontrollmaßstab grundrechtlicher Schutzpflichten, in: Grote u.a. (Hrsg.), Die Ordnung der Freiheit, FS für Christian Starck, 2007, S. 201 ff.

Chr. Calliess, Die grundrechtliche Schutzpflicht im mehrpoligen Verfassungsrechtsverhältnis, JZ 2006, S. 321 ff.

C.-W. Canaris, Grundrechtswirkungen und Verhätnismäßigkeit in der richterlichen Anwendung und Fortbildung des Privatrechts, JuS 1989, S. 161 ff.

C.-W. Canaris, Grundrechte und Privatrecht, de Gruyter, Berlin und New York, 1999

O. Depenheuer, Der Mieter als Eigentümer?, NJW 1993, S. 2561 ff.

St. Detterbeck, Vorrang und Vorbehalt des Gesetzes, Jura 2002, S. 235 ff.

J. Dietlein, Das Untermaßverbot, ZG 10 (1995), S. 136 ff.

J. Dietlein, Die Lehre von den grundrechtlichen Schutzpflichten, 2005

J. Fiedler, Neuorientierung der Verfassungsrechtsprechung zum Rückwirkungsverbot und zum Vertrauensschutz?, NJW 1988, S. 1624 ff.

K. Fischer, Die Verfassungsmäßigkeit rückwirkender Normen, JuS 2001, S. 861 ff.

J. Gerards, How to improve the necessity test of the European Court of Human Rights, International Journal of Constitutional Law 11−2 (2013), pp. 466.

V. Götz, Bundesverfassungsgericht und Vertrauensschutz, in: Chr. Starck (Hrsg.), BVerfG und GG Bd. II, 1976, S. 421 ff.

E. Grabitz, Der Grundsatz der Verhaltnismäßigkeit in der Rechtsprechung des BVerfG, AoR Bd. 98 (1973), S. 568 ff.

Chr. Gusy, Parlamentarischer Gesetzgeber und Bundesverfassungsgericht, Berlin, 1985

J. Habermas, Between facts and norms, 1996

H. Hasskarl, Die Rechtsprechung des Bundesverfassungsgerichts zu Art. 80 Abs. 1 Satz 2 GG, AöR 94 (1969), S. 85 ff.

G. Hermes, Das Grundrecht auf Schutz von Leben und Gesundheit, 1987

R. Herzog, Gesetzgebung und Einzelfallgerechtigkeit, NJW 1999, S. 25 ff.

K. Hesse, Grundzüge des Verfassungsrechts der Bundesrepublik Deutschland, 20. Aufl., Heidelberg, 1995

W. Heun, Funktionell−rechtliche Schranken der Verfassungsgerichtsbarkeit, 1992

J. Hey, Steuerplanungssicherheit als Rechtsproblem, Köln 2002

L. Hirschberg, Der Grundsatz der Verhältnismäßigkeit, 1981

W. Höfling, Grundrechtstatbestand−Grundrechtsschranken−Grundrechtsschrankenschranken, Jura 1994, S. 169 ff.

W. Hoffmann−Riem, Gesetz und Gesetzesvorbehalt im Umbruch, AöR 130 (2005), S. 5 ff.

J. Isensee, Vertrauensschutz für Steuervorteile, in: P. Kirchhof/K. Offerhaus/H. Schöberle (Hrsg.), Festschrift für Franz Klein, Köln, 1994, S. 611 ff.

J. Isensee, Vorbehalt der Verfassung − Das Grundgesetz als abschließende und als offene Norm, in: ders./Helmut Lecheler (Hrsg.), Freiheit und Eigentum, FS für Walter Leisner, Berlin 1999, S. 359 ff.

J. Isensee, Das Grundrecht als Abwehrrecht und das staatliche Schutzpflicht, in: ders./P. Kirchhof (Hrsg.), HdbStR V, 2000, § 111

M. C. Jakobs, Der Grundsatz der Verhältnismäßigkeit mit einer exemplarischen Darstellung seiner Geltung im Atomrecht, 1985

G. Kisker, Neue Aspekte im Streit um den Vorbehalt des Gesetzes, NJW 1977, S. 1317 ff.

M. Klatt, in: Klatt, Prinzipientheorie und Theorie der Abwägung, 2013

F. Klein/G. Barbey, Bundesverfassungsgericht und Rückwirkung von Gesetzen, 1964

H. H. Klein, Verfassungsgerichtsbarkeit und Verfassungsstruktur, in: FS für Franz Klein, 1994, S. 511 ff.

H. H. Klein, Der demokratische Grundrechtsstaat, in: Bitburger Gespräche, Jahrbuch 1995/I, S. 81 ff.

H. H. Klein, Die grundrechtliche Schutzpflicht, DVBl. 1994, S. 489 ff.

M. Kloepfer, Der Vorbehalt des Gesetzes im Wandel, JZ 1984, S. 692 ff.

U. Krüger, Der Adressat des Rechtsgesetzes, Berlin 1969

Ph. Kunig, Zur hinreichenden Bestimmtheit von Norm und Einzelakt, in: Jura 12 (1990), S. 495 ff.

Th. Langner, Die Problematik der Geltung der Grundrechte zwischen Privaten, 1998

W. Leisner, Das Gesetzesvertrauen des Bürgers. Zur Theorie der Rechtsstaatlichkeit und der Rückwirkung der Gesetze, in: FS für Friedrich Berber, 1973, S. 273 ff.

P. Lerche, Schutzbereich, Grundrechtsprägung, Grundrechtseingriff, HdBSR V, 2000

G. Lübbe-Wolff, Die Grundrechte als Eingriffsabwehrrechte, 1988

H. Maurer, Kontinuitätsgewähr und Vertrauensschutz, in: J. Isensee/P. Kirchhof, HStR IV, 3. Aufl., § 79

B. Mertens, Gesetzgebungskunst im Zeitalter der Kodifikationen, Tübingen 2004

Möller/Rührmair, Die Bedeutung der Grundrechte für die Problematik rückwirkender Gesetze, NJW 1999, S. 910 ff.

M. Möstl, Probleme der verfassungsprozessualen Geltendmachung gesetzgeberischer Schutzpflichten, DÖV 1998, S. 1029 ff.

St. Muckel, Kriterien des verfassungsrechtlichen Vertrauensschutzes bei Gesetzesänderungen, 1989

F. Müller, Juristische Methodik, 2013

D. Murswiek, Zur Bedeutung der grundrechtlichen Schutzpflichten für den Umweltschutz, WiVerw 1986, S. 179 ff.

M. Nierhaus, in: W. Kahl/Chr. Waldhoff/Chr. Walter (Hrsg), Bonner Kommentar zum Grundgesetz, 2022, Art. 80 Abs. 1

Chr. Ohler, Der institutionelle Vorbehalt des Gesetzes, AöR Bd. 131 (2006), S. 343 ff.

F. Ossenbühl, in: Die Kontrolle von Tatsachenfeststellungen und Prognoseentscheidungen durch das Bundesverfassungsgericht, in: BVerfG und GG I, 1976, S. 489 ff.

F. Ossenbühl, Vorrang und Vorbehalt des Gesetzes, in: Josef Isensee/Paul Kirchhof (Hrsg.), HdbStR Bd. III, 1998, § 62

H.-J. Papier, Der Vorbehalt des Gesetzes und seine Grenzen, 1985

H-J. Papier, Der Vorbehalt des Gesetzes und seine Grenzen, in: Götz/Klein/Starck (Hrsg.), Die öffentliche Verwaltung zwischen Gesetzgebung und richterlicher Kontrolle, 1985, S. 41 ff.

Pieroth/Schlink, Grundrechte – Staatsrecht Ⅱ, 2015

B. Pieroth, Rückwirkung und Übergangsrecht, 1981

B. Pieroth, Die neuere Rechtsprechung des Bundesverfassungsgerichts zum Grundsatz des Vertrauensschutzes, JZ 1990, S. 279 ff.

A. Pietrzak, Die Schutzpflicht im verfassungsrechtlichen Kontext - Überblick und neue Aspekte, JuS 1994, S. 748 ff.

M. Raabe, Grundrechte und Erkenntnis – Der Einschätzungsspielraum des Gesetzgebers, Baden-Baden, 1998

F. Reimer, Vorbehalt des Gesetzes, in: W Hoffmann-Riem/E. Schmidt-Aßmann/A. Voßkuhle (Hrsg.), Grundlagen des Verwaltungsrechts Bd. I, 2006, S. 560 ff.

T. Rensmann, Reformdruck und Vertrauensschutz, JZ 1999, S. 168 ff.

G. Robbers, Für ein neues Verhältnis zwischen Bundesverfassungsgericht und Fachgerichtsbarkeit, NJW 1998, S. 935 ff.

W. Rüfner, Grundrechtskonflikte, in: Chr. Starck (Hrsg.), Bundesverfassungsgericht und Grundgesetz, Festgabe aus Anlaß des 25jährigen Bestehens des Bundesverfassungsgerichts, Bd. Ⅱ, 1976, S. 456 ff.

K. Schlaich/S. Korioth, Das Bundesverfassungsgericht, 5. Aufl., 2001

B. Schlink, Abwägung im Verfassungsrecht, 1976

E. Schmidt-Aßmann, Der Rechtsstaat, in: Josef Isensee/Paul Kirchhof (Hrsg.), HdbStR Bd. I, 1995, § 24

E. Schmidt-Aßmann, Institute gestufter Verwaltungsverfahren: Vorbescheid und Teilgenehmigung, München 1978

H. Schneider, Die Güterabwägung des Bundesverfassungsgerichts bei Grundrechtskonflikten, Baden-Baden, 1979

K.－A. Schwarz, Vertrauensschutz als Verfassungsprinzip, 2002
W. Schwetzel, Freiheit, Sicherheit, Terror, 2007
K. Sobota, Das Prinzip Rechtsstaat, 1997
Chr. Starck, Die Grundrechte des Grundgesetzes, JuS 1981, S. 245 ff.
U. Steiner, in: Europäisches Forum für Außenwirtschaft, Verbrauchssteuern und Zoll (Hrsg.), Vertrauensschutz in der Europäischen Union, 1998, S. 34 ff.
K. Stern, Die Schutzpflichtenfunktion der Grundrechte: Eine juristische Entdeckung, DÖV 2010, S. 241 ff.
P. Unruh, Zur Dogmatik der grundrechtlichen Schutzpflichten, Berlin 1996
K. Vogel, Rückwirkung: eine festgefahrene Diskussion. Ein Versuch, die Blockade zu lösen, in: FS für Martin Heckel, 1999, S. 875 ff.
R. Walter, Die Lehre von der Gesetzestechnik, ÖJZ 18, 1963, S. 87 ff.
B. Weber－Dürler, Vertrauensschutz im öffentlichen Recht, Basel und Frankfurt am Main, 1983
G. Werle, Rückwirkungsverbot und Staatskriminalität, NJW 2001, S. 301 ff.

[평등원칙 심사]

김주환, “입법자의 평등에의 구속과 그에 대한 통제”, 헌법논총 제11집, 2000
김주환, “입법자의 평등에의 구속과 그에 대한 통제”, 헌법논총 제11집, 2000
김주환, “일반적 평등원칙의 심사기준과 방법의 합리화 방안”, 공법학연구 제9권 제3호, 2008. 8
김해원, “일반적 평등원칙의 심사구조와 심사강도”, 공법학연구 제14권 제2호, 2013. 5
남복현, “헌법불합치결정의 원인별 유형화에 따른 결정주문의 사례검토”, 한양법학 제21권 제1집, 2010. 2
박진완, “자의금지와 비례성의 원칙”, 헌법판례연구 [5], 박영사, 2003. 11
손상식, “평등심사를 위한 비교대상(집단) 설정에 관한 연구”, 홍익법학 제16권 제1호, 2015
이부하, “헌법상 평등원칙에 대한 심사기준”, 법학연구 제19권 제2호, 2011. 8
이부하, “입법자의 입법형성권의 내용과 한계”, 법과 정책연구 제13집 제1호, 2013. 3
이욱한, “자유권과 평등권의 사법적 심사구조”, 사법행정 제44집 제3호, 2003. 3
이준일, “헌법재판소의 평등심사기준과 국가인권위원회의 차별판단기준”, 세계헌법연구 제18권 제2호, 2012
정문식, “평등위반 심사기준으로서 비례원칙”, 법학연구 제51권 제1호, 2010. 2

정태호, "헌법재판소 평등권 심사기준의 재정립 필요성", 헌법학연구 제19권 제3호, 2013. 9
정태호, "자유권적 기본권의 '제한'에 관한 고찰" – 이른바 사실상의 기본권제약을 중심으로 –, 헌법논총 제13집, 2002
한수웅, "헌법 제37조 제2항의 과잉금지원칙의 의미와 적용범위", 저스티스 제95호, 2006
한수웅, "자유권의 보호범위", 헌법학연구 제12권 제5호, 2006. 12
한수웅, "평등권에 관한 최근 헌법재판소 결정의 문제점", 헌법논총 제26집, 2015
한수웅, "평등권의 구조와 심사기준", 헌법논총 제9집, 1998
홍강훈, "평등권의 심사원칙 및 강도에 관한 연구", 공법연구 제41집 제1호, 2012. 10

M. Albers, Gleichheit und Verhältnismäßigkeit, JuS 2008, S. 946 ff.
R. Alexy, Theorie der Grundrechte, 2. Aufl. 1994
Jerome A. Barron & C. Thomas Dienes, Constitutional Law, 6th ed, (West Group), 2003
G. Britz, Der allgemeine Gleichheitssatz in der Rechtsprechung des BVerfG, NJW 2014, S. 347 ff.
C. Brüning, Gleichheitsrechtliche Verhältnismäßigkeit, JZ 2001, S. 669 ff.
Bryde/Kleindiek, Der allgemeine Gleichheitssatz, Jura 1999, S. 36 ff.
Gröpl, in: Gröpl/Windthorst/v. Coelln, GG, 2. Aufl. 2015, Art. 3
Chr. Gusy, Der Gleichheitssatz, NJW 1988, S. 2505 ff.
Chr. Gusy, Der Gleichheitsschutz des Grundgesetzes, JuS 1982, S. 34 ff.
W. Heun, Freiheit und Gleichheit, in: Merten/Papier, HGR, Bd. II, 2006, § 34
L. Hirschberg, Der Grundsatz der Verhältnismäßigkeit, 1981
M. Holoubek, Die Sachlichkeitsprüfung des allgemeinen Gleichheitsgrundsatzes, ÖZW 1991, S. 76 ff.
St. Huster, Rechte und Ziele, 1993
St. Huster, Gleichheit und Verhältnismäßigkeit, JZ 1994, S. 541 ff.
H. D. Jarass, Folgerungen aus der neueren Rechtsprechung des BVerfG für die Prüfung von Verstößen gegen Art. 3 Abs. 1 GG, NJW 1997, S. 2545 ff.
A. Katz, Staatsrecht, 12. Aufl. 1994
P. Kirchhof, Der allgemeine Gleichheitssatz, in: Josef Isensee/Paul Kirchhof (Hrsg.), HdbStR Ⅴ, § 124
M. Kloepfer, Gleichheit als Verfassungsfrage, 1980, S. 61 ff.
Chr. Koenig, Prüfungsaufbau zur Rechtssetzungsgleichheit, JuS 1995, S. 313 ff.
Chr. Koenig, Die gesetzgeberische Bindung an den allgemeinen Gleichheitssatz, JuS 1995, S. 313 ff.

P. Kirchhof, Gleichheit und Übermaß, in: FS für Lerche, 1993, S. 133 ff.

G. Lübbe-Wolff, Grundrechte als Eingriffsabwehrrechte, 1988

G. Müller, Der Gleichheitssatz, VVDStRL 47 (1989), S. 37 ff.

K. Odendahl, Der allgemeine Gleichheitssatz: Willkürverbot und „neue Formel" als Prüfungsmaßstäbe, JA 2000, S. 170 ff.

A. Podlech, Gehalt und Funktionen des allgemeinen verfassungsrechtlichen Gleichheitssatzes, 1971, S. 53 ff.

M. Sachs, Die Maßstäbe des allgemeinen Gleichheitssatzes – Willkürverbot und sogenannte neue Formel, JuS 1997, S. 124 ff.

M. Sachs, Verfassungsrecht II – Grundrechte, 3. Aufl., Kap. 15.

M. Sachs, Zur dogmatischen Struktur der Gleichheitsrechte als Abwehrrechte, DÖV 1984, S. 411 ff.

Sachs/Jasper, Der allgemeine Gleichheitssatz, JuS 2016, S. 769 ff.

G. F. Schuppert, Diskussionsbeitrag, in: VVDStRL 47 (1989), S. 98 ff.

R. Wendt, Der Gleichheitssatz, NVwZ 1988, S. 778 ff.

찾아보기

[ㅂ]

[ㅅ]

[ㅇ]

[ㅈ]

[저자 약력]

이 부 하(李 富 夏)

약 력
독일 쾰른대학교 법학박사(Dr. iur)
변호사시험 출제위원, 입법고시 출제위원
한국공법학회·한국비교공법학회 부회장, 한국헌법학회·한국법정책학회 상임이사
영남대학교 법학전문대학원 교수 (헌법)

주요 저서 및 논문
표현의 자유와 미국헌법, 한국학술정보, 2007
인권보장을 위한 비교헌법론, 법영사, 2014
한국의 경제질서와 재산권, 영남대 출판부, 2015
민주적 선거를 위한 선거제도 개편, 피앤씨미디어, 2015
헌법학(상), 법영사, 2019
비례성원칙과 과소보호금지원칙, 헌법학연구, 2007
재산권의 존속보장과 재산권에 관한 법이론, 공법학연구, 2008
법적 안정성의 의미에서 명확성의 원칙, 세계헌법연구, 2014
위험사회에서 국민의 안전보호의무를 지는 보장국가의 역할, 서울대학교 법학, 2015
헌법의 수호자로서 헌법재판소의 민주적 정당성, 외법논집, 2018
빅 데이터(Big Data) 시대 개정 개인정보 보호법에 관한 법적 고찰, IT와 법연구, 2020
OTT서비스 등 새로운 미디어서비스에 대한 입법정책, 법과 정책연구, 2021
일반적 인격권에 대한 헌법적 고찰, 미디어와 인격권, 2022
온실가스 배출로 인한 환경오염과 관련한 기본권보호의무, 저스티스, 2023 외 170편 이상

헌법재판에서 헌법원칙의 구체화

초판발행 2023년 9월 10일

지은이 이부하
펴낸이 박노일

총괄기획 최준규
편 집 이상민

펴낸곳 피앤씨미디어
경기도 고양시 일산동구 강송로 153 310-1501
등록 제396-2012-000203호
전 화 070)7550-3758 팩 스 02)6280-3758
홈페이지 www.pncmedia.co.kr 이메일 pnc@pncmedia.co.kr
ISBN 979-11-5730-901-6 93360

정 가 20,000원